石井正敏著作集3

高麗・宋元と日本

川越泰博・岡本 真・近藤 剛［編］

勉誠出版

序言

『石井正敏著作集』第三巻である本書は、「高麗・宋元と日本」と題し、十〜十四世紀を対象とした十一本の論文を収めている。石井正敏氏は、東京大学史料編纂所在職中に『大日本史料』第三編の編纂に従事し、その後、中央大学文学部に招聘されると、日本古代史分野の担当教授として教鞭を執られた。二〇〇一年には学位請求論文となった『日本渤海関係史の研究』（吉川弘文館）、二〇〇三年には『東アジア世界と古代の日本』（山川出版社）の単著を上梓するなど、古代対外関係史の研究者というイメージが強い。しかし、日宋貿易研究の大家である森克己氏に学んだ石井氏は、大学院在学時から、十世紀以降の東アジアの対外関係にも関心を抱いていた。例えば、南北朝時代に来日した高麗使との外交交渉の際に作成された『異国牒状記』に関しては、石井氏が大学院博士課程在学中に、森氏の『日宋貿易の研究』（国書刊行会、一九七五年〈新訂版が勉誠出版より二〇〇八年に刊行〉、初出一九四八年）によって存在を知ることとなり、石井氏の恩師の一人である飯田瑞穂氏から尊経閣文庫所蔵の本文が示され、考察を進めていた。それが「『異国牒状記』の基礎的研究」として二〇〇九年に発表されたのである。また、田中健夫氏と共著で刊行された『訳注日本史料　善隣国宝記　新訂続善隣国宝記』（集英社、一九九五年）も古代から中世にいたる日本外交の研究書というべき史料であるが、以前から諸本の調査を独自に進めていた

（同書「あとがき」参照）。本書で扱う時期の論文として発表年が最も早いものは、一九七八年の「文永八年来日の高麗使について」で、石井氏が三十一歳の時の述作であるが、この論文が日本はもとより韓国の学界に対して絶大なインパクトをもたらしたことは言うまでもない。

本書に収録された論文にあるように、石井氏は古代史だけでなく、いわゆる中世史の分野においても学説史を塗り替えるような重要な業績を上げており、また、共通するテーマで複数の論考を発表しているが、これらの成果を一書にまとめられることはなかった。本書により石井氏の中世対外関係史分野の論考がまとめられたことで、あらためてその歴史的意義を吟味することが可能になると考える。

さて、本書の構成については、三名の編者により、扱っている時代やテーマに基づいて二部立てとし、さらにその中でそれぞれ二つのまとまりを持たせるように配した。

「I 日宋貿易と日麗交流」には、六本の論文を配しており、前半の三本は日宋貿易に関して扱った概説と二本の実証論文からなる。

「1 十世紀の国際変動と日宋貿易」は、九・十世紀の日本と東アジアとの関わりについて述べた概説である。十世紀以降に展開する日宋貿易、あるいは日宋麗三国間貿易関係が形成される前提として、九世紀の段階で日本が政治外交を求めない姿勢を打ち出したことを指摘した。画期としての九世紀に紙幅を費やしており、日宋貿易のシステムについては、森克己氏の研究を発展的に継承しているが、その中でも特に、いわゆる「年期制」と「渡海制」の問題について、これを出入国管理令のごときもので、「渡海制」の法源を律ではなく延喜朝廷の律令制再建策の一環にあったと論じたことは重要である。なお、本書への収録は見合わせたが、これに関連する論文として、「日本と宋・高麗――民間貿易の展開」

（田中健夫ほか『世界歴史と国際交流――東アジアと日本』放送大学教育振興会、一九八九年）がある。

「2 肥前国神崎荘と日宋貿易」は、平氏の日宋貿易への関与を示す史料の一つとして言及されている『長秋記』長承二年（一一三三）八月十三日条の記事の再検討を行ったものである。従来宋船の入港地については、有明海に面した肥前国神崎荘とする説と、博多津にあった同荘の倉敷地とする説で論争となっていた。この問題について石井氏は、そのいずれでもなく、大宰府管理下の博多津であったことを論証する。また、当時の日宋貿易の在り方として、日本人が宋商人に対して、あらかじめ希望する唐物を依頼するという一定の契約を結んでいたことを確認した上で、平忠盛が、院宣と号して大宰府の行うべき宋商人に対する存問・検領を経る必要がないことを主張した理由として、鳥羽上皇の院司であった忠盛が、荘園の権利を守ろうとする意志に発した行動であったことを論じる。

「3 年未詳五月十四日付源頼朝袖判御教書案について」は、源頼朝が当時鎮西統治に意を用いていた側近の天野遠景に宛てた御教書を考察したものである。摂関家領荘園である島津荘に帰属していた「唐船着岸物」（積み荷）を、荘官が「先例」として取り扱おうとしたところ、大宰府が「新儀」として押し取ってしまった。領主である近衛基通がこのことを頼朝に伝えると、頼朝は遠景にこれを返すように命じたのである。この論文においても、まず事件の現場については、先の「肥前国神崎荘と日宋貿易」と同じく博多津で起きたことと述べ、島津荘と宋商人との間には唐物取引の契約が存在していたと考えられるとする。そして、幕府の鎮西統治の進展状況を考えた上で、頼朝は朝廷との間で無用の争いを起こすことを避ける意図から、その裁定には近衛家に対する配慮がみられることなどを指摘する。以上の二論文は、宋商船の来着地をめぐる議論に一石を投じており、十二世紀の日宋貿易の具体的な在り方を明らかにしていく上で基礎となる研究として位置づけられよう。また後者については、『武家外交の誕生』（NHK さかのぼり日本史外交篇［8］鎌倉、NHK出版、二〇一三年。本著作集第四巻収録）の第四章「源頼朝〝敗訴〟からのスタート」と連動しており、ぜひ参照されたい。

後半の三論文は、平安時代の日本と高麗との関係に関する概説および論文である。

「4 高麗との交流」は、平安時代における日本・高麗関係の概説である。この論文は二〇一〇年のものであるが、石井氏はこれ以前の一九八七年に発表した「日本と高麗」（土田直鎮編『平安文化の開花』〈海外視点 日本の歴史5〉ぎょうせい）において、高麗の建国・朝鮮半島の再統一から、十一世紀末までの日本との関係について概略を述べている。特に刀伊の入寇（一〇一九年）や「請医一件」（一〇七八～八〇年）などは、関連史料を掲げながら事件の経過を時系列に沿って紹介しており、平安時代の日麗関係を扱う研究では数多く参照されている。両論文を参照することで、当該期の日麗関係の概要を知ることができるのであるが、本著作集で「高麗との交流」のみを収録した理由としては、近年の研究成果を踏まえた上で、「日本と高麗」執筆時から石井氏が認識を改めた点がみられるためである。例えば、高麗側の国際認識および対日本観に関する問題、また、細かいことではあるが、前述の「請医一件」において高麗牒状を日本にもたらした大宰府の商人である王則貞という人物について、「中国系商人」とする「日本と高麗」の見解に加えて、新羅・高麗からの渡来人の可能性があることも指摘されている。

「5 日本・高麗関係に関する一考察」は、長徳三年の日麗の外交交渉を本格的に扱った、初の専論といえるであろう。この年に高麗からもたらされた三通の牒状の断片的記述から、この時期に後世の倭寇的状況の存在がうかがわれ、牒状の内容はその禁圧を求めたものであったことを明らかにする。また、平安時代における日本人の高麗観に関して、新羅からの伝統的な敵国認識に加えて、大宰府・長門などの最前線からもたらされる報告などが重要な情報源となっていたことを指摘する。

「6『小右記』所載「内蔵石女等申文」にみえる高麗の兵船について」は、このような外交の最前線からの情報を受けて、朝廷が高麗に対する警戒を強めることになった具体的な事例を示している。刀伊（女真人）によって拉致され、後に高麗軍によって救出された内蔵石女らが提出した申文の内容から、高麗の兵船を復元し、朝鮮時代の板屋船や『蒙古襲来絵詞』に描かれた軍船にも通じる構造であったことを明らかにする。そして、この申文からうかがえる高麗の兵船に関する情報は、大宰府官人が聞き出したかったことであり、高麗の軍事力の程度を知った日本側は、高麗に対する警戒をより強めることになったと述べる。なお、本論文では、『小右記』紙背「内蔵石女等申文」にある、通説では「不懸檝」と読解されていた記述が、正しくは「下懸檝」であることを指摘し、このわずか一字の違いから高麗時代の兵船復元作業がはじめられている。まさに石井氏の歴史学の真髄に迫る研究といえよう。

「II 日元・日麗外交と文書」に配した五本の論文は、モンゴル襲来に関連するものと、南北朝時代に猖獗を極めた前期倭寇をめぐる、室町幕府初度の外交交渉に関する二本の論考からなる。

「7 至元三年・同十二年の日本国王宛クビライ国書について」は、近年のモンゴル語文献による研究が進展している状況を受け、クビライが最初に日本に送った至元三年（文永三・一二六六）の著名な国書に再検討を加え、諸史料の中から宗性編『調伏異朝怨敵抄』が、原本を忠実に写したものであることを確認しつつ、議論となっている末尾の文言について、「不宣白」とする諸説を退け「不宣」が正しいことを指摘する。そして、これまであまり利用されてこなかった、元の儒者蘇天爵の編纂による『元文類』所引『経世大典』日本条の校訂本文を示すとともに、本史料にのみ見られる至元十二年（一二七五）の日本宛クビライ国書（冒頭・末尾のみ）を検討し、これを大徳三年（一二九九）のテムル国書と混同した可能性を指摘する。なお、本論文は前記『武家外交の誕生』の第一章「幕府滅亡 強硬路線の果てに」および第二章「握りつぶした協調の道」に全体像の概略が示されているため、合わせて参照されたい。

「8 文永八年来日の高麗使について」は、石井氏が東京大学史料編纂所在職中の一九七八年に、同所の保管文書の中から見出された「高麗牒状不審条々」と題された一葉の文書を紹介した論文である。これは、文永八年に日本に送られた牒状と、これ以前の文永五年にクビライ国書とともに送られてきた高麗国王の国書との違いや、文永八年の牒状の不審な点を十二条にしたためた文書である。石井氏は文永八年の牒状をもたらした高麗使が、三別抄政府の派遣したものであることを明らかにしたのである。この事実は、現在に至るまで国内の高校教科書などに記載されており、また韓国では、モンゴルに抵抗を続けた英雄である三別抄に関する新史料ということもあり、様々な視点から本文書が利用され、研究が蓄積されていった。

「9 文永八年の三別抄牒状について」は、「高麗牒状不審条々」を紹介した前論文の発表から三十年以上が過ぎた二〇一〇年に韓国で、翌一一年に日本で発表した続編といえる研究論文である。これまで日韓で行われてきた研究を批判的に検討し、「高麗牒状不審条々」を逐条的に考察したものである。なお、蒙古襲来に関連する石井氏の他の著述としては、「モンゴルの高麗支配に抵抗した三別抄」（『歴史読本』昭和六〇年臨時増刊号、新人物往来社、一九八五年）、「蒙古襲来前後の日本と蒙古・高麗」（ＮＨＫ歴史誕生取材班編『歴史誕生』（3）、角川書店、一九九〇年）がある。

「10『異国牒状記』の基礎的研究」と「11貞治六年の高麗使と高麗牒状について」は、二〇〇九年と翌一〇年に相次いで発表されており、両論文で一つのテーマに取り組んでいる。すなわち、室町幕府初度の外交交渉を明らかにしようとしたもので、この問題を扱う上でこれまであまり積極的に利用されてこなかった『異国牒状記』について、紙継に錯簡があることを指摘して本来の順番に戻して校訂し、内容の確認を行った。その上で、貞治六年（一三六七）の高麗使がもたらした複数の文書それぞれの役割をはじめ、使者来日の事情やルートなどについて明解に闡明している。特に「征東行中書省箚付」と「征東行中書省咨」の古文書学的検討を通じて、文書発給の手続きを分析するとともに、箚付に見える署押の大書を、中書省丞相の高麗恭愍王の自署であるとする大胆な説を提示した。また、これまで研究されてきた日渤・日羅の名分関係の知見を駆使して、「高麗使臣交名及び雑記」の解明を試みている点は、史料学的考察を旨とする石井氏の歴史学の真骨頂を示しているといえるであろう。高麗古文書学の進展にも寄与するところは大きい。

以上、本巻における石井氏の研究は、単著としてもまとめられている古代対外関係史研究の手法と、それによって得られた深遠な知見を援用し、これまで等閑視されてきた古代と中世のいわば過渡期における対外関係の諸問題を、個別研究によって豊かなものに塗りかえていった。また、これまで漠然としていた、武家政権の誕生による、外交権の公家から武家への移行という問題についても、一字一句を忽せにしない重厚な史料学的考察により、事実関係の解明に迫った。その全体像は『武家外交の誕生』に描かれているが、石井氏晩年の重要な関心事の一つに、武家外交の誕生や、それにともなう公武の具体的な関わり合いを追究することがあったのは間違いない。古代史・中世史という枠組みにとらわれることなく、前近代の対外関係史を体系的に理解しようとする石井氏ならではの研究であるように思われる。
当該分野における研究の更なる深化が期待されていたが、それはもはや叶わなくなってしまった。今後は、本書で石井氏が指摘する「課題」をはじめ、諸論文で描かれた歴史像に導かれながら、残された者たちが発展的あるいは批判的に継承していかなければならないであろう。

川越泰博
岡本　真
近藤　剛

第三巻　高麗・宋元と日本　目次

凡　例

・本書の編集は、川越泰博・岡本真・近藤剛があたった。

・本書は初出誌を底本とし、原則として原文のまま収録した。同じ史料の読み等に一部論文によっては差異のあるところがあるが、それは著者の研究進展に由るものであり、初出誌のままとした。

・著者所蔵原本に著者本人による訂正指示が記載されていたものは、編者の判断に基づき、これを訂正した。

・編者の判断により、明らかな誤植等については訂正を施した。

I　日宋貿易と日麗交流

1　十世紀の国際変動と日宋貿易

一　九世紀の対外関係

九〇七年の唐の滅亡後、あいついでアジア各地、なかでも日本と縁の深い朝鮮半島や北アジアで政治勢力の交替が起きたことについてはよく知られている。本章では、この激動の時代に日本はどのような対外関係を展開したのか、九世紀の状況から考えてゆきたい（田島公「日本、中国、朝鮮対外交流史年表〈稿〉」奈良県立橿原考古学研究所『奈良・平安の中国陶磁』便利堂、一九九〇年）。

1　外交姿勢の変化

九世紀の日本の対外関係でまず注目されるのは、日本からの遣外使節――新羅・渤海《ぼっかい》・唐などへの使節が派遣されなくなることである。長い歴史をもつ新羅との公的な関係は、七七九（宝亀十）年の新羅使節の来日を最後に途絶した。その後も日本からは遣唐使の保護依頼を目的とする使者が派遣されているが、それも八三六（承和三）年を最後にしている。また唐との関係では、八九四（寛平六）年に遣唐使が計画はされたが実施されなかったので、実際に入唐した最後の遣唐使は八三八（承和五）年度のものとなる。そして七二七（神亀四）年に始まる渤海との関係は、九一九（延喜十九）年まで続くが、国交開始の当初から主に来日した渤海使を送るかたちで派遣されていた遣渤海使は八一〇（弘仁元）年を最後にしており、以後はもっぱら渤海使の来日によって両国の関係は維持されていた。

このように九世紀前半において、これまで先進の文物を吸収し、日本の国際的地位の向上を目的として中国・朝鮮諸国に派遣されていた使節を派遣しなくなったということは、日本が主体的な外交を求めなくなったことを意味していると考えてよいであろう。そして渤海の滅亡（九二六年）による国交の自然消滅により、外交関係をもつ国はなくなり、九二九（延長七）年に漂流民を送還した答礼のための後百済使がきたときも、わざわざ、「隣好を求めるために送還したのではない」と述べているほどである（『扶桑略記』同年五月条）。その後も五代呉越・宋および高麗《こうらい》などから外交の働きかけがあったが、結局応じようとはしなかった。そしてそれらの回答の文書も、実際には太政官で審議し草案を作成しながらも、形式のうえでは大宰府の責任において発給するかたちが定着し、天皇や太政官は対外関係の表面から姿を消す。それではこのような外交姿勢の変化の原因はどのようなところにあるのであろうか。

2　伝統的対外意識の破綻

日本が外交を求め、遣唐使をはじめとする遣外使節を派遣する場合、その時々においてさまざまな事情があるが、基本的には政治外交的な目的と文化的な目的とがあろう。それが九世紀に入ると、それぞれの状況に変化がみられる。

まず、前者については、七五三年に唐の宮廷を舞台に起きた新羅使とのいわゆる争長事件に象徴的に示されているように（石井正敏「大伴古麻呂奏言について」『法政史学』三五、一九八三年↓本著作集第二巻所収）、日本外交の基本は、朝鮮諸国を夷狄とする中華としての存在を、具体的な外交の場において主張することにあった。ところがこのような伝統的独善的な対外意識が、八世紀の後半以来現実の国際社会の中で揺らぎはじめ、やがてその意識がもはや国際的に通用しないことを認めざるをえなくなる事件が起きた。

八三六（承和三）年、遣唐使派遣に先立ち、遣唐船が漂着した場合の保護依頼のために新羅に派遣された紀三津《きのみつ》が、その説明の不備を衝かれて偽使の疑いをかけられ、使命を果たせずに帰国した。このとき持ち帰った新羅の執事省牒の全文が『続日本後紀』同年十二月丁酉条に掲載されている。そこには、「小人」「大国」の語で、それぞれ紀三津・日本と新羅とを対比させた文章をはじめ、全文にわたり日本に対して新羅が自らを大国と任ずる意識が明らかに示されている（石上英一「古代国家と対外関係」『講座日本歴史』古代二、東京大学出版会、一九八四年）。特に興味深いのは、「使、専対にあらざれば、憑《たの》みとなすにたらず」とある部分で、専対とは責任をもって交渉しうるいわば全権大使を意味しているが、かつて日本が新羅に対日通交の条件の一つとして、「専対の人」の派遣を要求したことがある（『続日本紀』天平宝字四（七六〇）年九月癸卯条）。まさにこのときの日本の要求を逆手にとって新羅が反撃を加えたものと考えてよいであろう。

このようにこのときの新羅執事省牒には、かつての日羅関係ではみることのできなかった新羅側の対日意識が示されている。もちろんこのような新羅の対日意識は、このときに始まったものではない。もともと対唐関係を考慮して日本との外交を進めてきた新羅にとって、唐との関係が安定すると、相対的に日本の地位がさがることは必然であった。それにもかかわらず新羅が日本に使者の派遣を続け、特に八世紀の半ば以降、日本に迎合的な姿勢を示しているのは、彼らが貿易を主たる目的とするようになり、貿易を円滑に進めるためにとられた手段であったのである。ところが後述するように、商人の台頭によって公使による貿易を続ける必要がなくなり、その本音が一気に吹き出したものとみられる。

日本は、この新羅の姿勢に、かつての新羅にはあらざること、ひいてはみずから描きつづけてきた東夷の小帝国という図式が、もはや現実の国際社会では通用しなくなっていることをさとらざるをえなかったのである（酒寄雅志「古代東アジア諸国の国際意識」『歴史学研究』別冊「東アジアの再編と民衆意識」一九八三年）。日本側の衝撃は大きかった。『続日本後紀』（八六九年成立）の編者が、「此の如き異論、誣罔《ふもう》に近し。斯《こ》の事、若しただ大略を存して首尾を詳びらかにせざれば、恐らくは後の観るもの、得失を弁ずること莫《な》し。因りて全て執事省牒を写して、之を附載す」と、わざわざ執事省牒全文掲載の理由を加えているところにうかがうことができるであろう。いずれにせよ、日本の政治外交は朝鮮諸国、なかでも新羅の存在を強く意識して展開されてきたのであり、新羅が日本に対する迎合的な姿勢を転じたことが、日本の外交に大きな転換をもたらしたといってよいであろう。

3　排外意識の顕在化

しかし日本の支配層は独善的な対外意識を放棄したわけではない。対外的に孤立――外国への使節を取り止める――することによってこれを保持する道を選んだ。つまり日本の方針に従うもののみを受け付けるという姿勢に転じたのであり、この結果、日本との上下関係を容認した上で一方的に来航を続ける渤海との外交のみが存続することとなったのである。こうして独善的な対外意識は先鋭化し、さらに排外意識を伴って増幅されてゆく。渤海に対する外交文書である慰労詔書・太政官牒の内容はいっそう華夷意識に満ちあふれ、一方では承和年間を境に、日本移住を求める新羅人に対して、一転拒否の姿勢をとりはじめる（佐伯有清「九世紀の日本と朝鮮」『日本古代の政治と社会』吉川弘文館、一九七〇年）。そして貞観年間になると、新羅との通謀《つうぼう》事件や新羅海賊の出没などが相次ぎ（遠藤元男「貞観期の日羅関係について」『駿台史学』一九、一九六六年）、排外意識に拍車をかけるのである。ただし、この通謀事件の存在は、このころには国境を意識しない、支配層とは別の国際関係が主に北九州地域に芽生えてきたことを物語っているものとして注目される。

4　国際貿易の展開

さて、いま一つの九世紀における外交姿勢の変化をもたらした事情として、唐の文物の入手がこれまでに増して容易になったことがあげられる。遣唐使をはじめとする遣外使節に将来を期待した先進の文物が、八世紀後半以来、特に九世紀に入ると、唐や新羅の商人あるいは渤海使によって盛んにもたらされるようになって、経済的にも大きな負担となり、危険を伴う使節をあえて派遣するまでもないという状況があらわれてきたことである。特に事実上最後の遣唐使となった承和度遣唐使の場合、出発が数度にわたって失敗し、揚げ句の果てに大使と副使とが乗用船をめぐって争い、結局副使が渡航拒否する始末であった。無事に渡航した遣唐使も、帰国には日本から乗っていった船が脆《もろ》く不安であるので、新羅船と新羅人船員を雇って帰国した（佐伯有清『最後の遣唐使』講談社、一九七八年）。このような東アジア国際貿易の展開（後述）が日本の外交姿勢に大きな影響を与えたのである。

このほか、国内でも律令制支配が崩れ、社会・経済に新しい動きがあり、目を内にむけさせる状況があらわれてきたこともあって、日本は九世紀半ば以来、外交に消極的な姿勢をとるようになっていった。

なお、九世紀の対外関係について述べる場合、当然八九四（寛平六）年の最後の遣唐使計画について触れなければならない。しかしこの約六十年ぶりの派遣計画は、それまでの外交に対する消極的な方針を転換させるような意義があったと認めることはできない（本稿末尾コラム参照）。

二　東アジア国際貿易と日本

1　国際貿易の波及

九世紀半ばに対外関係のうえで一つの転換期を迎え、政治外交に消極的な姿勢をとるようになった日本の朝廷ではあるが、それは決して東アジア世界からの離脱を意味するのではなく、中国文化には相変わらず大きな関心をもち、唐・新羅の商人や渤海使のもたらす海外の文物を競って求めている。たとえば、八四〇（承和七）年に新羅人有力者の張宝高《ちょうほうこう》が朝貢を求めてきたときも、「人臣に境外の交なし」としてそれを認めなかったが、もたらした貨物は交易を許している。外交は求めないが、貿易は進めるというのが基本方針となったのである。なお九世紀に始まるいわゆる国風文化にあっても、その基礎に中国文化があることはいうまでもないことであろう。

ところで、日本が東アジアの国際貿易市場に本格的に取り込まれていったのは、八世紀後半からとみてよい。七五二（天平勝宝四）年に来日した新羅使一行は、アラビア方面から東南アジアにかけて産する香料や薬品、唐の工芸品、そして新羅の特産品などを大量にもたらし、貿易活動を行っている。これらの品物は、当時唐と南海――東南アジア以西――との間で取り引きされていた貿易品をほぼ網羅しているという（東野治之「鳥毛立女屛風下貼文書の研究」『正倉院文書と木簡の研究』塙書房、一九七七年、杉本一樹「天平の外交と文化」『古文書の語る日本史』一、筑摩書房、一九九〇年）。

2　唐の南海貿易

中国を中心とする東西国際貿易は、陸路（シルクロード）、海路の両方から展開された。このうち海上貿易は、まずアラビア商人の東漸《とうぜん》により南海との貿易ルートがいちはやく開かれ、唐代になると、八世紀前半の開元年間ころには南海貿易の拠点となる広州に貿易管理のための市舶使《しはくし》が置かれるに至った（和田久徳「唐代における市舶使の創置」『和田博士古稀記念東洋史論叢』講談社、一九六一年）。はじめ南海諸国と唐との間では、いわゆる朝貢と回賜《かいし》という政治行為に付属するかたちで実質的な貿易が行われていた。ところが南海諸国の唐への朝貢回数が開元・天宝年間ごろを境に激減する。その事情は、東南アジアに進出してきたアラビア商人による民間貿易活動が展開されるようになった結果であるという。公使による貿易では種々の儀式や手続きなどが繁雑であるのに比べ、より拘束の少ない民間商人が肩代わりするかたちで展開されるようになったのである。つまり公使派遣の減少は、貿易の停滞を意味するのではなく、これまでの公使に代わって貿易を担うことのできる商人があらわれてきたことを示している（和田久徳「東南アジアにおける華僑社会の成立」『新訂　世界の歴史』一三、筑摩書房、一九七九年）。

3　公使から商人へ

この後、南海貿易は唐国内の商業経済の発達とともにさらに隆盛を迎え、唐国内に集積された珍貨や唐の商品が新羅・渤海、やがて日本へと運ばれてくる。そして南海貿易にみられる変化は、唐との中継貿易を行う新羅・渤海と日本との間にもみることができる。新羅・渤海両国と日本との交渉は、八世紀前半は、前世紀後半の朝鮮半島の動乱の余波を残す日本と唐・新羅、新羅、新興渤海と唐・新羅の対立という緊張した国際関係を反映して、政治的意義の強い交渉が続いていたが、八世紀中ごろを境に新羅・渤海ともに対日通交の目的を貿易第一へと質的な変換を遂げる。これはそのころにそれぞれの緊張関係が和らぎ、いわば東アジア地域の政情の安定化を背景とした変化と考えられる。そして新羅の場合には、前述した天平勝宝四年度の使者を一つの画期とみることができ、以後貿易を主目的とする使者の来日が続くが、それも七七九（宝亀十）年で終了し、長い歴史をもつ日羅関係に一応の終止符を打つ。これは新羅の商人層が対日貿易を担うまでに成長した結果、毎回外交形式をめぐって紛争を生じる公使に随伴する貿易から、先に南海諸国の例にみたように、より拘束の少ない民間商人にその活動を委ねるようになったことを示していると考えられる（石井正敏「八・九世紀の日羅関係」田中健夫編『日本前近代の国家と対外関係』吉川弘文館、一九八七年→本著作集第一巻所収）。

一方、渤海の場合には民間商人の活躍こそみられないが、公使自身が実質的には商人として対日貿易に従事していた。新羅人が北九州という早くから商圏の形成されていた地域を交易の舞台としたのに対し、渤海の場合には平安京での貿易活動が中心であったため、なによりも公使の身分で入京することが重要な意味をもっていたのである。

4　貿易の方法

このようにして開始された唐・新羅・渤海人による本格的な日本貿易は隆盛の一途をたどる。もともと外国人との貿易に関しては、関市令に「凡そ官司、未だ交易せざる前、私に諸蕃《しょばん》と共に交易するを得ざれ。」と、朝廷がまず貿易を行い、ついで民間での貿易を認めるとあり、衛禁律にはそれに違反した場合の罰則が定められている。朝廷から貿易管理のために派遣される使者は平安時代には唐物使《からもののつかい》と呼ばれている。しかし現実には律令法が遵守されていないため、しばしば禁令が出されている。

天長八（八三一）年九月七日官符「応《まさ》に新羅人の交関物を検領すべき事」（『類聚三代格』巻一八）では、「愚かな人々は資産を尽くして新羅人のもたらす品物を競って高値で購入している。（中略）大宰府は厳重に取り締まり、商人が来着したら船内の貨物をすべて調べ、まず朝廷の必要とする品物を選んで進上し、その後適正価格で交易させせよ」と大宰府に命じている。

一方、日本海沿岸地域では渤海使による貿易活動が展開されている。渤海使は公使とはいえ、貿易を主たる目的に来航し、九世紀初めには、一行は「商旅」つまり商人団と日本側から位置づけられていた（『類聚国史』巻一九四　天長三年三月戊辰条）。元来渤海使は平安京での公貿易が原則であるが（『延喜式』大蔵省）、八二七（天長四）年に来朝した渤海使の処遇について到着地の但馬《たじま》国司に示した翌年正月の官符に（『類聚三代格』巻一八）、

「蕃客の齎《もたら》せる物、私に交関するは、法に恒科《こうか》あり。しかるに此間（わが国）の人、心遠物を愛し、争いて以って貿易す。宜しく厳しく禁制を加え、更に然らしむること莫《な》かるべし。若しこれに違えば、百姓は決杖一百、王臣家人を遣わして買えば、使者を禁じて言上せよ。国司阿容《あよう》し及び自買せば、殊に重科に処す。違犯するを得ざれ」

とあり、一般人や在京の王臣家が交易を行っていること、そして特に、国司が違法行為を黙認したり、自身が私貿易に参加した場合には厳罰に処す、と述べていることは、彼らが違法な交易を行っていたことを如実に物語っている。

このような現実に対して朝廷も手をこまねいていたわけではない。たとえば、九世紀中ごろに来日した唐商人徐公祐《じょこうゆう》が在日の唐僧義空にあてた書状に、「家兄の書中に綾一疋あり。官中の収市を被り、出すことを得ず」とある（高木訷元「唐僧義空の来朝をめぐる諸問題」『高野山大学論叢』一七、一九八一年）。収市とは「宮廷所要の蕃貨を先買する」こと（桑原隲蔵「蒲寿庚の事蹟」『桑原隲蔵全集』五、岩波書店、一九六八年）で、商人が個人的な贈物に用意してきた品も、良い物とみれば見逃さずに朝廷に召し上げているのである。

やがて唐物使が派遣されず、大宰府に貿易の管理を委ねることが普通になると、大宰府の官人は地位を利用して私腹をこやす者が多くあらわれ、来日の商人と結託したり、その結果紛争を生じるという例が増えてくる。

このように九世紀前半には、唐・新羅商人や渤海使によって唐および各国の文物が盛んにもたらされるようになり、彼らのもたらす貨物を朝野をあげて歓迎する状況にあったのである。このような状況が、遣外使節の派遣を必要としなくなった大きな要因の一つと考えられる。

5　新羅商人

ところで、対日貿易にはじめに注目したのは、新羅人である。当初は公使の活動の一環として行われていたが、やがて商人がとって替わるようになる。そして新羅商人といっても、在唐の新羅人が主体であった。彼らは山東半島の登州、揚子江口と長安・洛陽を結ぶ大運河に沿う楚州や泗州といった商業経済の要地に、「新羅坊」と呼ばれる居留区を形成し、一定の自治を認められていた。初期の対日貿易を担ったのは主に彼ら在唐の新羅人であった。前述のように、事実上最後となった八三八（承和五）年入唐の遣唐使は、楚州の新羅船九隻と日唐間の海路を熟知する新羅人を雇って帰国した。新羅人が日唐貿易に活躍していた様子を知ることができる（小野勝年『入唐求法巡礼行記の研究』一―四、鈴木学術財団、一九六四～六九年、佐伯有清前掲書、同『円仁』吉川弘文館、一九八九年、坂上早魚「九世紀の日唐交通と新羅人」『文明のクロスロード　MUSEUM　KYUSYU』二八、一九八八年）。そして九世紀の後半になると、新羅人で大宰府管内に居住して貿易に従事するものも現れている（『日本三代実録』貞観十二年二月二十日条）。

さて、九世紀前半の在唐新羅人の中心人物で、日本・唐・新羅三国間貿易に活躍したのが、張宝高である（蒲生京子「新羅末期の張保皐の擡頭と反乱」『朝鮮史研究会論文集』一六、一九七九年、『張保皐의新研究』莞島文化院、一九八五年）。宝高（本名弓福。張保皐とも書く）は新羅に生まれたが、唐に渡り、ふたたび新羅にもどって半島南端の莞島《ワンド》に軍事拠点（清海鎮）を置き、新羅近海で横行した海賊討伐で武名を上げ、やがて政界にも影響をもつ重要な人物に

なっていった。宝高の台頭の基盤には、三国間貿易による蓄財、あるいは貿易を通じての新羅商人層組織の存在が大きかったものと思われる。宝高は八四一（承和八）年ごろ、新羅王と争って敗死するが、その背景には、宝高の持つ貿易の利権をめぐる争いもあったと推測される。また宝高が八四〇（承和七）年、日本に朝貢を求めているのは、新羅王と争ううえで、日本に援助を期待するという目的があったのであろう。

6　唐商人

一方、対日貿易に従事した唐商人について考えるうえで注目されるのは、九世紀中ごろに活躍した徐公直《じょこうちょく》・公祐兄弟である。兄の公直は、会昌の廃仏によって荒廃した唐を避けて自分の子供を在日の唐僧義空のもとに留学させるほど、日本と縁が深く、しばしば唐から日本にいる義空らの僧侶、および子息にあてて書状を送っている（高木訷元前掲論文）。

その書状は、当時の日唐交流を考えるうえで重要な史料で、商人の具体的な姿を伝えているが、ここでとりあげたいのは、徐公直の婺州《ぶしゅう》あるいは蘇州「衙前散将《がぜんさんしょう》」という肩書である。「衙前散将」とは、実際には軍隊を指揮しない名目だけの将校をいうが、九世紀前半の節度使の一人がさまざまな方法で財源の確保をはかっていることを述べたなかに、「大商に仮すに牙職を以ってし、諸道に通交し、因りて販易を為さしむ」とあり（『資治通鑑《しじつがん》』会昌二年四月辛未条）、節度使《せつどし》が大商人に牙職すなわち衙前散将の肩書を与え、諸方に派遣して貿易を行わせ、有力な財源としたというのである。

徐公直も大商人の一人で、自らは資本家として、弟を対日貿易に直接従事させていたのであろう。公直自身が日本に来た形跡はないが、他にも「衙前散将」の肩書をもつ人物が実際に来日している例がある。これらの状況をみると、日本市場が唐国内商業の延長上に位置づけられていることが明らかとなる。

なお唐商人とは称しながら、実際には新羅や渤海の商人である例もあり、当時の商人の国際的な活躍、国境を越えた活発な活動の様子をみることができる。

7　輸入業者の出現

これに対して、受容する側の日本人はどのような階層の人びとであったのか。中心が在京の貴族たちであったことは間違いないが、そのほかに、在地の有力農民や地方官などがいる。なかでも注目されるのは、筑前守在任中から張宝高と取引のあった文室宮田麻呂《ふんやのみやたまろ》である（戸田芳実『日本領主制成立史の研究』岩波書店、一九七一年）。宮田麻呂は、たんに新羅商人がもたらす唐物を購入して国内で売却するだけでなく、絁《あしぎぬ》をあらかじめ資本として渡し、希望する品を受け取るという方法を取っていた（『続日本後紀』承和九年正月乙巳条）。まさに輸入業者の出現と評してよいであろう。宮田麻呂は畿内に広大な領地と、京および瀬戸内交通の要地難波に邸宅を保有しており、筑前守の任期を終えた後も現地にとどまり、貿易に従事していたようである。

宮田麻呂のほかにも北九州地域の官人で、張宝高ら外国の商人と取引のあった者の存在が知られ、また前掲の天長五年の官符で、国司が自ら違法な取引を行った場合には、厳罰に処すとわざわざ述べているように、地方官人が私貿易に深く関与していた。ただしこの段階では、官人以外で輸入をはかるものの存在は確認できず、いまだ官人の余技の範疇を出なかったようである。ともあれ宮田麻呂のような存在は、これまでもっぱら珍貴な品物の入手を目的としていたものから、それらを商品として扱う輸入業者の出現ということで日本の国際貿易史上注目される。

このように、九世紀の中ごろには日本は東アジア国際貿易の重要な市場として確固たる地位を占めるようになる。すなわち政治外交だけでなく、それと表裏する形で貿易に関しても九世紀半ばが一つの画期となるのである

（以上、石井正敏「九世紀の日本・唐・新羅三国間貿易について」『歴史と地理』三九四、一九八八年↓本著作集第一巻所収）。

三　十世紀の東アジアの変動と日本

1　唐・渤海・新羅の滅亡

こうして九世紀を通じて対外関係に大きな変化をみた日本は、唐の滅亡をはじめとする十世紀の東アジアの激動の時代に、どのような対外関係を展開したのであろうか（旗田巍「一〇―一二世紀の東アジアと日本」『岩波講座　日本歴史』四、一九六七年、西嶋定生『日本歴史の国際環境』東京大学出版会、一九八五年）。

かつてない東西交流により華麗な国際的文化を開花させた唐は、政治・文化をはじめとする各分野で周辺の諸国・諸民族に大きな影響を与えたが、はやくも八世紀中ごろの安史《あんし》の乱（七五五～七六三年）によって衰退の兆しを見せはじめる。支配の基本原則である均田制の崩壊、節度使の独立、地方政権化などが進み、やがて黄巣《こうそう》の乱（八七五～八八四年）によって唐の朝廷は決定的な打撃を受け、ついに九〇七年、朱全忠《しゅぜんちゅう》によって滅ぼされた。全忠は後梁《こうりょう》の皇帝位につき、以後中国は九六九年に宋によって統一されるまで分裂の時代が続く。華北には唐を継ぐ正統王朝と自任する後梁・後唐・後晋・後漢・後周の五代が継起し、各地には節度使が自立した十余の地方政権が興亡した。そこでこの時代を五代十国時代という。

一方東北アジアでは、唐から「海東の盛国」と評されるほど高度な文化を展開し、広大な領土を誇った渤海が、九世紀以来王位をめぐる内紛が相次いでいたところに、契丹《きったん》に攻められ、九二六年に滅ぼされた。契丹（遼）はこののち五代の諸王朝・宋にも脅威を与える存在へと発展してゆく。

そして朝鮮半島の新羅では、九世紀以来王権簒奪が相次ぎ、内紛が京師《けいし》から地方へと波及して、やがて地方勢力の反乱を引き起こした。そのなかで特に有力な甄萱《しんけん》の後百済、王建《おうけん》の高麗が新羅と鼎立するいわゆる後三国時代を迎えるが、九三六年に高麗によって統一された。高麗は、この後、中国や北方の勢力と交流をもちながら、発展を続ける。

2　日本への影響

このように東アジア各地で政治勢力の交替がみられるとき、その一員としてこれまで唐・新羅・渤海などと交流をもっていた日本に、その直接的な影響をみることはできない。もちろん律令体制はすでに崩れ、新しい社会制度への転換がみられ、十世紀の初頭には延喜の国制改革と称される注目すべき動きがある。基本的には律令制の再建、中央の貴族層の大土地の私有と有力農民層との結託を防止しようという二本の柱からなる一連の政策である。しかし朝廷は在地の現状を認めざるをえず、有力農民を徴税請負人として把握し、彼らに調庸を納めさせることで律令的収取体系の維持をはかっている。いわゆる王朝国家体制への転換である（坂本賞三『日本王朝国家体制論』東京大学出版会、一九七二年、森田悌『研究史　王朝国家』吉川弘文館、一九八〇年）。しかしこのような変化は、日本の律令制度そのもののもつ矛盾のあらわれとみなければならず、前述の東アジア諸国の変動の余波とみることはできない。そして、今に残されている史料に中国や朝鮮で起きた王朝の交替についての記事がほとんど見られないのはやや不思議な感じさえする。

ただ渤海については日本と友好的な関係が長く続いたことから関心をもたれたらしい。たとえば、『将門記』（天慶三〈九四〇〉年よりやや時期が下るころ成立か）によると、平将門《たいらのまさかど》が武力に訴えることの正当性を述べたなかで、契丹が渤海を討ち滅ぼした例をあげている。将門自身の言葉とすることには疑問があるが、渤海の滅亡ということが日本人に強く意識されていることを知ることができる。

これまで唐・新羅・渤海などと交流をもち、内容の相違はあるにしても同じように律令支配を基本としていた日本が、これらの変動の直接的な影響を受けていない事情は、地理的条件をはじめ、いくつかの理由が考えられるが、対外的側面に関していえば、まず唐の冊封《さくほう》を受けず、その権威を国家支配の柱にしていなかったことがあげられよう（西嶋定生前掲書）。新羅・渤海など被冊封国の自律的発展を否定するわけではないが、冊封という行為が一定の規制力をもつ存在であったことは認めなければならないであろう。

そしてこれに関連して、前述したように日本の外交に対する姿勢がすでに九世紀の段階で大きく変化し、みずから政治外交は求めずという姿勢をとっていたこと、また激動の時代にも商人の来航が続き、文物の受容にそれほど困ることもなかったという事情があったと考えられる。十世紀を扱う本章で九世紀の対外関係に紙幅を割いてきたのは、以上のような理由によるのである。

四　十世紀の対外関係

1　延喜朝廷の対外方針

国内政治では、九世紀末～十世紀初めの宇多・醍醐両天皇のときに、律令体制の再建に意欲を示す一方で、地方での現実を直視した政策が実施に移されている。この十世紀の冒頭の延喜年間に、対外関係にかかわる重要な法令が出され、制度が定められている。すなわち九〇三（延喜三）年の唐商人との貿易に関する太政官符と、九一一（延喜十一）年の唐（外国）商人の来航に一定の年限を定めたことである（以下、森克己『新訂　日宋貿易の研究』『続日宋貿易の研究』国書刊行会、一九七五年、石上英一「日本古代一〇世紀の外交」『東アジア世界における日本古代史講座』七、学生社、一九八二年）。

まず延喜三年八月一日付太政官符「応《まさ》に諸使の関を越えて私に唐物を買うを禁遏《きんあつ》すべき事」（『類聚三代格』巻一九）では、国際貿易の原則である官司先買が守られていない現状と、その購買層として在京の院宮《いんぐう》王臣家と並んで、大宰府条坊内の富豪の輩の存在に言及し、舶来品崇拝による奢侈の風を戒め、さらに管理にあたる大宰府および治安維持のうえで重要な位置を占める関司の怠慢を指摘している。この太政官符で注意したいのは、引用されている律令の条文が、いずれも交易に関する官司先買の原則を定めた前掲の関市令・衛禁律条文であることで、本官符の主眼は交易方法について律令法遵守の徹底にあるとみられるのである。前に引用した天長五年正月の太政官符では、たんに「法に恒科あり」といった程度であるのに比べ、わざわざ律令本文を引いていることにその意気込みをうかがうことができる。延喜朝廷の律令制再建策の一環であるとともに、朝廷が国際貿易の管理・統制に乗り出したものと理解される。

次に延喜十一年の制度とは、『帥記《そちき》』治暦四年十月二十三日条に「件の商客参来せば、延喜の頃、年記を定めらるの後、あるいは彼の年記を守りて、廻却に従われ、あるいはその参来を優して、安置を聴《ゆる》さる」とあるように、年記（年期）すなわち商人が一定の年限（二～三年）をあけて来航すべきことを定めたものと理解されている。ここで注意したいのは、同一の商人が連年来航することを制限したもので、別人であれば特に制限されなかったことである。したがって宋商人との貿易額の増大を懸念する財政上の見地からとられた政策とみることはできないと思われる。

この年期制度制定の事情を考えるうえで、公使とはいえ、商人団と認識されていた渤海使に対する来航制限令が参考になる。渤海使の来航について、七九九（延暦十八）年にいったんは無制限とされたが、八二四年（天長元）に最終的に一紀（十二年）一貢と定められた。そのときの太政官符に、「小の大に事《つか》え、上の下を待つ、年期・礼数、限り無かるべからず」とある。大・上は日本、小・下は渤海を、それぞれ指している。上下関係にあるものにおいては、年期や礼数（身分相当の礼儀や待遇）に当然一定の制限が加えられてしかるべきだ、と述べており、管理・統制の意識が強く働いている（嘉祥二年の渤海中台省宛の太政官牒にも「小之事大、理難自由。盈縮期程、那得在彼。」とみえる）。

延喜十一年の制度もこのような管理・統制という意識から制定されたものとみてよく、朝廷が積極的に貿易に取り組む姿勢を示したものと評価すべきではあるまいか。つまり貿易を国家管理のもとに集中させようとの方針であり、決して消極的あるいは鎖国主義と理解してはならないであろう。なお延喜十一年の制度は、外国商人の来航だけでなく、日本人の渡航についても制限する出入国管理令のごときもので、『小右記』などにいわゆる「渡海の制」の法源はここにあるのではないかと憶測される（「渡海の制」については、山内晋次「古代における渡海禁制の再検討」『待兼山論叢』二二、一九八八年、稲川やよい「「渡海の制」と「唐物使」の検討」『史論』四四、一九九一年、榎本淳一「『小右記』に見える「渡海制」について」『摂関時代と古記録』吉川弘文館、一九九一年など参照）。

このように、十世紀冒頭の対外関係にかかわる二つの法令・制度をみてくると、公式の外交には消極的な当時の朝廷が、一方では貿易の管理・統制に積極的に取り組んでいる様子が知られ、このような方針のもと、貿易がいっそう盛んになってゆく。もっとも支配層は、舶来の商品の受け入れには積極的な姿勢をみせたが、みずから中国・朝鮮貿易に乗り出すようなことまではしていない。これには国内遠隔地商業の未熟、特に海外貿易を担いうる商人層の未成長、あるいは海上交通の技術的な制約に加えて、外国・外国人との直接の接触をきらうという意識など、さまざまな事情があったとみられる。

2　呉越国との交渉

中国では、唐滅亡後、五代十国の分裂時代が続くが、それぞれ富国強兵をめざして領域内の産業・経済の育成に努めたので、この時代には大いに商業が発達し、来たるべき宋代の飛躍的商業経済の発展を準備した時期として重要である。なかでも浙江省一帯を領地とする呉越国は、唐代以来有数の海外貿易港杭州を都とし、同じく貿易港明州を領内にもつことから、貿易の利益を国庫収入の有力な財源としていた。華北の五代の王朝に朝貢を続ける一方で、自ら積極的に海外諸国に使者を派遣しては冊封を加えたり、また商人に親書や贈物を託して外交を求めている。これは市場を開拓し、さらに貿易を円滑に進めるための貿易振興策の一環ととらえることができる。

日本にも呉越の商人が盛んに来航し、時に商人に託して呉越国王から天皇および左右大臣らに贈物と親書が届けられることがあった。日本側は、天皇あての贈物は受け取らずに返書――おそらく形式としては大宰府からの――のみで、左右大臣は臣下の身分で外交をもつことにははばかりがあるとしながらも受領し、返書も送っている（『本朝文粋』巻七、木宮泰彦『日華文化交流史』冨山房、一九五五年、西岡虎之助「日本と呉越との交通」『西岡虎之助著作集』三、三一書房、一九八五年）。

呉越商人の具体的な姿は、『本朝世紀』天慶八年（九四五）七月二十六日条にみえる。これによれば、三〇〇〇石積の船に一〇〇人の乗員、船頭は三名とある。船頭三名とは、宋代の例でいえば、商船運営の幹部である綱首・副綱首・雑事にあたるとみられ（斯波義信『宋代商業史研究』第二章第二節、風間書房、一九六八年）、日本貿易の商人がより組織的になってきたことを示している。

呉越国との関係で特筆すべきことは、呉越からの仏教経典送付の要請に対して、日本から多数の経典が贈られたことである。中国では、会昌の廃仏（八四五年）、唐末五代の戦乱によって多くの寺院が破壊され、経典が失われた。領内に天台宗の総本山天台山を擁する呉越国王は、代々仏教をあつく信仰したが、失われた経典の送付を日本や高麗に求めた。この要請に応じて延暦寺の日延《にちえん》が九五三年（天暦七）に派遣された。日延は帰国に際して日本にまだ伝えられていない内外の典籍千余巻を持ち帰っている（桃裕行「日延の天台教籍の送致」『対外関係と社会経済』塙書房、一九六八)。

五　日宋・日麗貿易

1　宋の貿易振興方針

五代十国の分裂を統一した宋代には、社会・経済・商業にめざましい発達がみられる。農業技術の発達が江南の開発を促し、交通網の発達が地方特産品の商品化を進めるといったように、国内の商業経済が飛躍的に発達した(斯波義信前掲書)。こうして蓄積された資本が海外貿易に投下され、ますます海外貿易が盛んになっていったが、その背景には宋朝廷の積極的な貿易振興方針があった。宋は建国当初から、東北の契丹(遼)や西北の西夏などとの抗争、多額の歳幣などで、財政的に困難な状況にあり、財源として海外貿易のもたらす利益に着目していた。九七七(太平興国二)年には、南海の香料・薬品・宝貨の専売機関として榷易院《かくえきいん》を設け、商人に売却して毎年多額の収入を得たという(『続資治通鑑長編』同年三月乙亥条)。宋が中国を統一する(九七九年)以前のことである。そして統一後は、さらに海外貿易を奨励し、主要な貿易港である広州・杭州・明州・泉州などに市舶司を常置して関税の徴収など管理の徹底をはかり、また香料など高価な品には専売制を実施して国庫の重要な財源とする政策をとった(藤田豊八『東西交渉史の研究　南海篇』岡書院、一九三二年)。このような朝廷の方針を受けて、宋の商人が南北に活躍の場を広げてゆき、日本にも九七八(天元元)年を初見として、以後頻繁に来航したことは周知のとおりである(以下、森克己『新訂　日宋貿易の研究』『増補日宋文化交流の諸問題』『続日宋貿易の研究』『続々日宋貿易の研究』国書刊行会、一九七五年、木宮泰彦前掲書、藤間生大『東アジア世界の形成』春秋社、一九六六年、五味文彦「日宋貿易の社会構造」『今井林太郎先生喜寿記念　国史学論集』河北印刷、一九八八年、同「日宋貿易と奥州の世界」『歴史と地理』三九七、一九八八年）。なお、宋には、かつての唐のような周辺諸国に及ぼす支配秩序を形成する政治的な力はなく、それによりかえって周辺の諸国諸民族が、それぞれに経済的な交流を続けながらも独自の歩みを始めることは、注意しておく必要があろう。

そして日宋貿易はたんに両国間にとどまらず、朝鮮半島の高麗を含む、三国間貿易として展開された。高麗からは、半島統一の直後以来再三にわたって外交を求める牒状が届けられたが、日本はその要求に応じなかった。公的な外交は開かれなかったが、高麗の地方官の使者や商人が来航して貿易を行っていた。やがて十世紀の末には日本人も高麗へ渡航するようになり（『小右記』長徳三年六月十三日条）、両国の経済交流が盛んになっていった。

宋商人が日本にもたらす品物は、基本的には唐代のものと異ならないが、科学・技術の進歩によって、より多彩なものになっていった。南海貿易によって宋に集められた沈香《じんこう》などの香料・薬品や珍獣、中国本土の錦・綾などの高級な絹織物、陶磁器や文房具・書籍・絵画・銅銭などのほか、高麗産の人参や紅花《べにばな》などが主たる品目であった。なかでも銅銭は日本の貨幣経済の進展に大きな影響を与えたものとして重要で、あまりにも大量に持ち出されるため、宋は輸出禁止令を出さなければならないほどであった。

これに対して日本からは、金・砂金・水銀・真珠・硫黄などの金属原料類、松・杉・檜などの木材、蒔絵《まきえ》・螺《ら》鈿《でん》・扇・屏風・日本刀などの美術工芸品が輸出された。これらのなかでは、螺鈿・扇・日本刀などが特に技術的・美術的にすぐれ、宋人の注目を集めている。

2　宋商人の特色

ところで、南海貿易に従事した宋商人の特色として、①貿易相手国の専門化、②外交交渉の仲介、顧問、③長期滞在―華僑、といったことがあげられている。商人が東南アジア諸国の支配層との結合により、自己の利益をはかったものである（和田久徳「東南アジアにおける初期華僑社会」『東洋学報』四二―一、一九五九年）。しかしこのような宋商人の性格は南海貿易商人だけでなく、宋商人一般に共通する。ここでは特に日宋間における外交問題に、商人がどのようなかたちでかかわっているか、考えてみたい。なお、日本貿易に従事する商人は、明州市舶司の管理下に置かれ、渡航に際しては、積み荷などを詳しく記した公憑《こうひょう》の携行が義務づけられていた。

一〇二六（万寿三）年、宋商人周良史《しゅうりょうし》は、関白藤原頼通に名籍を進め、母が日本人であることを理由に、位を得ようとした（『小右記』同年六月二十六日条、『左経記』同年七月十七日条、『宇槐記抄』仁平元年九月二十四日条）。結局、望みは果たせなかったが、その翌年、彼は進奉使と称して宋に渡航している。この一連の行動をみると、貿易活動を有利に運ぶため、公使の肩書を得るのが目的であったと推測される。これは次の例をみると、よりいっそう明らかになる。

一〇七三（延久五）年、入宋した僧成尋《じょうじん》の弟子が帰国し、皇帝神宗（在位一〇六七～八五年）の日本の天皇あての親書と品物をもたらした。神宗のときには宋の国家財政は窮乏に瀕し、王安石《おうあんせき》を登用して、新法と呼ばれる財政・行政にかかわる広範な改革を行った。そしてその国家財政強化の一環として海外貿易が盛んに奨励された。今回の日本への働きかけもその方針に基づくものと考えてよい。日本の朝廷は審議を重ねたすえ、ようやく一〇七七（承暦元）年に絹・水銀などを返礼の品として送った。そしてこれを宋に届けたのがこのころの代表的な宋商人の孫忠《そんちゅう》であった（原美和子「成尋の入宋と宋商人」『古代文化』四四―一、一九九二年）。孫忠は僧仲回《ちゅうかい》とともに進奉使を称して明州に赴いている（『続資治通鑑長編』元豊元年二月辛亥条）。もちろん日本の朝廷が公使と認めて派遣したはずはない。明州の宋朝廷への報告のなかに、「日本国大宰府の牒を得るに称《いわ》く」とあり、また孫忠が帰国に際してもたらした文書の宛先が「日本国大宰府令藤原経平」（『善隣国宝記』）となっていたことからすると、孫忠は大宰大弐《だいに》藤原経平《つねひら》と結び、進奉使を称して宋に向かったものと推測される。この後、日本では、孫忠の処遇や藤原経平の私貿易経営などが問題として論じられているが、外交交渉の仲介役として画策する商人と大宰府の官人の存在を明らかにしている。前述の周良史の目的もおそらく同様とみてよいであろう。

3　宋商人と国家

このように、宋商人の基本的性格は唐・五代の商人と大きく変わるものではないが、公権力との結びつきがよりいっそう強固になっていることを指摘できる。来日の商人が明州の牒状など公文書をもたらす例がしばしばみられるが、この場合もたんに商人が貿易を円滑に進めるための方便とみてはならず、その背後には皇帝を頂点とする国家が控えているとみなければならない。この間の事情を明らかに伝えるのが、次の例である。

一一七二（承安二）年、明州刺史《しし》から平清盛と後白河法皇あてに書状と贈物が送られてきた。これまでの例からいえば、受領を拒否すべきものであったが、貿易に積極的であった清盛はこれを受け取り、なおかつ返書を送っている。これについて『宋史』日本伝には「乾道九年、始めて明州の綱首に附し、方物を以って入貢す」とあり、『宋会要輯稿《そうかいようしゅうこう》』（巻一九九　歴代朝貢）には、

「枢密院言す。沿海制置司の津発せる綱首荘大椿《そうだいちん》・張守中《ちょうしゅちゅう》、水軍使臣施閏《せじゅん》・李忠《りちゅう》、日本国の回牒ならびに進貢方物等を齎到《せいとう》す。まさに激犒《げきこう》を行うべしと。詔して、綱首におのおの支銭五百貫・使臣に三百貫。」

とある。首尾よく日本の返牒を持ち帰った仲介役の商人や使節には、一種の成功報酬として銭が支給されているのである。今回の日本への遣使は、「今度の供物、彼の国王にあらず、明州刺史の供物なり」（『玉葉』承安二年九月二二日条）と、明州刺史からのものと日本側では理解されているが、その実態は中央政府の意向を受けており、

宋の朝廷をあげて貿易に積極的に取り組んでいる様子を知ることができる。商人がしきりに日本側の公式の文書（返書）を求める事情をかいまみせる史料である。

4　日宋麗三国貿易の隆盛

このように公式の外交が開かれない状況のなかで、商人が介在して活躍していた。これは宋だけでなく、高麗との間でも同様であった。一〇七九（承暦三）年に、高麗から中風に悩む国王文宗《ぶんそう》の治療のための医師派遣の要請があったとき、日本は審議を重ねたすえ、もし治療に効果がなければ、日本の恥になるという意見が大勢を占め、派遣しないことを決定した。そして実際には太政官で作成した大宰府の返牒で、高麗の牒状の文言・形式の違例・無礼を指摘し、朝廷に伝えることはできない、と門前払いの措置をとったのであるが、このとき日麗間を仲介したのが大宰府在住の商人王則貞《おうそくてい》であった。王則貞は、名前からみて中国系渡来人と推測されるが、彼の一族とみられる人物が大宰府の下級官人の府老や筑前嘉麻《かま》郡司になっており、すでに在地の官人を出すほどに土着化していたのである（門田見啓子「大宰府の府老について」上『九州史学』八四、一九八五年）。

こうして、宋朝廷の海外貿易振興の方針によって宋商人の来航はますます盛んになり、日本・高麗商人も加わって日本・宋・高麗三国間の貿易が隆盛を迎える。宋の商人のなかには、大宰府の管理をきらって直接荘園の港に入港したり、あるいはより京都に近い敦賀まで進出するようになり、貿易の舞台が広がっていった。受け入れる日本側でも、国司や在地の豪族だけでなく、商人層も台頭し、『新猿楽記《しんさるがくき》』には、東は俘囚《ふしゅう》の地（蝦夷地方）から、西は鬼界島《きかいがしま》に至るまでを活動範囲として唐物・本朝の物を売り歩く商人の主領「八郎真人《はちろうのまひと》」の生活が描かれている。唐物が商人の手によって国内各地に売りさばかれていったことは、各地で出土する陶磁器片によってその一端をうかがうことができる（亀井明徳『日本貿易陶磁史の研究』同朋舎出版、一九八六年）。そして注目すべきは、商品がそれまでの奢侈品から日常品へと多彩になり、購買層が一部の支配層や富豪層から一般の人びとへと広がっていったことである。そしてその象徴ともいうべきものが宋銭であり、その日本の貨幣経済の進展に与えた影響は多言するまでもないであろう。

このように、日本は外交は求めずに貿易を進めるという方針を定着させ、宋を中心にした東アジア貿易圏の一画を占め、国際貿易を展開してゆくのである。

以上、公的な外交をもたなくなってからの日本と中国・朝鮮との関係について、仲介役としての商人の活動を中心に眺めてきたが、商人のほかに、この時期の対外関係のうえで注目されるのが、留学僧である。遣唐使が派遣されなくなってから、唐への求法《ぐほう》・巡礼を希望する僧侶は商船を利用して往復している。円仁《えんにん》（復路）・円珍《えんちん》や恵蕚《えがく》・真如《しんにょ》らはよく知られている。また留学中の円載《えんさい》が費用を調達するため、商船を利用して弟子を一時帰国させているような例もあり、日中間の往復が商船の利用でより容易になっていった。それは五代でも同様であった。そして宋代にも、建国まもない九八三（永観元）年に入宋した奝然《ちょうねん》を筆頭に、寂照《じゃくしょう》・成尋・戒覚《かいかく》らがあいついで渡航している。特に奝然は皇帝に会見し、携えていった日本の職員令《しきいんりょう》や「王年代記」を披露し、問答を通じて日本の事情を説明している（『宋史』日本伝）。このような一連の行動から奝然を公的な使節とみなすべきとする見解もある（田中健夫『中世対外関係史』東京大学出版会、一九七五年、石上英一前掲論文、一九八二年、村井章介「中世における東アジア諸地域との交通」『日本の社会史』一、岩波書店、一九八七年）。このほか、寂照・成尋らも皇帝に謁見して厚遇を受けている。たしかに僧侶は俗人とちがって身分の面で自由であり、日本の体面を考えることなく、公使と同じような成果を望むことができ、便利な存在として利用された形跡がある。名分にこだわる日本朝廷の対外的な窓口として、たんなる巡礼僧以上の役割を担っていたということができるであろう。しかし、たとえば成尋が、あえて密航のような方法をとらなければならなかったのはなぜか（『参天台五台山記』）など、入宋僧の性格について解明すべき問題は多く、今後日宋関係を考えるうえで重要なテーマの一つとなるであろう。

附

コラム　最後の遣唐使計画

中止に至る経緯

八九四（寛平六）年に遣唐使派遣の計画がたてられたが、大使菅原道真の建議によって中止された、ということは、日本史の常識といってよい。しかしその経緯・停止の事情をめぐってさまざまな説が出され、いまだ定説がないのが現状であり、自明のこととされている中止されたとする理解についても、疑問があるのである。

今回の遣唐使計画の経緯を伝える根本史料は、『菅家文草《かんけぶんそう》』所収の①「勅を奉わりて、太政官、在唐僧中瓘《ちゅうかん》に報ずるが為の牒」（七月二十二日付）、②「諸々の公卿をして、遣唐使の進止を議定せしめんことを請うの状」（九月十四日付）の二通の文書である。この二通の文書および『日本紀略』などによって、今回の計画の概要を記すと、次のようである。

七月二十二日―在唐留学日本僧中瓘が、唐の情報、特に温州刺史《しし》の朱褒《しゅほう》が日本通交の意志のあることを伝えてきたことに対する返書（太政官牒）で、日本では遣唐使派遣は朝議ですでに定まっているが、災害が続いているので実施はやや遅れるかもしれない、との宇多天皇の勅旨を述べる（『菅家文草』①）。

八月二十一日―遣唐大使に菅原道真、副使に紀長谷雄《きのはせお》を任命（『日本紀略』『扶桑略記』）。

九月十四日――遣唐使一同を代表して大使菅原道真が上奏文を提出。まず冒頭に中瓘の書状には唐の凋弊《ちょうへい》の状況が詳しく記されていることを述べ、航海の危険に加えて、唐に到着してからも不安があるので、中瓘の消息を公卿や博士に披露して、遣唐使の派遣について再検討してほしいと要請している（『菅家文草』②）。

九月三十日――遣唐使の派遣停止を決定（『日本紀略』）。

このように、任命から停止まであまりに短期間であり、なおかつ九月三十日の停止以後も道真ら遣唐使はその称号を正規の文書に署名するなどしている。このようなことから、今回の遣唐使ははじめから実行の意志のないもの、道真らが文人の名誉となる遣唐大使などの称号取得を目的に企てられたもの、といった意見をはじめ、諸説出されている。

ところで停止を伝える『日本紀略』の記事に注意すると、「其日、停遣唐使」とある。『日本紀略』における其日は、日付が確かでない場合つまり某日の意味で使われている。したがって九月三十日に停止されたとする従来の理解は誤りとなる。そして『日本紀略』の史料性を検討すると、『日本紀略』の停止記事は、『菅家文章』の②の文中の「停入唐之人」という記事に引かれて書かれた可能性が高い。これまでは『日本紀略』の記事を絶対のものとみて、それを前提に他の史料を解釈してきたが、逆に道真らがこれ以降も遣唐使の称号を正規に名乗っているのは、彼らの任務が解かれていないから、とみるのが素直な解釈であろう。つまり遣唐使停止が朝議を経て決定した事実はないのではないかと憶測されるのである。

派遣を企てた理由は何か

今回の計画については、このように不可解な要素が多いのであるが、外交に消極的になっていった日本の朝廷が、この時期に派遣を企てた理由は何であろうか。これについて、まず注目されるのは、『菅家文章』②で「中瓘録記の状をもって、遍《あまね》く公卿・博士に下し、詳らかに其の可否を定められんことを」と述べていることである。『菅家文章』①②にみえる在唐日本僧中瓘の情報を同一のものとみると、①で「(遣唐使派遣の）朝議すでに定まれり」とあっても、中瓘の情報にもとづいて公卿らの検討を経たものでなく、十分な合意を得たものでもなかった、ということになろう。ということは、この計画が宇多天皇の指導のもとに、天皇周辺で進められたことを推測させる。

しかし、①によれば、黄巣《こうそう》の乱以後、唐の情勢が不安定であることは、日本側もよく承知していた。それでもなお宇多天皇が派遣しようとしたとすれば、いったいどこへ、何の目的で派遣しようとしたのか。なにかこの時期に派遣して、宇多天皇に益するところがあったのか。本当に実施可能と思っていたかどうか、など不審な点が少なくない。そして前述のような中止の決定がなされていないとする理解が認められれば、方針の変更に反対する勢力がいたことを示唆している。

すなわち、今回の遣唐使派遣計画は、みずから政治外交を求めて計画されたというよりも、きわめて国内的事情によるもので、国内政局打開の常套手段としてとられる、目を国外に向けさせるという意図が強かったのではなかろうか。つまり政権基盤の弱い宇多天皇が、権力集中の一つの政策として打ち出した計画ではないかと憶測されるのである。本文で、それまでの消極的な外交を転換させるような意義を認めることはできない、と述べたのは以上のような認識によるのである。

2　肥前国神崎荘と日宋貿易
――『長秋記』長承二年八月十三日条をめぐって――

はじめに

日宋貿易関係史料として、次の『長秋記』長承二年（一一三三）八月十三日乙未条の記事はよく知られている(1)
（史料・文献の引用に際して中略する場合は「……」でもって示す）。

晴陰不レ定也。早朝帥中納言送レ書云、大切可二示合一事出来、可二来向一。輦レ車可レ下也。者、仍午時許行向。云、鎮西唐人船来着。府官等任レ例存問、随出二和市物一畢。其後備前守忠盛朝臣自成二下文一、号二院宣一、宋人周新船、為二神崎御庄領一、不レ可レ経二問官一之由、所二下知一也。此事極無二面目一、欲レ訟二申院一也。其上書案可二書給一。不レ可レ振レ筆、唯和名書二天可レ作也。者、仍書二々案一。……

抑宋人来着時、府官存問、早経二上奏一、安堵・廻却、所レ従二宣旨一也。而可レ為二庄領一由、被二仰下一条、言語道断也。日本幣〔弊イ〕亡不レ足レ論、外朝恥辱更無レ顧。是非レ他、近臣如二猨犬一所為也。

その大意は、これまでの通説によれば、

大宰権帥藤原長実が源師時に、「来日した宋商人周新に対して大宰府官が例のごとく存問を加え、貿易を行ったところ、鳥羽院司備前守平忠盛が下文を作り、院宣と号して、『周新の船は神崎荘領に到着したので大宰府の管轄外にある』と主張した」と語り、このことを極めて遺憾に思った長実は鳥羽上皇に抗議するための上書案作成を師時に依頼した。

と理解されている。大宰府の管理を避け荘園内で密貿易が行われていたことを示すとして、日宋貿易の推移を考える上で重要な史料とされてきた記事である。(2)また平氏が早くから宋との貿易に着目していたことを示すとしても著名な記事で、「当事者の思惑として、すでに大宰府の先買体制棄避をおこない、他の権門を牽制しつつ国政を掌握しようとする平氏政権の特質が萌芽的にでている」(3)といった評価もなされているように、平氏政権論にも関わる出来事である。このように、よく知られた出来事ではあるが、いくつか問題も残されている。中でも、近年盛んに論議されているのが宋船の来着地で、有明海に面した神崎荘現地とする説、博多にあった神崎荘の倉敷地とする説、そして最近では第三の説とでも言うべき博多津とする見解も示されている。到着地の問題は、忠盛の主張の根拠を考える上で重要な意味を持っている。またこの出来事は当時の日宋貿易の具体像を考える上でも興味深いものがあるが、これまであまり注意されてこなかった問題もあるように思う。そこで本稿では、『長秋記』の記事について検討し、宋船来着地の問題を中心に当時の日宋貿易体制を考察してみたい。

なお、平忠盛の行動について、忠盛が院司の立場からした行為とする理解と、神崎荘司（預所）としての立場から取った行動とする考えがあるが、仁平三年（一一五三）正月十五日に忠盛が没した後の同年十二月八日に、信西（藤原通憲）に〈神崎庄を預〉けられていることがみえる。[4] これは忠盛の死去を受けた人事と推測され、したがって、「忠盛の行為も鳥羽院の近臣として神崎荘を「預」かっていたと考えればよく理解出来る」[5] とみられている。そして問題とする出来事の前年の三月には、『平家物語』「殿上闇討」に有名な、内の昇殿を許されている。長承二年当時は、まさに師時のいうように院の「近臣」として大きな力を発揮していたことは間違いないのである。藤原長実・源師時そして忠盛と、同じく鳥羽院に近い人々の中で生じた軋轢で、旧来の貴族と新興の武士の棟梁との対立が明瞭に現れた事件であるとともに、院政権内部の実状を垣間みせる出来事でもあることが知られる。[6]

一　宋船到着地をめぐるこれまでの見解

それではまず忠盛が貿易権を主張する根拠とされる、周新の船は神崎荘領に来着したとする点について考えてみたい。神崎荘は、現在の佐賀県神埼郡神埼町を中心とする有明海に面して設定された荘園で、承和三年（八三六）空閑地六九〇町が勅旨田とされたことに始まる。後院領として相伝され、「代々のわたり物」の一つとして特に重視され、最盛期には三〇〇〇町歩にも及んだ一大荘園である。長承二年当時には鳥羽院領として知行されていた。[7] 普通、周新の船は有明海に面した本荘に到着したと考えられているが、その到着地を同じ「神崎荘」領地であっても博多にあった「神崎荘」倉敷地とする説もある。そして最近、神崎荘とは無関係の大宰府博多津説が出されている。そこでこれらの見解を簡単に紹介しておきたい。

1　神崎荘現地到着説

有明海に面した神崎荘現地と対外貿易を示す史料としては、問題とする『長秋記』のほか、『御堂関白記』長和四年（一〇一五）七月十五日条にも記事があり、宋から一時帰国した在宋日本僧寂照の弟子念救が、再び宋に戻るため九州に下向する時、「神埼御庄司豊嶋方人」が同行したことが記されている。この時、念救は神崎荘から宋に向けて船出したとの理解も示されている。[8] ここに神崎荘司としてみえる豊嶋方人は、これより以前、正暦二年（九九一）と推測される宋商人周文徳が源信に宛てた二月十一日付書状[9]に、「旧冬之内、喜㆓便信㆒啓㆓上委曲㆒、則大府貫首豊島才人、附㆓書状一封㆒、奉上先了。」とみえる、豊島才人と同一人物とみられ、「大宰府の官人で（神崎）庄司を兼ねていたのであろう[10]」とする意見もある。いずれにしても神崎荘司と宋商人との親交、ひいては神崎荘の対外貿易との関係の深さを伺い知ることができるであろう。そして、かつての神崎荘領内に位置する下中杖遺跡（佐賀県神崎郡三田川町大字豆田字下中杖）から「平安時代前期の土師器、緑釉、灰釉、黒色土器、越州窯系青磁、白磁、青銅製箸……などが出土し」ており、前掲の『御堂関白記』や『長秋記』の記事を参考にすると、「平安中期には、すでに神崎荘が中国との貿易港となっていた可能性がある[11]」という意見もある。

このように神崎荘が対外貿易と深い関係にあったことについては、文献・考古の両面から指摘されている。但し前引『御堂関白記』の豊嶋方人が渡宋する念救を伴って下向したとする記事から、ただちに神崎荘現地に宋船が発着していたと解釈することには問題があるように思われる。方人は神崎荘に帰るに際して、いわばついでをもって念救を大宰府にまで送り届けた可能性も考えられるからである。[12] また、荘園領域内から舶載の陶磁器が発見されていることも、入手経路や物の移動についての検討が必要であり、直ちに同地に宋船が発着して貿易が行われたとすることはできないであろう。いずれにしても、このような神崎荘が貿易港であったとする理解は、『長秋記』の記事に大きな影響を受けているとみて間違いなく、この記事は、神崎荘が対外貿易の舞台となっていたとする通説の傍証ともなっているといってよいのである。

なお、神崎荘現地到着説で、もっとも問題となるのが、有明海最奥部に位置する本荘園まで宋船のような大船が航行することは可能であったかということで、このことが本荘到着を否定し、次に紹介する博多所在の倉敷地とする意見がでてくる一つの理由ともなっている。しかし、宋船航行は十分可能であったという見解もある。

まず日下雅義氏は、干潟でも澪筋や川筋を通って陸地の奥深くにまで遡ることができたことを論じられ、「有明海を北上してきた船は、（筑後川右岸にある、神崎荘の―引用者）外港諸富津で潮の状況を確かめたのち、満ち潮を見計らって、櫛田神社付近にまで一気に遡った」と推測されている。(13)そして文献資料と現地調査の両面から、有明海航行は可能であったことを指摘されたのが服部英雄氏である。(14)服部氏は、久安四年（一一四八）に、神崎荘と同じく有明海に面している白石平野一帯を領域とする肥前国杵嶋庄から仁和寺宮覚法法親王のもとに孔雀が進上され、鳥羽法皇の御覧にも供したという『御室相承記』の記事に注目し、「宋商と孔雀をのせた船は有明海に入り、杵嶋庄の沿岸にいかり石を投じたものと考え」られる。すなわち宋船の有明海航行は可能であり、中国明代の『籌海図編』など日本関係書籍の有明海に面した港津に関する記事を参考にすると、旧筑後川の本流右岸に直面していた旧蒲田津が神崎荘の港で、長承二年の周新の船は同地に入港した、と結論された。

2　博多所在の神崎荘倉敷地到着説

さて、右に少し触れたように、周新船の到着地については、同じ神崎荘領であっても、博多にあった神崎荘倉敷地であるとする見解がある。長沼賢海氏が、博多の櫛田神社は神崎荘の鎮守が博多に勧請されたものといった理由から、倉敷地の存在を推測されたことに始まるが、(15)近年では五味文彦氏によって幾つかの傍証が加えられ主張されている。まず第一は、神崎荘ないし荘官と博多及び同地の宋商人が密接な関係にあったことが、少し時期が降ったころの史料に明確にあらわれてくることである。(16) 建保六年（一二一八）九月、延暦寺の末寺大山寺の神人で通事であった船頭張光安が筥崎宮司らによって殺害されるという事件が博多で起きた。被害者の張光安は、博多居住の宋人で貿易に従事していた人物とみて間違いない。そして、事件後、神崎庄官等が重ねて解状を進め、「通事船頭光安死所博多管内并所領等、任二先例一可レ為二御庄領一之由」を訴えている。また殺害事件の前後に、「大府使并社家雑掌等」を蹂躙するなど「種々悪行」を働いた「神崎庄留守并綱首秀安等」を罪科に処すべきことを訴える筥崎宮の解状が出されていることもみえる。五味氏は、このような博多における神崎荘官の活動は、博多に神崎荘の倉敷地ないし飛び地があったことを示しているとし、前述の櫛田神社のこと及び神崎荘司豊嶋方人の例に、康和五年（一一〇三）の筑前国怡土郡の田地売券（『平安遺文』一五一二）に「随近」として「神崎庄別当小野」が署判していることを加えて、

> 神崎荘の年貢はここ博多までもたらされ、京上されたとみてほぼ疑いない。神崎荘の前身は勅旨田であり、大宰府の保護下で成長してきた結果、倉敷が博多に設定されたのであろう。……即ち神崎荘の現地管理人は府官が兼ねており、大宰府の保護により神崎荘は経営されてきたのである。

と述べ、周新の船はこの博多の神崎荘領倉敷地に到着したのであると論じられた。(17) そして、現在では、この見解が有力な説になりつつある。(18)

しかしながら有力とみられる倉敷地説についても、幾つかの疑問や反論が示されている。まず倉敷地ないし飛び地の存在を長承二年当時にまで遡らせることができるのかという疑問である。(19) これはしかし今日残されている史料からは何とも決することはできないであろう。いま一つは、五味氏の論拠の一つである、筑前国怡土郡の田

地売券に「随近」として署判を加えている「神崎庄別当小野」は、神崎荘現地の政所別当とする意見もあり、[20]必ずしも署判を加えていることをもって「博多に居住していたことによるもの」とすることはできないのである。また、倉敷地説の根底にある、宋船が有明海を奥深くまで航行することは困難との見方[21]についても、反論が出されていることは前述の通りであり、少なくとも航行不能をもって本荘到着を否定することはできないようである。

こうして結局周新船の到着地については、振出しにもどった感があるが、いずれにしても、上の二説においては、忠盛が大宰府の干渉を排除する主張の根拠が、宋船が「神崎荘」領内に停泊ないし着岸したことにあるとする点では一致していると言ってよいであろう。

3　大宰府博多津到着説

以上に紹介してきた通説における二つの考えに対して、第三の説として、周新船は神崎荘領地とは直接関係のない博多津に到着したとする説が出されている。すなわち大庭康時氏は次のように述べる。[22]『長秋記』文中に「為㆓神崎御庄領㆒」「可㆑為㆓庄領㆒由」とある「庄領とは、神崎庄領域内という意味ではない」、「大宰府の府官が原則通りに存問・交易を終えたという事は、大宰府における管理貿易の港は博多に限定されているから、周新の船は博多に回航された、もしくは初めから博多に着岸した事を意味している。したがって、博多に神崎庄の飛び地がない限り、神崎庄の領域内云々という言い分は成り立たない」、「庄領という言葉は、船に対してなされているように読める。」と博多津着岸説を示されたのである。

筆者も兼ねてこの『長秋記』の記事を読む度に神崎荘到着説（現地にしても倉敷地にしても）には疑問を感じていた。考えてみれば、忠盛の主張の根拠が、たまたま神崎荘領域内に宋船が停泊したことにあるとすれば、それが博多の倉敷地内であったとみればなおのこと、大宰府が周新の船を大宰府の管轄内の港——大宰府博多津——まで回航させるか曳航してしまえば、たちまち忠盛の論拠は失われることになるのではあるまいか。もし到着地によっては大宰府の管理権が及ばないとする慣行があるとしたら、今回の場合は大宰府が来航のことを承知しているのであるから、当然大宰府の管理圏内に移動させるであろう。手を拱いて抗議を受けるようなことはするはずがない。やや時期は遡るが、天慶八年（九四五）六月に肥前高来郡肥最埼（現在の長崎県野母崎町）に来着した呉越商人蔣袞が、警固所の事情聴取に応えて、「状〔伏〕請准レ例速差二人船一、引路至二鴻臚所一(23)」と述べている。〈例に准じて〉とあることから、大宰府から離れた場所に到着した船は、大宰府鴻臚館前の港（博多津(24)）に回航されるのが例であったとみられる。但し宋商人の来航が飛躍的に増加した長承二年当時にこのような原則があったかどうかは不明で(25)、もし大庭氏のように、「大宰府における管理貿易の港は博多に限定されている」のが自明のことであり、あるいはそのように明言し得る史料があれば、これまでも、神崎荘領地に到着したことを前提として議論がなされるようなことはおそらくないのではなかろうか。したがって大庭氏の主張についても確認の必要があると思われる。

繰り返すと、周新船の場合、大宰府が存問し〈和市物を出〉すことを特にトラブルもなく終了しているということは、府官が周新船に立ち入り検査を行うことには何ら問題はなかったことを示している。もし忠盛が荘園領域内であることを理由にしているのであれば、大宰府がただちに停泊地を移動させれば、問題は解消し、大宰権帥長実が法皇に抗議するまでもないのではあるまいか。忠盛の主張の根拠が宋船が荘園領地内に停泊したことにあるとする通説の理解には素朴な疑問が抱かれるのである。そこで『長秋記』の記事の幾つかの文言に注意しながら、以下に考えてみたい。

二　『長秋記』記事の検討

筆者は、周新船の到着地を明らかにするためには、大宰府はどこまで周新との間の貿易を進め、忠盛の下知がどの時点で出されているのか、といった視点から考察することが有効であると考える。すなわち文中の〈府官ら例に任せて存問し、随《まま》に和市物を出し畢んぬ〉の一節に注目したい。これまでは、大宰府が例にしたがって存問し貿易を完了した後、忠盛から抗議があった、との理解が一般的で、それ以上に踏み込んだ考察はなく、あまり関心は持たれていない。(26)そこで、宋商人の来航から貿易までの過程をながめ、一体この出来事はどの時点でおきているのか、考えてみたい。(27)

1　「随出二和市物一畢」

さて、宋の商人が大宰府に来航すると、まず大宰府が責任者（綱首）の姓名・来日の理由・積載品目などを尋ね、公憑など必要書類の提出を求める。これを存問といい、文書化して商人・府官が連署する。大宰府は、商人から提出された文書（公憑・貨物解・和市物解）や存問日記などに大宰府解を添えて、太政官に送る。朝廷では陣定を開き、これらの資料に基づいて、安置（滞在と貿易の許可）もしくは廻却（貿易を認めずに帰国させる）を決める。この決定の基準は、いわゆる年期制(28)に照らして、その条件を満たしているか否かにある。そして陣定の結論を上奏し、勅裁を仰ぎ、その安置・廻却の決定が官符で大宰府に伝えられる。安置の場合には貿易の手続きが取られ、廻却の場合には直ちに帰国が命じられることになる。これが問題としている記事で、師時が、「抑宋人来着時、府官存問、早経二上奏一、安堵・廻却、所レ従二宣旨一也」と述べている具体的な内容である。しかし実際には、廻却と決定されながら、風待ちのための滞在が長引くなど、安置と異ならないのが現状であった。

一方、宋商人のもたらす貿易品については、不明確なところもあるが、当時の用語をみると、大別して「貨物」・「和市物」の二種類があり、[29]宋商人自らが区別した上で、取引に応じているらしい。例えば、万寿四年（一〇二七）来日の宋商人陳文祐提出文書の中に、「文祐等所レ進貨物解文一枚・同文祐等所レ進和市物解文」とみえる（『小右記』同年八月三十日条）。そして「貨物」は、しばしば貢朝物・方物などと呼ばれ、貢進とする表現もみられるなど、献上品的色彩の濃い商品と理解される。これに対して「和市物」とは交易用の品で、朝廷ないし廷臣が必要とする品を対価を支払って購入する性格の品物のようである。はじめはこれらの公貿易のために唐物使とよばれる使者を大宰府に派遣していたが、その業務を次第に大宰府官に委ねるようになっていった。[30]

この頃の貿易の手順と貿易品については、およそ以上のごとくである。それでは忠盛が大宰府の職務に介入したといわれるのは、どの段階でのことであろうか。前述のように、公的な貿易を完了した後、忠盛が介入した、とする理解が一般的である。たしかに朝廷の審議の結果を待ってはじめて大宰府が正規の貿易活動を行うのであるから、〈和市物を出〉すという行為は貿易完了を意味しているようにも思われる。しかしその場合、幾つかの疑問が生じてくる。まず忠盛が大宰府における貿易が終了した後に、まして対価も支払われているとすれば、貿易権を主張したり、大宰府の干渉を排除しようとしたところで、後の祭りではなかろうか。また「府官等任レ例存問、随出二和市物一畢」という記事には、存問した後の、朝廷への報告、陣定における審議、勅裁、そして大宰府への指示といった部分が省略されていることになり、不審である。文章からみれば、存問と和市物を出すこととは、一連の作業とみなされる。すなわち〈和市物を出〉すとは、商人の積載品（交易品）である和市物を（船内から）出すこと、つまり搬出ないし陸揚げするの意味に取るべきであり、「畢」とは、その作業が終了したことを意味していると考えられる。この場合、「和市物」の語は、商品・積載品の総称として用いられているのかも知れない。公貿易の実務は朝廷からの指示を待って行われるのであるが、指示を待つ間、商人の積み荷は船内にそのままにしておくのではなく、然るべき施設に収容したと考えるのが自然であろう。そして円滑な貿易を考えれば、朝廷の指示に備えて、大宰府では、商人から提出された貨物解・和市物解にしたがって、現物照合などをあらかじめ行っておく必要があろう。廻却が決定された場合でも実際には物を売り捌くことが行われていたことは、長治二年（一一〇五）来日の李充の言に明らかである。(31) つまり大宰府は、積み荷を搬出して、朝廷からの指示を待っていたのではなかろうか。また当時の府官による官司先買の原則を無視する日常的な不正行為を考えれば、府官が積載品に全く手を付けなかったとは考えがたく、正式の指示が届くまでに、府官らは品定め、時には私貿易を行っていたであろうことも想像するに難くない。またこのことが不正行為を招く温床になったと言えなくもない。

　このように貿易の手順の中でこの出来事を考えてくると、忠盛が下文を発給したのは、安置・廻却の宣旨すなわち勅裁が下される以前のことで、朝廷の審議、勅裁を待つことなく下知されたものと理解される。だからこそ、師時はわざわざ〈抑も宋人来着の時、府官存問して早かに上奏を経、安堵・廻却、宣旨に従ふところなり〉と正規の手続きを述べ、これを遵守しない忠盛の行為を〈言語道断〉と非難しているのではなかろうか。商船内から積載品（貿易品）を陸揚げする作業を畢え、朝廷からの指示を待っていたところに、忠盛の下文が届いたので、驚いた府官は直ちに在京の権帥のもとに注進するにいたったものであろう。(32)

　筆者は、「府官等任レ例存問、随出二和市物一畢」の一節を以上のように理解する。そうすると、多量にのぼる貿易品の荷揚げからその管理まで、神崎荘のような出張先での作業には、いろいろな困難がつきまとうのではなかろうか。朝廷からの指示が来るまで相当長期間にわたって現地において管理するか、あるいは購入品を大宰府まで陸路運ぶとすると、そのための経費・要員も少なからず必要であろう。このような貿易の現実・取引の現場を考慮すると、周新との貿易が神崎荘現地や倉敷地で行われたとは考え難い。やはり貿易は大宰府の管理する博多津で行われたとみるべきであろう。博多津であれば、宋船を迎え、商人を滞在させ、貿易を行うための施設が備わっていたことは言うまでもなく、[33]そこに収容・収納することに何ら問題はないのである。もし神崎荘領地への来航の情報に接したならば、上記のような手間を考えると、現地まで府官が赴くとは思えず、博多津への回航を命ずるのではなかろうか。

以上、府官が存問し、和市物を周新船から搬出した場所は神崎荘領地とは考え難く、大宰府博多津としか考えられないことを述べてきた。そこで『長秋記』の記事の中の庄領・鎮西といった常識的な語を手がかりに、さらにこの点について確かめてみたい。

2　「為二神崎御庄領一」「可レ為二庄領一」

これまでの通説において、本荘・倉敷地のいずれにせよ、周新船が「神崎荘領に来着した」とする根拠は、〈神崎御庄領たれば〉〈庄領たるべし〉という部分にあるとみなされる。この「庄領」を「庄領地」と同義と解釈するのであるが、前述のように、大庭氏は、「庄領」とは荘園の領域を指すのではなく、「船」にかかるものと指摘されている。そもそも「領とは土地に対する現地での領掌権＝一定の直接支配権を意味するもの」[34]との説明がなされている。必ずしも土地に限らず、客体に対する領掌権を意味しているとみなされ、この場合は、周新の船に対する神崎荘の支配権を主張しているとみなすべきであろう。「庄（荘）領」とは、当時の史料に頻出するきわめて常識的な語で、[35]あらためて取り上げるべきものでないとも思われるが、実際には荘園領地と同義と理解されているようであるので、問題としている記事を正確に理解するため、敢えてその意味するところを確認してみたい。

まず類似の表現の一例として、「永久四年丹波国司庁宣案」（『平安遺文』一八五〇）をあげると、その事書に「可レ為二庄領一大山庄四至内作田事」とあり、続けて本文に、「右件田、停二止公民之妨一、可レ為二庄領一之状、所レ宣如レ件、宜二承知一、依レ件行レ之、以宣」とみえる。事書では、「大山庄四至内」つまり大山庄領域内にある作田を「可レ為二庄領一」としているのであるから、庄領とは作田の所在地を意味しているのではない。次に本文によれば、公民の妨を受けている「件田」とは大山庄領域内の田地であるから、これを「可レ為二庄領一」と述べていることは、「庄領」が「件田」の所在地を称しているわけではないことを示している。さらに庄領とほぼ同じ語である「寺領」が「寺家領掌」の略語として用いられている例があるが、(36)寄進地系荘園の成立に関する著名な史料である『鹿子木荘事』(37)（『東寺百合文書』し函三〇九号）に、「高方者〔庄家〕領掌進退之預所職」とみえる。すなわち「庄領」とは「庄家領掌」の意味に取ってよいであろう。「領掌」とは、「領知」「知行」などと同じく、土地を領有して支配すること、といった意味で用いられている。(38)前掲の「永久四年丹波国司庁宣案」にいうところも、公民の妨を排除して、四至内の田地を庄家が領掌すべきこと、すなわち田地の管理・支配――知行権が荘園側にあることを述べていると理解してよいであろう。

これらを参考にすれば、「為二神崎御庄領一」「可レ為二庄領一」とは、周新の船の支配権・管理権が神崎荘にあることを主張しているのであって、神崎荘領域・領地といった場所を述べているのでないことは明白ではなかろうか。あるいは通説の中には、「庄領」の意味については上記のようにとりながら、忠盛が「庄領」であることを主張しているのは、荘領地に到着したからに違いないといった理解があるのかも知れない。

3　「鎮西唐人船来着」

そして、当事者の長実と師時の間では、まずどこに宋船がやってきたかを前提として話し合いが為されているはずである。その場合、『長秋記』冒頭の〈鎮西に唐人の船来着す〉に注目すべきであろう。鎮西は、鎮西奉行・鎮西探題などに知られるように、ふつう九州の総称として用いられるが、狭義では大宰府を指すこともある。

鎮西の用例は早くに遡ることができるが、[39] 一般には、天平十五年（七四三）十二月から同十七年六月まで、大宰府に替わって鎮西府が置かれたことが[40]きっかけとなり、鎮西府が廃されて大宰府が復置された後も大宰府の別称ないし唐名として鎮西府の名が用いられた。[41] そして「鎮西府」となく、単に「鎮西」とのみ記される場合もある。例えば『続日本後紀』承和七年（八四〇）十二月己巳条に「大宰府言、藩外新羅臣張宝高、遣レ使献二方物一。即従二鎮西一追却焉。為三人臣無二境外之交一也。」とみえるが、翌承和八年二月戊辰条に「太政官仰二大宰府一云、新羅人張宝高、去年十二月進二馬鞍等一。……宜三以レ礼防閑、早従二返却一。」とあることからみて、「鎮西」が大宰府を指していると理解して誤りないであろう。また『小右記』長徳三年（九九七）六月十三日条に、

大宋国人近在二越前一、又在二鎮西一。早可二帰遣一歟。

とみえる。この〈鎮西に在る〉宋人については、『権記』の翌長徳四年七月十三日条に、

安二置大宰商客曾令文一事

未レ給二返金一、至二于勘文一仰二出納允政一令二奉仕一。信経知二案内一。又小舎人為善可レ知。

とある記事が参考になる。これは大宰府にいる宋商人曾令文の処遇について、この日に安置すなわち滞在を認めたというわけではなく、〈未だ返金を給はず〉とするところから、すでに交易のことは済んでいるが、対価が支払われていない状況にあることが知られる。つまり曾令文の来日はこれ以前のことで、すでに交易が行われていたことを考えると、曾令文が前年の六月までにはすでに来日しており、〈鎮西に在る〉宋人に該当する可能性が

高い。したがってこの「鎮西」が具体的には大宰府をさしているとみて間違いないであろう。さらに『春記』長暦四年（一〇四〇）五月十日条に、大宰府に下す官符に関連して、「仰二鎮西官符仰詞一了。……鎮西官符仰詞在二目録一、……同下二遣鎮西一也」といった記述がみられる。このほかにももちろん「鎮西」の例は数多いが、要するに「鎮西」には広狭両義あり、鎮西府となく、単に鎮西と言った場合でも、大宰府ないし大宰府周辺を指す場合があることは間違いないであろう。

『長秋記』本文に戻ると、長実の相談を受けた師時が〈鎮西に唐人の船来着す〉と書き始めているのは、漠然と九州地方のどこかに着岸した宋船の話として記しているのではなく、鎮西に来着と言えば、二人ともに大宰府博多津[42]に着岸したことを了解した上での会話とみるべきである。神崎荘関連地であれば、もう少し違った表現が取られたのではなかろうか。

以上、周新船の到着地について、貿易手続き及び「庄領」「鎮西」の語を手がかりにして考えてきた。その結果、周新船は大宰府の管理する博多津に入港したものと考える。すなわち大宰府は博多津に来着した周新の船に対して、〈例に任せて、随に〉つまり通常の任務を遂行し、朝廷からの指示をまっていたのである。ところが朝廷の審議を無視して忠盛が貿易の権利は神崎荘側にあると主張し、大宰府の管理を排除しようとしたため、師時らが〈言語同断〉と憤慨し、〈近臣、猨犬の如き所為なり〉と断じていると理解されるのである。

三　平忠盛の主張の根拠・理由

周新の船が神崎荘の現地または博多の倉敷地に到着したのではないとすると、忠盛が〈宋人周新の船、神崎御庄領たれば、問官を経べからざるの由〉を主張する根拠はどこにあるのであろうか、あらためて考える必要がある。なお文中の「不可経問官之由」を、「忠盛が……船は神崎荘に来着したので官の経問はならないと遮った」とする理解がある。(43) 後文にみえる「府官存問」に相当する語句と解せないこともないが、「官の経問」という読み方には難があるように思う。今のところ寡聞にして国内における用例を知らないが、「問官」の語は、延久四年（一〇七二）に入宋した成尋の日記『参天台五臺山記』に散見し、海外貿易を管理する市舶司や税関を指して用いられている。〈問官を経べからず〉と読み、日本の市舶司に相当する大宰府を「問官」と称していると考えてよいであろう。(44)

さて、周新船は博多津に来着したとされた大庭氏は、忠盛の主張の根拠について、要約すると次のように述べている。(45)

①周新船は肥前の神崎庄の港にまず入り、そこで幾らかの交易を行った後、博多に向かった。これは周新ら宋商人が普段から選んでいた航路のひとつだった。

②神崎庄庄官らは、この周新との間で、大規模な交易を意図していた。ところがいち早く大宰府の手によって博多に回航させられてしまった。これに神崎庄側は不満を抱いた。あるいは、周新自身から、神崎庄の管理者である忠盛に何らかの働きかけがあったのかもしれない。

③その当時、慣習法的に漂着船は、その積み荷もろともその漂着地の所有となったので、忠盛・周新側のいずれかが、神崎庄に漂着したと偽ったのかも知れない。その理屈（漂着）に照らせば、紛れもなく周新船は神崎庄のもの（＝庄領）であり、大宰府に口を突っ込まれる筋はなくなるのである。

以上が大庭氏の理解である。しかし有明海最奥部に面した神崎荘現地で一旦貿易を終えたあと、さらに大宰府に向かったとしたり、漂着を口実としたとされるのは、如何であろうか。また大庭氏以前に、神崎荘の現地ないし博多の倉敷地到着説に対して疑問を示された有川宜博氏は、「以前（万寿三年―引用者）、周良史という宋の商人が、関白藤原頼通に名籍を捧げ、臣下の礼をとった例がある。周新も院もしくはその近臣の誰かに接触をしていた、と考えたい。忠盛はそれを逆手にとって、大宰府の干渉を除くため、偽の命令を作り上げた、のではなかろうか。」とするが、忠盛の主張の根拠については、「周新の船は、神埼庄の領域にあるという忠盛の主張は……」と、通説と同じ理解を示されている。(46)

忠盛の主張の根拠については、筆者も全くの憶測に頼らざるを得ないが、当時の日宋間の貿易の状況また神崎荘の位置などを考えることによって、ある程度の推測が可能になるように思われる。

まず考えてみたいのは、宋商人個々の渡航先が日本・高麗、あるいは東南アジアなど次第に固定していく傾向が指摘されていることである。(47)渡航先の固定はまた渡航先における顧客の存在をも意味している。日本の場合、もっとも重要な顧客は天皇ないし朝廷の貴族たちであったろう。(48)しかし購買層は彼らだけではない。当然在地の富豪層なども京都の貴族に劣らず舶来品（唐物）に対する欲求は強かった。在地の人々が官司先買の原則が律令に規定されているにも拘わらず、全く無視した現状が続いていたことは、九世紀以来しばしば禁止令が出されていることによって伺われる。(49)このような状況は大宰府が検領を担当するこの時代になっても大きく変わることはなく、ますます購買層は広がったことであろう。特に注目されるのは、九州地方の荘園関係者の動きである。例えばよく知られている筑前高田牧及び同牧司宗像妙忠のことがある。妙忠から領主藤原実資に進上される名目に、年貢・別貢・個人などさまざまな例があるが、いずれの場合にも量に多少の相違はあるが、唐物が含まれていることである。妙忠の活動については、牧司としてよりも個人的な贈り物の意味あいが強かったとする指摘がある(50)が、いずれにしても在京の貴族からすれば唐物はもっとも珍重するところであり、在地の荘園管理者にとっても、領主との緊密な関係を維持する上では唐物贈答の持つ意味は大きかったであろう。摂関クラスの者は天皇に進献された唐物の頒布を受ける機会があり、また商人側が貿易を有利に展開するため、要人に対して品物を贈る例もあるが、普通にはなかなか思うような唐物を入手することは容易ではなかった。そこで唐物の安定した入手をはかるためにはどうするか。あらかじめ宋商人と一定の約束——契約を結ぶことが考えられる第一の方法である。考えてみれば、日本に来航する宋商人から品物を購入する場合、もし全くの自由競争であるとすれば、なかなか希望する品物を安定して入手することは困難であろう。また対日貿易を営む商人の側からみた場合にもアテの無いままに来航する危険——リスクはできるだけ犯さないようにしたのではあるまいか。[51] この日宋貿易が盛んな時代にゆきあたりばったりの取引が行われていたとは、考えがたい。宋商人と日本人との間に一定の契約があったと考えるほうがむしろ自然であろう。

すでにこれより三〇〇年も前に、輸入業者の先がけをみることができる。すなわち文室宮田麻呂の例である。『続日本後紀』承和九年（八四二）正月乙巳条に、宮田麻呂の言葉が引用されていて、「宝高存日、為レ買二唐国貨物一以レ絁付贈。可二報獲一物、其数不レ尠。」と述べており、唐・日本との貿易を進めた新羅人張宝高にあらかじめ絁を渡して唐物の入手をはかっていたことが知られる。[52] また説話ではあるが、『竹取物語』五・火鼠の皮衣（あべの右大臣の話）の中に、「右大臣あべのみむらじ」が、かぐや姫から求められた「火鼠の裘」を、唐の貿易商人「王けい」に注文する話がある。このほか円珍が唐の往復に利用した唐商人と懇意になり、帰国後彼らに経典の将来を依頼していることもよく知られているが、[53] 問題としている出来事とほぼ同じ頃の例としては、藤原頼長の例が想起される。すなわち宋商劉文冲から『東坡先生指掌図』などの書籍に名籍を添えて贈られた藤原頼長は、万寿三年（一〇二六）の藤原頼通の例に準じて返報し砂金三十両を贈ったが、同時に「要書目録」を渡して書籍の入手をはかっている。『宇槐記抄』仁平元年（一一五一）九月二十四日条に、

書二要書目録一、賜二文冲一、此書之中、若有レ所レ得、必可下付二李便一進送上之旨、仰含了。件目録、先年為レ召二他宋人一、成佐書レ之。

とみえる。注目されるのは、〈先年、他の宋人に召さんがため〉とあることで、今回たまたま思いついたものではなく、以前から宋人に注文すべく準備していたものであることが知られるのである。また、嘉保二年（一〇九五）に興福寺僧とみられる某が大宰府で宋人柳裕に会い高麗僧義天（文宗の王子。大覚国師）が蒐集した経典の入手を依頼し、〈約を守って〉実現した経過が知られる。[54] 経典のような書籍は記録に残りやすいが、陶磁器や香料など一般の唐物についてこのような経緯を記す史料は、まず残らないであろう。具体的な史料はないが、こうした約束すなわち契約はさまざまな場面で行われていたと考えて間違いないであろう。

宋の商人がもたらす唐物は、原則としてまず公貿易に回され、その残余およびそれ以外の雑物が一般の交易に供された。したがって一般の人が優品を手に入れることは、なかなか困難であったと推測される。そこであらかじめ欲しい品・希望する品の船載を依頼し、次回来航の際に優先的に購入しようとする動きは当然あったとみてよいのではなかろうか。特に地理的に貿易から不利な状況にあった神崎荘が唐物入手のために宋商人と契約を交わすことは十分に考えられるであろう。

以上のような当時の日宋貿易の状況に基づいて、今回の出来事を憶測すれば、次のようになる。神崎荘では唐物を年貢に加えるべく、周新との間に、一定の契約を結んでいた。このような取引方法は広く行われていたが、あくまでも大宰府の存問・検領を経た後に許されることであった。ところが忠盛は、この慣行を無視して、大宰府の干渉を全面的に排除する行動に出たため、手続きを無視した〈言語道断〉の行為とされた。つまり今回の問題は、全てを忠盛ないし神崎荘側が管理しようとしたところに問題があったのではなかろうか。これは個人的な立場からの行為というよりも、荘園の権利を守ろうとする意志に発した行動ではなかったろうか。前年には内の昇殿を許されて、いよいよ院近臣として飛ぶ鳥落とす勢いを示す忠盛による、院領の権益確保のための行動とみるべきではあるまいか。通説を批判された大庭氏は、結論として、「忠盛が積極的に宋貿易に乗り出そうとしていたとはいえない」と述べているが、上述したような筆者の理解によれば、忠盛自身対宋貿易に積極的に取り組もうとする意欲を読みとることができると考える。

むすび

以上、『長秋記』の記事について、幾つかの問題を考えてきた。まず宋船の来着地は神崎荘領ではなく、大宰府管理下の博多津であったこと、したがって忠盛の主張の根拠は神崎荘領地内に宋船が停泊したことにあるのではないことを述べ、忠盛の行動が〈言語道断〉〈近臣、猨犬の如き所為なり〉と非難される理由は当時の貿易の手続きを無視していることにあること、を確かめ得たのではないかと考える。但し肝心の忠盛の主張の根拠については、憶測をめぐらしたにすぎず、地理的に海外貿易に不利な条件にある神崎荘として、唐物入手のために商人との間で契約を結んでいたことがこの出来事の根底にあるのではないかと考えた。先行諸説の紹介及び「庄領」「鎮西」など常識的な用語の検討に紙幅を割く結果となったが、通説あるいは日常的に使われている用語にこそ、曖昧なままに通用している場合が少なくないという筆者の実感から、敢えて取り上げた次第である。

注

（1）『長秋記』には、活字本に「増補史料大成」所収本があるが、本稿では、東京大学史料編纂所に架蔵される東山御文庫本（藤原定家書写）写真帳（架号六一七三／二七三）により、同所架蔵内閣文庫本写真帳二種（架号六一七三／二六七・二六八）及び写本（架号四三七三／二五）等を参照した。

（2）森克己『新訂　日宋貿易の研究』（国書刊行会、一九七五年。初版一九四八年）以来、宋商人は大宰府の管理貿易を避けて次第に荘園に着岸し密貿易を行った、とする理解が通説となり、『長秋記』のこの記事は、そのもっとも典型的な史料とされてきた。しかし近年では、このような見方に再検討がなされている。山内晋次「日宋の荘園内密貿易説に関する疑問――一一世紀を中心として――」（『歴史科学』一一七、一九八九年）、同「文献史料よりみた10～11世紀の貿易状況」（『貿易陶磁研究』一四、一九九四年）参照。

（3）三浦圭一「日宋交渉の歴史的意義」（『小葉田淳教授退官記念　国史論集』同事業会、一九七〇年）三二九頁。

（4）瀬野精一郎編『肥前国神崎荘史料』（吉川弘文館、一九七五年）一二頁、参照。

（5）橋本義彦『平安貴族社会の研究』第三部「勧修寺流藤原氏の形成とその性格」（吉川弘文館、一九七六年。初出一九六二年）三〇九頁。なお、高橋昌明『清盛以前　伊勢平氏の興隆』（平凡社、一九八四年）二一二頁、田中文英『平氏政権の研究』（思文閣、一九九四年）五二頁、等参照。

（6）高橋昌明（前掲書）、大庭康時「博多綱首殺人事件――中世前期博多をめぐる雑感――」（『法哈嗟』三、一九九四年）注5、参照。

（7）神崎荘の概要と同荘に関する史料については、瀬野精一郎（前掲書）参照。

（8）西岡虎之助『荘園史の研究』上巻（岩波書店、一九五三年。初出一九三三年）二七三頁、瀬野精一郎（前掲書）解説、二二七頁、田中文英（前掲書）五二頁、など。

（9）書状は、『朝野群載』巻二〇・異国、『往生要集』巻末、等にみえる。『大日本史料』一編之二十三・寛和元年四月条及び速水侑『源信』（吉川弘文館、一九八八年）一五七頁、参照。

（10）速水侑（前掲書）一六二頁。

（11）橿原考古学研究所附属博物館編『貿易陶磁――奈良・平安の中国陶磁――』（臨川書店、一九九三年）遺跡解説・二九四頁。なお網野善彦氏もこの遺跡に注意し、「有明海を活発な海上交通の行われた場として考えておきたいと思う」とされている（「西海の海民社会」（『日本社会再考――海と列島文化――』小学館、一九九四年。初出一九九二年）三三頁）。

（12）後文で紹介する、周新の到着地は博多にあった神崎荘の倉敷地とする説を取る五味文彦氏は、「途中まで同道している」（「日宋貿易の社会構造」〔『今井林太郎先生喜寿記念　国史学論集』同論文集刊行会、一九八八年〕一二一頁）とされている。神崎荘に帰る途中、大宰府（博多）まで同行した、との意味であろう。また佐々木恵介氏も、五味氏の説を踏まえて、「宋船（周文裔の船か）は博多に停泊しており、そこに倉敷のあった神埼荘の荘司が念救を伴って下向したとも考えられる」とされている（「〈註釈〉『御堂関白記』（一五三）」〔『古代文化』四七―三、一九九五年〕五〇頁）。

（13）日下雅義「湊の原形――肥前国神崎荘にみる」（『朝日百科　日本の歴史』別冊・歴史を読み直す6、一九九三年）一五頁。

（14）服部英雄「久安四年　有明海にきた孔雀　肥前国杵嶋庄と日宋貿易」（『文明のクロスロード　Museum Kyusyu』五二、一九九六年）。

（15）長沼賢海『日本海事史研究』（九州大学出版会、一九七六年。初出一九五三年）三三六頁。

（16）以下、森克己（前掲書）二四九～二五一頁、五味文彦（前掲論文）、大庭康時（前掲論文）、佐伯弘次「大陸貿易と外国人の居留」（川添昭二編『よみがえる中世（1）東アジアの国際都市博多』平凡社、一九八八年）等参照。関係史料については竹内理三編『大宰府・太宰府天満宮史料』巻七（太宰府天満宮、一九七一年）、瀬野精一郎（前掲書）、林文理「『博多綱首』関係史料」（『福岡市博物館研究紀要』四、一九九四年）、等参照。

（17）五味文彦（前掲論文）一二一頁。なお同「神崎荘と博多・袖の湊」（『週刊朝日百科　日本の歴史』六五、一九八七年）及び『大系日本の歴史5・鎌倉と京』（小学館、一九八八年）二六〇～二六一頁も参照。

（18）最近では、一九九四年の山内晋次（前掲論文）、一九九五年の亀井明徳「日宋貿易関係の展開」（『岩波講座日本通史』第六巻・古代五）・佐々木恵介（前掲論文）など、いずれも倉敷地説を取られている。

（19）大庭康時（前掲論文）一九頁。

（20）正木喜三郎氏は、「神崎庄別当小野」は「在地の庄政所別当であろう」「随近として証判を加えたことは、これら三人（神崎庄別当・大分宮別当・天満宮権大宮司―引用者）が証判組織……を形成していたことを意味する。

証判組織が在地法の形成を基盤とするものと把握すれば在地法が肥前・筑前の三箇郡の領域にわたって形成されている、……ことを示している」と述べ、「神崎庄別当小野」は神崎荘現地の政所別当との理解を示されている（『大宰府領の研究』〔文献出版、一九九一年〕三九五〜三九九頁。初出一九七六年）。

(21)　五味氏は、「さてこの神崎荘のどこに唐船が来着したのであろうか。有明海であろうか。しかし、かのムツゴロウの住む干潟地帯に唐船の停泊する港を探すのは容易でない。唐船がわざわざ有明海の奥のこの地に入港するというのも考え難い」（前掲「神崎荘と博多・袖の湊」三一九頁）と述べる。また五味説を支持する山内晋次氏は前注13にあげた日下雅義氏の有明海航行は可能であったとする説を紹介した上で、「全長30ｍ前後の外洋航海船が、大量の積み荷を載せて有明海の最奥部および河川域で容易に航走・停泊できたかどうか疑問であり、私も周新の船は博多の倉敷地に着岸した可能性が高いと考える。」（前掲「文献史料よりみた10〜11世紀の貿易状況」一二九頁）と述べる。このほか、次注22に紹介する有川宜博氏の見解なども参照。

(22)　大庭康時（前掲論文）「4、神崎庄と博多」参照。なお、大庭氏以前に有川宜博「平氏と博多」（朝日新聞福岡総局編『はかた学3　海が語る古代交流』〔葦書房、一九九〇年。初出一九八九年〕）は、有明海航行は困難であることから本荘への到着は疑問とし、また博多湾周辺に飛び地があったことも考えられないとして通説への疑問を呈しているが、詳しい論証はない。

(23)　『本朝世紀』天慶八年七月二十六日条。

(24)　長承二年とほぼ同時代の史料である乾道三年（一一六七）四月の日付をもつ石碑（中国寧波市天一閣蔵）に「日本国太宰府博多津居住弟子丁淵」と刻まれており（高倉洋彰「寧波市現存の太宰府博多津宋人刻石について」『究班』埋蔵文化財研究会15周年記念論文集、一九九二年）、また『参天台五臺山記』熙寧五年十月十五日条には、「至二日本国大宰府筑前国博多津一」とみえる。『朝野群載』巻二〇・異国所収長治二年八月二十日付け警固所解に「件唐船、今日酉時、筑前国那珂郡博多津志賀島前海到来」とみえ、同存問記によれば、そこで大宰府官による存問が行われている。

(25)　康平三年（一〇六〇）、越前に来着した宋商林養らを、はじめ廻却に決定したが、林養らの請により、安置を認めている（『扶桑略記』同年七月是月条、『百錬抄』同年八月七日条参照）。また承暦四年（一〇八〇）閏八月二十六日、大宰府から越前に来航した宋商人黄逢に対して、随身の文書は越前国から進上させ、黄逢は大宰府に回航すべきことが定められているが、翌永保元年十月二十五日の陣座で、大宰府解状に副えて黄逢がもたらした明州牒などが披露されているので、随身の文書も大宰府から進上されたらしい（それぞれ『水左記』『帥記』同日条参照）。一方、長徳元年（九九五）に若狭に滞在の朱仁聡を越前に移すことが定められているが、大宰府への回航を命じた形跡はない（『大日本史料』二編之二・長徳元年九月六日条）。したがって、必ずしも大宰府に回航されたとは限らないであろう。なお山内晋次「日宋の荘園内密貿易説に関する疑問」（前掲）一七頁所掲表1「九〇〇年～一一五〇年における中国商人来航状況」参照。

(26) 森克己氏は「宋商周新の船が鎮西に着岸した。大宰府官は例に依ってこれを臨検し、且つ公的貿易を完了した。然るに其後備前守平忠盛が自ら下文を作って院宣と号し、宋人周新は神崎の御荘に於て、その貿易を管理すべきものである。府官がこの権利を侵害すべきではない、と抗議してゐる」（前掲書一七五～一七六頁）と述べておられる。日宋貿易の研究に大きな業績をあげられた同氏の見解が、表現に多少の違いはあるが、通説となっている。

(27) 日宋貿易の具体的な手続きについては、近年、林呈蓉「大宰府貿易の再検討」（『海事史研究』四七、一九九〇年）、山内晋次前掲論文及び「一〇～一一世紀の対外関係と国家――中国商人の来航をめぐって――」（『ヒストリア』一四一、一九九三年）、田島公「大宰府鴻臚館の終焉――八世紀～十一世紀の対外交易システムの解明――」（『日本史研究』三八九、一九九五年）等の研究によって、明らかにされつつあるが、それでもまだ不明の点が多くのこされているように思う。これらの研究を参考に、私見を加えて概要を述べることにし、詳細は他日を期したい。

(28) 延喜十一年（九一一）に制定されたとみられる年期制については、森克己「転換期十世紀の対外交渉」（『続日宋貿易の研究』国書刊行会、一九七五年。初出一九六九年）および林呈蓉（前掲論文）、石井正敏「一〇世紀の国際変動と日宋貿易」（田村晃一ほか編『新版　古代の日本②アジアからみた古代日本』角川書店、一九九二年→本書所収）等参照。

(29) なお、商人が積載してきたのは、貨物・和市物が全てではない。『春記』長久元年（一〇四〇）五月五日条に次のような記述がある。すなわち、宋商人慕晏誠の貨物を抑留したとされた前大宰権帥藤原実成の言に、「先年唐人献二貨物・私〔和〕市物一等、而依二其物等員少一、可二副加一之由仰レ之、仍先日解文外、加二進雑物等一、即欲レ進レ官之処」云々とみえる。これによれば、貨物・和市物以外に「雑物」が積載されていたことが知られる。これらが、あるいは一般の交易用の品であったとも考えられる。普通に考えれば、貨物・和市物に優品が選ばれ、残りの「雑物」はそれらより劣る品が宛てられていたと考えられ、したがって優品を得るために、一般の人々が奔走した事情を想定することができるのではなかろうか。

(30) 田島公（前掲論文、第四章「律令国家の対外交易システムの変容と大宰府鴻臚館の終焉」）参照。

(31) 『朝野群載』巻二〇・異国所収「宋国商客存問記」に、「客申云、先来大宋国泉州人李充也。充去康和四年為二荘厳之人徒一、参二来貴朝一。荘厳去年蒙二廻却官符一、充相共帰レ郷先了。彼時李充随身貨物等少々、当朝人々雖二借請一、負名等遁隠不二辨返一。仍訴二申此由於公家一、為二徴取一、構二別船一、語二人徒一、所二参来一也止申。」とみえる。

(32) 大庭氏は、忠盛はこの下文を在京の権帥長実に渡したとされているが（前掲論文）、もし長実に交付したならば直ちに反論されることは明らかではあるまいか。忠盛の下文は大宰府現地にあてて送られ、それを受け取った府官から在京の責任者長実のもとに問い合わせが為されたとみるべきであろう。この頃の大宰帥・大弐らは遥任の状況が続き、現地で実務にあたっていたのは、大監以下の者たちであった（石井進『日本中世国家史の研究』岩波書店、一九七〇年、六一〜六二頁、参照）。このような現地における責任者不在が、忠盛につけ込まれる理由にもなったであろう。

　なお、忠盛の下文について、「忠盛が大宰府の介入に対して、院宣を偽造して拒否した」（大庭康時〔前掲論文〕一八頁）としたり、「平忠盛が院庁の下文を偽作して大宰府の干渉を退け、貿易を行った」（佐伯弘次〔前掲論文〕一一〇頁）といったような理解がある。周知のごとく院宣には、院の意志・命令を意味する場合と、文書様式としての院宣をさす場合の両様あり、また院庁下文を院宣と称する場合もあることが指摘されている（松島周一「「院宣」と「院庁下文」」『日本史研究』二八二、一九八六年）。〈自ら下文を成し〉とあり、ことの性格からして院司多数が関わる院庁下文とは考えられず、内容からしても忠盛単独で発給した文書とみられるので、この記事の院宣は院の意志・命令の意味で用いられているとみてよいであろう。そのような備前守忠盛の下文といえば、直ちに想起されるのが、長承二年の前年にあたる天承二年の下文で（『平安遺文』二二二二）、

　下　鞆田御庄政所
　　可レ令三早致二沙汰一東大寺御領鞆田庄家訴申、対二捍寺領御地子并所役一事
　右、如二寺家訴申一者、……御庄司等宜二承知、勿レ致二重訴一、以下。

天承二年四月十六日

備前守平朝臣（花押）

というものである。このような書式の下文に院の命令を意味する〈院宣に依り〉といった語を用いて大宰府の干渉を排除しようとしたとみてよいであろう。ちなみに五味氏は仁平二年八月二十六日付け会賀・福地両御牧政所宛下文（刑部卿平朝臣在判）（『平安遺文』二七六八）をあげて、このような下文であろうとされている（『院政期社会の研究』一八六～一八七頁）。いずれにしても、文書としての「院宣」を偽造したとか「偽の命令書」などと理解する必要はない。強いていえば、鳥羽上皇の許可を得ないで「院宣」の語を用いた疑い、すなわち詐称した可能性は残されている。例えば正木喜三郎氏は、「鳥羽院司の立場を利用し、院宣を詐称したとはいえ」（前掲書四二一頁。初出一九七八年）とされている。

(33)　田島公氏によれば、大宰府鴻臚館ないし鴻臚所に関する記録は十世紀中葉で見えなくなり、十一世紀には「宿房」「客房」などの「房」に商客が停泊したとする記事が見えるようになるという（前掲論文、一二頁）。そしてほぼ同時代の史料として、西教寺正教蔵所蔵『両巻疏知礼記』上巻奥書に、「永久四年……五月十一日、筑前国薄多津唐房、大山船龔三郎船頭房、以二有智山光明房唐本一移書畢」といった記述がある（『大日本史料』三編之十八・永久四年雑載・題跋、参照）。どのような施設かは明らかでないが、ともかく滞在の為の公私の施設が存在したことは間違いない。

(34)　斉藤利男「領主」（網野善彦ほか編『講座日本荘園史1　荘園入門』「荘園関係基本用語解説」吉川弘文館、一九八九年）参照。なお、黒田俊雄『中世荘園制論』（『黒田俊雄著作集』第五巻、法蔵館、一九九五年）五〇～五二頁、参照。

(35)　当面、『平安遺文』索引編下・件名索引、参照。

(36)　永久二年十一月二十六日付東寺宛太政官牒（『平安遺文』一八一一）には、事書に「応下任二去康和四年宣旨一、停二止国司妨一、為中寺領上丹波国字大山庄壱処事」とあり、本文末に「奉レ勅、宜下任二康和四年宣旨一、停二止国司妨一、令中寺家領掌上者、国宜二承知、依レ宣行一レ之者」とみえる。事書と文末の奉勅以下は同じ内容を述べているが、これを比べると、「寺領」にあたるところが「寺家領掌」と記されている。

(37)　「鹿子木荘事」については、石井進「「鹿子木庄事書」の成立をめぐって」（『史学雑誌』七九―七、一九七〇年）参照。

(38) 中田薫「王朝時代の庄園に関する研究」『法制史論集』第二巻（岩波書店、一九三八年）七五頁・二四四頁、及び前注34参照。

(39) 鎮西の早い用例として、『善隣国宝記』天智天皇三年条所引「海外国記」に、「鎮西将軍」「日本鎮西筑紫大将軍」といった記述があるが、これは次に触れる天平十五年創置の鎮西府、あるいは令制の用語などを参考にした、天平頃の記録である可能性が指摘されている（鈴木靖民「百済救援の役後の日唐交渉」『続日本古代史論集』上巻〔吉川弘文館、一九七二年〕注2参照）。

(40) 『続日本紀』天平十五年十二月辛卯条・同十七年六月条、参照。

(41) 例えば、『朝野群載』巻二〇・異国所収唐元和元年正月二十八日付高階遠成告身の「鎮西府大監」、「延暦寺僧円珍牒」（『平安遺文』一〇三）の「鎮西府少監藤有蔭」、『安祥寺伽藍縁起資財帳』（『平安遺文』一六四）の「（恵運）天長十年奉㆑勅、被㆑拝㆓鎮西府観音寺講師兼筑前国講師㆒」といった例を参照。

(42) 前注24参照。

(43) 五味文彦（前掲「日宋貿易の社会構造」）一二〇頁。

(44) 『参天台五臺山記』には、「問官」の語が、延久四年四月十四日条の市舶司の置かれている杭州到着後の記事に、「申時、著㆓問官門前㆒」云々とみえるのを始めとして、以後、同月十六日条・同十八日条・同二十日条・八月廿三日条及び十月十二日の各条にみえる。森克己「参天台五台山記について」（『続日宋貿易の研究』国書刊行会、一九七五年。初出一九五六年）は、「津屋は邸屋と同じ意味で、交易品保管・管理のための倉庫を指して呼んだ名称であり、問官は津屋を経営する人と見るべきである。従って日本の問とか問丸とかいう言葉の語源も或はこの問官という言葉から出たものではないかとも考えられ、わが国の津屋・問丸の発達を研究する上にも貴重な史料というべきである」（二九一頁）とされるが、近藤一成「入宋僧成尋の入国手続きについて――宋代公拠簡介――」（福井重雅編『東アジア史上の国際関係と文化交流』（昭和六一・六二年度文部省科学研究費補助金研究成果報告書・早稲田大学）及び藤善真澄「成尋をめぐる宋人――「参天台五臺山記箚記」二の一――成尋と蘇東坡――」（『（関西大学）東西学術研究所紀要』二六、一九九三年）は、いずれも市舶司ないしその官人との理解を示されている。以上の諸氏には、『長秋記』の記事に論及はない。シャルロッテ＝フォン＝ヴェアシュア氏は筆者の意見を参考に、「税関の官人」との趣旨を述べられている（「成尋の杭州における滞在――四月十二日～二十二日」J・ピジョーほか編『瑠璃の壺――日本と中国に関する研究』（仏文）一九九七年）。その詳細は不明であるが、少なくとも杭州の「問官」は税関にあたる杭州市舶司ないしその官人を称しているとみてまちがいないであろう。成尋は日記に、日本における用語を記したのか、あるいは宋人から聞いた語を用いたのか、明らかでないが、『参天台五臺山記』にみえる問官の用例を参考にすれば、『長秋記』の問官も、当する大宰府をさしていると考えてよいであろう。

なお斎藤圓眞『参天台五臺山記　I』（山喜房仏書林、一九九七年）は、「問官」を本文ではすべて「閒官」とし、六八頁注二で、『称謂録』に「唐大中四年勅、州有二上佐一、県有二丞簿一、俗謂二之閒官一」とみえることを参考に、「県丞のこと」とされている。しかし『参天台五臺山記』の鎌倉時代の書写にかかる現存唯一の古写本である東福寺本（東洋文庫、一九四四年影印）では、問官の「問」字はすべて「問」に作り、「閒（間）」とは明らかに字体が異なっている。それだけでなく、そもそも『称謂録』の引く大中四年勅は、『册府元亀』巻一五五・帝王部・督吏にみえるが、同書の宋版には「大中四年詔曰、……今州有二上佐一、県有二丞簿一。俗謂二閑官一。不レ領二公事一、殊乖二制作之本意一也。」とある。閑は間にも通じるが（明版『册府元亀』及び『欽定全唐文』巻八〇所収同詔は「間」字に作る）、閑官とは閑職の意味である。当時の州の上佐や県の丞簿が「不レ領二公事一」という状況から「閑官」と呼ばれていたのであり、大した仕事もせずに俸禄を食む官吏を人々がやや皮肉を込めて呼んだ俗称と理解すべきである。『称謂録』は他に蘇軾「司竹監焼二葦園一。因召二都巡検柴貽勗左蔵一以二其徒一会二猟園下一」の一節にみえる「豈如閑官走二山邑一」を引くが（これも『称謂録』は「閒官」に作る）、ここの閑官も「ひまな役人。蘇軾自身をさ」して用いられている（小川環樹ほか『蘇東坡詩集』第一冊〈筑摩書房、一九八三年〉五七〇頁）。謙遜を込めた用例と理解すべきであろう。以上の用例を参考にすると、「問官之恩、不可思議也」（四月二十日条）と記すほど世話になっている官人を成尋が「閒官」などと呼びまた記すことがあり得たであろうか。テキストの「問官」を敢えて「閒官」と改めたり理解すべき理由はないと考える。

（45）大庭康時（前掲論文）二〇頁。
（46）有川宜博（前掲論文）一五七頁・一六五頁。
（47）森克己（前掲書）及び同「日本・高麗来航の宋商人」（『続日宋貿易の研究』国書刊行会、一九七五年。初出一

九五六年）、斯波義信『宋代商業史研究』第六章「商人資本の諸性質」（風間書房、一九六八年）、和田久徳「東南アジアにおける初期華僑社会（九六〇～一二七九）」（『東洋学報』四二―一、一九五九年）等参照。

(48) 山内晋次「東アジア海域における海商と国家――10～13世紀を中心とする覚書――」（『歴史学研究』六八一、一九九六年）は、中国・朝鮮・日本における海商と国家・王権との結びつきについて比較史的に考察されている。

(49) 石井正敏「九世紀の日本・唐・新羅三国間貿易について」（『歴史と地理』三九四、一九八八年↓本著作集第一巻所収）、同（前掲論文）等参照。

(50) 正木喜三郎「宗像妙忠考」（『古代文化』三八―五、一九八六年）一九頁。

(51) 山内晋次氏は、東アジア海域における商人の活動状況を比較検討した上で、「海商にとっても、冒険的な性格の強い対外交易を行うにあたっては、自らの身柄や交易活動の安全性を少しでも余計に確保するために、国家・王権による管理統制・安全保障のもとでの交易が望ましいものであった」「そのような国家・王権による安全保障のもとでは、独占的管理・統制による多少の交易利益の目減りや活動の制限というマイナス面はしばしば必要経費と考えられていたのではなかろうか」（前掲「東アジア海域における海商と国家」二六頁）と述べる。重要な指摘と思われるが、その一方では、代価としての金の換算率をめぐって紛糾したり、あるいはなかなか返金（支払い）がなされない現状、また府官や国司らによる横領など、事件と呼ぶべきトラブルも多発しており、必ずしも公貿易であるからスムースに事が運ぶとは限らなかったのではなかろうか。

(52) 石井正敏「九世紀の日本・唐・新羅三国間貿易について」（前掲↓本著作集第一巻所収）、同「一〇世紀の国際変動と日宋貿易」（前掲↓本書所収）、同「円仁と張宝高」（『人物海の日本史』一、毎日新聞社、一九七九年↓本著作集第一巻所収）及び松原弘宣「文室朝臣宮田麻呂」（続日本紀研究会編『続日本紀の時代』塙書房、一九九四年）等参照。

(53) 佐伯有清「円珍」（吉川弘文館、一九九〇年）二三五～二四六頁参照。

(54) 康和四年（一一〇二）書写『阿弥陀経通賛疏』下巻奥書。『大日本史料』三編之六・康和四年雑載学芸の条、『平安遺文』題跋編・六七五、等参照。

3　年未詳五月十四日付源頼朝袖判御教書案について

――島津荘と日宋貿易――

はじめに

『島津家文書』に「年未詳五月十四日付源頼朝袖判御教書案」[1]（以下、本稿では「頼朝御教書」と略称する）がある。南九州にある島津荘の領主である摂関家の近衛基通が、「唐船着岸物」を大宰府によって押し取られたとする荘官の訴えを源頼朝に伝え、頼朝が大宰府の行為を「新儀」とみなし、押し取った物を荘家に返付すべきことを、鎮西統治に派遣した御家人天野遠景に命じたものである。武家政権の樹立にあたり、頼朝がもっとも意を用いたのが、平氏の地盤であった鎮西統治であり、その経略の過程を知る重要な史料として知られており、また日宋貿易のあり方について考える上でも貴重な史料である。これまでも注目されている史料であるが、あらためて検討を加えることにしたい。

一　「頼朝御教書」の原文と概要

「頼朝御教書」の原文ならびに概要は次のとおりである。

1　「頼朝御教書」の原文

【史料1】

在御判（源頼朝）

自二近衛殿（基通）一被二仰下一、嶋津庄官訴申、為二宰府一背二先例一、今年始以押二取唐船着岸物一事、解状遣レ之。早停二止新儀一、如レ元可レ令レ付二庄家一也。適為レ被二仰下一事之上、如レ状者、道理有レ限事也。仰旨如レ此。仍以執達如レ件。

五月十四日　盛時（平）奉

伊豆藤内殿（天野遠景）

2　「頼朝御教書」の概要

宛先の「伊豆藤内」は天野遠景。伊豆出身の御家人で、源頼朝の挙兵から従い、九州の平氏攻撃にも出陣した頼朝の側近である。文治元年（一一八五）末頃、鎮西統治のために派遣され、大宰府を拠点にして九州全域に幕府の政策を実施した。本文書は年未詳であるが、遠景の鎮西在任期間や肩書き等から、およそ文治二年（一一八六）～建久二年（一一九一）のものと考えられている。[2]「近衛殿」は藤原基通（一一六〇～一二三三）。摂政・関白基実の男で、実母は従三位藤原忠隆の女、義母が平清盛の女盛子。治承三年（一一七九）関白ついで摂政となり、その後停止・再任を繰り返した。

「唐船着岸物」について、遭難した宋商船の漂着物、いわゆる寄船・寄物とする理解がある。(3) しかし本文に〈今年始めて以て…押し取る〉とあり、これより以前の「唐船着岸物」については問題がなかったことを示している。この頃そうそう宋船の漂着物が島津荘に流れ着く状況は考え難く、ここは通常の貿易船による積み荷と考えてよいであろう。

島津荘は日向・大隅・薩摩三国にまたがる広大な摂関家領荘園として知られている。(4) 万寿年中（一〇二四～一〇二八）に大宰府官が日向国島津（現在の宮崎県都城市付近）を開発して、関白藤原頼通に寄進したのがはじまりと言われ、この頃は近衛基通が所領としていた。頼通以後、摂関家の重要な所領として相伝されたが、仁安元年（一一六六）、摂政基実が二四歳の若さで急死すると、その子基通が幼少であったため、基実の弟基房が摂政・氏長者を継ぐことになる。時の権力者で、娘盛子を基実に嫁がせていた平清盛は、摂政基房には摂関が管理すると明確に決まっている所領等のみを相続させ、島津荘をはじめとする摂関家の主要な財産は全て故基実の北政所盛子の領有とした。ところが治承三年（一一七九）に盛子が亡くなると、後白河法皇と基房は盛子が管領していた基実の遺領を収公したため、政局の不満もあいまって、十一月、清盛は武力を背景に基房らを解官し、基通を内大臣・関白とし、遺領も受け継がせた（治承三年のクーデタ）。こうして平氏の滅亡に至るまで島津荘をはじめとする主要な摂関家領は、基通名義ではあるものの、実質的に平氏の管領下に置かれた。(5) 平氏滅亡後、源頼朝が信頼する九条兼実を基通に代えて摂政とした際（文治二年三月）に家領も移譲させようとしたが、基通は後白河法皇のバックアップもあってこれを拒否している。「頼朝御教書」は近衛基通と頼朝・兼実側と摂関の地位や摂関家領をめぐって激しく争っていた頃に出されたものである。

二　「頼朝御教書」の論点と理解のポイント――事件現場はどこか――

　唐船着岸物（積み荷）について、島津荘官が「先例」にしたがって取り扱おうとしたところ、大宰府官が押し取ったといい、頼朝は大宰府官の行為を「新儀」として退けたのである。それでは島津荘の「先例」、大宰府の「新儀」とは、それぞれどのような内容を意味しているのであろうか。この問題を明らかにするためには、そもそもこの事件がどこで起きたのか、事件の現場について考えておく必要がある。

1　長承二年（一一三三）神崎荘の事例

「頼朝御教書」を一見すると唐船すなわち宋の貿易船が島津荘現地に入港し、その取引に大宰府が干渉したように受け取れる。しかしこれより以前、長承二年（一一三三）に起きた神崎荘と大宰府との貿易に関わる紛争を参考にすると、大宰府管理下の博多津で起こった出来事とも考えられるのである。島津荘と博多津とは九州の北と南に大きく離れており、島津荘域で発生したのか、大宰府管理下の博多津で起こったのか、それによって事件の具体像についての理解が大きく異なってくる。前述のように、「頼朝御教書」発給の直前まで島津荘は平氏の管理下にあったのであり、その主張する「先例」が平氏時代の貿易のあり方に関わるものであったことはあきらかである。平氏政権時代の海外貿易をめぐる荘園と大宰府間のトラブルと言えば、すぐに想起されるのが長承二年の神崎荘と大宰府の例であり、事件現場の把握が理解の重要な鍵となることを教えている。長承二年の出来事はよく知られていることであるが、重要な参考になるため、あらためて確認をしておくことにしたい。

【史料2】『長秋記』長承二年八月十三日乙未条

晴陰不定也。早朝帥中納言送レ書云、大切可三示二合一事出来、可二来向一、輦レ車可レ下也者。仍午時許行向。云、鎮西唐人船来着。府官等任レ例存問、随出二和市物一畢。其後備前守忠盛朝臣自成二下文一、号二院宣一、宋人周新船、為二神崎御庄領一、不レ可レ経二問官一之由、所二下知一也。此事極無二面目一、欲レ訟二申院一也。其上書案可二書給一、不レ可レ振レ筆、唯和名書ニ天可レ候〔作イ〕也者。仍書二々案一。…抑宋人来着時、府官存問、早経二上奏一、安堵・廻却、所レ従二宣旨一也。而可レ為二庄領一之由、被二仰下一条、言語道断也。日本弊亡不レ足レ論、外朝恥辱更無レ顧。是非レ他、近臣如二猨犬一所為也。

神崎荘は有明海に面して所在する（現在の佐賀県神埼郡）皇室領荘園で、この頃は鳥羽院領となっており、院の近臣平忠盛（清盛の父）が荘司を務めていた。『長秋記』によれば、大宰権帥藤原長実が源師時（『長秋記』記主）に、「来日した宋商人周新に対して大宰府官が例のごとく存問を加え、貿易を行ったところ、平忠盛が下文を作り、院宣と号して、『同船は神崎荘領であるので大宰府の管轄外にある』と主張した」との報告が大宰府からあった。長実はこのことを極めて遺憾に思い、鳥羽上皇に抗議するための文書作成を師時に依頼した、というものである。

2　宋船の来着地——神崎荘現地か、博多津か——

それでは宋海商周新の船は一体どこに着いたのであろうか。つまり事件の現場はどこか、ということである。神崎荘現地に到着したとみる説[6]の他、主に干満差の激しい有明海を宋船が航行するのは難しいとみられることから、周新船は博多津の神崎荘倉敷地に入港したとする説[7]がある。筆者もかつてこの問題について取り上げ、宋の大型商船が有明海を航行できたか否かという、判断が難しい視点からではなく、『長秋記』にみえる「御庄領」

といった語の意味に注目して検討を加えた。(8) 結論として、「神崎御庄領」とは神崎荘現地に到着したことを意味するものではないこと、宋船の来着地は大宰府管理下の博多津であることを述べ、神崎荘が唐物入手のために宋商人（周新）との間である種の契約を結んでいたことが「御庄領」の意味するところであると論じた。

その後も、拙論をはじめとする博多津来着説を批判し、なお強く神崎荘現地到着説を主張するのが服部英雄氏である。(9) 服部氏は主に明代の史料に基づいて、明代には有明海に面して有力な海外貿易港があったことを論じ、それをさかのぼって宋代にも適用して、「宋船は有明海を通航できた」とし、周新船は「神崎荘の津に到着した」と論じられている。現地を詳しく踏査された服部氏ならではの研究であるが、「宋船は有明海を通航できた」ことを認めたとしても、「だから周新の船は神崎荘に着いた」ということにはならない。史料（『長秋記』）には「神崎荘（現地）に来着した」とは書いていないのであるから、(10)「宋船は有明海を通航できた」ことと、「周新の船の入港地」とは全く別個の問題で、後者についてはさらに論証が求められるであろう。だから筆者は忠盛の主張する「可為御庄領」の意味するところについて、迂遠とも思える論証を重ねたのである。この周新船博多津入港の考えは今も改める必要はないと思っている。(11)

以上、神崎荘司が「神崎御庄領」と主張して大宰府と争った現場は博多津であることを述べてきた。したがって、島津荘官が「唐船着岸物」の取り扱いについて大宰府と紛争を生じているからといって、ただちにその宋船が島津荘域に入港したとみなすことはできないのである。あらためて事件現場について考えてみたい。

三　「頼朝御教書」の事件現場はどこか——宋船島津荘域入港説と博多津入港説——

宋船が島津荘域に到着したものか、それとも大宰府管理下の博多津か、両方の可能性があり、そのいずれとみなすかによって島津荘側の主張する「先例」、大宰府の「新儀」の理解が大きく異なってくる。「頼朝御教書」で問題とされている宋船の入港地について、島津荘域に入港したとみるのが通説となってきたが、最近になり博多津入港説が示された。

1　島津荘域入港説

例えば『太宰府市史』中世資料編史料63[12]に「頼朝御教書」を取り上げ、その注釈4で「唐船着岸物　島津荘域に入津した中国商船の積荷」とされているように、島津荘域に唐船が入港し、その積荷の取り扱いをめぐって荘園側と大宰府との間でトラブルが生じたとみるのが、これまでの一般的な理解である。

『平家物語』巻三「有王」に、島津荘域である薩摩で海外貿易が行われていたことを思わせる記事がある。いわゆる鹿ヶ谷の陰謀で鬼界島に流された三人の中で、ただ一人最後まで島に残された俊寛を、都で幼い頃から俊寛に可愛がられ、側に仕えていた有王がはるばる鬼界島に訪ね、ようやくにして俊寛に逢うことが出来た。島での暮らしを俊寛が有王に語る場面である[13]。その記述によれば、薩摩から「唐船」が出ていたこと、また俊寛が硫黄を採取して、ときたま訪れる九州の商人に売り、生活の糧を得ていたという。日宋貿易において、硫黄は有力な輸出品である[14]。

また島津荘域にはすぐれた港津もある。近年注目されているのが、薩摩半島の山間に源を発し、加世田平野を流れて東シナ海に注ぐ万之瀬川河口から少しさかのぼったところにある持躰松遺跡（南さつま市金峰町）である[15]。同遺跡からは大量の輸入陶磁器が出土し、十一世紀後半から白磁を中心とする遺物がみられ、十二世紀中葉～後半にかけて流入のピークを迎えるという。したがって、持躰松遺跡は宋船が直接島津荘域に入港した可能性を示すが、その出土量等の状況からみて第一次荷揚げ地とまではいえないとする意見もある[16]。果たして遺跡の付近に直接宋船が入港したのかどうか、検討の余地はあるが、島津荘域内の重要な港津に間違いない。こうした港の存在を考えると、説話的要素が強いとは言え、『平家物語』の記述は島津荘域に宋船が入港したことを示す史料として十分参考に値するであろう。

2　唐船博多津入港説

このように、これまではもっぱら島津荘現地に到着したと考えられているが、最近にいたり博多津に入港したとする説が示された。大塚紀弘氏は、「「唐船着岸物」は、島津荘に来航あるいは漂着した唐船の積み荷と考えられてきたが、大宰府が島津荘の現地にまで介入したとは考え難く、博多津に停泊した唐船から降ろされた積み荷の唐物と解釈すべきである。つまり先述した長承二年（一一三三）の「神崎庄御領《ママ》」宋人周新の船と同様、この唐船は島津荘に帰属していたと考えられるのである。博多津から距離のある荘園は、唐船を自らに帰属させることで、取引を独占しようとしたのであろう。大宰府は積み荷の検査という旧来の権利を梃子に、貿易への介入を図ったが、源頼朝によって否定され、近衛家は荘官を通じて唐物を入手できたということになろう」[17]と述べられている。神崎荘の例を参考に、問題の唐船は島津荘現地に入港したのではなく、博多津に入港した、つまり事件の現場は博多津との説である。

このように宋船入港地について島津荘現地説と博多津説とがあるが、筆者も大塚氏と同じ理解で、宋船の入港したのは博多津で、神崎荘司と大宰府との紛争を想起させるものがあると考えている。

四　「頼朝御教書」の事件現場は博多津

「頼朝御教書」の宋船入港地を博多津と考えるのは、単に大宰府から遠く離れているからというのではなく、これ以前から島津荘が博多津貿易に関わっていたとみられることであり、また文治三年（一一八七）に大宰府に対して島津荘への使節入部を禁止する史料があるからである。

1　島津荘と博多津貿易

（一）久安三〜四年の「西海庄」と博多津貿易

博多津からは遠く離れた島津荘であるが、同荘園がすでに平氏政権時代に博多津で貿易を行っていたことを推測させる史料がある。神崎荘一件から十余年後の久安三年（一一四七）〜四年頃に「西海庄」が孔雀や鸚鵡を摂関家に献上したという出来事で、「西海庄」とは摂関家との関係からみて島津荘と考えられる。(18) 関連する記事は次の如くである。(19)

【史料3】『御室相承記』四・高野御室（覚法法親王）

①自レ院被レ進二鸚鵡一事

久安三年十一月廿日《庚辰》、被レ進レ之。

②杵嶋庄進二孔雀一事

久安四年三月廿七日乙酉、進レ之。仍令レ進レ院。依二御召一也。而叡覧以後返給。仍賜二真慶一了。

【史料4】『台記』久安三年十一月条
十日庚午、…伝聞、摂政(藤原忠通)献二孔雀・鸚鵡於法皇(鳥羽)一。是西海庄所レ貢云々。
廿八日戊子、法皇借二給鸚鵡於禅閤(藤原忠実)一。余(藤原頼長)見レ之、舌如レ人、能言是故歟。他聞二其鳴一、無二言語一。疑是依二漢語一、日域人不二聞知一歟。

【史料5】『台記』久安四年四月条
五日壬辰、申二孔雀於新院(崇徳)一見レ之。仁和寺法親王(覚法)所レ献云々。其尾頗似二画孔雀一。其体貌美二於去年孔雀一。
六日癸巳、…今日返二献孔雀一。

【史料6】『中外抄』上・六九～七〇、八一
久安四年四月十八日、祗二候御前一。被レ仰二雑事一之次、仰云、孔雀ハ何ナル物ソ。申云、古仏（ハ非荷《マ》瑞図《マ》瑞祥志度之）来二本朝一時火事候。聞二雷声一孕。…
又仰云、鸚鵡言由聞。今度鳥不レ言。如何。申云、唐人の唐音の詞を唱也。日本和名詞不レ可レ唱也。
久安四年閏六月四日、仰、鎮西毛亀明日一定可二御覧一歟。如レ此瑞一定相叶歟。申云、…

【史料7】『本朝世紀』久安四年閏六月条
五日辛酉。内裏炎上之由、被レ行二大祓一。…
①抑去春比、大宰府博多津宋朝商客渡二孔雀及鸚鵡於本朝一。即献二宇治入道太相国(藤原忠実)一。々々被レ伝二献法皇一。
②又仁和寺法親王、自二商客之手一伝二得孔雀一、同被レ献二法皇一。御覧之後、各被レ遣二返本所一。

③又青毛亀一頭、自二鎮西一献二入道相国一。同被レ献二法皇一。御覧之後、同返遣。法皇内々仰二稽古之輩一、被レ勘二吉凶一、粗申二不快之由一云々。又入道相国仰二直講中原師元一被レ勘レ之。申二吉祥之由一。但至二于孔雀・鸚鵡一者、先例申下有二火事一之由上云々。而今年自レ春及レ夏炎上連々。遂及二皇居一。可レ謂二天火一。弥禽・奇獣不レ畜レ国、誠哉斯言。

久安三年～四年に宋商人によってもたらされた孔雀・鸚鵡・亀などの当時の日本では珍しい動物を藤原忠実・忠通父子及び覚法法親王らが入手し、鳥羽法皇の御覧に供された。法皇や忠実は異国の禽獣の伝来を不安に思ったか、その伝来が吉凶いずれにあたるか調べさせたところ、不吉あるいは先例火事有りとの勘申もでていた。四年の春から夏にかけて火災が続き、土御門内裏も焼亡した（六月二十六日）のは、このためではないかとされている。『本朝世紀』の最後にみえる「弥禽奇獣不畜国」とは『尚書』旅獒にみえる言葉で、教訓の意味を込めて記している。

さて、『御室相承記』②にみえる、覚法に孔雀を進めた杵嶋荘は現在の佐賀県杵嶋郡の有明海に面する白石平野にあった仁和寺領荘園である。服部氏は、宋船は杵嶋荘現地に到着したとし、前掲の『長秋記』の記事とともに宋船の有明海航行を示す史料とされている[20]。また「西海庄」は具体的な荘園名は不明であるが、入手した孔雀を摂政忠通に献上していることからすれば、摂関家領と考えられ、島津荘が該当するとみてよいであろう。

『御室相承記』『台記』『中外抄』『本朝世紀』四つの史料に見られる記事は錯綜しているが、まず『本朝世紀』久安四年閏六月五日条の記事から検討したい。閏六月五日は内裏炎上により大祓が行われた日で、火災には孔雀・鸚鵡・亀等異国の禽獣の渡来が関わっているのではないかとする勘例を参考に、予兆と思われる出来事をまとめたものである。そして②の最後に〈御覧の後、各おの本所に遣はし返さる〉とあるので、①②は同時期の関連した記述とみなされる。すなわち①の「抑去春比…」は②の「又仁和寺…」にも掛かり、覚法の孔雀は忠実の孔雀とともに「去春比」に宋商人から手に入れたものと理解される。『御室相承記』②によれば久安四年三月には杵嶋庄が覚法のもとに孔雀を届けている。『台記』久安四年四月条にみえる孔雀も覚法の同じ孔雀とみて間違いない。つまり、『本朝世紀』②・『御室相承記』②・『台記』久安四年四月条の孔雀は同じ孔雀で、久安四年の春に杵嶋荘から覚法に進上された。(21)

そこで問題となるのが、杵嶋庄は、どこでその孔雀を入手したかということである。これを服部氏は杵嶋庄現地に入港した宋商人から入手したとされている。しかし『本朝世紀』①には「大宰府博多津宋朝商客」と詳しく記しながら、②には単に「商客之手」とあるだけである。これは①と同じ商客であることから略したもので、②の孔雀も同じく「大宰府博多津宋朝商客」から入手したとみるべきである。つまり同時期に忠実や覚法に届けられた孔雀の入手先は、いずれも①に言う〈大宰府博多津の宋朝の商客〉で、久安四年の春、博多津に来航した宋海商のもたらした孔雀のうち、一羽は①藤原忠実へ、一羽は②覚法へ届けられた。このうち覚法へは杵嶋荘が入手して進上したのである。このような理解が妥当であれば、杵嶋荘が孔雀を覚法に進上しているからといって、宋商客の船が杵嶋庄現地に到着しているとは言えない。同様に『台記』久安三年条にみえる、「西海庄」が摂政藤原忠通に孔雀を献上しているからと言って、「西海庄」現地に宋船が入港したことを意味するものではない。久安四年春に〈大宰府博多津の宋朝の商客〉から孔雀を入手して忠実に届けた仲介者は不明であるが、前年忠通に届けた「西海庄」である可能性が高い。すなわち「西海庄」は久安三年・四年と続けて、大宰府博多津に来航した宋海商から孔雀を入手して忠実・忠通父子に進上したものと思われる。

以上推測を重ねてきたが、関連する記事を検討すると、杵嶋荘や「西海庄」現地に宋船が入港したとみるよりも、博多津来着の宋海商から孔雀や鸚鵡をそれぞれ入手して、それぞれの領主に送ったとみるのが自然の解釈と思われる。そして「西海庄」が島津荘である可能性が高く、島津荘は何らかの形で荘域から離れた博多津貿易に参加していたと考えられるのである。

（二）　荘園と博多津在住宋商人

島津荘が早くから遠く離れた博多津貿易に参加していると推測されることを述べてきたが、具体的な関与の仕方は明かではない。ただ同じく博多津から離れた神崎荘が宋海商と結んで博多津貿易に関わっていたことを伝える史料がある。「頼朝御教書」よりも後のことになるが、建保六年（一二一八）に博多津在住の宋商人が殺されるという事件があり、その商人が神崎荘とも深い関わりを持っていたという事実である。(22)

建保六年八月頃、博多津で大山寺（筑前国）神人通事船頭張光安が筥崎宮留守によって殺害されるという事件が起こった。張光安は博多津の唐房に在住して日宋貿易に従事していた宋海商とみられる。この頃筥崎宮は石清水八幡宮、大山寺は延暦寺とそれぞれ本末の関係にあったところから、事件は本社・本寺の争いにまで発展し、延暦寺は博多津の事件現場ならびに下手人の属する筥崎社を延暦寺領とすべきことを要求し、都で強訴を重ねることになる。そしてこの年、時期は不明であるが、「神崎荘留守」ならびに綱首秀安（宋海商）らが大府（大宰府）の使者や筥崎社家雑掌らを蹂躙したとして筥崎宮に訴えられ、さらに翌承久元年（一二一九）十一月には、神崎荘が張光安が殺害された博多管内の死去地ならびにその所領等を荘領とすべきの由を重ねて言上している。

事件関係者が複雑に入り組み、錯綜しているが、筥崎宮・大山寺・神崎荘等と彼らと結びついた博多津在住の宋海商らの間で、恐らく日宋貿易の利権をめぐる紛争が起こり、殺人事件にまで発展したのである。「神崎荘留守」と宋海商秀安が大宰府の使者らを蹂躙した事件が、殺人事件の前か後か、その場所は神崎荘現地か、博多津周辺か、(23)はたまた殺人事件とどのように関わっているのか等々、事件の真相は明らかでないが、ここで本稿における当面の課題に関連して注目しておきたいのは、神崎荘が博多津在住の宋海商と深い結びつきを持っていたことである。

こうした神崎荘の例を参考にすると、博多津から離れた場所に位置する荘園では唐物入手のために博多津在住の荘官を置いたり、あるいは現地在住の宋海商と契約を結んで、唐船入港情報や積載品（唐物）をいち早く入手するルートを構築していたものと思われる。島津荘や孔雀進上で触れた杵嶋荘もおそらくこのようなネットワークを有していたとみて間違いないであろう。

以上、「頼朝御教書」にみえる島津荘と大宰府との争いの現場は博多津であり、神崎荘の例を参考にすると、島津荘がある種の契約を結んでいた唐船の積み荷を大宰府が押し取ったことで紛争が生じたものと推測されることを述べてきた。(24) なお博多津入港説をとる大塚氏は、問題の宋船は「島津庄に帰属していた」とされるが、島津荘単独に帰属するのであれば、わざわざ博多津に入港するのではなく、島津荘域に入港することが便利であろう。また宋船一隻の運ぶ大量の貿易品は、一つの荘園で売り捌くのは難しく、一つの荘園で対価を支えきれるものではない。(25) 島津荘の入手すべき品物も、当該商船の積み荷の一部とみるべきであろう。

2　島津荘への大宰府使入部禁止

「頼朝御教書」の事件現場は博多津と考えるのが妥当であることを述べてきたが、視点を変えて、島津荘の現地で起こったとは考えられないことを指摘することにしたい。

島津荘側が「先例」と考える行為に対し、大宰府官が荘園に入り込んで〈押し取〉れば、荘官側も手を拱いてみているはずはない。当然争いになったであろう。次のような史料がある。

【史料8】文治三年九月九日付源頼朝袖判下文（『鎌倉遺文』二六二）

（源頼朝）
（花押）

下　嶋津庄

可㆘早停㆓止藤内遠景使入部㆒、以㆓庄目代忠久㆒為㆓押領使㆒、致㆗沙汰㆖事

右、号㆓惣追捕使遠景之下知㆒、放㆓入使者㆒、冤㆓凌庄家㆒之由、有㆓其聞㆒。事実者、甚以無道也。自今以後、停㆓止遠景使之入部㆒、以㆓彼忠久㆒為㆓押領使㆒、可㆑令㆑致㆓其沙汰㆒之状如㆑件。以下。

文治三年九月九日

文治三年（一一八七）九月、天野遠景の使者が島津荘に入部し、荘家を冤凌したので、以後入部を停止するというのである。冤凌の具体的な内容は分からないが、強硬な手段を用いたことが知られる。この源頼朝直々の下文があるにもかかわらず、天野遠景が使者を島津荘現地に派遣して〈押し取る〉ような行動は取らないであろう。もし現地に乗り込んで差し押さえたということであれば、五月十四日付「頼朝御教書」は文治三年より以前のものとなる。しかし「頼朝御教書」に見える近衛殿の抗議は〈押し取る〉行為については述べるものの「冤凌」のような表現はなく、大きな武力を伴うような紛争は想定できない。せいぜい差し押さえ行為である。こうした状況も島津荘現地ではなく、博多津で起こった事件であることを示唆しているように思われる。

五　大宰府の「新儀」——鎮西奉行天野遠景の活動——

それでは、先例に背いて大宰府は積み荷を押し取ったという、大宰府の「新儀」とはどのような行為を指して

いるのだろうか。まず問題となるのは、「宰府」すなわち大宰府官の先例に背く「新儀」に対し、その停止を頼朝が天野遠景に命じていることである。

文治元年（一一八五）源頼朝は壇ノ浦で平氏を滅ぼした後、着々と政権の基盤を固めていくが、もっとも意を用いたのが鎮西（九州）の統治であった。鎮西はかねて平氏の強固な地盤であり、新しく誕生した頼朝政権に必ずしも従う勢力ばかりではなかった。また混乱に乗じて武士が狼藉をはたらくため、後白河院をはじめとする公家の抗議も源頼朝のもとに寄せられていた。当初は弟の範頼が統治にあたり、ついで中原久経・近藤国平が派遣されたが、一層のてこ入れをはかって頼朝が現地に送り込んだのが、挙兵以来側近として活躍する天野遠景である。『吾妻鏡』文治二年十二月十日条に〈遠景を鎮西九国奉行人と為す〉と記されているが、すでに同年二月には現地で指示を出していることが知られるので（『吾妻鏡』同年二月二十二日条）、現地に赴任したのは文治元年末から同二年初の頃とみられている。

天野遠景は鎮西統治にあたり、王朝機構の九州統治機関である大宰府を利用し、実権掌握に努めた。遠景が有力府官とともに署判を加えて発給した文書が残されているが、遠景の大宰府掌握の程度やその権限について考える際の史料として「頼朝御教書」は重視されている。本文書から導き出される天野遠景と大宰府との関係については諸説あるが、『太宰府市史』中世資料編[26]に要領よくまとめられているので、参考にさせていただくこととする。同書によれば、「頼朝御教書」の「宰府」については大宰府府官とする解釈①②と、天野遠景その人とする解釈③が成り立つとした上で、次のようにまとめられている。

①新儀を行った大宰府府官に対し、その行為を停止し得るような権限をこの時期遠景がすでに大宰府機構内で獲得していた。

②機構内における支配権はさておき、遠景は九州の治安維持にあたる惣追捕使としての権限を行使した。
③遠景が大宰府の名によって島津荘内の貿易管理権を吸収し、権門貿易を否定して九州における大宰府の貿易独占を図っていた。

「どの解釈が妥当であるか、いまのところ結論は出ていない。」とされており、筆者にもこの問題を論ずるだけの用意はない。ただしこれら従来の解釈は大宰府とは遠く離れた島津荘現地で起きた出来事との前提がある。しかしこれまで述べてきたように、事件の現場は博多津とみるべきである。より大宰府の管理の行き届くところであり、天野遠景自身の強力なリーダーシップのもとに行われた「新儀」とみなされる。その故に頼朝も遠景を宛先として、その停止を指示しているのである。

一方、頼朝が九州支配を目指しているにしても、これまでの王朝機構の大宰帥・大宰大弐はもちろん補任されている。文治元年から建久三年までの間をみると、権中納言藤原経房（権帥）、従三位藤原範能（大弐）、前権中納言藤原光隆（権帥）らが任命されている。

頼朝は〈鎮西九カ国は帥中納言殿の御沙汰なり〉（『吾妻鏡』文治二年六月二十一日条）とも述べており、実際藤原経房が署判を加えた大府宣が太宰府在庁官人宛（文治五年四月二十日付『鎌倉遺文』三八三）に出されるなど、機能していたことを示している。それでも基通は王朝機構の大宰府指揮系統を使わず、頼朝に訴えるという方法をとっている。幕府＝天野遠景による大宰府の実効支配が浸透しているからであり、この「新儀」に天野遠景の意向が強く反映していることは間違いない。嘉禄元年（一二二五）十二月二日付関東御教書（『鎌倉遺文』三四三七）に、〈遠景朝臣宰府奉行の時、新儀を以て管内の庄園・神社・仏寺、平均に支配せしむると雖も…〉とあるように、鎮西全域に幕府の力を及ぼすことに努めている。しかしそのやり方はしばしば強引で、在地における紛争を生じ、頼朝も停止を命じざるを得なかった。島津荘についても【史料8】に紹介したが、こうした行為を新儀非法とする抗議が相次ぎ、ついに遠景は建久六年（一一九五）頃には解任されてしまうのである(27)。

「頼朝御教書」の島津荘をめぐる問題も、詳細は不明であるが、天野遠景自身が府官を指揮して押し取るという行為が「新儀」とみなされ、紛争となった一例である。島津荘の荘官から本家近衛基通のもとに訴えがなされ、これを受けて基通は荘官からの解状を添えて源頼朝に抗議し、善処を求めたのである。

六　源頼朝裁定の背景――島津庄と摂関家――

1　摂関家の内紛

源頼朝は荘官の言い分を道理ありとして、側近の行為を否定したことになる。頼朝の裁定を理解する上では、この頃の政治情勢、特に摂関の地位をめぐる後白河法皇＝近衛基通と源頼朝＝九条兼実の対立という、摂関家の内紛と新たな勢力となった武家政権と朝廷との関係等についての理解が不可欠となる(28)。

文治二年三月十二日、頼朝の強い要請により、近衛基通に代えて九条兼実を摂政・氏長者とするが、頼朝は、さらに基通が相続している摂関家領を兼実に管領させることを企図した。具体的には、高陽院領・冷泉院宮領・堀川中宮領を基通に、その他を兼実に領知させるという摂関家領の分割案を提示する。後白河法皇・基通の拒否にあい、けっきょく頼朝の思惑は不成功に終わるが、閏七月中旬まで摂関家領の移譲についての交渉が鎌倉と京都の間で続く。摂政を兼実にとって代わられた基通は、門戸を閉ざし、出仕しなかったという。心配した後白河法皇が兼実に相談するほどで、けっきょく基通の摂関家領管理を認めることになったのである（『玉葉』文治二年閏七月十五日条）。頼朝も基通の抵抗の強さ、反響の大きさに驚いたことであろう。

2　「頼朝御教書」にみえる源頼朝の配慮

以上のように文治二年閏七月頃までは摂関家領の移譲をめぐり基通＝後白河と兼実＝頼朝との間では交渉が続いていた。当然島津荘の帰属も対象となっていた。したがって、問題としている五月十四日付「頼朝御教書」は文治二年ではあり得ない。少なくとも文治三年以降とみなければならない。そのことは文面にも反映している。源頼朝の裁定文にあらためて注目したい。「適為レ被二仰下一事之上、如レ状者、道理有レ限事也。」とある。状つまり資料として添えられていた島津荘官解状の内容に道理ありとするだけでよいものを、わざわざ「適為レ被二仰下一事之上」としている。「適」字はふつう「たまたま」と訓み、たとえば『日本国語大辞典』（小学館）には、「時おり、たまたま、偶然に、ふと、もしかして、折よく、折があって、運よく」といった説明がある。しかしこうした意味そのままでは、当該の文書においてはぴったりとはこない。中野栄夫氏は『玉葉』等にみえる「適」字を検討し、多様な意味のあることを指摘されている[29]。筆者も『鎌倉遺文』のデータベース等を利用して「適」字を蒐集し、その意味を考えたが、『類聚名義抄』[30]によれば「適」字の訓に「マサニ」というのがある。こうした例を参考にすると、「適」字は現代語の感覚から言えば、「特に」「とりわけ」といった意味に解釈するのがもっともふさわしいように思われる。つまり「特に近衛殿からの仰せである上、庄官の解状には道理がある。」となり、近衛殿に対する配慮が表れているのではなかろうか。荘官の解状によれば、とするだけで良いものを、わざわざ〈近衛殿より…〉と述べていることと併せて注目したいところである。またこのことから、「頼朝御教書」は摂関家領問題も一段落した後とみるのが妥当で、これ以上京都の朝廷と事態をこじらせたくないという頼朝の思いが伝わってくるように思う。

むすび

以上、『島津家文書』所収「年未詳五月十四日付源頼朝袖判御教書案」について検討を加えてきた。その結果、島津荘官と大宰府官との争いの現場は博多津であり、島津荘の主張の背景には宋海商との唐物取引契約があると考えられること、そして文面から源頼朝の近衛家に対する配慮が感じられることなどを述べてきた。冒頭で述べたように、「頼朝御教書」は天野遠景による大宰府掌握の程度、幕府の鎮西支配の進展状況を考える上で重要な史料となっているが、これまではもっぱら事件現場を島津荘現地として検討が加えられてきた。これを博多津とみると、その評価もおのずから異なってくると思われるが、これらについては現在の筆者の力量には余るところであるので、今後の課題として、ひとまず筆をおくことにしたい。大方のご批正を乞う次第である。

注

（1）『大日本古文書　島津家文書之一』二九八（二五六〜二五七頁、「頼朝加判平盛時奉書案」）、『大宰府・太宰府天満宮史料』巻七・文治五年条、『鎌倉遺文』一―三三六（文治三年）・五六六（建久二年？）にいずれも「源頼朝御教書案」として重複して収める、『太宰府市史』中世資料編（太宰府市、二〇〇二年）史料63（一五二〜一五四頁）等参照。

（2）「頼朝御教書」の年次について、まず上限は天野遠景の鎮西赴任の時期となるが、その時期については文治元年末説（佐藤進一『鎌倉幕府訴訟制度の研究』岩波書店復刻、一九九三年。初刊一九四三年）、いわゆる守護・地頭設置の同年十一月以降説（石井進「大宰府機構の変質と鎮西奉行の成立」『日本中世国家史の研究』岩波書店、一九七〇年）などがあるが、遠景の鎮西における活動を示す初見が『吾妻鏡』文治二年二月二十二日条であることから、遅くともその頃までには下向していることは間違いない（瀬野精一郎『鎌倉幕府と鎮西』吉川弘文館、二〇一一年、二九頁注4）。文治元年末から翌年二月の赴任となるので、五月十四日付文書の上限は自ずから文治二年となる。一方、下限については、建久二年（一一九一）八月一日付源頼朝御教書（『鎌倉遺文』五四五）の宛所が「藤内民部丞殿」となっている。これより以前に遠景が民部丞に補任されたことにより、宛所にも変化がみえるのである。したがって単に「伊豆藤内」とあるのは、それより以前のこととみられる。『大宰府太宰府天満宮史料』巻七では、「本文書年号を欠くも、建久元年《（マヽ）》には、天野遠景は藤内民部丞と称し、且文治四年は、遠景、鬼界ヶ島征討に従事せるを以て、恐らくは、文治四〜五年のものならんも、姑くこの年に収む」という按文を付して文治五年に収めている。最近の『太宰府市史』中世資料編（注1前掲）もこの理解に従っている。他にも説はあるが、これ以上に年次を絞ることは難しく、文治二年から建久二年の間の五月十四日に発給されたものとみて考察を進める。なお天野遠景の鎮西における活動については、瀬野精一郎前掲書一七〜二〇頁、同『鎮西御家人の研究』第一・二章（吉川弘文館、一九七五年）及び菊池紳一「鎌倉時代の天野氏について」（『鎌倉時代の社会と文化』東京堂出版、一九九九年）参照。

（3）徳重淺吉「鎮西島津庄」（『日本文化史の研究』目黒書店、一九三八年。初出一九二九年）に、「尤も平淡に解するならば之は宋船の難破したものの破片である。然しそれでは唐船着岸物と、押取という字がしつくりせぬ。…」（一三二頁）という記述があり、その後、中世の寄船・寄物について考察を加えた新城常三氏は『中世水運史の研究』第七章二節寄船・寄物考（塙書房、一九九四年。初出一九七四年）において、「島津荘の着岸物が古来同荘領家の所有にかかっていた」（八二二頁。ただし「領家」は再録に際して加えられている）と述べられている。この他、林文理「博多綱首の歴史的位置――博多における権門貿易――」（大阪大学文学部日本史研究室創立五〇周年記念論文集『古代・中世の社会と国家』清文堂、一九九八年）五八四頁、大庭康時a「博多綱首殺人事件――中世前期博多をめぐる雑感――」（『法哈噠』三、一九九四年）、同b「集散地遺跡としての博多」（『日本史研究』四四八、一九九九年）八五頁及び注29、渡邊誠「十二世紀の日宋貿易と山門・八幡・院御廐」（『平安時代貿易管理制度史の研究』思文閣出版、二〇一二年。初出二〇一〇年）二九七頁、中村翼「鎌倉幕府の「唐船」関係法令の検討――「博多における権門貿易」説の批判的継承のために――」（『鎌倉遺文研究』二五、二〇一〇年）七四頁等にも寄船・寄物とする意見がみえる。

（4）島津荘については数多くの研究があるが、その概要については原口泉ほか『鹿児島県の歴史』（山川出版社、

一九九九年）及び『日本歴史地名大系　宮崎県の地名』（平凡社、一九九七年）、『日本歴史地名大系　鹿児島県の地名』（平凡社、一九九八年）等参照。

（5）平盛子の伝領とその意義については、樋口健太郎「平安末期摂関家の『家』と平氏―白川殿盛子による『家』の伝領をめぐって」（『中世摂関家の家と権力』校倉書房、二〇一一年。初出二〇〇四年）参照。

（6）神崎荘現地到着説は近年では特に服部英雄氏が強く主張されている。a「久安四年、有明海にきた孔雀」（『歴史を読み解くさまざまな史料と視角』青史出版、二〇〇三年。初出一九九六年）六六頁、b「日宋貿易の実態――「諸国」来着の異客たちと、チャイナタウン「唐房」――」（『東アジアと日本――交流と変容――』二〇〇五年）三九頁、c「宗像大宮司と日宋貿易――筑前国宗像唐坊・小呂島・高田牧――」（九州史学研究会『境界からみた内と外』（岩田書院、二〇〇八年）等参照。なお大庭康時氏（注3前掲a論文）は、神崎荘に入港した後、博多津に回航されたとされている。

（7）長沼賢海『日本海事史研究』（九州大学出版会、一九七六年。初出一九五三年）三三六頁、五味文彦「日宋貿易の社会構造」（『今井林太郎先生喜寿記念　国史学論集』同論文集刊行会、一九八八年）一二〇～一二二頁、等参照。

（8）石井正敏「肥前国神崎荘と日宋貿易――『長秋記』長承二年八月十三日条をめぐって――」（皆川完一編『古代中世史料学研究』下巻、吉川弘文館、一九九八年↓本書所収）。

（9）拙論発表後の服部氏の論文については注6参照。

（10）服部氏には史料（『長秋記』）原文に「神崎荘に来着した」と書かれているとの思いこみがあるようである。例えば、注6前掲a論文では次のように述べられている（※印ならびに傍線は石井）。「この対立する議論（※神崎荘現地か博多津か）は、具体的には『長秋記』の長承二年（一一三三）八月十三日条の解釈をめぐる議論である。この時、宋人周新の船が「神崎御庄領」に来着し、通例によって大宰府の官人が「存問」（臨検）し、「和市の物」（相当の代価）を支払った。ところが、鳥羽院の院司であった平忠盛が…「船が院領神崎庄領へ来着したのに、大宰府が貿易に介入することはおかしい。院が直接に貿易を行なう」と主張した。…この記事はふつうに読めば、肥前国神崎庄の津に宋船が到着したということになるから、有明海に面した港津に宋船が到着したものと読むことができるはずである。」（六六頁）。このように服部氏は『長秋記』に宋船が「神崎荘領に来着した」とあるかのように、二度にわたって記されている。しかし本文で引用したように『長秋記』原文に周新の船が「神崎荘領に来着した」という記述はない。もし史料に「神崎荘に来着した」と明記されていれば、筆者をはじめ誰も敢えて博多津に入港したなどと主張しないであろう。

(11) 拙論発表後では渡邊誠氏が周新船は博多津に来航したと解釈されている。a「大宰府の「唐坊」と地名の「トウボウ」」(『平安時代貿易管理制度史の研究』思文閣出版、二〇一二年。初出二〇〇六年)三二五～三二六頁、b「十二世紀の日宋貿易と山門・八幡・院御廐」(同上書所収。初出二〇一〇年)二八九頁。なお服部氏は注6前掲c論文において、渡邊氏が上記a論文で紹介された九条家本『中右記部類』長承元年七月二十八日条に大宰府(博多)に来着した宋商人が殺害され、唐坊が火災に罹るという記述があることから、翌年に来日した周新は「博多を忌避し」て神崎荘に入港したと、あらためて神崎荘現地到着説を論じられている。興味深い推測であるが、なぜ博多を避けて入港地を有明海の神崎荘に求めたのか不明であり、疑問である。なお渡邊氏も再録に際して服部氏の所説を批判されている(前掲a論文注20参照)。

(12) 『太宰府市史』中世資料編(注1前掲)

(13) 村井章介「鬼界が島考――中世国家の西境――」(『アジア歴史文化研究所報』一七、二〇〇〇年)、山内晋次『日宋貿易と「硫黄の道」』(山川出版社、二〇〇九年)五〇～五八頁等参照。

(14) 山内晋次(注13前掲書)。

(15) 持躰松遺跡については、『古代文化』五五―二(二〇〇三年)に特集が組まれており、柳原敏昭「平安末～鎌倉期の万之瀬川下流地域――研究の成果と課題――」、大庭康時「博多遺跡群の発掘調査と持躰松遺跡」、市村高男「一一～一五世紀の万之瀬川河口の性格と持躰松遺跡」等が掲載されている。その他、柳原敏昭「中世前期南九州の港と宋人居留地に関する一試論」(『日本史研究』四四八、一九九九年)参照。

(16) 大庭康時(注3前掲b論文)。

(17) 大塚紀弘「唐船貿易の変質と鎌倉幕府――博多綱首の請負から貿易使の派遣へ――」(『史学雑誌』一二一―二、二〇一二年)五一～五二頁。

(18) 森克己『新訂　日宋貿易の研究』(国書刊行会、一九七五年、勉誠出版、二〇〇〇年)二〇〇頁。

(19) 服部英雄(注6前掲a論文)、皆川雅樹「鸚鵡の贈答――日本古代対外関係史研究の一齣――」(矢野建一・李

造編『長安都市文化と朝鮮・日本』汲古書院、二〇〇七年）等参照。『中外抄』は宮田裕行『校本中外抄とその研究』笠間書院、一九八〇年）による。

(20) 服部英雄（注6前掲a論文）。

(21) 服部英雄（注6前掲a論文七二頁表2）参照。

(22) 「石清水八幡宮文書目録」（『鎌倉遺文』四四三〇）にみえる。長沼賢海氏（注7前掲書）・五味文彦氏（注7前掲論文等）らが神崎荘博多倉敷地説の論拠としている史料である。この他この事件については、佐伯弘次「大陸貿易と外国人の居留」（川添昭二編『よみがえる中世1　東アジアの国際都市博多』平凡社、一九八八年）、大庭康時（注3前掲a論文）、服部英雄（注6前掲b・c論文）、渡邊誠（注3前掲論文）、同（注11前掲a論文）等参照。

(23) 服部氏は神崎荘の「留守」が関与していることから蹂躙事件は神崎荘現地で起こり、大宰府使は神崎荘に入港した宋船を存問するために訪れたとされている（注6前掲b論文六一頁）。存問のために「筥崎社家雑掌」が大宰府使に同行して神崎荘に赴く理由も考えがたく、蹂躙事件は博多津付近で発生したものと思うが、ここでは神崎荘が宋海商と関係を持っていたことを確認できれば十分である。なお服部氏の説に対しては、「留守」が必ず在荘していたのかという疑問をはじめとする批判が渡邊氏によってなされている（注11前掲a論文三三五頁注20）。

(24) 宋船神崎荘現地入港説を主張する服部英雄氏は島津荘の宋船も島津荘域に入港したとし、さらに踏み込んだ解釈を示されている。「文治・建久頃の島津家文書（年欠五月十四日源頼朝加判平盛時奉書）に「薩摩国島津庄に着岸した唐物を、先例に背いて宰府が押取った」とある。知らせを受けて、はるか筑前から宰府使が下向してくるなどとは、いかにも想定しづらい。薩摩国庁官人および薩摩警固所駐在の宰府使・通事こそが駆けつけた」（注6前掲b論文三九頁）。「知らせを受けて、はるか筑前から宰府使が下向してくるなどとは、いかにも想定しづらい」という点は全く同感であるが、続く「薩摩警固所…」については何の論証もされておらず、疑問とせざるを得ない。

(25) 大量の積載品で有名な新安沈船においては、「東福寺」「筥崎」「釣寂庵」などの木簡がみられ、特に東福寺木簡には「公用」との記述もあるところから、東福寺主体の造営料唐船とみなされているが、村井章介氏は、「この貿易船にとって東福寺は最大かつ「公的」な荷主ではあったが、あくまで多数の荷主のひとりにすぎなかった。」とし、新安船は「多数の荷主の荷を混載した貿易船」とされている（「寺社造営料唐船を見直す」『日本中世の異文化接触』東京大学出版会、二〇一三年、二五四～二五五頁）。島津荘が主張しているのは、島津荘が契約した宋船の積み荷の一部で、これをも大宰府が自己の管理下におこうとしたので、紛争となったものと推測される。「新儀」によって押取された荷主あるいは取引関係者は島津荘官以外にもあったとみるべきであろう。

(26)『太宰府市史』中世資料編（注1前掲）。なお参考にされている諸論文は次のとおり。①佐藤進一（注2前掲書）・石井進（注2前掲論文）、②藤田俊雄「鎌倉初期の大宰府機構について」（『熊本史学』五五・五六合併号、一九八一年）、③大山喬平「鎮西地頭の成敗権」（『史林』六一―一、一九七八年）。この他、瀬野精一郎『鎌倉幕府と鎮西』（注2前掲）ならびに『鎮西御家人の研究』（注2前掲）等参照。

(27) 天野遠景の後任として武藤資頼が派遣されている。その交替前後の状況については、本多美穂「鎌倉時代の大宰府と武藤氏」（九州大学国史学研究室編『古代中世史論集』吉川弘文館、一九九〇年）参照。

(28) 以下この時期の政情については、山本博也「文治二年五月の兼実宛頼朝折紙について」（『日本古文書学論集5 中世1』吉川弘文館、一九八六年。初出一九七九年）、河内祥輔『頼朝の時代 一一八〇年内乱史』（平凡社、一九九〇年）等参照。

(29) 中野栄夫「「適」小考」（『日本社会史研究』八九、二〇一〇年）。

(30)『類聚名義抄 観智院本』（『天理図書館善本叢書（和書之部）三二巻』八木書店、一九七六年）仏―七二頁。

附記 本稿は二〇一三年三月十九日開催の中央大学人文科学研究所「島と港の歴史学」チーム公開研究会で口頭発表し、また『「武家外交」の誕生』（NHK出版、二〇一三年五月）に概要を記述した。

4　高麗との交流

一　高麗の歴史と国際環境

1　十世紀の東アジアと高麗

十世紀に入ると、東アジア情勢は大きな変化を迎え、勢力の交替が起こっている。九〇七年、三〇〇年にわたって東アジアの中心として周辺に大きな影響を与えてきた唐が滅び、五代十国の分裂時代が始まると、あたかも連鎖反応のごとく、北方では渤海が契丹（のち遼）によって滅ぼされ（九二六年）、朝鮮半島では新羅に替わって高麗が新たな覇者となった（九三六年）。こうした海外情勢の影響を日本が直接受けたとみられる様子はないが、激動の情報は確かに日本にも入ってきていた。唐末期の情勢は在唐留学僧（中瓘《ちゅうかん》・好真《こうしん》ら）の書状や唐海商によって伝えられており、唐滅亡後の様子は、しばしば来航した十国の一つ呉越国の商人を通じて伝えられていた。また渤海滅亡の詳しい事情も、契丹が故地支配のために設けた東丹国からの使者の来日（九二九年）によって知り、『将門記《しょうもんき》』の「去ぬる延長年中大契赧王（契丹王）の如きは、正月一日を以て渤海国を討ち取りて、東丹国と改めて領承するなり。」という記述に反映している。そして朝鮮半島情勢は、後百済王甄萱《しんけん》の使者の来日（九二二・九二九年）や対馬からの漂流民の送還を通じて把握していた。日本が中国大陸や朝鮮半島における変化を感じ取っていたことは間違いない。

こうした情勢の中で、日本と高麗との交流が始まる。その交流は一三九二年に高麗が滅びるまで続くが、九七九年に中国を再統一した宋との関係と比べると、あまり注目されていない感がある。頻繁に来日する宋海商と彼らのもたらす陶磁器をはじめとする工芸品を日本の人々が競い求める姿から、日宋関係は華やかな印象が強い。それに比べ、高麗との関係は史料も少なく地味ではある。しかしながらもっとも近い異国であり、日本の国家および日本人の対外認識の変遷を考える上では重要な意味をもっている。本章においては、主に十一世紀頃までの日本・高麗間の交流について考えてみることとしたい（研究史と諸問題については、森平雅彦二〇一〇を参照）。

2　高麗の成立

新羅では九世紀半ばから王位をめぐる争いが続き、中央の混乱が地方にも波及して、地方豪族が台頭した。西南の旧百済領を中心に勢力を伸ばした甄萱が九〇〇年には「後百済王」を称し、自立を宣言した。北部では旧高句麗領を中心とした弓裔《きゅうえい》が、九〇四年に国を「摩震《ましん》」（のち泰封《たいほう》）と号して自立したが、九一八年に王建《おうけん》に追われ、王建は高麗を国号とし、都を開城《かいじょう》に定めた。この新興二勢力と今や東南部を領有するに過ぎない存在ではあるが正統王朝である新羅との三国が鼎立し、後三国時代とよばれる争いが続けられたが、九三五年に新羅が高麗に降り、翌年には高麗が後百済を滅ぼして朝鮮半島を統一した。この後、高麗は一三九二年に李成桂《りせいけい》によって滅ぼされるまで、およそ三四代・五〇〇年の長期にわたって朝鮮半島を支配することとなる。しかしその歴史は平穏ではなく、国境を接する中国の宋・蒙古（元）、北方の契丹（遼）・女真（金）、そして日本との間に常に緊張関係が交を展開している。

存在していた。このためおのずから対外関係に意を用い、中国と北方勢力とのバランスを考慮しながら巧みな外

3　高麗の国際的環境

高麗は統一以前から五代の王朝や呉越国に遣使して冊封を受け、宋代にも引き続き朝貢し、双方の使者が往復している。また宋海商を介しての交流が続けられた。一方契丹との関係は良好には進まず、大規模な侵略を三次にわたって受けることになる。第一次の侵攻は九九三年のことであった。その翌年（九九四年）、高麗は宋に遣使して契丹遠征の支援を求めるが、拒否されたため、契丹に臣事する道を選んだ。それでも一〇一〇年には高麗の王位をめぐる内紛を口実に介入され、王都開城が灰燼に帰するという被害を受けた。さらに一〇一八年にも大規模な侵略を受けた。この契丹侵攻を仏教の力で抑えようとして企画されたのが大蔵経の彫板で、一〇二〇年頃に着手され、一〇八七年頃に完成した（池内宏 一九三七b。その後兵火により焼失し、再彫された）。契丹に臣事する高麗ではあるが、もとより宋（中国）に対する憧憬の念は強く、宋にも使者の派遣を続け、両属外交を展開していたが、宋への朝貢は一〇三〇年から一〇七〇年まで中断された。契丹への遠慮によるものであるが、宋においても敵対する契丹に服属する高麗との外交に懸念を抱く者がおり、海商の渡航はしばしば禁止された。こうした高麗の国際的な環境は、対日本関係にも大きな影響を与えている。

4　高麗・日本の中華意識

高麗の歴史、中でも日本との関係を考える上で注意しておかなければならないことの一つに、高麗の中華意識がある。高麗国内では国王を皇帝と称し、自称に朕を用いるなど、中国の皇帝・天子に擬していた。のち朝鮮時

代に『高麗史』を編纂するにあたり、典拠となった「旧史」には高麗王を中国皇帝になぞらえた僭擬の記事が多いとし、「某宗」は「某王」、「朕」は「予」、「節日」は「生日」、「詔」は「教」などに改められるということがあった（奥村周司 一九八五。森平雅彦 二〇〇七）。こうした高麗の中華意識はすでに太祖王建の頃からみられ、特に興味深いのは一九九三年に開城郊外にある王建の陵墓（顕陵）から発掘された王建の銅製等身座像で、その王冠は中国の制度では皇帝のみに着用が許されている通天冠であるという（森平雅彦 二〇〇七）。また毎年十一月望日に挙行される高麗の代表的な国家祭祀である八関会（仏教に加えて国祖神・天霊・山川神などに対する固有土着的な信仰が習合した祭儀）には、居合わせた宋の商客・女真の酋長・耽羅《たんら》（済州島《チェジュ》）人・日本人なども列席させている。彼ら異域の人々は、高麗の王化に浴する朝貢使に準じて扱われたのである（奥村周司 一九七九、八二）。

こうした中華意識は、いうまでもなく律令制定前後から一貫して日本も有しており、自らを中華とし、新羅を西蕃に位置づけていた。したがってその後継者である高麗は当然蕃国となる。しかしながら現実の国際関係においては、すでに日本の独善的な中華世界観は破綻していた。八三八年（承和五）の遣唐使派遣に先立って新羅に派遣された紀三津《きのみつ》が持ち帰った執事省牒は、新羅を大国、日本を小人と表現する、侮辱的な内容に満ちたもので、自らの中華世界観の破綻を認識せざるを得ず、対外関係にも大きな転換をもたらす出来事となった。すなわち、自ら外交を絶つことによって観念の上で中華を維持する道を選び、日本を中華と認める渤海使のみを受け入れ、その他の外交案件が生じた場合には、実際に朝廷で審議はするものの、大宰府や対馬名義で対応させ、形式上天皇や太政官は外交に関与しないという基本方針が形成されていった。こうして、九一九年（延喜十九）の最後の渤海使の来日以後、日本は異国と公式の外交を結ぶことはなく、新興の高麗に対しても同様であった。

このように、日本と高麗はいわば中華を自任する同士の関係となるから、そこに外交上の軋轢が生じることは、また自明というべきであろう。なお日本には高麗に対する認識に二つの面があったことにも注意しておきたい。

すなわち、新羅の後継者という側面と渤海の後継者という側面であった。高麗を渤海の後継者とみなすのは、渤海は高句麗の継承者であるとの考えによる（石井正敏二〇〇一）。この二つの高麗観は、渤海の後継者観は平和時にあらわれ、新羅の継承者観は対立時にあらわれるという特徴がある。

二　日本・高麗関係の始まり

1　高麗使の来日

朝鮮半島の北方を本拠地とした高麗であるので、統一前に日本との接触はなかったが、統一の翌年（九三七年・承平七）には早くも牒状を送ってきた（『日本紀略《にほんきりゃく》』）。ついで九三九年（天慶二）早々にも使者が来日し、広評省牒状をもたらしたが、大宰府の返牒を与えて帰国させている（『日本紀略』）。時期は降る史料であるが『帥記《そちき》』に「天慶年中、高麗国使下神秋連陳状して、彼の国王、朝貢之事を停めらるるを愁怨す」（承暦四年閏八月五日条）とみえる。これらの一連の記事によれば、高麗牒状の内容は一切不明であるが、次のような経緯が推測される（中村栄孝一九六五。石上英一一九八二）。まず九三七年の使者であるが、この年王建は中国の後晋にも使者を送っているところをみると、高麗が新たなる半島の覇者となったことを伝え、外交を求めてきたものであろう。ところが日本は受け付けなかった。そこで再度九三九年に広評省牒を送り、日本との外交を求めたと考えられる。広評省は新羅でいえば執事省に相当する。したがって太政官が応答すべきであるが、大宰府の返牒を与えて帰国させている。これは公式の外交を拒絶する意思表示と理解してよいであろう。朝廷で審議しながら、大宰府名義で返牒を送る形式が日本外交の基本的なスタイルとなっていたことは前述した通りである。ただし「高麗国」「高麗国広評省」などとあり、後百済王甄萱について「新羅甄萱使」（『扶桑略記《ふそうりゃっき》』延長七年五月十七日条）とする表記とは明らかに異なっていることは注意され、新羅から高麗へ王朝が交替したとの認識があったことを示している。なお、高麗使が「国王、朝貢之事を停めらるるを愁怨す」と述べているとしているが、王建の中華意識からすれば「朝貢」を求めたとは思われず、日本側の表現である可能性が高い。高麗が外交を求めたのに対して、日本が応じなかったことに対する不満ないし不審の念を示したものであろう。

この後、九七二年（天禄三）には「南涼府使」・「金海府使」を称する者が相次いで来日したが、大宰府の返牒を与えて帰国させている。翌々年（九七四年）には、高麗国交易使蔵人所出納・高麗国貨物使らが、交易した貨物を持ち帰京している。地方官が独自に貿易の使者を送ってきたものと思われるが、派遣の主体を地方豪族とする見方もある（森平雅彦二〇〇八）。

こうして日本と高麗との間に公式の外交関係が結ばれることはなかったが、交流はさまざまな形で行われた。貿易（森克己一九七五ａｂｃ）と漂流民の相互送還（山内晋次二〇〇三）が二つの柱であるが、その他にも突発的な出来事がいくつかあり、境界領域には新しい動きがみられるようになる。九世紀の後半から新羅海賊の日本への来襲があり、八九四年（寛平六）には唐人も加わった大規模な海賊集団の活動がみられた。ところが高麗の統一後は日本への海賊の襲来はみられなくなる。新羅海賊の活動は新羅末期の政治の混乱が、その背景にあり、高麗による統一の後には、彼ら海賊集団はおそらくは水軍として、高麗の管理統制下に組み込まれたものではなかろうか。ところが十世紀の末には日本から、後世の倭寇を思わせる活動が始まり、これが日本・高麗間の懸案となるのである。その端緒となる出来事が九九七年（長徳三）に起こっている。

三　長徳三年の高麗牒状と倭寇

1　高麗牒状の到来

九九七年（長徳三）五月、高麗の牒状が到来した。牒状は「日本国」宛、「対馬島司」宛、「対馬島」宛の三通であったという（『小右記《しょうゆうき》』同年六月十三日条）。牒状の内容は不明であるが、「日本国を辱しむるの句」があり、「怖畏なきに非」ずと思わせるもので、「宋の謀略ではないか」と疑う意見まで出されたという。要害の警固を命じ、高麗牒状をもたらした大宰府在住者には今後の渡航を許さず、罪科に処すべきことなどを決めている。結局返牒は送られず、官符を大宰府に下し、牒状無礼の由を商人を介して口頭で高麗側に伝えさせるという方法がとられた。なおこの時、高麗対応の基本方針が決められたことも興味深いことである。下文で触れる高麗からの請医に対する議論の中で、大江匡房《おおえのまさふさ》が「就中《なかんづく》長徳之比《ころ》、高麗・新羅若《も》し一つの咎むる事有れば、毎条咎むべき之由、定め有りと云々」（『帥記』承暦四年九月三日条）と述べたという。これは外交拒否を前提とした措置で、牒状の過失を一つでも見付けて口実とするという、きわめて消極的な外交方針を固めたものといえるであろう。牒状の具体的な内容は明らかではないが、この一件は高麗に対する警戒心を一層強めることになったことは間違いない（森克己一九七五c）。そしてこの時の高麗の使者派遣の目的と牒状の内容を推測させる出来事が、まもなく起こる。

2　高麗国来襲の誤報とその背景

牒状の到来からおよそ四ヵ月後の十月一日、折から内裏で執り行われていた旬政《しゅんせい》の最中に、大宰府からの飛駅使が到り、取り次いだ近衛の官人が、「高麗国人、対馬・壱岐島を虜掠す。又肥前国に著き、虜領せんと欲す」と大声で叫んだのである。驚いた左大臣藤原道長《ふじわらのみちなが》らは紫宸殿《ししんでん》を駆け下り、飛駅使のもたらした大宰大弐の書状を抜き見たところ、薩摩・肥前・肥後から筑前・筑後・壱岐・対馬などを賊徒が襲ったことは事実であるが、その正体は高麗人ではなく奄美島人であることが判明した。「高麗国人」としたのは近衛官人の早合点であったのである。そこで一安心といったところで、一部式次第を変更した上で儀式は続けられ、その後、あらためて陣定が行われて賊徒襲来のことが審議された。襲来したのは高麗人ではなく奄美島人であったのであるが、大宰府解文には高麗に関する噂が記されていた。すなわち、「高麗国、兵船五〇〇艘を艤し、日本国に向かわしめ、奸《かん》を致さんと欲す」というもので、浮言とは思われるが言上するとあった。朝廷では兵船五〇〇艘来襲の噂は「信ぜざるべからず」つまり十分考えられることであるので、諸社に奉幣《ほうべい》し、種々の祈禱を行わせることを決めている（以上、『小右記』・『権記』）。

3　高麗を襲った日本人

それではなぜ奄美島人来襲を、取り次いだ近衛官人が「高麗国人来襲」と誤って伝え、また高麗の兵船五〇〇艘来襲の噂が流れているのであろうか。「兵船」という表現は単なる海賊集団ではなく、高麗国軍を意味している。そこで『権記《ごんき》』長徳三年十月一日条の記事が注目される。そこには、「又高麗国案内の事を申す。定め申して云く、先日言上の府解、鶏林府《けいりんふ》（高麗）に到りて犯を成す者の夾名《きょうみょう》（名簿）を注さず。今日の解文、已に其名を注す。仍て須《すべから》く彼の犯を成し矢を射る等の類を追討すべき之由、報符に注載し、又官符を長門国に給うべし。但し其賊を得る者に賞賜すべき之由、状中に加え載すべし」とある。鶏林府とは、いうまでもなく新羅の異称であり、ここでは高麗を指している。つまり、これより先、九州ないし長門付近の住民が高麗に赴き、犯罪行為を働いており、大宰府にその追討を命じているのである。その後の様子は明らかでないが、少なくとも再度にわたり陣定で審議されているので、この出来事については、公卿をはじめ平安京の官人には広く知られており、いつか高麗が報復のため日本に攻めてくるかのではないか、という警戒感をいだかせたものと思われる。このような疑心暗鬼の状況の中で、九州が襲われたことを聞いた近衛の官人は「すわ高麗の襲撃」と早合点して大声で高麗来襲と叫び、道長以下の公卿も慌てて事実の確認に走ったのではなかろうか。大宰府周辺に流れていた高麗の兵船五〇〇艘来襲の噂も、いつか高麗の報復攻撃があるかも知れないという、戦々恐々とした現地の雰囲気をリアルに伝えるものであろう。

誤報を生み出す状況はそれだけでなく、彼らにとって高麗来襲の恐れが、もっと現実のものとして感じられていた。すなわち、前述の五月に届いた牒状である。「日本国を辱ずかしむるの句」「日本国を恥ずかしむるの文」のある高麗牒状は、「鶏林府に到りて犯を成す」日本人の行動を伝え、不法行為を放置している日本を非難し、禁圧を強く求める抗議の内容ではなかったかと推測されるのである。『異国牒状記』（石井正敏 二〇〇九）には、「長徳三年五月、高麗の牒到来。文章旧義に違ふ上、其の状の体、蕃礼に背く由沙汰ありて、返牒なし」と記されている。「蕃礼に背く」とあることに注目すれば、前述した高麗の中華意識を前面に打ち出した文言で禁圧を求めてきたのではあるまいか。

4　倭寇の正体

なお、高麗を襲った日本人の正体は不明で、はじめから掠奪を目的としていたのか、あるいは貿易に赴いて取引の上で何らかのトラブルが生じて武力に訴える結果になったのかも知れない。『今昔物語集《こんじゃくものがたりしゅう》』巻三一・鎮西人至度羅島語第十二には、貿易のために海外へ渡航した鎮西商人たちが、帰航の途中度羅島（耽羅―済州島）に寄港したところ、島民との紛争になりかけた話が記されているが、貿易商人が武装していた様子を伝えている。問題としている長徳三年五月に高麗牒状をもたらした使者について、「そもそも高麗使は大宰の人なり」と記されており、『水左記《すいさき》』承暦四年九月四日条に引かれた長徳三年官符によれば、使者を遣わして大宰府に伝えるべきであるのに、「何ぞ断綆《だんこう》漂流の客を脅し、以て行李（使者）と為すや」とある。「客」とあるので、商客すなわち商人であり、高麗に漂着した商人の帰国に牒状を託したことが知られる。商人とすると、漂着したというので、宋との貿易に従事していた商人が漂着したのか、あるいははじめから高麗に赴いたが、予定外のところに漂着したのかは不明であるが、ともかくこの頃には、高麗へ貿易のために渡航する「日本人」がいたことは間違いない。このように、高麗で犯罪行為を働いた日本人の正体については不明であるが、推測される状況はまさに後世の倭寇を髣髴させるものがある。

このようにみてくると、長徳三年五月に到着した高麗牒状は、日本人の犯罪を指摘し、その追捕を求める内容であったと推測される。これに対して朝廷は「文章無礼」「蕃礼に背く」として返牒は送らずとしたのである。この時期、『高麗史』には穆宗二年（九九九）十月条に「日本国人道要・弥刀等二十戸、来投す。之を利川郡に処《お》き、編戸と為す」、顕宗三年（一〇一二）八月戊戌条に「日本国潘多等三十五人、来投す」といった記事もみえる。『権記』の伝える高麗を襲った日本人の記録は、たとえ犯罪者とはいえ、境界領域で新しい動きが出ていることをも示す貴重な史料といえるであろう（以上、石井正敏二〇〇〇）。

こうして高麗に対する警戒心や緊張感が高まっていったところで起きたのが刀伊《とい》の入寇で、これも当初は賊の正体を高麗とする見方もあった。一〇一九年（寛仁三）のことである。

四　刀伊入寇と日本・高麗

1　刀伊来襲の経過

一〇一九年（寛仁三）四月上旬、大宰府からの飛駅により、「刀伊」の賊が対馬・壱岐等に来襲したという第一報が朝廷に届いた。「刀伊」とは高麗の人々が沿海州地方に居住する女真（東女真）を呼んだ蔑称「되」（ｄｏｅ）の音を写したものである。もともと沿海州地方は渤海の領域で、渤海を滅ぼした契丹は東丹国《とうたん》として支配を試みたが、まもなく現地の人々の抵抗にあい支配を放棄した。その後渤海の故地は金の建国（一一一五年）まで政治的な統合はなく、それぞれに勢力が分散して活動を展開し、宋代には女真と呼ばれていたのである。高麗ではこの頃、連年女真の侵入に悩まされており、東方海上に位置する于山国《うさん》（今日の鬱陵島《ウルルン》）は壊滅的な打撃を受けている。高麗の女真対策は重要な政治課題で、東海岸には防衛のための「戈船《かせん》」と呼ばれる軍船を主力とする水軍が配備され、城が築かれているほどである（池内宏一九三三、三七ａ。森克己一九七五ｂ）。

刀伊の五十艘から成る集団は、まず高麗を襲い人・物を掠奪し、南下して日本に来襲した。三月下旬、対馬・壱岐を襲って甚大な被害を与え、さらに筑前志摩郡・早良郡などで掠奪を繰り広げ、博多湾内の能古島を占拠し、上陸を目指したところで、大宰権帥藤原隆家《ふじわらのたかいえ》率いる防衛軍により撃退された。そこで刀伊は、肥前松浦郡を襲った後、この間に拉致した高麗人や日本人の捕虜を乗せて帰途についたが、再び高麗に立ち寄ったところを、待ちかまえていた高麗の水軍に迎え撃たれた。高麗軍に救出された日本人捕虜は、まもなく高麗の使者に送られて帰国することができた。

以上が刀伊の入寇から捕虜の送還にいたるまでの概要であるが、刀伊入寇の第一報を受けた朝廷ではただちに対応を協議し、要害を警固すること、神社への奉幣、仁王会《にんのうえ》の開催、そして撃退に功績のあったものには賞を与ることなどを定め、大宰府に指示している。迅速な対応ではあるが、それでも大宰府解に「官裁」となっているのは「奏上」と書かなければおかしいなど、形式を問題にしていることは、いつものことである。そして刀伊の撃退からまもなく大宰府から送られてきた勲功者のリストに基づき、その褒賞を審議する席で、「実際の戦闘は功績ある者に賞を取らせるとした宣旨より以前に終わっているので、褒賞の必要はない」とする意見が出されたが、「そんなことをいったら今後積極的に戦う者はいないだろう」との藤原実資《ふじわらのさねすけ》の一言で決着したという、当時の貴族の感覚のズレを表す有名な挿話も伝えられている（『小右記』六月二十九日条）。

2　捕虜の証言と高麗の軍事力

注目されるのは、高麗軍に救出された捕虜女性内蔵石女《くらのいわめ》らの証言（申状）である。帰国後の七月十三日付けで、大宰府解とともに提出されている。内蔵石女らは、救出されて金海府で帰国を待つ間、同じく捕虜となって連れ去られた母や妻子の消息を求めて高麗に渡ってきた対馬判官代長岑諸近《ながみねもろちか》の要請により、その行動の証言者として一足早く帰国することとなったものである。その申状では、刀伊の行動などについて具体的に記されているが、何といっても注目されるのは、刀伊の賊船を撃破し、救出されて乗り込んだ高麗の兵船についての詳しい証言である。大型の二重構造で、上下二段に櫓《ろ》や櫂《かい》を備え、船首には敵船に体当たりして突き破るための鉄製の角が装備されていた。兵士二十人余りが乗り込み、鉄の甲冑・大小の鉾や熊手などの武具・武器が用意されていたほか、投石機も搭載されていたという。このような特徴を持つ高麗の兵船とは、『高麗史』にいわゆる戈船とみなしてよいであろう。当時の日本の船とはかけ離れた装備をもつ軍船である。それにしても兵船についてこれほどまで細部にわたり詳しい報告を女性捕虜がしていることはやや異常と思われる。内蔵石女ら名義の申状とはいえ、実際には大宰府官人が彼女たちから聴取した多くの情報の中から選びとって作成したという経緯を考えると、国防の最前線にいる大宰府官人が関心を持つ高麗の軍事力について聞き出し、これに対して抱いた脅威や警戒心に基づくものと考えてよいであろう（村井章介一九九六。石井正敏二〇〇六）。

3　日本人捕虜に対する高麗の優遇

そして内蔵石女らの証言で注目される今ひとつは、救出した捕虜日本人に対する高麗側の対応である。救出先から金海府まで丁重に扱われ、駅馬を利用して移動する途中の駅ごとに設けられた食事の席では「銀器」が使われ、高麗の官人は石女らに「偏《ひとえ》に汝等を労《いたわ》るに非ず。唯日本を尊重し奉れば也」と述べたという。さらに金海府に到着後は白布で衣装を作り、出発までの約一ヵ月の滞在期間中「美食」が支給されたという。「銀器」というのは今でも用いられている銅器と思われるが（『宋史』高麗伝には一〇二五年に宋に朝貢した高麗使が高麗の風俗について述べている中に「民家の器皿、悉く銅にて之を為《つく》る」とある）、粗末な木製の食器に慣れた内蔵石女らからすれば高価な「銀器」と映ったことであろう。それはいずれにしても、高麗側の好意的な様子がうかがわれるが、中華高麗の立場からすれば当然の対応とみるべきであろう。

4　捕虜送還高麗使への日本の対応

さて、八月下旬の頃、日本人捕虜二七〇余人を連れて高麗使鄭子良《ていしりょう》ら百余人が対馬に来着し、対馬島宛安東都護府牒状を提出した。大宰府を経て、この情報が朝廷に伝えられると、九月二十二日の陣定で、高麗使を大宰府まで招き、この間の事情を尋ねるとともに、厚く資粮を賜うべきことに決した。十二月に一行は対馬から大宰府に向かったが、途中一隻が沈没し、二隻は無事に到着した。翌年二月、鄭子良に大宰府返牒と禄物を給して帰国させた。高麗の使者に位階を授けるという案も出たが、牒状が「日本」宛ではないため、見送られた。なお大宰権帥藤原隆家は使者に「金三百両」を与えたという（『大鏡』内大臣道隆）。

5　日本情報漏洩の不安

こうして刀伊入寇に関わる一件は落着したが、この間、大納言源俊賢《みなもとのとしかた》は高麗使への朝廷の対応を疑問とし、高麗使はすみやかに対馬から帰国させるべきであると主張している。その理由は、「数多《あまた》の者、小嶋に著きて旬月を送れば、国の強弱を量るべし、衣食の乏しきを知るべし」といい、「両嶋を経る之程、計りみるに衰弱の由を見る歟」というものであった。つまり国境の最前線に位置する対馬や壱岐の衰弱の情勢が知られるのを極度に警戒している。刀伊の侵攻により大きな被害を受けて国境地域の防衛体制が不備であることを案じての見解であろう。この見方に実資や藤原公任《ふじわらのきんとう》らも同意している。実は前に触れた一足先に帰国した長岑諸近や内蔵石女らのことを伝える七月十三日付け大宰府解にすでに次のような記述がある。「但し新羅は元敵国也。国号を改むること有りと雖も、猶《な》お野心之残るを嫌う。縦《たと》い虜民を送るも悦びと為すべからず。若しくは戦勝之勢を誇りて、偽りの好を成す之便を通ぜん」とあり、たとえ捕虜を送還してきてくれても手放しで悦んではならない、戦勝に乗じて通好を偽装しているのかも知れないからだ、とまで不信感・警戒心を露《あらわ》にしている。国防の最前線にいる大宰府官人が平安京の人々に警鐘を鳴らしているのである。俊賢はこのような情報に基づいているのであろう。兵船五〇〇艘来襲の噂に知られるように、以前からあった高麗に対する警戒心や不安感は、日本が甚大な被害を受けた刀伊の賊徒を打ち破った高麗の強力な水軍・兵船について語る内蔵石女らの証言情報によって、一層つのったことと思われる。前にみた、日本人捕虜に語った言葉や待遇にみられる高麗人と、大宰府官人や源俊賢を代表とする日本人とは、相互の認識においてみごとに対照的である。内蔵石女らから高麗における厚遇を聞き取った大宰府の官人にして、なお露骨な不信感を示していることに注目しておきたいのである。

なお、内蔵石女らが救出捕虜の中でも一足先に帰国した事情は、母や妻子を刀伊に連れ去られた対馬判官代長岑諸近が、その消息を求めて高麗に渡航し、妻子らがすでに殺されてしまったという情報を得て、帰国するにあたり、「渡海の制」に抵触するため、自分の渡航の正当性を証言してもらうために、伴って帰国したものである。この「渡海の制」とは、日本人の海外渡航を制限する規定で、律条にもとづくとする意見もあるが（山内晋次一九八八。稲川やよい一九九一。榎本淳一一九九二）、九一一年（延喜十一）に定められたいわゆる年紀制を指しており、年紀制は海外からの入国者（海商）だけでなく、日本からの出国者を管理する法令ではないかと推測している（石井正敏一九九二）。また刀伊の賊を追撃する際、大宰権帥藤原隆家は「但し先ず壱岐・対馬に到るべし。日本の境を限りて襲撃すべし、新羅の境に入るべからざる之由」を指示している。境界概念が次第に明確になってくる様子を示している。

捕虜を救出し、送還してくれるという機会にも、外交には頑《かたく》な姿勢を崩さない日本ではあるが、貿易には寛容で商人の往来を認め、高麗側も宋海商らと並んで八関会に列席させるなど、日本からの商人を中華を飾る道具として迎え入れたところから、日本・高麗貿易は盛んになっていく。こうした中で一〇八〇年（承暦四）高麗から医師派遣の要請が伝えられた。仲介したのは王則貞《おうそくてい》という大宰府在住の商人であった。

五　高麗の請医と日本

1　請医一件の概要

一〇七九年（承暦三）、日本から貿易のために高麗に赴いた王則貞は、帰途につくに際して、高麗の外交担当官庁である礼賓省の大宰府宛牒状（十一月付け）と贈り物の錦・綾・麝香《じゃこう》を託され、口頭で国王文宗が病気であるので、治療のため、日本から医師を派遣して欲しいと伝えるようにとの説明を受けた。高麗からの牒状と日本の返牒まで両国間で交わされた往復文書が残っている稀な例であるので、特に原文を引用しながら考察することにしたい（以下、奥村周司 一九八五。石井正敏 一九八七。田島公 一九九一。小峯和明 二〇〇六）。翌年王則貞は帰国すると大宰府に牒状と贈り物を提出し、事情を説明した。礼賓省牒状は次のごとくである（『朝野群載《ちょうやぐんさい》』巻二〇・異国）。

高麗国礼賓省牒す大日本国大宰府

当省、伏して聖旨を奉《うけたま》わるに、訪聞すらく、貴国に能《よ》く風疾を理療する医人ありと。今、商客王則貞廻帰するの次《つい》でに因り、仰せて、便に因りて牒を通じ、及び王則貞の処に於いて、風疾の縁由を説示せしむ。彼処に請て上等の医人を選択し、来年早春に発送到来せしめ、風疾を理療して若し功効を見《あらわ》さば、定めて軽酬ならず者。今、先ず花錦及び大綾・中綾各一十端、麝香一十臍を送る。王則貞に分附し、賚《もたら》し持ちて知大宰府官員の処に将《も》ち去《ゆ》かしめ、且つは信儀に充つ。到れば収領すべし者、牒具すること前の如し。当省奉わる所の聖旨、備録して前に在り。請うらくは、貴府、若し端的に能く風疾を療する好《よ》き医人有れば、発送前来せんことを許容し、仍て疋段麝香を収領せられんことを者、謹んで牒す。

己未年十一月（文宗三十三・一〇七九）　日牒

少卿林　槩

卿崔　生

卿鄭

要するに医師をすみやかに派遣して欲しいこと、もし治療に効果があれば褒美を取らせるといった内容である。

王則貞から事情を聴いた大宰府は、解状を副えて礼賓省牒状を太政官に送付した（『朝野群載』巻二〇・異国）。

大宰府解し申し請う官裁の事
　高麗国牒一通を言上するの状
右、商人の高麗国を往反するは古今之例也。茲《これ》に因り去年当朝の商人王則貞、交関の為、彼の州に向かうの間、礼賓省牒一通、錦・綾・麝香等を副えて送る所也。是れ則《すなわ》ち医師鎮西を経廻する之由を聞き、牒送するの旨、件の則貞申す所也者。異国之事、裁定を蒙らんが為、未だ件の錦・綾・麝香等を検知せず。何ぞ況《いわん》や請け取る不〔可〕けんや。先ず件の牒状を相副え、言上件の如し。謹んで解す。
　承暦四年三〔二〕月五日　　正

たとえ大宰府に宛てられた牒状と物ではあっても、異国にかかわることであるので、一切手を付けず、牒状も開封せず、太政官に送付していることは注目されるところである。さっそく朝廷では審議が開始される。

2　朝廷における協議

審議のはじめは、王則貞は医師は鎮西にいるといったのか、それとも京都にいると説明したのか矛盾があるので、再度の事情聴取を大宰府に命じるなどしており、本格的な議論は閏八月に入ってからようやく始められている。当初は医師を派遣すべしとする意見が大勢をしめ、人選が進められたが、閏八月十四日の陣定では、派遣しないのは「頗る義無き」ことであるとしながらも、医道の棟梁である丹波雅忠《たんばのまさただ》を派遣するわけにはいかず、さりとて他の者を派遣して、「若し其の療治之験を得ざれば、朝の為、尤も恥辱為《た》る可くば、差遣せられざるも、何事か之れ有らん乎」との意見が出され、さらに「但し天聴に達せざる如くせんが為、只府自《よ》り遣わす之趣を以て、彼の国に知らしめらる可き也」との、朝廷が関与せず大宰府による独断に見せかけるとする方針が示されている。その後も派遣すべしとする意見も出されたが、ついには関白藤原師実《ふじわらのもろざね》の夢枕に現れた故頼通《よりみち》の「派遣すべきではない」とするお告げにより、派遣しないこととなった（閏八月二十三日）。そこで今度は拒否する返事をどのように書くべきかに議論が移り、礼賓省牒状の文言や形式の不備を指摘し、無礼な牒状は朝廷に伝えることはできないとする大宰府返牒（大江匡房作）を作成し、送ることで一件は落着をみた（十一月）。

3　返牒

『本朝続文粋』巻一一・牒所収大宰府返牒は次のごとくである（『朝野群載』巻二〇にも収める）。

日本国大宰府牒す高麗国礼賓省
　方物等を却廻するの事
牒すらく、彼の省の牒を得るに偁《いわ》く、……牒の如くんば、貴国、懽盟《かんめい》之後、数、千祀を逾《こ》え、和親之義、長く百王に垂《なんな》んとす。方今、霧露《むろ》（疾病）を燕寝《えんしん》（部屋）之中に犯し、医療を鼇波《ごうは》（大海）之外に求む。風を望みて想いを懐《いだ》き、能く依々せず。抑も牒状之詞、頗る故事に睽《そむ》く。処分を改め而聖旨と曰うは蕃王の称す可きに非ず。遐陬《かすう》に宅《お》り而上邦に跨るは誠に彝倫《いりん》（人としての道）の斁《いと》う攸《ところ》なり。況や亦商人之旅艇に託し、殊俗之単書を寄せ、執圭《しっけい》之使（公使）到らず、封函之礼、既に闕《か》く。双魚（書状）猶お鳳池（朝廷）之月に達し難く、扁鵲（中国の名医）何《いず》くんぞ鶏林（高麗）之雲に入るを得んや。凡そ厥《そ》の方物、皆却廻に従う。今状を以て牒す。牒到らば状に准ぜよ。故らに牒す。

承暦四年　月　日

返牒で指摘している礼賓省牒状の違例・無礼は、①「処分」を改めて「聖旨」と称していること、②牒状を商人に託していることの二点であるが、議論に際して匡房は、この他に③牒状の書出しに「高麗国礼賓省牒」として「高麗国礼賓省牒上」と「上」の字が書かれていないこと、④牒状を納める函に封をしていないこと、⑤年号を書かず「已未年」と干支のみを記していること、⑥「已未年十一月　日」と、年月の下に「日」とのみ書いて、日付を記していないことなどを指摘している。ちなみに高麗は建国当初を除いて日本への牒状送付には商人を利用している。日本側はこのことを咎めているが、高麗や宋が商人を利用して国家間の文書を通じることは普通のことであった。『宝慶四明志』高麗条に、「本府（明州慶元府）、其の礼賓省と文牒を以て相酬酢《しゅうさく》するは皆な賈舶《こはく》之れを通ず」とみえる。

4　高麗の姿勢と日本の対応

こうして請医一件は結末を迎えるのであるが、あらためて関係史料を見直して、まず注目されるのは、礼賓省牒状が上意下達の形式であり内容であることである。そこに日本との友好関係を示す儀礼的な文言は一切なく、首尾良く治療の効果があれば十分な報酬を与えようといった、まったく事務的な連絡内容に過ぎない。実は『水左記』承暦四年二月十六日条に「未剋許《ばか》り、右中弁通俊朝臣来たり語りて云く、……又高麗国皇帝、牒を献ぜらる之由、都督之許《もと》自り、示し上せ候所也。件の牒、大宰府解を副えて今明進るべしと云々」とあり、高麗国王を「高麗国皇帝」と表記している。大宰府は礼賓省牒状は未開封のまま、王則貞に聴取した内容を記した解状に副えて送っており、右中弁や大宰帥が「高麗国皇帝」というはずはないので、王則貞の言葉を伝えているものと思われる。つまり高麗側が王則貞に牒状を付託し、趣旨を説明する際に「高麗国皇帝」なる表現を用いたとみなされるのである。このようにみれば礼賓省牒状が上意下達の事務連絡の体裁をとっていることもよく理解できる。高麗の中華意識を如実に示すもので、日本側ではとうてい認めることのできない形式であり、文言であった。

5　日本情報漏洩の不安

さきに刀伊に拉致された捕虜送還の高麗使を長く滞在させると日本の防備の弱体が知られてしまうから早く返せといった意見があることを紹介したが、この請医一件においても日本の情報がどのように・どうして高麗に伝わっているのか、神経をとがらせている様子が垣間見える。返牒を王則貞に持たせて高麗に派遣したら、日本の現状を伝えてしまうから、別の商人を選べといった議論もなされている。まさに刀伊一件の際にみられた意見と共通しており、この請医一件からも日本事情が高麗に知られることを極度に警戒している様子が伝わってくる。何を恐れているのか明確ではないが、警戒心とその裏側にひそむ自信のなさのなせる業といってよいであろう。

実は高麗は日本より先に宋に同様の要請をしている。一〇七八年（承暦二・文宗三十二）七月、久しぶりに高麗を訪れた宋の使者が帰途につくに際して、文宗は使者に自らの風痺（中風）を告げ、医師の派遣と薬材を求めている。これに対して宋はすぐに医師に一〇〇種の薬材を持たせて派遣し、翌年七月には高麗に到り、治療にあたっている。高麗が日本にも要請するのはその年の十一月のことで、日本が派遣を断ったのが翌年（一〇八〇）十一月のことであった。宋はこの年七月にも再度医師を派遣している。このように高麗の請医に対して宋と日本とでは対照的な対応をとっているのである。中華を自任しながら、「治癒できなければ恥」とする論理はいかにも日本的である。「不可能」がないはずの中華に万一があっては面目が丸つぶれとなる。完璧をめざしながらも脆弱な日本の中華意識を物語る出来事であり、中華日本が試された出来事といえるであろう。ちなみに『高麗史』には、宋への医師派遣の依頼、宋医師団の到着について詳しく記載されている（巻九・文宗世家）。ところが日本に依頼したことも、拒否されたこともまったく記されていない。「高麗国皇帝」を「蕃王」と卑しめた上、大宰府の門前払いの牒状を送り返してきた日本の対応を無礼と感じたことであろう。憧憬して止まない宋との交渉が再開したことの方が大きく、日本との交渉は記録にとどめる価値もなかったのであろうか。

この時期には一〇七六年には日本の僧俗二五人が高麗霊光郡（全羅南道）に至り、文宗の長寿を祝うために仏像を献上しており、また一〇七九年十一月、すなわち請医の礼賓省牒状が認められたと同じ月にも日本の商人藤原某が法螺《ほら》などを寺院に施入して王の長寿を祝っている。これらは商業活動を円滑にするための行為であるに相違ないが、こうした民間の動向とまったく対照的な朝廷の態度に、高麗側は失望を禁じ得なかったであろう。高麗文宗はこの約三年後の一〇八三年七月に六十五歳で没した。

六　日本・高麗貿易と宋・契丹関係

1　日本商人の高麗渡航

高麗が捕虜を救出し送還してくれるという機会にも、外交には頑なな姿勢を崩さず、また医師派遣の要請も門前払いという形で拒否した日本ではあるが、貿易には寛容で、商人の往来を認め、高麗側も宋海商らと並んで八関会に列席させるなど、日本からの商人を中華を飾る道具として迎え入れたところから、日本・高麗貿易は盛んになっていく（森克己一九七五ａ）。一〇八〇年（承暦四）の高麗の請医を伝える大宰府解に、「商人の高麗国に往反するは古今之例也」とあり、またその陣定の席上では、「此の如く往反する之輩有るか。……甚だ多く候者也」という問答（『師記』九月四日条）に知られるように高麗貿易に従事する日本商人が多数に及んでいた。これら日本から高麗への渡航者を記す『高麗史』によれば、その身分は二種類に大別される。一つは「日本国使」藤原頼忠《ふじわらのよりただ》（一〇五六年）、「壱岐島勾当官」使藤井安国《ふじいやすくに》（一〇七三年）、「日本国対馬島」使（一〇八二年）、「対馬島勾当官」使（一〇八五・一〇八六年）。「日本国薩摩州」使（一〇八〇年）など、地方官の使者を名乗っていることである。もう一つは「日本国人」王則貞・松永年、「日本国船頭」重利（一〇七四年）、「日本商人」大江・「日本人」朝元・時経・「日本商」某（一〇七五年）、「日本商客」藤原・「大宰府商客」王則貞（一〇七九年）といったように、明らかに商人である。ほかに「日本国僧俗」（一〇七六年）という例もみえる。前者の場合、本当に地方官が派遣したものか、あるいは後世顕著になる偽使も含まれている可能性があるが、地方官や豪族が独自に使者を派遣していたものと思われる。後者の「日本」商人とはいっても、必ずしも民族的な意味で用いられているのではなく、そこには日本を拠点とする宋海商も含まれている（榎本渉二〇〇一a）。特に著名な人物は前出の王則貞で、その名からも知られるように渡来系の人物で、一族とみられる王則宗が大宰府の下級官人である府老、王則季が筑前嘉麻郡司におり、すでに日本に在住して久しい一族とみられる。その出自については、新羅末期半島南部を拠点として活躍した王逢軌《おうほうき》といった王姓もいるので、新羅・高麗からの渡来人の可能性も考えられる。いずれにせよ「当朝の商人」「大宰府の商客」とも記されており、博多津付近を拠点として対高麗貿易に活躍していたのであろう。王則貞については、『高麗史』文宗二十七年（一〇七三）条には、「東南海都部署奏す、『日本国人の王則貞・松永年等四十二人来たり、螺鈿の鞍橋・刀・鏡匣・硯箱・櫛・書案・画屏・香炉・弓箭・水銀・螺・甲等の物を進めんことを請う。壱岐島の勾当官、藤井安国等三十三人を遣わし、亦た方物を東宮及び諸令公府に献ぜんことを請う』と。制して、海道に由り、京に至るを許す」とあり、開城まで行くことを求めて許されている。そして、この年十一月十二日に開催された八関会に「大宋・黒水・耽羅・日本等」の諸国人が列席し、おのおの礼物・名馬を献じた（『高麗史』）とある日本人とは王則貞一行や藤井安国らであろう。こうした日本商人の渡来は高麗として大いに歓迎すべき状況であった。一一七〇年（毅宗二十四）正月一日の朝賀に際し、毅宗《きそう》自ら臣僚の賀表を起草し、次のように述べている。「三陽序に応じて、万物惟れ新なり。玉殿春回りて、龍顔慶洽す。……北使、寿を上りで辞を致し、日域、宝を献じて帝を称《たた》う。常に天神の密助あり」とみえる。進奉品を献じ、八関会に列席する日本商人は、中華高麗の皇帝の徳を称揚し、中華世界を現出してくれる重要な存在でもあったのである。なお一〇七二年（延久四）に入宋し、杭州に滞在していた僧成尋のもとを、日本語を話せるという高麗船員が訪ねており（『参天台五台山記』同年四月二十三日条）、宋・高麗・日本三国間で活躍する商人の存在を示している。

2　貿易品

貿易品については、日本からの輸出品では、前掲の王則貞らの記事にほぼ網羅されており、日宋貿易で扱われた品目と異なる所はない。この他では日本製の扇が高麗でも宋でも評判を呼んでいることが知られる。一一二四年に高麗に使者として赴いた宋人徐兢《じょきょう》の著わした『宣和奉使高麗図経』には、扇面に大和絵が描かれている日本製の画榻扇や杉扇などが高麗で売られていたことを記しており、また宋に派遣された高麗使が宋人らへの私的な贈り物としたという史料もある（『図画見聞誌』一七）。一方高麗からの輸入品を具体的に伝える史料は少ない。文宗が医師派遣を求めてきた時、その報酬の手付けとして示したのは花錦・大綾・中綾と麝香であった。高麗王が宋や契丹の皇帝に進奉した品々については、例えば一〇七一年（文宗二十五）には「御衣・腰帯・金器・弓刀・鞍轡・馬・銅器・布・紗・紙墨・人参・硫黄・松子・香油」といった例が知られている（『宋会要輯稿』蕃夷七・熙寧四年八月条）。これらは高麗の技術の粋を集めた特注品というべきものであるが、その普及品は日本にももたらされたことであろう。紙墨については、『源氏物語《げんじものがたり》』に「高麗の胡桃色の紙に」（明石）、「高麗の紙の薄様だちたるが」（梅枝）、「高麗の紙の膚細かに」（梅枝）などとみえている（池田温二〇〇二ａｂ）。

3　宋・契丹関係と日麗貿易

日本・高麗二国間交流の進展には宋・契丹関係が大きな影響を与えている（契丹はその後、遼→契丹→遼と改称する）。宋は九七九年に十国の一つ北漢を討って中国を統一したが、その北漢征討をめぐって遼（契丹）と確執が生じ、以来両国の対立関係が始まった。そして一〇〇四年に契丹の聖宗が大挙して宋に侵入すると、宋の真宗は親ら出征したが、不利な戦況の中で和議を余儀なくされた（澶淵《せんえん》の盟）。条件の一つに、今後両国は兄弟の誼をもって交わるとすることがあり、一〇四二年（宋慶暦二）に契丹が宋に送った国書には、「弟大契丹皇帝謹致書兄大宋皇帝」（『続資治通鑑長編』巻一三五・慶暦二年三月己巳条）と記されている。この後、国境に互市が開かれるなどするが、宋にとって契丹は常に警戒すべき存在であった。そのため海外貿易を積極的に進めた宋の朝廷ではあるが、契丹への文物や技術の流入を避けて、海商の契丹への渡航を禁止した。そして高麗への渡航もしばしば禁止している。その理由は、高麗は契丹に臣属しており、宋から得た文物・情報が契丹に筒抜けになり、宋朝の安全保障が脅かされるというものであった。渡航禁止がいつから始まるかは明かでないが、慶暦年間（一〇四一～一〇四八）以降、禁止・解禁が繰り返されている（原美和子二〇〇六）。宋海商にとって高麗は、「賈人の境に至るや、官を遣わして迎労せしむ。舎館定まり、然る後、長齢殿に於いて其の献を受く。直《あたい》とする所を計り、方物の数倍を以て之を償う」（『宣和奉使高麗図経』巻六・長齢殿）と伝えられているように、莫大な利益を生む重要な市場であり、渡航の禁止は死活問題でもあった。そのため、禁止の網をくぐって高麗に渡航する海商は多かったという。一〇七九年（元豊二）正月に解禁された際には、「是れより先、高麗に私販するを禁ず。然れども絶つ能わず。是に至りて復た（高麗が）中国と通ず。故に是の法を立つ」（『続資治通鑑長編』正月丙子条）とみえる。その後一〇九〇年十一月、再び宋の朝廷は海商の高麗渡航を禁止した。解禁されるのは、一〇九四年のことである。

こうした契丹対策を主軸とする宋の東北方政策に、高麗・日本は大きな影響を受けることになる。契丹はもちろん、高麗との貿易までも禁止された宋海商は、日本に目を付けたのである。合法的に貿易が認められている日本渡航で証明書（公憑《こうひょう》）を取り、日本へ渡ったあと、さらに日本を基地として高麗・契丹貿易を展開しようとする海商も現れた。これに日本人も加わったのである。一〇九一年（寛治五）に日本の僧明範《みょうばん》（応範）が宋海商とともに契丹（遼）に赴いて武器などを貿易し、翌年大宰府に帰ってきたことが露見した。明範は勝手に異国に赴き、武器などの禁輸品を貿易した罪で処罰されるが、明範を派遣した張本人は、元来海外貿易の管理責任者である大宰権帥藤原伊房《ふじわらのこれふさ》であったことが判明し、対馬守も関与していたとして、ともに処罰されるという事件に発展している。

4　高麗による日宋商船拿捕事件

そしてその翌年（一〇九三年）に高麗で次のような出来事があった。すなわち、七月八日、西海道按察使から、「安西都護府管轄下にある延平《ヨンピョン》島の巡検軍が、海船一艘を拿捕した。乗員は宋人十二名、倭人十九名で構成されており、弓箭・刀剣・甲冑ならびに水銀・真珠・硫黄・法螺などを積載していた。高麗の辺境を襲おうとした海賊とみられるので拿捕した。武器は没収し、乗員は嶺外に配流し、拿捕した兵士には賞をとらせたい」と願い出があり、これを朝廷は許している（『高麗史』）。延平島（延秤島）とは高麗の都開城の前にある江華《カンファ》島から西に約六〇キロほど離れた島である。海賊船として拿捕されたのであるが、その積載品は、前掲の王則貞らの例にみられる、当時日本から高麗に貿易品として輸出されたものと一致しており、明らかに貿易船である。さらに乗員も日本人が過半数を超えていることからすれば、日本で仕立てられた貿易船である可能性が高い。通常であれば、金州（釜山《プサン》）に赴き、そこで許可が得られれば海路上京のルートをたどる。しかしこれは海賊船とされているのだから、許可を得た船でないことは明らかである。さらに江華島の東側を通過して礼成江《イェソン》に入り、そこから開城に向かうのが通常のルートであるが、この船は西側にだいぶずれている。こうした状況を考えると、この船は高麗を目指したものではなく、北の契丹（遼）に向かう途中であったと考えられる。この頃は宋海商の高麗渡航が禁止されていた時期であるので、宋海商が主体となって日本から遼に向けて渡航した貿易船である可能性が高い（李領一九九九。原美和子二〇〇六）。高麗があえて海賊とみなした理由は明かでないが、臣事しながらも本心では敵とみなす遼に武器の輸出をはかる、利敵行為とみなしてのことであろう。宋・高麗そして遼（契丹）の国際関係に日本が深く関わっている事例として注目すべき出来事である。

宋・契丹（遼）の対立という構図の中で、高麗・日本に対する特殊な位置をしめながら、宋海商の活躍が続くのであるが、日本・高麗を結ぶ宋海商のネットワークを考える上では、仏教を介した交流も注目される。高麗文宗の王子で僧の義天（一〇五五～一一〇一。諡号大覚国師）は、宋に留学して帰国した後、大蔵経続編の編纂・刊行をめざし、日本にも書状を送って経典の送付を依頼している。やがて完成した義天版を日本の僧が宋海商に依頼して入手している事実も知られている（原美和子二〇〇六）。

5　日麗交流の進展と対馬

日麗関係が進むにつれ、両国間交流の窓口として重要になってくるのが日本の対馬と高麗の金州（釜山）である。特に漂流民の相互送還を通じて太いパイプが形成されてくる（山内晋次二〇〇三）。漂流民を相互に送還する例はもちろん以前からあったが、一〇三一年（長元四）漂着耽羅人について議定の際、藤原実資が「異国人、事の疑い無くば、言上を経ず、粮を給いて還却すべき之由、格文側《ほのか》に覚ゆる所也。近代尚お言上を経《ふ》。此の如き解文已に疑殆無し。粮を給いて還し遣わすこと尤も宜し」（『小右記』長元四年二月十九日条）と述べている。漂流民の扱いについては現地の裁量に任されていたという。対馬にその権限が認められているか否かは不明であるが、次のような例がある。『日本紀略』長元七年（一〇三四）三月条に、「対馬島言上すらく、高麗人、大隅国に漂流す。厚く慰労を加え之を返し遣す」という記事がみえる。対馬島が直接太政官に報告しているように記されているが、『日本紀略』の記述形式を考えれば、大宰府経由の部分が略されているとみるべきであろう。したがって言上の有無の判断は大宰府に任されていたとみられるのであるが、対馬と高麗のパイプの太さは次の例にも表れている。『高麗史』世家・文宗五年（一〇五一）七月十一日条に「日本の対馬島、遣使して被罪（避罪─『高麗史節要』）逃人の良漢等三人を押還す」とあり、対馬島司が高麗の犯罪人三人を高麗に送還したというのである。何気ない記事であるが、高麗で罪を犯し対馬に逃れてきた本人自らが罪人と対馬島司に告白するわけはないであろう。対馬島司も何の証拠もなく異国人を拘禁するはずはない。高麗の官司から捜索願いが対馬に伝えられていたと考えなければ理解できない出来事である（山内晋次二〇〇三）。日本側に対応する記事はないが、ほぼ同時期に金州から牒状が届いている。『百錬抄』永承六年（一〇五一）七月十日条に「高麗国牒状定」とあり、『異国牒状記』の大宰府返牒の例のところに「永承六年七月、高麗国牒到来。其礼なきによりて、宰府牒を使はす」とみえる。牒状を商人に託して送ってきたことを無礼として、朝廷からは答えず、大宰府から返牒したものとみられる（『水左記』・『師記』承暦四年九月条）。内容の詳細は明らかでないが、犯罪人の捜索ないし引き渡しに関わるものかも知れない。

『高麗史』元宗四年（一二六三）四月条に、「両国交通自《よ》り以来、歳常進奉一度、船二艘を過ぎず」つまり、日本から年に一度、二隻の船で進奉するという内容の「定約」が日麗間で結ばれていたという記述がある。いわゆる進奉船問題とよばれ、日麗関係史研究の重要なテーマの一つで、軽々に結論を出すことは難しいが、『高麗史』に「対馬島勾当官」遣使して方物を献ずといった記事があることを参考にすると、漂流民送還などで高麗との太いパイプを形成した対馬官人が独自に高麗と「定約」を結んでいた可能性が高いと思われる（李領一九九九）。やや時期は降るが、源平争乱の際に平家の追討を逃れた対馬守藤原親光が高麗に逃げ込んでいるほど（『吾妻鏡』文治五年条）、高麗は身近な異国であった。

七　日本の高麗観

以上、日本・高麗関係について、いくつかの出来事を中心に眺めてきた。日本の朝廷は貿易の進展には寛容であるが、外交に応ずるという姿勢はみせず、常に警戒心・不信感が先に立った対応を示している。いつか高麗が攻めてくるかも知れないとの不安感は、日本は神によって創られ、神の子孫が統治し、神々に守られている国であるとする神国意識の高揚に拍車をかけることとなる。一一〇〇年（康和二）頃に書かれた大江匡房の『筥崎宮《はこざきぐう》記《き》』（『朝野群載』三・文筆下・記）に、高麗が「境を接するも犯」すことがないのは筥崎宮が抑止しているからなのであって、いつ襲ってくるか分からない、警戒すべき相手との認識を示している。同様の認識は一一六二年（応保二）成立の藤原伊通《ふじわらのこれみち》著『大槐秘抄《たいかいひしょう》』の一節にみることができ、いわゆる神功皇后の三韓説話を拠り所に、さらに凝縮された神国思想が語られており、高麗に軽侮されることをいさぎよしとしない意識が強く表明されている。さらに極めつけは一二一九年頃の成立とみられる『続古事談』二・臣節にみえる高麗の請医に関する説話である。そこには、「帥大納言（源）経信申云、高麗ノ王、悪瘡病ミテ死ナム、日本ノ為ニ何苦シト云ハレタリケル一言ニ事定マリテ、遣ハスベカラスト云事ニナリニケリ」とみえる。しかしながら『帥記』や『水左記』に知られる源経信の意見は極めて穏当なもので、一貫して医師を派遣すべきとする考えを述べている。『続古事談』の記事は随分と悪意に満ちたもので、経信も心外といったところであろう。問題は説話集の一挿話とはいえ、なぜこのような意見がみえるかである。まったくの創作と考えるべきか、それとも多少はこのような雰囲気があったのであろうか。派遣すべきではないとする意見の根底に、所詮は高麗王の病気とする考えがあったのかも知れない。

中華を自任し、徳治・仁政を宗とする平安貴族には、明確に言葉には出せず、あるいは日記に書きとめるのは憚りがあるものの、こうした雰囲気が存在し、それが経信を代表者として語られているのでもあろうか。

参考文献

青山公亮（一九五六）「高麗朝の事大関係についての一考察」（『駿台史学』六）
青山公亮（一九五九）「事大と華化――特に高麗朝のそれについて――」（『朝鮮学報』一四）
池内宏（一九三三）「刀伊の賊――日本海に於ける海賊の横行――」（『満鮮史研究』中世第一冊、吉川弘文館）
池内宏（一九三七ａ）「高麗朝に於ける東女真の海寇」（『満鮮史研究』中世第二冊、吉川弘文館）
池内宏（一九三七ｂ）「高麗朝の大蔵経」（『満鮮史研究』中世第二冊、吉川弘文館）
池田温（二〇〇二ａ）「麗宋通交の一面――進奉・下賜品をめぐって――」（『東アジアの文化交流史』吉川弘文館）
池田温（二〇〇二ｂ）「前近代東亜における紙の国際流通」（『東アジアの文化交流史』吉川弘文館）
石井正敏（一九八七）「日本と高麗」（土田直鎮・石井正敏編『海外視点　日本の歴史5　平安文化の開花』ぎょうせい）
石井正敏（一九九二）「一〇世紀の国際変動と日宋貿易」（田村晃一・鈴木靖民編『新版古代の日本　二　アジアからみた古代日本』角川書店）↓本書所収
石井正敏（二〇〇〇）「日本・高麗関係に関する一考察」（中央大学人文科学研究所編『アジア史における法と国家』中央大学出版部）↓本書所収
石井正敏（二〇〇一）『日本渤海関係史の研究』（吉川弘文館）
石井正敏（二〇〇六）「『小右記』所載「内蔵石女等申文」にみえる高麗の兵船について」（『朝鮮学報』一九八）↓本書所収
石井正敏（二〇〇九）「『異国牒状記』の基礎的研究」（『紀要（中央大学文学部）』史学五四）↓本書所収
石上英一（一九八二）「日本古代一〇世紀の外交」（井上光貞ほか編『東アジアにおける日本古代史講座』七、学生社）
稲川やよい（一九九一）「「渡海制」と「唐物使」の検討」（『史論』四四）

李領（一九九九）『倭寇と日麗関係史』（東京大学出版会）
榎本淳一（一九九一）「『小右記』に見える「渡海制」について――律令国家の対外方針とその変質――」（山中裕編『摂関時代と古記録』吉川弘文館）
榎本渉（二〇〇一ｂ）「明州市舶司と東シナ海交易圏」（『歴史学研究』七五六）
奥村周司（一九七六）「八関会儀礼に於ける外国人朝賀――高麗初期外交の一面――」（『研究紀要（早稲田実業学校）』一一）
榎本渉（二〇〇一ａ）「宋代の「日本商人」の再検討」（『史学雑誌』一一〇―一二）
奥村周司（一九七九）「高麗における八関会的秩序と国際環境」（『朝鮮史研究会論文集』一六）
奥村周司（一九八二）「高麗の外交姿勢と国家意識――『仲冬八関会儀』および『迎北朝詔使儀』を中心として――」（『歴史学研究』別冊特集『民衆の生活・文化と変革主体』）
奥村周司（一九八四）「使節迎接礼より見た高麗の外交姿勢――一一・一二世紀における対中関係の一面」（『史観』一一〇）
奥村周司（一九八五）「医師要請事件にみえる高麗文宗朝の対日姿勢」（『朝鮮学報』一一七）
金光哲（一九九九）『中近世における朝鮮観の創出』（校倉書房）
小峯和明（二〇〇六）「高麗返牒――述作と自讃」『院政期文学論』（笠間書院）
近藤一成（二〇〇一）「文人官僚蘇軾の対高麗政策」（『史滴』二三）
武田幸男編訳（二〇〇五）『高麗史日本伝』上・下（岩波文庫、岩波書店）
田島公（一九九一）「海外との交渉」（橋本義彦編『古文書の語る日本史　平安』筑摩書房）
中村栄孝（一九六五）「後百済王および高麗太祖の日本遣使」（『日鮮関係史の研究』上、吉川弘文館）
南基鶴（二〇〇二）「一〇～一三世紀の東アジアと高麗・日本」（『日本学研究』九）
原美和子（二〇〇六）「宋代海商の活動に関する一試論――日本・高麗および日本・遼（契丹）通交をめぐって――」（小野正敏他編『中世の対外交流　場・ひと・技術』高志書院）
保立道久（二〇〇四）「院政期の国際関係と東アジア仏教史」（『歴史学をみつめ直す』校倉書房）
丸亀金作（一九六〇）「高麗と宋との通交問題」（『朝鮮学報』一七・一八）

村井章介（一九八八）『アジアのなかの中世日本』（校倉書房）
村井章介（一九九六）「一〇一九年の女真海賊と高麗・日本」（『朝鮮文化研究』三）
村井章介（一九九七）『国境を超えて――東アジア海域世界の中世――』（校倉書房）
村井章介（二〇〇六）『境界をまたぐ人びと』（山川出版社）
村上正二（一九六〇）「蒙古来牒の翻訳」（『朝鮮学報』一七）
森克己（一九七五ａ）『新訂　日宋貿易の研究』（国書刊行会。勉誠出版、二〇〇九年）
森克己（一九七五ｂ）「日・宋と高麗の私献貿易」『続日宋貿易の研究』（国書刊行会。勉誠出版、二〇〇九年）
森克己（一九七五ｃ）「日麗交渉と刀伊賊の来寇」『続日宋貿易の研究』（国書刊行会。勉誠出版、二〇〇九年）
森公章（二〇〇八）「古代日麗関係の形成と展開」（『海南史学』四六）
森平雅彦（二〇〇七）「朝鮮における王朝の自尊意識と国際関係――高麗の事例を中心に――」（今西裕一郎編『東アジアと日本：交流と変容』九州大学二一世紀ＣＯＥプログラム）
森平雅彦（二〇〇八）「日麗貿易」（大庭康時ほか編『中世都市・博多を掘る』海鳥社）
森平雅彦（二〇一〇）「一〇世紀～一三世紀における日麗関係史の諸問題――日本語による研究成果を中心に――」（『第二期日韓歴史共同研究報告書』第二分科会（中近世篇））
山内晋次（一九八八）「古代における渡海禁制の再検討」（『待兼山論叢』史学篇二二）
山内晋次（二〇〇三）『奈良平安期の日本と東アジア』（吉川弘文館）
横内裕人（二〇〇八）『日本中世の仏教と東アジア』（塙書房）

5　日本・高麗関係に関する一考察

――長徳三年（九九七）の高麗来襲説をめぐって――

はじめに

日本と高麗との交流は、高麗が朝鮮半島を統一した翌年（九三七年）にはじめて日本に使者を派遣してきて以来、一三九二年の高麗滅亡にいたるまで、長い歴史がある。[1]この間、平安時代では、寛仁三年（一〇一九）の九州北部を襲った刀伊の捕虜となって連れ去られた日本人を高麗が救出し日本に送還してきたできごと、承暦三年（一〇七九）から翌年にかけて、高麗が国王文宗の病気治療のため日本に医師派遣を要請してきたのに対して日本が派遣を断ったできごと、鎌倉時代には、蒙古とともに日本を襲い、その前後に蒙古・日本間の交渉にあたった高麗の行動、そして南北朝から室町時代にかけては、倭寇の活動およびその禁圧をめぐる交渉といったように、いくつかの注目すべきできごとがあり、これまでも個別課題ごとに研究が重ねられている。また全体を通しては、貿易を軸として、日本と宋との関連で研究が深められている。しかしながら、鎌倉時代以降はさて措き、平安時代の日本・高麗関係研究の状況は、同時期の日宋関係の研究に比べると、やや影が薄いように感じられる。[2]それには前記のような注目すべきできごとを除くと、まとまった史料があまりないという、史料的な制約からやむを得ない面もある。しかし近年の対外関係史研究の分野では、国家間の交渉だけでなく、相互の境界領域における人々の行動が注目されており、(3)このような視点から見るとき、やはり地理的に近い朝鮮半島―高麗との関係の考察は重要であり、残された史料をあらためて検討し直す時期にきているように思われる。

本稿では、その一例として、長徳三年（九九七）の奄美人の九州襲撃が高麗来襲と誤って報じられ、また高麗国軍来襲の浮言が流れるというできごとを取り上げ、その事情について考えてみたい。日本・高麗交流史の一齣についてささやかな考察を加えるものであるが、この検討を通じて、境界領域の人々の行動、あるいは平安時代日本人の朝鮮観―新羅・高麗観について、若干の問題を提起できるように思われる。

そこでまず、平安時代の日本人が高麗をどのような存在とみなしていたのか、それはどのような背景から形成されていたのか、という問題を概観することから始めたい（なお、以下の引用史料において、…は省略、〈　〉は割注であることを示す）。

一　平安時代の高麗観

平安時代末期の高麗観を示す著名な史料に九条伊通著『大槐秘抄』の一節がある。説明の便宜上、本文を段落ごとに改行し、番号を付して引用すると、次のごとくである。

【史料1】『大槐秘抄』(4)

①帥・大弐に武勇の人なりぬれば、かならず異国おこると申候けり。小野好古が大弐の時、隆家が帥の時、とり分と異国の人おこりて候なり。かれらはたゞわが心どもの武をこのみけるに候。今平清盛大弐にまかりな

りて候。いかゞと思ひ給ふるに、高麗に事ありと聞候。

②高麗は神功皇后のみづから行むかひてうちとらせ給たるくにに候。千よ年にや成候ぬらむ。東国はむかし日本武尊と申人のうちたいらげ給ひて候也。それは日本の内事に候。高麗は大国をうちとらせ給ひて候を、いかに会稽をきよめまほしく候らん。然れども日本をば神国と申て、高麗のみにあらず、隣国のみなおぢて思ひよらず候也。

③鎮西は敵国の人けふいまにあつまる国なり。日本の人は対馬の国人、高麗にこそ渡候なれ。其も宋人の日本に渡躰にはにぬかたにて、希有の商人のたゞわづかに物もちてわたるにこそ候めれ。いかにあなづらはしく候らん。しかれば制は候事なり。

④異国の法は政乱ぬる国をばうちとる事と存てさぶらふが、鎮西は隣国をおそるべきやうに格に、（以下、脱あらん）

太政大臣九条伊通が二条天皇に献じた教訓の書である本書は、応保二年（一一六二）の頃に成立したものとみられる。

さて、①の藤原隆家が大宰帥在任中に起こった異国の事件とは、言うまでもなく刀伊の入寇であるが、小野好古の場合は、明らかでない。好古が鎮定に活躍した藤原純友の大宰府襲撃を述べているのでもあろうか。平清盛の大弐在任期間は、保元三年（一一五八）八月十日〜永暦元年（一一六〇）十二月三十日までとなるので[5]、この間、「高麗に事ありと聞候」とは、永暦元年四月以前に対馬の貢銀採掘夫（あるいは商人）が高麗の金海府に禁固されたという事件があり、あるいはこのことをさしているのかも知れない[6]。

②にみえる、いわゆる神功皇后の三韓征伐説話が、日本人の朝鮮観の源流であることは言うまでもない。ここ

での高麗の用法は、三韓の一つである高句麗を指しているのか、それとも三韓の総称として用いているのか、明らかでないが、後者の意味に理解して良いであろう。高麗が「会稽をきよめまほしく候らん」とは、いわゆる会稽の恥を雪ぐの意味で、復讐したいと思っているであろう、となる。裏を返せば何時復讐のために襲ってくるかもしれない警戒を要する相手と認識していることである。そしてその恐怖心を打ち消すものとして唱えられるのが「神国」観である。まさに村井章介氏が、「ここにでている朝鮮観・高麗観の性格は、中世の日本の支配層に共有されている、かなり教科書的なもの」[7]と述べるとおりである。

そして③には「敵国」とみえる。『大槐秘抄』の引用部分には外国を示す言葉として、「敵国」のほかに「異国」「隣国」がみえる。①に「異国おこる」例として刀伊（女真）の入寇があげられており、②に「高麗のみにあらず、隣国のみなおちて思ひよらず候也」とあることからすれば、異国・隣国は朝鮮・中国さらに沿海州地域を指して用いられていることは間違いない。[8]それでは「敵国」はどうであろうか。「敵国」の語には、周知のように、「我に仇をなす国」と「国力の相等しい国。対等の諸侯の国。互角の国」の両様の意味があるが（諸橋轍次『大漢和辞典』参照）、②に、日本は神国であるので、復讐したいと思っても怖じ気付いて襲うことなどできやしない、と述べていることに続く記述からすると、敵対する国の意味で用いられているとみなして間違いない。「けふいまに」鎮西に集まる国の人としては、「宋人の日本に渡躰には」云々とあるように、まず宋人が、そして高麗人が思い浮かぶ。したがって「敵国」には高麗だけでなく隣国（宋）を含む解釈も可能である。しかしこの一節の主題が高麗を対象としたものであり、②で高麗は日本への復讐の機会を窺っている油断できない相手としていること、下文で紹介するように高麗を敵国とする表現が他の史料にも見られること、そして宋を敵対する国とみなす認識は当時の史料にみられないことなどから、ここの「敵国」は高麗と理解して誤りないであろう。

鎮西には敵国高麗の人が多くやってくる。それに対して日本からは対馬の人々が貿易のために高麗に渡航している。しかし宋の商人が素晴らしい品をもたらすのに比べて、高麗に渡る対馬の人々の場合は、「希有」つまりみすぼらしい人々で、[9]またもっていく品物も貧弱なもので、みっともない。だから渡航の制[10]が定められているのである。「いかにあなづらはしく候らん」とは、同じ日本人からみてみっともない、裏を返せば、高麗に侮られてしまう、といった意味に理解してよいであろう。

このように、『大槐秘抄』の一節は、高麗を強く意識して書かれ、高麗がいつか襲ってくるのではないかとの警戒心、高麗に軽侮されることをいさぎよしとしない意識が強いことを物語っている。[11]

さて、『大槐秘抄』の一節は、いわば平安時代の標準的な高麗観と言えると思うが、田中健夫氏は、「史料に遺された対外認識はすべて部分的な認識、個人的な認識の集積にすぎないことを自覚することから、集団や地域の共通の対外認識の解明が始まるのである」「部分的認識の一般化・抽象化は、一方では事実の隠蔽をおかすことであり、国際認識を解明する作業には危険なことといわねばならない」といったことを指摘されている。[12]この指摘を十分に考慮しながら、平安時代の日本人の高麗認識をさらに探ってみたい。

それでは九条伊通はどのような材料に基づいて上記のような高麗観を抱き、天皇に語っているのであろうか。過去の資料として、記紀を始めとする史書・記録・文書等による知識がまずあげられるであろう。そして同時代の資料としては、折に触れて報告されてくる朝鮮・中国との前線基地大宰府および長門など沿海諸国からの報告が、その重要な情報源になったことと思われる。注目されるのは、次のような史料である。

【史料2】『小右記』寛仁三年（一〇一九）八月十日〜三日条裏書所引同年七月十三日付け大宰府解[13]

謹検二案内一、異国賊徒、刀伊・高麗其疑未レ決。今以二刀伊之被レ撃、知レ不二高麗之所レ為。但新羅者元敵国也。雖レ有二国号之改一、猶嫌二野心之残一。縦送二虜民一□□〔不レ可カ〕レ為レ悦。若誇二戦勝之勢一、偽通二成レ好之便一。

これは刀伊の捕虜となって連れ去られた親族を求めて高麗に渡った対馬判官代長岑諸近が、高麗の軍が、日本からの帰途高麗を襲った刀伊の賊徒を打ち破り、日本人捕虜多数を救助して、後日日本に送り届ける予定であることを、一足先に帰国して大宰府官に報告した内容を太政官に伝える大宰府の解文の中にみえる府官の言葉である。ここに〈新羅はもとより敵国〉で、高麗はその敵国新羅の後身であると断じている。異国賊徒が高麗人ではないと判明し、かつ日本人捕虜を救出してこれを送り届けてくれる予定を聞いた後でもなお、高麗は敵国新羅がただ国号を変えたに過ぎず、（日本を攻撃しようという）野心は改められていない、たとえ捕虜を送還してきてくれても手放しで悦んではならない、戦勝に乗じて通好を偽装するかもしれないからだ、とまで不信感・警戒心を露にしている。「偽通成好之便」の意味はやや取りにくいが、通好を装って実は日本を攻めるかも知れない、と為政者に警鐘を鳴らしていると理解すべきであろう[14]。いずれにしても、新羅以来の敵国との認識、油断のできない相手とみなしていることが明白に述べられている。

この【史料2】は、緊迫する高麗との国境の前線にいる大宰府官人の認識を示すものとして、とりわけ注意しておいてよいであろう。平安京にいる支配層の高麗観―高麗敵国観形成には、過去の記録とともに、このような前線にいる大宰府官人からの報告が重要な資料となっていることは間違いない。情報を得がたい都の人々にとって、このような意見が国際認識形成に果たす役割は大きかったことであろう。任期を終えて帰京した大弐クラスの話もまた当然影響を与えたものと思われる。新羅以来の敵国、油断できない相手とする大宰府官人の高麗認識は、そのまま平安京の支配層も共有するものとみてよいであろう。

ちなみに長岑諸近が証人として連れてきた捕虜の女性内蔵石女らの申文[15]によれば、日本人捕虜を救出し、日本に送り届けるまで、高麗側は日本人捕虜を鄭重に扱い、なおかつその理由を高麗の担当官が、〈偏に汝等を労するのみにあらず。唯だ日本を尊重し奉れば也〉と述べたという。女性捕虜からの話を大宰府官が文章化したもので、もともと捕虜の通事を介しての言葉であるため、どれほど正確な表現であるか問題もあるが、そこに高麗人の真意が込められているとみて良いと思う。(16) 日本人の高麗観とはずいぶん対照的な認識がみられるが、このような高麗官人の言葉を記した同じ大宰府の官人にして、なお前記のような露骨な不信感を示していることに注目したいのである。

さて、高麗を「敵国」と表現する例は、後述する長徳三年（九九七）の奄美嶋人が北九州を襲った際、高麗来襲の浮言が伝えられ、それに対する処置を示した文章の中にもみえる。すなわち、

【史料3】『小右記』長徳三年十月一日条

……諸卿申云、為二敵国一可レ被レ行二種々御祈禱一者。

とある。また長保元年（九九九）の宇佐使派遣に際して託された宣命に、

【史料4】『権記』長保元年十一月廿七日条(17)

参内。今日宇佐使発遣。…左大臣被レ参。即被レ仰云、今日奉二幣宇佐宮一之宣命、三年一度幣帛例事也。…又大宰府言上敵国危等事、…可レ載也、云々。

とある。この敵国も高麗とみてよく、大宰府から高麗来襲の予兆を報告してきたので、その祈攘を願ったものであろう。

これらの敵国表現の中でも特に先鋭的な前掲寛仁三年の大宰府解の例は、異国来襲という緊張した現実の中で

見られる認識であることも、あるいは考慮すべきかも知れない。次のような穏やかな見方もあるからである。承暦四年（一〇八〇）に高麗から国王の病気治療のために医師の派遣を求めてきた時のことで、陣定の席における権中納言源経信の意見である。

【史料5】『帥記』承暦四年閏八月五日条(18)

抑高麗之於㆓本朝㆒也、歴代之間、久結㆓盟約㆒。中古以来朝貢雖㆑絶、猶無㆓略心㆒。是以若有㆑可㆓牒送㆒者、彼朝申牒、本朝報示。今当㆓此時㆒、為㆑療㆓病痾㆒申㆓請医人㆒之、其由給《（ママ）》、蓋被㆓裁許㆒乎。

〈朝貢絶ゆといえども、猶略心なし〉と述べ、医師を派遣すべしとする意見を述べている。しかし、このような意見は大勢を占めるには至らず、結局、医師を派遣して治すことができなければ日本の恥になる、との考えから、謝絶することに決している。前記『大槐秘抄』にみえる高麗に軽侮されることを恐れる意識が顕著に現れた結論が導き出されている。

但し、源経信の発言は、医師の派遣を求めてきた相手に対する同情ないし今日の言葉で言えば人道的配慮からの発言とみるべきかも知れない。後年経信の発言はずいぶんと変わって伝えられることになる。承久元年（一二一九）成立の『続古事談』には、

【史料6】『続古事談』二・臣節(19)

帥大納言経信申云、高麗ノ王悪瘡ヤミテシナム、日本ノタメニナニクルシト云ハレタリケル一言ニ事サダマリテ、ツカハスベカラズト云事ニナリニケリ。

と、高麗に対して敵意を露にした説話へとすり替えられている。[20]

そして高麗敵国観が大方の日本人の認識であったことは、次の史料からもうかがえる。

【史料7】大江匡房『筥埼宮記』（『朝野群載』三・文筆下・記）[21]

筥崎宮在二西海道筑前国那珂郡一。蓋八幡大菩薩之別宮也。伝聞、埋二戒定恵之三篋一。故謂二之筥崎一。其処之為レ躰也、北臨二巨海一、西向二絶域一。為レ防二異国之来寇一、垂二迹此地一。…高麗之国、接レ境不レ犯。若有二異心一、瘴煙競起。長元之間、起レ兵欲二来侵一、忽有二地震一。所レ造之舟船、皆破壊。豈非二掲焉之験一乎。

『筥埼宮記』は、引用を省略した本文中に康和二年（一一〇〇）と見えるので、ほぼその頃に書かれたものとみられている。ここでも高麗が〈境を接するも犯〉すことがないのは筥崎宮が抑止しているからなのであると、高麗は何時襲ってくるか分からない、警戒すべき相手であるとの認識を示している。本文にみえる長元の頃（一〇二八～一〇三七）に高麗が来侵を企てたという史料は残されていない。神威を強調するためのフィクションとみなすべきかも知れないが、「長元之間」は、あるいは「長徳之間」の誤りかも知れない。「長徳之間」とすれば、後述するように、確かに高麗来侵の噂が流れていたからである。

以上、平安時代の高麗に対する認識を示す主な史料をながめてきた。これらを通じて、日本が高麗を敵国視し、強い不信感と警戒心を抱いていたことは明らかであろう。[22]そしてこのような高麗敵国観の源は、「但新羅者元敵国也。雖レ有二国号之改一、猶嫌二野心之残一」とあるように、すべてその前身とみなす新羅に発している。すなわち、高麗観とは言いながら、その実は新羅観そのものと言ってよいのである。[23]貞観・寛平の海賊の来襲に代表されるように、現実に日本を襲ってくることに対する恐怖心、時には日本人と通謀して対馬を奪おうとまでするこ[24]

とへの警戒心が、敵国視の根源にあることはいうまでもない。さらにそれに加えて、自らを中華とし、朝鮮半島諸国、渤海、さらには唐までも夷狄に位置づけ、新羅・渤海に朝貢を求めるという、日本の独善的な対外認識を破綻させた張本人が新羅であるとの認識が、その根底にある。日本が新羅に対して、再三にわたり上下の名分関係を明確にする上表文の提出を求めたのに対して、新羅は頑として受け付けず、ついには公式外交を絶つに至ったこと、[25]あるいは日本からの遣唐使保護の依頼に対して、新羅は使者の応対のまずさをついて、〈小人（日本）荒迫の罪を恕し、大国（新羅）寛弘の理を申べ〉る文書を持たせて使者を追い返し、日本側が〈此の如き異論、誣罔に近し〉と憤慨しながらも、もはや日本の描く対外認識が通用しないことを思い知らされたできごとなど、[26]憎き新羅の姿を史書に見出すことは困難ではない。つまり、高麗敵国観はあくまでも新羅敵国観に基づくものであって、高麗の前身とみなす新羅に対する憎悪感や恐怖心がないまぜになって、そのまま国号を改めたに過ぎない高麗敵国観につながり、さらに増幅されて冒頭の『大槐秘抄』の一節に集約されることになると考えられるのである。神功皇后の三韓征伐説話を持ち出し、その上で、高麗は復讐したがっているであろうと述べるあたりに、その気持ちが顕著にあらわれている。

しかしながら平安時代における高麗敵国観の形成を、新羅敵国観の継承とのみ理解することは一面的にすぎる。日本側にもその原因となる新たな動きがあらわれてきていることに注意しなければならない。いわゆる境界領域における人々の活発な活動が日本・高麗両国に新たな緊張関係をもたらし、日本の高麗敵国観形成にさらに拍車をかけるようになることを見逃してはならないと思う。九条伊通が対馬の人々の行動に特に言及していることも謂われなしとしない。[27]筆者は長徳三年（九九七）のできごとに注目するのである。

二　長徳三年の日麗交渉

1　長徳三年十月一日の高麗来襲誤報

長徳三年十月一日、大宰府からの飛駅使が内裏に到着し、賊が筑前・筑後、対馬・壱岐等を襲ったことを伝えた。やや長文にわたるが、『小右記』『権記』など関係する史料は次のとおりである。

【史料8】『小右記』長徳三年十月一日条

一日、壬辰、可レ御二南殿一云々。……一献畢間、左近陣官高声之曰、大宰飛駅到来云、高麗国人虜二掠対馬・壱岐嶋一、又着二肥前国一欲二虜領一云々。上下驚駭、三丞相失レ度、降レ自二東階一問二案内一、兼披二読大弐書状一。……丞相復レ座云、奄美嶋者、焼二亡海夫等宅一、奪二取財物一。又執二載男女於舟一将去、尚浮二海上一成レ犯之由、云々。飛駅言上者、音楽・庭立奏等、俄以停止。……

左大臣以下着二陣座一。右大臣云、今日朔日、奏二凶事一無二便宜一歟者。余云、飛駅言上是至急〔大カ〕事事也。不レ可レ隔レ時者、何刕選二吉日一乎。諸卿応レ之。仍左大臣召二大外記致時一、召二飛駅解文一、々匣二合盛二覧筥一、奉二上卿一。一匣者注レ奏、一匣者注二解文一、督令レ披レ筥。但至二于飛駅解文一不レ披レ封、至二例解文一披レ封見也。左大臣参上令レ奏。良久之後復レ座、下二給大宰府言上解文等一、令二諸卿定申一。奄美嶋者、乗レ船帯二兵具一、掠二奪国島海夫等一、筑前・筑後・薩摩・壱岐・対馬、或殺害、或放火、奪二取人物一、多浮二海上一。又為下当国人於二処々一合戦上之間、奄美人中レ矢亦有二其数一。但当国人多被二奪取一、已及二三百人一。府解文云、先年奄美嶋人来、奪二取大隅国人民四百人一、同以将去。其時不二言上一。令レ慣二彼例一、自致二斯犯一歟。仍徴二発人兵一、警二固要害一、令二追捕一也。若有二其勤一者、可レ被レ加二勧賞一者。又高麗同〔国カ〕艤二兵船五百艘一、向二日本国一、欲レ致レ許〔奸カ〕者、誠雖二浮言一、依二云々一所二言上一也者。有二先日言上類文書等一。件飛駅、去月十四日出レ府云々。太懈怠。諸卿定申云、奄嶋〔美脱カ〕者等事、大宰府定行了。亦重警二固要害一、弥加二追討一、兼又可レ祈二禱仏神一。若追討使々、殊有二勤節一、随二其状一追可二褒賞一之由、可レ被レ載二報符一。大宰以二飛駅一雖二言上一、事頗似レ軽、不レ可レ給二勅符一、只可レ賜二官符一。又高麗国浮言、不レ可レ不レ信、可レ被〔レ行脱カ〕二種々祈禱一。定詞甚多、只是大概了〔耳カ〕。丑剋諸卿退出。此間雨不レ止。諸卿申云、為二敵国一、可レ被レ行二種々御祈禱一者。

【史料9】『権記』長徳三年十月一日条

一日、御二南殿一。〈行事蔵人少納言。〉于レ時未剋也。大監物輔範御鎰奏。左大臣官奏。……一献之後、左大臣於二東階一令二予奏一云、自二大宰府一言上飛駅使在二建春門外一、以二解文一付二所司一云々。大弐藤原朝臣同付二此使一所レ送書状云、南蛮賊徒到二肥前・肥後・薩摩等国一、劫二人物一奪、侵犯之由、逐レ日申来、仍言二上解文一者。事是非常也。停二楽并庭立奏等一。事了之後、定二申解文内雑事等一者、仰云、依レ請。事了還御。于レ時丑一剋也。頃之左大臣参二上殿上一、被レ奏二大宰府解文一。〈四通。入レ筥。件文大臣於二陣座一披見。令三大外記致時朝臣参二上殿上一、令二予奏一之。〉于レ時上御二朝餉一、依レ仰持参、候二昼御座一、待二出御一奏聞。又依レ仰一々開二解文一読レ之。仰云、事已急速、須二早定申令レ給二報符一。即以二 勅旨一伝二之大臣一。々々還レ陣。同三剋被レ奏二大宰府言上南蛮蜂起事一。諸卿定申云、如二府解一者、追討使々若有二其功一、随レ状可レ被レ賞歟。又可三能成二祈禱一、重固二要害一之趣也。又申二高麗国案内事一。定申云、先日言上府解、不レ注下到二鶏林府一成レ犯者夾名上。今日解文已注二其名一。仍須レ追二討彼成レ犯則〔射カ〕レ矢等類一之由、注二載報符一。又可レ給二官符長門国一。但得二其賊一者可二賞賜一之由、可レ加二載状中一。抑件南蛮・高麗之事、雖レ云二浮説一、安不レ忘レ危、非常之恐、莫レ如レ成レ慎。能可レ被レ致二種々御祈一。可レ被レ立下奉二幣諸社一使上。行二仁王会一、修二大元法等一歟者、依二御殿籠一不レ能二奏聞一、依レ宿物不二持来一。申二案内於左府一、白地罷出。
此夜左府候宿給。

【史料10】『日本紀略』(28)

(長徳三年)十月一日、壬辰、旬。天皇出二御南殿一。于レ時庭立奏之間、大宰飛駅使参入云、南蛮乱二入管内諸国一、奪二取人物一。奏レ楽之後、諸卿定二申件事一。十一月二日、癸亥、大宰府飛駅使来、申下伐二獲南蛮卌余人一之由上。五日、丙寅、賜二官符於大宰府一。

(長徳四年九月)十四日、庚午(マヽ)、大宰府言下上下二知貴駕島一捕二進南蛮一由上。

(長保元年八月)十九日、己巳、大宰府言下上追二討南蛮賊一由上。

【史料11】『百錬抄』(29)

(長徳三年)十月一日、旬。出二御南殿一之間、大宰府飛駅到来、申下高麗国人虜二掠鎮西一之由上、仍止二音楽・庭立奏一。事了令二諸卿定申一之。

(長徳四年)二月、大宰府追二伐高麗国人一。

すなわち、折から内裏で執り行われていた旬政の最中に、大宰府からの飛駅使が、内裏内郭の建春門外に到り、取り次いだ近衛の官人は「高麗人が襲ってきた」と大声で報じたのである。後年の刀伊入寇の第一報を伝えた飛駅使は〈馬に乗り左衛門陣に入る〉(『日本紀略』寛仁三年四月十七日条)とあるので、この時も恐らく建春門にある左衛門陣に乗馬のまま馳せ入れたのであろう。驚いた左大臣藤原道長らは紫宸殿を駆け下り、飛駅使のもたらした大宰大弐藤原有国の書状を披き見たところ、来襲したのは、高麗人ではなく奄美島人であることが判明した。そこで一安心（史料8に「大宰以二飛駅一雖二言上一、事頗似レ軽」とある）といったところで、一部式次第を変更した上で儀式は続けられた。その後、あらためて陣定が行われ、賊徒襲来のことが審議された。奄美人来襲に関する大宰大弐の書状、大宰府解文による報告をまとめると、次のようになる。

①奄美嶋の者が、船に乗り武器を持って、筑前・筑後・薩摩・壱岐・対馬（『権記』によれば肥前・肥後も）等の沿海の地域を襲い、多くの被害を与え、なお海上に浮かんでいる。

②筑前以下の国々では、それぞれ応戦し、賊徒に相当の被害を与えたが、諸国の人々もおよそ三〇〇人が掠奪された。

③先年奄美嶋人が大隅を襲い人民四〇〇人を連れ去るできごとがあった。ところがその時は特には言上しなかった。(30) その時の例に慣れて、奄美嶋人は今回の犯行に及んだのではないか。そこで大宰府管内の人民を徴発して、要害を警固させ、また追捕を命じた。もし成果をあげれば、褒賞を与えて欲しい。

④高麗が兵船五〇〇艘を日本に向けて派遣したという。浮言ではあるが、噂が流れているので言上する。

そしてこれに対する朝廷の措置は、次のごとくである。

（イ）奄美嶋人来襲のことについては、すでに大宰府が対処しているが（③参照）、重ねて要害を警固し、賊徒を追捕すべきこと。

（ロ）仏神に祈禱すべきこと。

（ハ）大宰府が命じた追捕にあたっている者に功績があった場合には、褒賞すべきこと。
（ニ）大宰府は飛駅をもって言上したが、事件の内容は軽度のものであり、勅符を賜うまでもなく、官符で報ずればよいこと。
（ホ）高麗国に関する浮言（④の兵船五〇〇艘の来襲）は〈信ぜざるべからず〉。諸社に奉幣し、種々の祈禱を行わせること（『権記』によれば、仁王会を行い、太元帥法を修することも考えられている）。

奄美嶋人（南蛮）賊徒に関する内容の報告とその措置は、およそ以上のようになる。近衛の官人が取り次いだ第一報が誤報で、奄美嶋人であることが判明して公卿が安堵している様子と、その一方では高麗の兵船五〇〇艘来襲の浮言に、〈信ぜざるべからず〉[31]〈安にして危きを忘れず、非常の恐れ、慎みを成すにしかず〉と警戒に努めている様子がうかがえる。そして如何に高麗説が根強かったかは、『百錬抄』があくまでも「高麗国人」の来襲と伝えていることにうかがえるのではなかろうか。

2　高麗来襲誤報の事情

さて、ここで問題としたいのは、それではなぜ奄美人来襲を、取り次いだ近衛官人が「高麗来襲」と誤って伝えたのであろうか。近衛の官人は飛駅使のもたらした大宰府解文や大宰大弐藤原有国の書状を披き見ることはできないであろうから、恐らく飛駅使から九州が賊徒に襲われたと聞き、九州を襲う賊徒とは高麗に違いないと即断し、〈高麗国人、対馬・壱岐島を虜掠す。又肥前国に着き、虜領せんと欲す〉と大声で叫んだのであろう。あるいは飛駅使から左近衛官人に取り次ぐまでの左衛門官人、左兵衛官人の判断かも知れない。それはともかく、高麗人来襲と誤報がなされたのはなぜであろうか。このような疑問については、森克己氏の見解がある。

それにしても左近陣官が早や合点して高麗国人の侵略と報告し間違えたというのも、三月ほど前に、高麗牒状事件があり、対高麗感情が高ぶっていたからにほかならない。故に侵略犯人が奄美島民ということがわかってなお高麗国の兵船五百隻が日本を侵略しようとしてすでに日本に向っているなどというデマも飛び、政府もまた高麗国云々のデマは信じられないが、ともかくも敵国襲来に備えて種々の御祈禱を行うべしという太政官符を大宰府に下しているのである。(32)

このように森氏は、三月ほど前に起きた高麗から送られてきた牒状をめぐる事件により、対高麗感情が高ぶっていたことが、その原因であると指摘されている。

3　誤報と本年五月到来の高麗牒状一件との関係

森氏の指摘される「三月ほど前」の高麗牒状事件とは、同じ長徳三年五月（『異国牒状記』）に到来し、六月に審議された高麗牒状をめぐるできごとで、関連する史料をあげると、次のとおりである。

【史料12】『小右記』長徳三年六月十二・十三日条

十二日、甲辰、勘解由長官云、高麗国啓牒有下使レ辱二日本国一之句上、所レ非レ無二怖畏一者。前丹波守貞嗣朝臣来云、大弐消息、徴二誡六个国人兵一、令レ警二固要害一。又高麗国使日本人云々。

十三日、乙巳、参宮。小選参内。右大臣・左大将・民部卿・式部大輔・左衛門督・右衛門督・左大弁・宰相中将・勘解由長官同参。左中弁行成奉レ詔、下二賜右大臣大宰府解文・高麗国牒三通一〈一枚牒二日本国一、一枚牒二対馬嶋司一、一枚同嶋。〉。諸卿相共定申、大略不レ可レ遣二返牒一。又警二固要害一、兼致二内外祈禱一事。又高麗牒状、有下令レ耻二日本国一之文上。須レ給二官符大宰一。其官符文、注下高麗為二日本所レ称之由上、又可レ注事者、高麗国〔牒脱カ〕背二礼儀一事也。商客帰去之時、有レ披二露彼国一歟。但見二件牒一、不レ似二高麗国牒一、是若大宰国謀略歟。抑高麗使大宰人也。若不レ可二返遣一、可レ被レ勘二其罪一。大宰申請四ケ条、九国戎兵具皆悉無レ実、可レ令二国司修補一事。若其無二其勤一、雖レ有二他功一、不レ可レ預二勧賞一者。定申云、先可レ造二要須戎具一也。不レ可レ申二止勧賞一事。九国域内諸神可レ授二一階一事。定申云々、先被二祈禱一、相次可レ被二定下一。可レ加二寄香椎廟内大臣封廿五戸一事。定申云、可レ被二加寄一歟者。対馬守高橋仲堪、非レ文非レ武、智略又乏。以二大監平中方一、差二遣彼嶋一、備二不虞一事。定申云、如二府所レ注、仲堪非レ文非レ武、智略乏由、令レ尋二先例一、如レ此之時、改任下堪二能武一者上、状〔非カ〕レ無二蹤跡一。雖レ然忽被二改任一如何。如二府申請一、先差二遣中方一、随又申請、乍(ママ)有可レ被二定下一也。府解文云、中方身為二文章生一、又習二弓馬一云々。戌刻許各退出。又北陸・山陰等道可レ給二官符一之由、僉議了、上達部云々。大宋国人近在二越前一、又在二鎮西一、早可二帰遣一歟。就レ中在二越州一之唐人、見二聞当州衰亡一歟。寄二来近レ都国一、非レ無二謀略一、可レ恐之事也者。

【史料13】『百錬抄』長徳三年六月十三日条

十三日、諸卿定二申高麗国牒状事一。僉議不レ可レ遣二返牒一、可レ警二固要害一。又牒状不レ似二高麗国牒一。是大宋国之謀略歟。

【史料14】『師守記』貞治六年五月九日条(33)

異国牒状到来時、被レ略二返牒一、或将軍以下遣例事

(中略)

長徳三年六月十三日、右大臣以下参入、被ㇾ定二申高麗牒状事一。仍左中弁藤原行成奉ㇾ詔、下二賜太宰府□□〔解文〕於右大臣一、高麗国牒三通、諸卿相共定申之。大略不ㇾ可ㇾ遣二返牒一、警二固要害一、兼致二内外□□〔祈禱〕一事。但件牒不ㇾ似二高麗国牒一。是若大宋□□□□〔国之謀略〕歟云々。

【史料15】『異国牒状記(34)』

異国牒状事

（中略）

長徳三年五月高麗の牒到来、文章旧儀ニたかふ上、其状躰蕃礼ニそむくよし沙汰ありて、返牒なし。

藤原実資は、六月十二日には、勘解由長官源俊賢から〈高麗国の啓牒、日本国を辱しむるの句あり。怖畏なきに非ざるところなり〉との情報、藤原貞嗣から大宰大弐の消息によるとして、六カ国の人兵を徴発して要害を警固させていること、及び高麗国の使者は日本人であることなどの情報を得ている。そして翌十三日に行われた陣定の概要はつぎのようになる。

（イ）返牒を送る必要はない。(35)

（ロ）要害を警固すべきこと。

（ハ）高麗牒状に日本国を侮辱する文言がある。

（ニ）〈高麗、日本の称するところと為るの由〉（文意不詳）及び高麗が礼儀に背いている旨を記した官符を大宰府に下し、これを大宰府から高麗の使者となって牒状をもたらした商客に伝え、商客から高麗に披露させるべきか。
（ホ）但し、高麗の牒状は、高麗国のものとは思われない節もある。あるいは宋の謀略か。(36)
（ヘ）高麗の使者として牒状をもたらしたのは、大宰府の人である。あるいは再び高麗に渡航させるべきではなく、罪科に処すべきである。

この他、北陸・山陰道にも官符を下すべきこと、越前在留の宋人を鎮西に移すべきことなども話し合われている。

要するに、十月一日に伝えられた奄美嶋人の西北部九州襲撃は、高麗から〈日本国を辱かしむるの句あり。怖畏無きに非ざるところ〉〈大宋国の謀略か〉とも思わせる無礼な牒状が送られてきて、非常事態に備えて要害警固を命ずるというできごとがあった直後といってよい時期である。まさにこのような高麗に対する緊張感が高まっていた時期に、大宰府から飛駅使がやってきて、九州が襲われたと語ったその言葉を聞いた取り次ぎの官人は、九州を襲うのは高麗に違いないと即断して、〈高麗国人、対馬・壱岐嶋を虜掠す〉云々と大声で叫ぶ結果となったとみても不思議ではない。森氏の指摘されるとおりである。

確かにこの時期（十月）に高麗に対する警戒心が平常よりも強かったことは間違いない。しかし、〈又、高麗国、兵船五百艘を艤し、日本国に向かい、許〔奸カ〕を致さんと欲すてえり。誠に浮言といえども、云々するに依り、言上するところなり〉と、高麗国軍が攻めて来る、という噂まで流れているのはなぜであろうか。刀伊の賊を打ち破った高麗の軍船を「高麗国兵船」と表現している例（『小右記』寛仁三年八月条裏書所引内蔵石女等申文）を参考にすれば、ここにいう兵船とは、海賊などではなく、高麗国軍を意味しているとみて間違いない。貞観・寛平の新羅海賊以来、鎮西を襲う賊徒といえば、朝鮮半島の賊ということがまず念頭に浮かぶといった根底に流れる事情に加えて、緊張感の高まりがあったにしても、噂とは言え、国軍の来襲とは尋常ではない。この当時、特に高麗国軍の来襲を恐れる理由があったものと思われる。

4　『権記』記事の検討

さて、高麗国軍の来襲を恐れる背景について注目したいのは、前掲【史料9】『権記』にある記事である。前記の要約では、南蛮賊徒の話とは別のものとして語られているので除外したが、次のようにみえる。

又申二高麗国案内事一。定申云、先日言上府解、不レ注下到二鶏林府一成レ犯者夾名上。今日解文已注二其名一。仍須レ追二‐討彼成レ犯則〔射カ〕レ矢等類一之由、注〔可脱カ〕二‐載報符一。又可レ給二官符長門国一。但得二其賊一者可二賞賜一之由、可レ加二‐載状中一。

これは、いわゆる渡海の制との関連で注目されている史料であるが[37]、この部分の意味は次のようになる。

(イ)先日（十月以前）言上の大宰府解文には、鶏林府に赴き不法行為を犯した者の夾名（名簿）は記されていなかった。
(ロ)ところがこの度の解文（十月一日に飛駅使がもたらす）には、犯罪者の名前が掲載されている。
(ハ)そこで矢を射るなどの犯罪者を追討すべき旨を大宰府への報符に記すべきこと。
(ニ)また長門国にも太政官符を下し、同様の措置を取らせること。
(ホ)そしてその賊（犯罪者）を捕らえたならば賞賜すべきことも官符に記すこと。

鶏林府とは、言うまでもなく新羅の異称であり、ここでは高麗を指している。つまり、九州ないし長門付近の住民が高麗に赴き、〈矢を射る〉といったような武力に訴える犯罪行為を行っていたのである。このことについて大宰府は朝廷に報告した。しかし最初の報告では犯人たちの詳細については記されていなかった。そこで再度の調査が命じられ、その結果、第二回目の報告では、判明した犯罪者の具体的な名前が報告された。そこでさらに太政官符を下して犯人の追捕にあたらせたのである。その後の様子については明らかでないが、少なくとも再度に亘り陣定で審議されているので、このできごとについては、公卿には周知のことである。この頃、陣定に諮られた審議内容が、どの程度の範囲まで伝わるものか明らかでないが、審議内容の結論が指示として出されることにより、相当の範囲に知られることは間違いなく、内裏を守備する近衛官人らの耳にも入っていたことであろう。

日本人が高麗を襲ったというできごとは、公卿をはじめ多くの日本人に、いつか高麗が報復のため日本に攻めてくるのではないか、という警戒感を抱かせたのではなかろうか。このような疑心暗鬼の状況の中で九州が襲われたことを聞いた取り次ぎの官人は高麗の襲撃と早合点して大声で高麗来襲と叫び、道長以下の公卿も慌てて事実の確認に走ったのではなかろうか。また大宰府周辺に流れている兵船五〇〇艘来襲の噂も、いつか高麗の報復攻撃があるかも知れないという、疑心暗鬼、戦々恐々とした現地の雰囲気をリアルに伝えるものであろう。

筆者は、近衛官人の誤報の背後にある事情を上記のように理解する。そして誤報を生み出す状況はそれだけでなく、彼らにとって高麗来襲の恐れが、もっと現実のものとして感じられていたのではないかと考える。すなわち、五月に届いた、〈日本国を辱ずかしむるの句〉〈日本国を恥ずかしむるの文〉のある高麗牒状は、〈鶏林府に到りて犯を成す〉日本人の行動を伝え、それを非難し、禁圧を強く求める抗議の内容ではなかったか、と推測するのである。次にこのように推測する理由について、少しく説明を加えることにしたい。

三　長徳三年五月到来の高麗牒状

さて五月到来の〈日本国を辱しむるの句あり〉〈高麗国（牒）、礼儀に背く〉などと評されている高麗牒状とは、どのような内容のものであったのだろうか。牒状本文は一切伝えられていないので、憶測に頼るしかないが、ある程度の推測は可能なように思われるので、次にそのことについて述べてみたい。

1　〈鶏林府に到りて犯を成す者〉の正体

まず〈鶏林府に到りて犯を成す者〉とは具体的にどのような人々であろうか。もちろん不明であるが、考えられることは、はじめから高麗を襲うつもりで出かける場合、あるいは貿易に赴いて取引の上で何らかのトラブルが生じて武力に訴える結果になった、などである。〈犯を成し矢を則（射）る〉という行為から想起される史料に、『今昔物語集』巻三一・鎮西人至度羅島語第十二の説話がある。貿易のために海外へ渡航した鎮西商人たちが、帰航の途中度羅島（耽羅―済州島）に寄港したところ、島民百余人が近づいてきたので、海上に逃れ、「船ノ者共、本ヨリ皆兵ニテ、弓箭兵仗ヲ各具シタリケレバ、手毎ニ弓箭ヲ取テ箭ヲ番テ」威嚇したところ、島民は帰っていったという。[38]「船ノ者共本ヨリ皆兵ニテ」云々とある兵は「武道鍛錬の者。武術に心得のある者」[39]といった意味に理解されているが、貿易商人も武装していた様子をよく伝えている。長徳三年より以前の天延二年（九七四）には来日した高麗使との間で貿易が行われており、[40]また長徳三年五月に高麗牒状をもたらした使者について、〈そもそも高麗使は大宰の人なり〉と記されているが、『水左記』承暦四年九月四日条に引かれた長徳三年符（本論文注35参照）によれば、〈何ぞ断綆漂流の客を脅して、以て行李と為すや〉とある。高麗に漂着した人物の帰国に文書を託したことが知られるが、「客」とあるので、商客すなわち商人とみなされる。商人とすると、漂着したというので、宋との貿易に従事していた商人が漂着したのか、あるいははじめから高麗に赴いたが、予定外のところに漂着したのか、またはいわゆる渡海の制と関連して漂着を装ったのかも知れないが、ともかくこの頃には、高麗へ貿易のために渡航する日本人がいたことは間違いない。『高麗史』には穆宗二年（九九九）十月条に「日本国人道要弥刀等二十戸来投。処㆓之利川郡㆒、為㆓編戸㆒。」、顕宗三年（一〇一二）八月戊戌条に「日本国潘多等三十五人来投。」といった記事もみえる。『権記』の伝える鶏林府を襲った日本人の記録は、たとえ犯罪者とは言え、日本から朝鮮半島へ進出していく人々の記録があらわれ始める時期の史料として貴重なものと言えると思う。

このように、〈鶏林府に到りて犯を成す者〉〈犯を成し矢を射る〉という者については、当初から略奪を目的として出かけた者か、あるいは貿易を目的として出かけたが、取引がこじれて紛争になったものか、両様考えられるのであるが、推測される状況はまさに後世の倭寇を髣髴させる。そこで長徳三年の日本・高麗間の交渉を考える上で参考にしたいのは、時期は降るが、倭寇の先駆けとして知られている、嘉禄二年（一二二六）から翌年にかけてのできごとである。(41)

２　嘉禄二・三年の倭寇と高麗の対応

さて、いわゆる倭寇が盛んになるのは、庚寅の倭寇と呼ばれるように一三五〇年（庚寅年）以来のこととされているが、『高麗史』には、その先駆けとして十三世紀から日本人の来寇を示す、〈倭、某地に寇す〉といった記事があらわれ始める。この「初発期の倭寇(42)」と称されている日本人の活動の状況は次のごとくである。

【史料16】『高麗史』巻二二・高宗世家一(43)

十年（一二二三）五月甲子（二十二日）、倭寇㆓金州㆒。

十二年（一二二五）四月戊戌（八日）、……倭船二艘、寇㆓慶尚道沿海州県㆒。発㆑兵悉擒㆑之。

十三年（一二二六）正月癸未（二十七日）、……倭寇㆓慶尚道沿海州郡㆒。巨済県令陳龍甲、以㆓舟師㆒、戦㆓于沙島㆒、斬㆓二級㆒。賊夜遁。六月甲申朔、……倭寇㆓金州㆒。

十四年（一二二七）四月甲午（十五日）、……倭寇㆓金州㆒。防護別監盧旦、発㆑兵捕㆓賊船二艘㆒、斬㆓三十余級㆒、且献㆓所㆑獲兵仗㆒。五月庚戌（二日）、倭寇㆓熊神県㆒。別将鄭金億等、潜㆓伏山間㆒、突出斬㆓七級㆒。賊遁。乙丑（十七日）……日本国寄㆑書、謝㆓賊船寇辺之罪㆒、仍請㆓修好互市㆒。

是歳、遣㆓及第朴寅㆒、聘㆓于日本㆒。時倭賊侵㆓掠州県㆒。国家患㆑之、遣㆑寅齎㆑牒、諭以㆔歴世和好、不㆑宜㆓来侵㆒。日本推㆓検賊倭㆒誅㆑之。侵掠稍息。


そしてこれに対応する史料が日本側の記録にも見える。

【史料17】『明月記』嘉禄二年（一二二六）十月〜十二月条(44)

十月十六日、天晴。法眼音信之次云、対馬国与㆓高麗国㆒闘諍之由、有㆓巷説㆒。未㆑聞事歟云々。依㆓末世之極㆒、敵国来伐歟。可㆑恐可㆑悲。……十七日、朝天無㆓片雲㆒。午時、法眼来談、……高麗合戦一定云々。鎮西凶党等〈号㆓松浦党㆒〉構㆓数十艘兵船㆒、行㆓彼国之別嶋㆒合戦、滅㆓亡民家㆒、掠㆓取資財㆒、……依㆓此事㆒挙㆑国興㆑兵。又我朝渡唐之船向㆑西之時、必到㆓着彼国㆒、帰朝之時、多随㆑風寄㆓高麗㆒流例也。彼国已為㆓怨敵㆒者、宋朝之往反不㆑可㆑輙。当時唐船一艘寄㆓高麗㆒、被㆑付㆑火不㆑残㆓一人㆒焼死云々。末世之狂乱至極、滅亡之時歟。甚奇怪事也。
十二月七日、……未時参㆓前殿㆒。御浴之間、左大将殿見参。仰云、依㆓高麗来撃之疑㆒、可㆓仗議㆒由、一昨日大弐語㆑之云々。不㆑知㆓委事㆒、末代之極歟。畏而有㆑余。退出。

【史料18】『民経記』安貞元年（一二二七）(45)
五月一日、己卯、……伝聞、自㆓高麗国㆒牒状到来。一通武家、一通公家云々。
十五日（裏書）、……伝聞、高麗国全羅州牒案所㆓一見㆒也。府官無㆓左右㆒開㆓封見㆑之、書㆓返牒㆒云々。尤奇恠事也。正本関東遣㆑之、案進㆓殿下㆒云々。

『明月記』によれば、まず対馬と高麗とが合戦したという巷説があり、これは〈末世の極に依り、敵国来伐するか〉とある。ついで翌日の記事には、やや詳しく、松浦党が高麗を襲い略奪したので、高麗は〈国を挙げて兵を興〉したことが記されている。これらによれば、松浦党の襲撃に対して、高麗が国軍を派遣して対馬を討たせたということであろう。もしこれが事実であれば、まさに後年（一四一九年）のいわゆる応永の外寇（己亥の東征）に類した行動を高麗が取ったことになる。しかし前引『高麗史』には国軍を日本に派遣したことはみえず、高麗国軍の対馬進攻が事実か否かは不明とせざるを得ないが、たとえ噂ではあっても、高麗は南の一地方を襲われたことでも直ちに日本に反撃を加えるとの認識を日本人が抱いていたことに注意しておきたい。

そしてこの後、高麗から大宰府宛牒状が届けられた。その牒状の全文が『吾妻鏡』に掲載されている。

【史料19】吉川本『吾妻鏡』嘉禄三年（安貞元）五月十四日壬辰条(46)
霽。高麗国牒状到来。今日及二披覧一云々。其状書様。
　高麗国全羅州道按察使牒　日本国惣官大宰府
當使准、彼国対馬嶋人、古来貢二進邦物一、歳修二和好一。亦我本朝、従二其所一レ便、特営二館舎一、撫以二恩信一。是用海辺州県島嶼居民、恃二前来交好一、無レ所二疑忌一。彼告二金海府一、対馬人等旧所二住依一之処。奈何。於二丙戌六月一、乗二其夜寐一、入レ自二城竇一、奪二掠正屋一訖。比者已甚。又何辺村塞、擅使二往来一、彼此一同、無辜百姓侵擾不レ已。今者
国朝取《（敢カ）》問二上件事一。因當職差二承存等二十人一、齎レ牒前去。且元来進奉礼制、廃絶不レ行。船数結レ多、無レ常二往来一作二為悪事一、是何因由。如レ此事理、疾速廻報。右具前事、須牒二
日本国惣官一。謹牒。
　丁亥二月　日牒
副使兼監倉使転輸提点刑獄兵馬公事龍虎軍郎将兼三司判官趙判

文中の丙戌の年とは嘉禄二年にあたる。すなわち、これまでの高麗と対馬人との平和的交流の経緯を述べ、対馬の人々が古くから〈邦物を貢進〉し、高麗はその便宜のために金海府に館舎を設けて、恩信をもってこれを遇した。これにより、高麗の海辺・島嶼の人々は疑うことなく、平和な通好を行っていた。ところが、昨年の六月以来、百姓を侵擾する行為が続いている。そこでこの事件を究明するため、承存らを派遣する次第である。また対馬の人々は進奉の礼制を廃絶して遵行せず、(47)多くの船で始終往来しては悪事を働いている。一体それはどのような理由によるのか、速やかに回答を求める、といった内容である。前掲『高麗史』高宗十四年是歳条では、牒

状の内容を「諭以三歴世和好、不レ宜二来侵一。」と要約している。

この高麗牒状に関連して『百錬抄』には、次のようにみえる。

【史料20】『百錬抄』安貞元年七月二十一日条

於二関白直廬一有二議定事一。左大臣已下参入。去年対馬国悪徒等向二高麗国全羅州一、奪二取人物一、侵二陵住民一事、可レ報二由緒一之由牒送。大宰少弐資頼、不レ経二上奏一、於二高麗国使前一、捕二悪徒九十人一斬首、偸送二返牒一云々。我朝之恥也。牒状無礼云々。

この『百錬抄』の記事で注目したいのは、「牒状無礼」とあることである。その前の、〈我が朝の恥なり〉とするのは、『民経記』に「府官無二左右一開封見レ之、書二返牒一云々。尤奇恠事也」とあるように、朝廷の許可無く犯罪者を斬首し、返牒を送った大宰少弐資頼の行為を指しているが、「牒状無礼」とする牒状とは、高麗から送られてきた牒状で、【史料19】の牒状を指しているとみて間違いないであろう。[48]

それではこの高麗牒状のどこが無礼とされたのであろうか。かつて承暦四年（一〇八〇）に届いた高麗国礼賓省牒による医師派遣要請を断る際には、実際には朝廷で審議しながら、高麗牒状の不備を指摘して、大宰府から朝廷に伝えることはできないとの、いわば門前払いの形をとっているが、そこでは牒状の書式・内容等について六項目の無礼を指摘している。[49] その六項目とは、次のようなものである。

①牒状の書出しに「高麗国礼賓省牒」として「高麗国礼賓省牒上」と「上」の字が書かれていないこと。

②牒状を納める函に封をしていないこと。

③年号を書かず「己未年」と干支のみを記していること。

④「己未年十一日　日」と、年月の下に「日」とのみ書いて、日付を記していないこと。

⑤「当省伏奉　聖旨」のように、高麗国王の命令を「聖旨」と称しているが、これは宋の皇帝が称すべきもので、蕃国王である高麗国王が使用する言葉ではないこと。

⑥専使を派遣せず、牒状を商人に託したこと。

この六項目を安貞元年の高麗国全羅州道按察使牒に適用すると、少なくとも①③④が該当する。したがって『百錬抄』が安貞元年牒状を「無礼」としていることは、この書式にあるかとも思われる。なお、承暦度礼賓省牒状と同様に今回の牒状にも末尾は「謹牒」とある。牒式の末尾文言には、この他「以牒」「故牒」などが用いられるが、「謹牒」としていることは、いずれも日本への表敬の意を込めているとみてよいであろう。

しかし安貞元年牒状を無礼とする理由は文言（内容）にもあるように思う。高麗としては〈歴世の和好〉を説き、以後、侵入すべからざる事を述べているに過ぎないが、「対馬嶋人古来貢㆓進邦物㆒。歳修㆓和好㆒。」とみえる「貢進」、あるいは「進奉礼制」といった表現は、あたかも日本が高麗に朝貢しているかの如き印象を与える。とりわけ「進奉」の語は注意される。進奉はもともと献上の意味で一般に使われる用語であるが（『大漢和辞典』）、たとえば高麗国王から宋皇帝への品物献上にも進奉の語が用いられている[50]。また〈撫するに恩信を以ってす〉と、上国の王が下国の民を慰撫するような表現も日本の支配層からすれば大いに気に障るところであろう。このような用語に加えて、あるいは「作㆓為悪事㆒、是何因由。如㆑此事理、疾速廻報。」と、すみやかに実状を調査して報告すべしといった口調も非難の対象となるであろうか。承暦度牒状には上国の王が用いるべき「聖旨」という言葉を用い[51]、主に蒙古襲来時期の高麗には、日本を夷狄視する理解があったという[52]。文末を「謹牒」とはしていても、全体を通じて対等の書式であり、内容に至っては日本が高麗に朝貢しているような印象を与える文章である。高麗からすれば、事実の究明と今後の禁圧を求めているに過ぎない、極めてまともな文書であろう。それでも三韓征伐以来、朝鮮は日本に朝貢すべき存在とする、外には通じない対外認識を抱く日本人からすれば、「無礼」となるのである。

3　長徳三年五月到来の高麗牒状

以上、いわゆる初発期の倭寇をめぐる日本・高麗交渉についてみてきたが、この嘉禄の例は、長徳三年の日麗交渉および高麗牒状を考える上で重要な参考になるのではなかろうか。嘉禄二・三年の例から、

①日本人の襲撃に対しては高麗が報復攻撃を仕掛けてくる可能性があるという認識を日本人が抱いていること。
②高麗は、日本人の侵略に対し、公文書（牒状）をもって日本に抗議し、禁圧を求めること。
③朝鮮を朝貢国とみなす伝統的対外認識から、高麗牒状を、おおむね無礼とする考えが日本人にあること。

といったことが知られるのであるが、②のように、日本人の来襲を受けた高麗が日本に使者を派遣して海賊の禁止を求めて抗議することは、この高宗十四年（安貞元）以降でも、同四十六年（一二五九）・元宗四年（一二六三）にみられる。すなわち、

【史料21】『高麗史』巻二五・元宗世家一
（高宗四十六年七月）庚午、遣二監門衛録事韓景胤権知直史館洪貯于日本一、請レ禁二海賊一。

（元宗四年）四月甲寅、……遣二大官署丞洪汻詹事府録事郭王府等一如二日本国一、請二禁賊一。牒曰、自二両国交通一以来、歳常進奉一度、船不レ過二二艘一。設有二他船一、枉憑二他事一、濫二擾我沿海村里一、厳加二徴禁一、以為二定約一。越今年二月二十二日、貴国船一艘、無レ故来、入二我境内熊神県界勿島一、略二其島所レ泊我国貢船所レ載多般穀米并一百二十石・紬布并四十三匹一将去。又入二椽島一、居民衣食資生之具、尽奪而去。於下元定二交通一之意上、甚大乖反。今遣二洪汻等一、齎レ牒以送。詳二公牒一并聴二口陳一。窮二推上項奪攘人等一、尽皆徴沮、以固二両国和親之義一。[53]

八月戊申朔、洪汻・郭王府等、自二日本一還。奏曰、窮二推海賊一、乃対馬島倭也。徴二米二十石・馬麦三十石・牛皮七十領一而来。

とみえる。特に元宗四年の牒状では、〈上項の奪攘人らを窮推し、尽く皆な徴沮せば、以て両国和親の義を固めん〉と犯人の追捕と取締りを求めている。この後、蒙古襲来をはさんで、南北朝・室町時代になると、さらに頻繁に倭寇禁圧を求める使者が来日していることはよく知られているとおりである。[54]

このようにみてくると、長徳三年の場合も、日本人に襲われた高麗が、日本に抗議し禁圧を求めることは十分にあり得たのではなかろうか。五月に高麗から送られてきた牒状は、日本を侮辱するとも受け取られる強い口調で日本人の悪事を糾弾し、非難したもので、これを受け取った日本の朝廷は、無礼に思うとともに、高麗の強硬な態度に警戒心を募らせ、いつか高麗が報復ないし犯人逮捕のための来襲――〈国を挙げて兵を興す〉ことがあるかも知れないと思っていたとしても不思議ではなかろう。『明月記』に記す藤原定家と同じ考えである。飛駅使から異国来襲の話を聞いてただちに高麗の襲撃と理解した取り次ぎの官人、また五〇〇艘の兵船で来襲するという噂も、実にこのような伏線があったからではなかろうか。高麗からの報復を恐れていたところに、北九州に賊徒襲撃の報が伝わり、「すわ、高麗の来襲か」となったとみて誤りないであろう。時期は降るが、倭寇の活動が盛んになると、高麗・朝鮮からもまた倭寇の禁圧を求める使者が牒状を携えて頻りに派遣されてくる。この長徳三年五月到来の高麗牒状は、その先駆けとみることができるのではなかろうか。

むすび

以上、長徳三年の奄美島人襲撃を高麗来襲と誤解された事情について、考察を加えてきた。この問題から、当時の日本人の高麗敵国観を読みとることができる。それは、高麗の前身と理解する新羅以来のことであり、新羅海賊などからの恐れ、また日本の中華意識を破綻させた当事者への憎悪感などが根底に流れていることは間違いない。そしてそれだけでなく対馬など高麗（朝鮮）との境界領域にいる日本人の新しい動き、すなわち後世の倭寇的活動が新たな緊張関係を生みだし、報復のため高麗が何時襲ってくるかも知れないという疑心暗鬼が、さらに高麗敵国観を増幅させるという作用を果たしたものと考えられることを述べてきた。平安京の公卿ら支配層にとって対馬を始めとする境界領域の人々の行動が目を離せない状況になってきたことを、【史料1】『大槐秘抄』の一節は物語っているものと思われる。このような事例として長徳三年の史料は貴重なものと言えるように思う。

本稿では、やや冗長とも思われるが、できるだけ関連史料を省略せずに引用した。それは一つには筆者に史料の誤読・誤解があるかも知れないことを恐れてのことであるが、いま一つには抄出してしまうと当時の日記の記主の感覚、緊迫した雰囲気が抜け落ちてしまうと考えたからである。史料的な制約から、ずいぶん時期の隔たった例を参考にせざるを得ず、どこまで妥当な解釈か心許ない部分も多いが、大方のご判断を仰ぐ次第である。

注

（1）田島公「日本、中国・朝鮮対外交流史年表――大宝元年～文治元年――」（奈良県立橿原考古学研究所附属博物館編『貿易陶磁――奈良・平安時代の中国陶磁――』臨川書店、一九九三年）、対外関係史総合年表編纂委員会編『対外関係史総合年表』（吉川弘文館、一九九九年）等参照。

（2）青山公亮『日麗交渉史の研究』（明治大学文学部研究報告、東洋史第三冊、一九五五年）、森克己『新訂　日宋貿易の研究』『続日宋貿易の研究』『続々日宋貿易の研究』（以上、国書刊行会、一九七五年）など、すでに実質的に初発表から五十年以上経過している論文が含まれているが、現在でも基本的な文献となっている。この他の個別研究は必要に応じて触れることにしたい。なお極く最近、李領『倭寇と日麗関係史』（東京大学出版会、一九九九年十一月）が刊行された。このうち、平安時代に関するものとしては、第一章「院政期の日本・高麗交流に関する一考察」（未発表）・第二章「中世前期の日本と高麗――進奉関係を中心として――」（本論文注6所掲）の二篇が収められている。

（3）近年の境界・境界領域の交流をテーマとする研究は数多く、一々紹介することは省略せざるを得ないが、このような学界の動向を反映して、史学会では一九九六年の第九四回大会日本史部会で「自己・他者・境界――前近代の日本を中心に――」と題するシンポジウムを開催し、その成果は村井章介ほか編『境界の日本史』（山川出版社、一九九七年）として刊行された。中に、ブルース・バートン「「境界」とは何か――理論的考察の試み」、保立道久「平安時代の国際意識」など、本稿に関連する有益な論考が収められているので、ぜひ参照されたい。

（4）『群書類従』雑部（続群書類従完成会版第二八輯）。『群書解題』八、一一八～一一九頁（荒木尚氏執筆）参照。なお筆者の参照し得た写本に、東京大学史料編纂所架蔵「京都御所東山御文庫記録」本（架蔵番号：乙四八―二〇〇一―一―二六二）がある。類従本と対校すると、出入りがあるが、引用の一節については類従本の方がよいように思われる。

（5）『兵範記』同日条・『公卿補任』平治二年清盛尻付、参照。

（6）『百錬抄』四月二十八日条・十二月十七日条、『山槐記』十二月十七日条。なお、李領「中世前期の高麗と日本――進奉関係を中心として――」（『地域文化研究』八、一九九五年）参照。

（7）村井章介『国境を超えて――東アジア海域世界の中世――』（校倉書房、一九九七年）四三～四四頁。なお、

歴史学研究会編『日本史史料〔2〕中世』（岩波書店、一九九八年）第六八条の解説（村井章介氏）を参照。

（8）『大槐秘抄』では、「異国」の語は、他に「七条・朱雀東西に鴻臚館と申所候。異国の人参れる時ゐる所にてなむ候ける」とみえる。

（9）村井章介（前掲書）四四頁。ちなみに『大槐秘抄』の別の一節に、「あさましげなる雑色一二人ばかりぐして、けうの前駆などぐして出仕候こそいかなるぬすみもしつべき事にて候へ。」と「けう」の用例が見える。

（10）この「制」とは、いわゆる「渡海の制」を指しているとみられる（稲川やよい「「渡海制」と「唐物使」の検討」『史論（東京女子大学）』四四、一九九一年）。「渡海の制」とは、日本人の海外への渡航に関する制度のことであるが、その内容についてはいくつかの説がある。森克己氏は、延喜十一年（九一一）に制定された、外国商人の来航の間隔を一定年数空ける、いわゆる年期（年紀）制について説明した後、「以上のように、来航する唐商船に対して制限を加えたばかりではない、さらに一般日本人の海外渡航に対してまでも、これを厳禁し、ついには個人的に海外の国々と交際を結ぶことさえも禁じてしまった」（『続日宋貿易の研究』二二三頁）と述べておられる。明言はされていないが、年期（年紀）制との関連で、日本人の渡航についても禁止するようになったと理解されているように思う。筆者も基本的に森氏の考えと同じで、延喜十一年制定の年期制とは、外国人の来日だけでなく、日本人の渡航も制限する、いわば出入国管理令のようなもので、これが「渡海の制」と称されているものではなかったかと推測している（拙稿「一〇世紀の国際変動と日宋貿易」『新版古代の日本2　アジアからみた古代日本』角川書店、一九九二年→本書所収）。延喜十一年とは時期は隔たっているが、九条伊通が『大槐秘抄』で、みすぼらしいみなりの対馬国人が、貧弱な品をもって高麗に渡航することを、みっともない、と述べたあとに続けて、「しかれば制は候事なり」――だから「制」が設けれられているのである、と述べていることは、この「制」が貿易と深く関わっていることを推測させる。これに対して、「渡海の制」の法源は律条にありとする解釈が、山内晋次「古代における渡海禁制の再検討」（『待兼山論叢』二二、史学篇、一九八八年）、榎本淳一「『小右記』に見える「渡海制」について――律令国家の対外方針とその変質――」（山中裕編『摂関時代と古記録』吉川弘文館、一九九一年）、稲川やよい（前掲論文）などに示されている。

（11）このような日本側の負の部分や失態を高麗に知られることを「恥」とする意識もまた高麗観を考える上で注意しておくべきことであろう。本稿で関連するところで言えば、下文で触れる承暦四年の高麗からの医師派遣要請を、もし治癒できなければ日本の恥となるとする考え（例えば『師記』承暦四年閏八月十四日条に「右兵衛督（源俊実）定申云、尤雖レ可レ遣、無二効験一為レ朝可二其恥一。仍不レ遣何事之有歟。」とみえる）、また安貞元年に送られてきた高麗牒状を、時の大宰大弐武藤資頼が勝手に開封し、高麗の要請に従って倭寇を捕らえ斬首した上、返牒を送った行為を、当時の人々が「我朝之恥也」と評している例（『百錬抄』安貞元年七月二十一日条）にもみることができる。後者の場合には、日本の天皇・朝廷の支配が徹底していないことを高麗に示すことになるので、それを恥としているのであろう。

(12) 田中健夫「相互認識と情報」（同『東アジア通交圏と国際認識』吉川弘文館、一九九七年。初発表一九九三年）。

(13) 『小右記』は大日本古記録本による。なお以下の引用において明らかな誤字は、古記録本の傍注等を参考に改めた。

(14) 大宰府官がこのような見方をする背景には、高麗が圧倒的な軍事力を備えており、今攻めて来られたらひとたまりもなく打ち破られてしまうという認識があるものと思われる。刀伊の捕虜となったが高麗軍に救出され、対馬判官代長岑諸近とともに一足先に帰国した内蔵石女らの解文には（『小右記』寛仁三年八月十日～三日条裏書所引同年七月十三日付け内蔵石女等解）、高麗の兵船が広大で強力な武器を装備し、簡単に刀伊の賊船を打ち破る様子が詳しく記されている。この解文は彼女らに事情聴取をした大宰府官が筆録したものとみられ、府官の関心が「高麗の軍事力の程度を知るという点にあったことがわかる」（村井章介「一〇一九年の女真海賊と高麗・日本」『朝鮮文化研究』三、一九九六年）。大宰府官は、石女らの体験を聞きながら、短時間に対馬・壱岐、そして九州北部を席巻され、甚大な被害を出し、ようやくの思いで退却させた強力な刀伊の軍を、いとも簡単に打ち破った高麗の軍事力が、日本とは比べものにならないほど、はるかに強大なものであることを実感したことであろう。〈悦びと為すべからず。偽りて好みを成すの便を通ぜん〉といって、警戒を進言しているのは、もし今攻めて来られたらひとたまりもなく日本は敗れるであろうとの危機感からの言ではなかろうか。

(15) 『小右記』寛仁三年八月十日～三日条裏書。

(16) 新羅・高麗の日本観、日本認識についても検討が必要と思うが、今のところ筆者には準備がないので、今後の課題としたい。

(17) 渡辺直彦校訂『権記』（史料纂集本。続群書類従完成会、一九七八年）。

(18)　『師記』は史料大成本による。

(19)　『続古事談』は「群書類従」雑部（続群書類従完成会版第二七輯）所収本による。

(20)　建長四年（一二五二）成立の『十訓抄』第一・可施人恵では、患者を「唐の后」とした同様の話がある。

(21)　『朝野群載』は新訂増補国史大系本による。

(22)　平安時代の高麗観については、中世の対外認識あるいは国際観を考察した研究の中で論及される例が多い。例えば田中健夫氏は、中世日本人の高麗・朝鮮観について、無関心と恐怖心との二つをその特徴として指摘されている。無関心の様子は刀伊の入寇に際して見られた京都の貴族の対応を代表的事例とし、後者の恐怖心については、六六三年の白村江敗戦による唐・新羅軍来襲の恐れ以来、新羅海賊の出没などが、日本人に恐怖心を植え付け、さらに蒙古とともに日本を襲ったことで、「ムクリコクリ」の語に象徴されるように、その恐怖心は定着するに至ると論じられている（「中世日本人の高麗・朝鮮観」『対外関係と文化交流』思文閣、一九八二年）。また村井章介氏は、後述する安貞元年（一二二七）に日本に送られてきた、倭寇の禁圧を求める高麗牒状に関連して、「日本の朝廷が伝統的な《怖畏＝蔑視》の態度で問題を放置した」云々と記述されている（『アジアのなかの中世日本』Ⅷ倭寇と朝鮮（校倉書房、一九八八年）三一四頁参照）。《怖畏＝蔑視》という表現には、伝統的朝鮮観として恐怖感の裏返し、あるいはその転化として蔑視があることを指摘されているように思う。なお村井氏の前掲二書（『アジアのなかの中世日本』『国境を超えて――東アジア海域世界の中世――』）のほか、『中世日本の内と外』（筑摩書房、一九九九年）など一連の著作には、広範な視点からの国際認識・対外観についての研究がなされているので、是非参照されたい。

(23)　金光哲氏は、「朝鮮観とは新羅観である。それは、古代に始点をもち、時代とともに変容した虚構の世界観であった。この創作の世界観は、歴史的事実として連綿として継承された歴史思想であり、固定観念であった。その一つが新羅「日本攻撃説」であった。」と述べ、「院政期から鎌倉初期までの、新羅「日本攻撃」説を確認」されている（『中近世における朝鮮観の創出』第三部第三章「新羅「日本攻撃説」考」校倉書房、一九九九年）。なお、新羅に対する排外的意識が承和年間に始まることについては、早く佐伯有清「九世紀の日本と朝鮮」（『日本古代の政治と社会』吉川弘文館、一九七〇年。初発表一九六四年）に指摘があり、その後の新羅敵国観の形成については多くの論著に言及されているが、最近の研究に山内晋次「九世紀東アジアにおける民衆の移動と交流

——寇賊・反乱をおもな素材として——」(『歴史評論』五五五、一九九六年)、村上史郎「九世紀における日本律令国家の対外意識と対外交通——新羅人来航者への対応をめぐって——」(『史学』六九—一、一九九九年)等がある。

(24) 『日本三代実録』貞観八年七月十五日条。また同書貞観十二年(八七〇)二月十二日条には、新羅が〈対馬を伐ち取〉らんとする計画を立てているとの情報も伝えられている。

(25) 『続日本紀』にみえる日本・新羅交渉末期のやりとりをみれば歴然としており、日本が頻りに上表文の提出を求めるのに対して、言を左右にして拒否し続ける新羅の姿が記録に残されている。なお拙稿「八・九世紀の日羅関係」(田中健夫編『日本前近代の国家と対外関係』吉川弘文館、一九八七年↓本著作集第一巻所収)参照。

(26) 『続日本後紀』承和三年十二月丁酉条。なお拙稿「一〇世紀の国際変動と日宋貿易」(田村晃一ほか編『新版古代の日本』2、角川書店、一九九二年↓本書所収)参照。

(27) 新羅時代の日本と新羅との境界領域における両国の人々の交流については、対馬・壱岐だけでなく、五島列島も注目されている。戸田芳実「平安初期の五島列島と東アジア」(『初期中世社会史の研究』東大出版会、一九九一年。初発表一九八〇年)、武田佐知子「二つのチカシマに関する覚え書き——古代の国際的交通をめぐって——」(勝藤猛ほか『世界史上における人と物の移動・定着をめぐる総合的研究』科研報告書:大阪外国語大学、一九九二年)、東野治之「ありねよし対馬の渡り——古代の対外交流における五島列島」(続日本紀研究会編『続日本紀の時代』塙書房、一九九四年)、山内晋次前掲論文、等参照。

(28) 『日本紀略』は新訂増補国史大系本による。

(29) 『百錬抄』は新訂増補国史大系本による。

(30) 先年の奄美嶋人の大隅襲撃事件の時は〈言上せず〉という。〈言上せず〉とは、朝廷に報告しない、の意味に取らざるを得ない。四〇〇人も連行される事件を報告しないことがあるのか、やや不審に思われるが、『小右記』本文の文字に誤りはない。

(31) この部分、古記録本には、「又高麗国浮定〔言〕不可不信、可被(行脱カ)種々祈禱」とあるが、『大日本史料』第二編之三(一九三一年)では、「不可不信」に「不可不信(衍カ)」と傍注が付されている。森克己氏が、「政府もまた高麗国云々のデマは信じられないが、ともかくも敵国襲来に備えて種々の御祈禱を行うべしという太政官符を大宰府に下しているのである」(「日麗交渉と刀伊賊の来寇」『続日宋貿易の研究』森克己著作選集第二巻、一九七五年、四二一頁。初発表一九六六年)、あるいは土田直鎮氏が、「高麗国の件は信用するに足らないが、いちおう、神仏への祈禱を怠らないことなどが定められた」(『王朝の貴族』中央公論社、一九六五年、三五二～三五三頁)とされるのも、いずれも「不可信」とみなされたからであろう。この場合、〈信ずべからざるも、種々の祈禱を行わるべし〉と読むのであろう。確かに一理あるが、本文で述べるように、当時の朝廷は相当の緊張をもってこの度のできごとを受け止めていることから考えれば、原文どおり、「不可不信」(信ぜざるべからず)と解釈してよいのではなかろうか。なお、『権記』には、「抑件南蛮・高麗之事、雖レ云二浮説一、安不レ忘レ危、非常之恐、莫レ如レ成レ慎。能可レ被レ致二種々御祈一。可レ被レ立下奉二幣諸社一使上。行二仁王会一、修二大元法等一歟者、」とある。〈浮説と云うといえども〉と、決して単なる浮言として放っているわけではないことに注意したい。要害警固のことはすでに指令してあり、さらに神仏への祈禱を怠るながれと警戒に努めていると理解すべきではなかろうか。来襲を現実のものと認識していた証左とみなしてよいと思われる。したがって〈信ぜざるべからず〉とは、「決して油断すべきではない」との強い警戒感を込めた文言と解釈すべきであると思う。

(32) 森克己氏「日麗交渉と刀伊賊の来寇」(前掲)四二一頁。

(33) 『師守記』は史料纂集本(藤井貞文ほか校訂)ならびに『大日本史料』第六編之二十八・正平二十二年五月二十三日条所引同記を参考に、私見をもって傍注等を加えた。

(34) 『異国牒状記』は前田育徳会尊経閣文庫蔵(架号宸貴一九号)。『大日本史料』同前条所収。

(35) 「返牒を遣わすべからず」としているが、最終的には大宰府から返牒を送ったとみられる。『水左記』承暦四年九月四日条に、「頃之右相府被レ参、議二定高麗返牒仰詞一也。匡房朝臣注下出牒□〔状カ〕乖二礼度一之事上、…一、不レ差レ使事、長徳三年符云、須下専二国信一先達中大府上、何脅二断紲漂流之客一、以為二行李一、啓牒之信事、乖二被〔彼〕制一云々。」とみえる。「長徳三年符」とあるので、大宰府に返牒を指示する官符と思われる。承暦四年の場合も、大江匡房作「大宰府、高麗国礼賓省宛牒状」を官符とともに大宰府に送り、大宰府からさらに高麗に送らせるという手順を踏んでいる。その時の官符には、「承暦四年十月二日、賜二官符於大宰府一云、右大臣宣、奉レ勅、所レ請医人輙難二差遣一、所レ送方物、宜レ被二返却一。早以二府司之返牒一、択二使者一発遣。但至二商人王則貞一者、宜二任レ法罪科一云々。」(『師守記』貞治六年五月九日条)とみえる。

(36)　なぜ宋の謀略とみなされたのか、筆者には全く見当がつかない。長徳二年から三年にかけて、来日宋商人朱仁聡が日本人との間に何らかのトラブルを起こし、ついには仁聡が若狭守に乱暴をはたらくという事件が起こっている（『小右記』長徳三年十月二十八日条ほか）。あるいはこのような来日宋人の行動に対する警戒心からの発言であろうか。

(37)　この記事については、『大日本史料』の標出に「鶏林府ニ到リシ犯人」と注意されているが、研究論文では、稲川やよい氏がいわゆる「渡海の制」との関連で、「高麗国に到って罪を犯した者の名は大宰府解文において報告が行われ、追討処置が取られている。」（前掲論文九五頁）と論及されている。但し氏の論文における主たる関心はいわゆる渡海の制との関連にあり、本稿で述べる高麗来襲説については触れられていないので、あらためて本論で取り上げることにした。なお、「到二鶏林府一成レ犯者」を〈鶏林府に到りし犯を成す者〉と読み、日本で犯罪を犯して高麗に逃げ込んだ者と解釈することも、あるいは可能かも知れないが、やはり〈鶏林府に到りて犯を成す者〉つまり高麗で犯罪を犯した日本人と解釈してよいであろう。

(38)　森克己「日宋交通と耽羅」（『続日宋貿易の研究』国書刊行会、一九七五年。初発表一九六一年）参照。

(39)　馬淵和夫ほか『今昔物語集』四（小学館「日本古典文学全集」一九七六年）五七〇頁頭注。

(40)　『日本紀略』天延二年閏十月三十日条・『親信卿記』同日条、等参照。

(41)　この事件については、倭寇関係の論文・著書には必ずといってよいほど触れられているが、代表的な文献として、田中健夫『倭寇』（教育社歴史新書、一九八二年）・村井章介『アジアのなかの中世日本』（前掲）などをあげるにとどめる。

(42)　村井章介『アジアのなかの中世日本』Ⅷ倭寇と朝鮮（前掲）参照。

(43)　『高麗史』は国書刊行会本ならびに影印本による。

(44)　『明月記』は国書刊行会本『明月記』第二による。

(45)　『民経記』は大日本古記録本第一冊による。

(46)　吉川本『吾妻鏡』は国書刊行会本第二による。なおこの高麗牒状については、李領前掲論文等に論及があり、歴史学研究会編『日本史史料〔2〕中世』（前掲）第一九二条には読み下し文と解説（村井章介氏）が示されている。これらを参考に、私見をもって句読点・返り点を付した。

(47)「元来進奉礼制、廃絶不行」云々とある記事について、青山公亮氏は、「倭人特に対馬の住民が悪事を作為する以前に、すでに進奉の礼制が廃絶に帰していたこと、別言すれば、制限的拒否的貿易さえ円滑に行われなくなっていたことが、不逞の行動を敢えてするに至らしめた因由に他ならぬことを言外に明示している。……これを日麗関係の実態に照らすも、問題の文面に見るも、高麗の拒否的政策が有力な原因であり、一部の倭商が直接行動に出でるに至ったのがその結果であったことは、恐らく疑いを許さざるものと考えられる」(前掲書二八頁)と述べられている。その言われるところは今一つ明確に理解できないところがあるが、高麗が進奉の礼制を廃絶したため、対馬人の侵攻(倭寇的行動)が始まった、と理解されているようである。しかし〈進奉の礼制、廃絶して行わ〉ないのは対馬の側で、対馬の人々が進奉の礼制を守らず、多くの船を仕立てて、勝手にやってくる、の意味に理解すべきであろう。

(48)ちなみに杉浦亮治「アジアの中世──倭寇禁圧使節を通しての日麗関係──」(『歴史研究(愛知学芸大学)』一二、一九六四年)は、「朝廷ではこの資頼の態度を「我国之恥也」とし、またこれを無礼であるといっている」三二頁)とされるが、誤解であろう。

(49)高麗文宗の医師派遣要請事件と礼賓省牒をめぐっては、小峯和明「大江匡房の高麗返牒──述作と自讃」(『中世文学研究』七、一九八一年)、奥村周司「医師要請事件にみる高麗文宗朝の対日姿勢」(『朝鮮学報』一一七、一九八五年)、拙稿「日本と高麗」(土田直鎮・石井共編『海外視点・日本の歴史5　平安文化の開花』(ぎょうせい、一九八七年)、田島公「海外との交渉」三高麗との関係(橋本義彦『古文書の語る日本史2　平安』筑摩書房、一九九一年)等参照。

(50)池田温「麗宋通交の一面──進奉・下賜品をめぐって──」(『三上次男博士頌寿記念論集』一九七九年)参照。なお進奉の語が高麗国内でも用いられている例については、李領(前掲論文)参照。

(51)高麗における聖旨の語の用例については、奥村周司前掲論文参照。

(52)南基鶴「蒙古襲来と高麗の日本認識」(大山喬平教授退官記念会編『日本国家の史的特質』古代・中世、思文閣、一九九八年)参照。

(53)『青方文書』(史料纂集本)一─七八に、牒状の一部が引用されている。なお田村洋幸『中世日朝貿易の研究』(前掲)二一一─二一四頁参照。

(54)　倭寇の禁圧を求める高麗の動きの概要については、田中健夫『倭寇』(前掲)・杉浦亮治「アジアの中世——倭寇禁圧使節を通しての日麗関係——」(前掲)等参照。

6　『小右記』所載「内蔵石女等申文」にみえる高麗の兵船について

はじめに

藤原実資の日記『小右記』[1]寛仁三年（一〇一九）八月三日から十日条にかけての紙背に、同年七月十三日付け「大宰府解」ならびに同解に副えて進められた同日付け「内蔵石女等申文」が移録されている。石女らは同年三月から四月にかけて、対馬・壱岐島さらに九州北部を襲った刀伊（高麗では東女真）の賊の捕虜となり連れ去られたが、刀伊が日本からの帰途立ち寄った高麗で、高麗軍によって救出され、その後、同じく刀伊に連行された肉親を求めて高麗に渡った対馬判官代長岑諸近とともに帰国した。諸近は渡海の制に違反して高麗に渡航したため、高麗による救出日本人捕虜の集団送還に先立ち、自らの行動の証人として内蔵石女・多治比阿古見ら十人を連れ帰ることを高麗政府に申し出て許されたものである。なお石女ら以外の高麗軍に救助された日本人捕虜は、この後高麗使鄭子良に送られて帰国している[2]。このような、諸近の渡海の制に違反して高麗に渡航した事情を中心とする、刀伊入寇の詳しい経緯を記したものが「大宰府解」であり、捕虜として刀伊と行動を共にした内蔵石女らの体験談を筆録したものが「内蔵石女等申文」である。二通の文書は、いずれも刀伊の行動を知る上で貴重な史料であるだけでなく、日本人の海外渡航規制の存在を示す史料として、また当時の日本における高麗観を考える上での重要な史料ともなっている。

日本への刀伊の入寇はこの一度のみであったが、高麗ではこの頃連年刀伊（東女真）の侵入に悩まされており、東方海上に位置する于山国（今日の鬱陵島）は壊滅的な打撃を受けている。ほかならぬ「刀伊」とは高麗の人々が東女真を呼んだ蔑称「되」（doe）の音を写したものである。高麗の東女真対策は重要な政治課題で、東海岸には防衛のための「戈船」と呼ばれる軍船を主力とする水軍が配備され、城が築かれている。(3) したがって東女真との関係は高麗史研究の一部として重要なテーマとなっており、(4)『小右記』の記事は韓国の研究者にもつとに注目されている。特に刀伊の賊を撃ち破った高麗の兵船についての記述は、当時の高麗の水軍の主力となった兵船の具体的な姿を語る貴重な史料として関心を惹いているのである。

このように『小右記』の刀伊入寇関係記事、中でも内蔵石女らの語る高麗の兵船については日韓両国で注目されているのであるが、両国における既往の理解をみてくると、必ずしも『小右記』原文に対する正確な解釈が行われているとは言い難く、なお検討すべき余地もあるように思われる。あらためて以下に考察を進めることにしたい。（本論文においては、史料の引用には原則として常用漢字を用い、引用史料中の…は中略、《 》は割注、（ ）は私注、本文中の〈 〉は読み下し文であることを示す。）

一　「内蔵石女等申文」にみえる高麗兵船記事の検討

さて、問題とする「内蔵石女等申文」を収める『小右記』全体の活字本には、東京大学史料編纂所編「大日本古記録」全十一冊（岩波書店、一九五九年～八六年。以下、古記録本）、「史料大成」全三冊（初版：内外書籍、一九三五～六年、増補版：臨川書店、一九七五年。以下、史料大成本）があるが、校訂がすぐれ、流布している古記録本第五冊（一九六九年刊行第一刷）[5]により本稿で問題とする部分を示すと次のごとくである（ただし『 』ならびにa～dは石井が加えた）。古記録本『小右記』の当該箇所の底本は前田育徳会尊経閣文庫所蔵本（前田本）で、国立公文書館内閣文庫所蔵本（秘閣本、略符号ナ）をもって対校している。前田本の当該巻は平安期の古写本で、秘閣本は近世に前田本を底本に書写されたとみられており、前田本で損なわれている箇所の大半を秘閣本で補うことができるが、判読不明文字の推測や校注を古記録本編者が〔…カ〕と傍注を付している。[6] なお史料大成本（問題とする記事は第二冊に収める）は秘閣本を底本としている。

1 『小右記』所載「内蔵石女等申文」原文（古記録本）

内蔵石女等解申進申□〔文ナ〕事

注申被追取刀伊賊徒罷向高麗国海路雑事并□〔帰参本ナ〕国案内等状

右、…五月中旬之比、高麗国兵船数百艘襲来撃賊、爰賊人等励力雖合戦、依高麗之勢猛、無敢相敵之者、即其高麗国船之體高大、兵仗多儲、覆船殺人、賊徒不□〔堪ナ〕彼猛、船中殺害所虜之人等、或又入海、石女等同□〔又被入ナ〕海浮浪、仍合戦案内不能見給、無幾有高麗□〔船扶了ナ〕、即□〔加カ〕労所令蘇生也、但見被救乗船之内、『広大不似a□〔例ナ〕造二重、上立櫓、左右各四枝、別所漕之水手五六人、所b□〔乗兵カ〕士二十余人許、c〔不カ〕下懸檝、又一方七八枝也、船面以□〔鉄造角、令衝ナ〕破賊船□〔之料也、舟中儲雑具、鉄甲冑・大小鉾・熊手等ナ〕也、兵士面〻各〻執持也、又入火石d打破賊船、』又□〔他ナ〕船長大已以同前、…往反案内言上如件、

寛仁三年七月十三日　　多治比阿古見

2　本文の校訂

さて、ここに示した原文に基づいて考察を進めることにしたいと思うが、引用した部分について東京大学史料編纂所に架蔵される前田本及び秘閣本の写真帳(7)により確認した結果に基づき、本稿で特に問題とする二重括弧内の古記録本の校訂についてあらかじめ指摘しておくことがある。すなわち、a〜dの四箇所についてである。(8)

(a)　前田本の「不似□□□」の空白部分は三文字分あり、「例」字は秘閣本で補うことができるが、残りの二字のうち、続く文字を、古記録本では「船カ」と傍注している。妥当な推測であろう。

(b)　前田本・秘閣本いずれも「所□士」の空白部分は二字分で、古記録本では「乗兵カ」と傍注している。妥当な推測であろう。

(c)　「下懸檝」の「下」字に傍注「不カ」と付されている。前田本は明らかに「下」に作り、秘閣本は「不」に作る。私見では、傍注は不要で「下懸檝」とするのが正しいと考えるが、その理由は下文で詳しく説明することにしたい。

(d)　「火石」の「火」字は、前田本・秘閣本いずれも「火」に似てはいるが明らかに「大」字とみなされる。

以上の四箇所について、それぞれ「例船□」「乗兵」「下〔不イ〕」「大」と校訂した上で、本稿で特に問題とする二重括弧内を適宜①〜⑦の段落に区切って示すと次のごとくなる。

「但見被救乗船之内、
①広大不似例「船」、□造二重。
②上立櫓。左右各四枝。別所漕之水手五六人。
③所「乗兵」士二十余人許。
④下〔不イ〕懸檝。又一方七八枝也。
⑤船面以鉄造角。令衝破賊船之料也。
⑥舟中儲雑具、鉄甲冑・大小鉾・熊手等也。兵士面々各々執持也。
⑦又入大石打破賊船。
又他船長大已以同前。」

さて、引用した部分には、高麗軍と刀伊賊軍との戦闘の模様が詳しく記されているが、特に高麗の兵船の構造を具体的に述べていることが注目され、古記録本でも標出に「高麗船ノ装備」と記されている。ここまで高麗の兵船について詳しい記述があることは、本文書が「内蔵石女等申文」の体裁をとってはいるが、実質は大宰府官人の筆録したもので、石女らから聞き取った情報の中で、大宰府官人が高麗の軍事力に驚異し、脅威を抱いた現状の反映であり、新羅以来の敵国高麗の情報収集に重大な関心が払われていることを如実に示している。村井章介氏は、「忘れてならないのは、A・B（大宰府解と内蔵石女等申文―石井）に記された情報は、諸近や石女が語りたかったことというよりは、取り調べにあたった大宰府の役人たちが聞き出したかったことだ、という点である。この観点から史料を読みなおしてみると、取り調べ官の主要な関心は、高麗の軍事力の程度を知るという点にあったことがわかる。石女らの証言をみると、長い間乗っていた刀伊の船についての情報はなく、救助してくれた高麗船について、つぎのようなくわしい観察がある。(9)」と指摘されている。

二　『高麗史』等の関連する記事

「内蔵石女等申文」に記されている高麗軍による刀伊賊徒の撃退及び日本人捕虜救出のことについては、『高麗史』にも対応する記事がある。同書巻四・顕宗十年（一〇一九）四月丙辰（二十九日）条に、

　鎮溟船兵都部署張渭男等、獲二海賊八艘一。賊所レ掠日本生口男女二百五十九人、遣二供駅令鄭子良一押二送其国一。

と記されている。鎮溟とは今日の江原道元山市付近で、同地で待ちかまえていた高麗水軍が刀伊を撃破して日本人捕虜を救出したことを伝えている。そして冒頭に触れた『小右記』所載「大宰府解」には、肉親を求めて高麗に渡った長岑諸近に対して高麗の通事が語った言として、次のようにみえる。

　爰彼国通事仁礼罷会、申云、刀伊賊徒先日到二来当国一、殺レ人掠レ物。欲二相戦一之間、逐電赴二日本国一。仍艤レ舟儲レ兵、相待之間、無レ幾還向、重残二滅海辺一。仍予於二五箇所一儲二舟千余艘一、所々襲撃、悉以撃殺了。其中多有二日本国之虜者一。彼五个所之内、且三箇所々レ進三百余人也。待レ集二遺二箇所之人一、乗レ船可レ被レ進二日本国一之由、已有二公定一。且還二対馬嶋一可レ申二此由一者。

高麗水軍が待ちかまえていたという五箇所の拠点とは鎮溟船兵都部署管内とみてよいであろう。ただし「千余艘」という船数を果たして実数とみてよいか疑問があり、日本人長岑諸近を意識しての誇張した表現でもあるように思われる。そして『高麗史』兵志・巻八二・鎮戍には、

顕宗即位、造二戈船七十五艘一。泊二鎮溟口一、以禦二東北海賊一。

とある。これより先、顕宗即位（一〇一〇）してまもなく、〈東北の海賊〉つまり東女真（刀伊）の海賊に備えて〈戈船七十五艘〉を建造し、鎮溟口に配備したという。戈船の建造・配備の時期を文字通りに顕宗元年とする見方もあるが、同二年（一〇一一）に、東女真が百余艘という多数で慶州を襲うというできごとがあり、また『高麗史』兵志・城堡条によれば、顕宗二年以降に東海岸沿いの要地に防御のための城が築かれていることを考えると、戈船の建造・配備は、顕宗二年の東女真慶州入寇がきっかけとなったものとみるべきであろう。東女真の高麗入寇は、これより先、穆宗八年（一〇〇五）正月に「東女真寇二登州一。」（『高麗史』世家）とあるが、登州（安辺）よりずっと南の要地慶州にまで大挙して侵攻してくるという現実に対応して水軍の強化がはかられ、戈船が建造されたと考えるのが妥当ではなかろうか。[10]

高麗水軍に救出された日本人女性が目撃した、敵船を突き破るために先端に鉄角を装備し、多種の武具を所持する兵士を搭載する高麗の兵船は、時期（一〇一九年）と場所（鎮溟船兵都部署管内）からみて「戈船」にあたるとみてよいと思われるが、その実像については、韓国の研究者の間で意見の相違がある。この問題については、下文であらためて触れることにしたいが、いずれにしても「内蔵石女等申文」の記述が、『高麗史』にみえる「戈船」を解明する貴重な史料になることは間違いないであろう。

三　「内蔵石女等申文」兵船記事の既往の理解

「内蔵石女等申文」記事に触れる研究文献は日韓両国を通じて数多いが、本稿で検討する、二重括弧で示した高麗の兵船の構造に関する部分について逐語的な解釈を示した文献としては、韓国では金庠基氏[11]・崔碩男氏[12]・朴賢緒氏[13]・全相運氏[14]・盧啓鉉氏[15]らの研究があげられ[16]、日本ではすでに紹介した村井章介氏[17]の研究がある。いずれも「内蔵石女等申文」記事の重要性を指摘されているが、中でも崔氏は逐語的解釈にとどまらず、水軍史研究の立場から詳しく論じられ、壬辰・丁酉倭乱に活躍した「李舜臣の三大戦術の一つとしてこの撞破戦術は実に高麗水軍のそれを受けつぐものであった。」と軍事史上の意義に論及されている。このほか、全文の逐語的解釈は示されていないものの、船舶史の専門家である金在瑾氏が当該記事に言及し、重要な指摘をされている[18]。

さて、これまでの研究においては七項目のうち①③⑤⑥⑦についてはほぼ同じ解釈が取られており[19]、何と言っても⑤にみえる船首の鉄角の存在に注目が集まっている。しかし②④等については必ずしも解釈が一致しているわけではなく、②の「櫓」を建物の「やぐら」とするか、船を漕ぐ「ろ」とするか解釈が分かれており、また水手や兵士の員数に関する解釈も様々である。実は②④の解釈がこの兵船の構造を知る上では鍵となり、〈二重〉〈上〉〈下〉の語が重要な意味を持っているが、何よりも④の「下懸檝」を「不懸檝」としているためか、記事全体の理解に苦心されている。船には全くの素人の筆者であるが、史料の語るところにしたがって、今少しこの稀有な記事について考察を加えることにしたいと思う。

四 「内蔵石女等申文」記事の解釈

「内蔵石女等申文」の中の石女らが救助され収容された高麗の兵船の構造について述べた二重括弧内の記述について、段落の順にしたがって解釈を進め、その後、具体的な構造について考えてみることにしたい。

①広大不似例「船」、□造二重。〈広大にして、例「船」に似ず、□二重に造る。〉

□はあるいは「被」字で、〈二重に造らる〉とでもすべきかと憶測されるが、それはともかくとして、広く大きな船で、〈例船〉と異なり、〈二重〉に造られていたという。この前の文章では、〈高大〉とも表現されている。〈例船〉とは、引用部分の末尾に、〈又他船も長大なること、已に以て前に同じ。〉とあることからすれば、この時の戦闘に参加した他の高麗の船も石女らが救助された船と同様の規模であったとみられるので、他の高麗の兵船を指すのではなく、石女らがふだん見慣れている日本の船を意味しているのであろう。それと比べて、船体が〈二重〉で高く広く大きかったということが、まず第一印象として語られているのである。そして重要なのは〈二重〉の意味で、これまでの先行諸説の多くは〈二重〉の意味するところに注意されていないが、金在瑾氏は次のように指摘されている。すなわち、『小右記』記事を引用された後、

ただし、その中で〝□□造二重〟というところに文字が脱落していて、その意味を正確に理解することは難しいが、甲板を設けて船体が上下に区分されていることを述べているようである。それで、船の内、すなわち甲板下の船艙が広大で、普通のものと同じではないし、また上すなわち甲板上には左右舷に櫓を四箇ずつ置き、一つの櫓に櫓手が五～六人ずつついていたということができるであろう。

と述べられている。[20] この兵船の構造を理解する上で重要な指摘で、筆者も同様に甲板の存在を表現したものと理解する。ただし金氏が甲板を一枚とするのに対し、筆者は甲板を二枚（二層）と考える点で見解に大きな違いがあるが、このことについてはあらためて下文で触れることにしたい。

②上立櫓。左右各四枝。別所漕之水手五六人。〈上に櫓を立つ。左右に各おの四枝。別に漕ぐ所之水手五六人。〉

櫓には建物としての「やぐら」と、船を漕ぐ「ろ」の二つの意味がある。金庠基・朴氏は「望臺」すなわち「やぐら」と解釈されており（おそらく全氏も同様に解釈されているとみられる）、崔・金在瑾・盧・村井氏らは「ろ」と解釈されている。この船が〈高大〉ないし〈広大〉で〈二重に造ら〉れている上、〈櫓を立つ〉と表現されていることから、金庠基氏も触れられているように、『高麗史』にみえる太祖王建が羅州遠征に用いたという、船の〈上に楼櫓を起〉てたという大船がまず想起される。[21] しかし問題としている記事の「櫓」を船上の建物と解釈すると、続けて〈左右各おの四枝〉云々とある記述が理解できないであろう。例えば、延久四年（宋熙寧五・一〇七二）に入宋した日本僧成尋の日記『参天台五臺山記』巻三・熙寧五年九月十二日条に、[22]「渡レ江間従レ州船二隻、各乗二兵士廿人一、艫各四枝。」とみえる。「艫」は艣の写誤で櫓のことであり、枝が櫓を数える単位として用いられている。すなわち〈四枝〉とは四本の意味で、左右にそれぞれ四本ずつあるという表現からすれば、この「櫓」は、建物の「やぐら」ではなく、船を推進するための「ろ」とみなければならないであろう。

もともと中国で発明されたといわれる櫓は、[23] 我が国にも伝えられ、平安時代には用いられるようになったという。当然朝鮮半島諸国でも早くから用いられていたであろう。内蔵石女ら——正確には大宰府官人というべきか——日本人の記録にみえる語であるため、日本の用例を求めると、十世紀前半成立の『倭名類聚抄』巻一一・船部・舟具に、[24]「艣　唐韻云、艣《郎古反。與レ魯同》所二以進一レ船也。」とあり、十二世紀成立の『色葉字類抄』

呂・雑物にも、「艫《ロ、舟具、イ本艣》櫓《同、俗用レ之》」[25]とみえる。なお〈櫓を立つ〉という表現は、いかにも建物のようであるが、船を漕ぐ「櫓」についても、例えば『平家物語』巻一一・逆櫓（さかろ）の有名な場面に、[26]

梶原（景時）申けるは、「今度の合戦には、舟に逆櫓をたて候ばや」。判官（源義経）「さかろとはなんぞ」。梶原「…ともへ（艫舳）に櫓をたてちがへ、わいかぢ（脇楫）をいれて、どなたへもやすうを（押）すやうにし候ばや」と申ければ、判官の給けるは、「…さかろをたてうとも、かへさまろ（返様櫓）をたてうとも、殿原の船には百ちゃう（挺）千ぢゃうもたて給へ。義経はもとのろで候はん」との給へば、…

とあるように、「立てる」という表現が用いられている。ちなみに「逆櫓」とは、艫（とも。船尾）につけられる通常の櫓に対し、舳（へさき。船首）に設けられた櫓で、船を前後いずれにも進めるように設けられた櫓のことである。このような史料を参考にすれば、「内蔵石女等申文」にみえる「櫓」は船を推進させるための「ろ」であり、〈左右各おの四枝〉とあるのは、船の左舷・右舷にそれぞれ四本ずつ備えられていたことを表現したものとみて間違いないであろう。

そして本文は〈別に漕ぐ所之水手五六人〉と続く。先行諸説の多くが「櫓を操る水手が五六人」といった解釈をとるが、左舷・右舷各四本合計八本の櫓に漕ぎ手が五～六人というのは数が合わない。これはすでに上に引用した金在瑾氏の説のように、〈別に〉とは人別といった表現と同じで、「枝別」つまり櫓一本あたりの人数で、一本を五～六人掛かりで漕いだと解釈すべきであろう。すなわち金氏は次のようにも述べられている。[27]

〝上立櫓左右各四〟は、今まで甲板上の左右に楼櫓が四箇ずつ立っているものと解釈されてきたが、これは誤りで、櫓は船を推進する櫓（ろ）である。これは〝枝別所漕之水手五六人〟すなわち〝櫓〟一本ごとに漕手が五、六人ずつとあることからも明らかである。朝鮮王朝の軍船でも櫓一本に五人（漕卒四、長一）ずつついていたし、ニーダムも八人までついた櫓に言及している。

ちなみに金氏は本文を「上立櫓左右各四　枝別所漕…」とされるが、「左右各四枝、々別…」と、「々」のような文字が脱しているのかも知れない。金氏があげられた朝鮮王朝の軍船とは板屋船（戦船）や有名な亀船のことで、たとえば『備辺司謄録』第六九冊・粛宗四十二年十月二十四日条に、「戦船一隻　…櫓軍一百名《毎船左右為二八間一、毎間格四名・長一名式、合八十名。余軍二十名。…》」とみえ、金氏は、「戦船の櫓軍一〇〇名は櫓を左右舷に各八本ずつ計一六本の櫓を持つものに対する数である。櫓一本には格軍四名とそれらを統率する長一名の五名ずつを割り当て、予備として計二〇名を置いた。このように櫓一本に五名を割り当てるのは朝鮮後期の大型軍船での原則であった。彼らは二名ずつの二組になり、普段は交代で漕ぎ、戦うときは四名が向かい合って櫓役に全力を出した。(28)」と述べられている。壬辰・丁酉の倭乱で実際に戦火を交えた日本側の記録にも、朝鮮の軍船について「櫓の長八九間アル大櫓ニ水主八人相向ケ押引ス、八人掛リノ櫓数ヲ以テ自由自在に押廻シ…(29)」といった記述がみえる。中国の例では、一本の櫓を「両人、六人、十数人から甚だしきは二三十人で扱うものまである(30)」といわれ、宋宣和五年（一一二三）に高麗に奉使した徐兢の高麗見聞記『宣和奉使高麗図経』巻三四・海道一・客舟の一節に、遣高麗使が用いた客舟について、「毎レ舟十艣。…毎レ舟篙師（梶取）・水手可二六十人一」とある。(31) まさに櫓一本あたり水手五〜六人ということになるであろう。また北宋末の首都開封の賑わいを描いた『清明上河図』に描かれた数多くの船の中に、船尾と船首に設けられた二本の櫓を、それぞれ六人ないし八人で漕いでいる船の図を見出すことができる。(32) このようにみてくれれば、〈別に漕ぐ所之水手五六人〉とは、枝別つまり櫓一本あたり水手五~六人で操作していたという意味に解釈して誤りないであろう。

③所「乗兵」士二十余人許。〈乗る所の兵士二十余人許り〉

この部分、村井氏が「兵士は二〇人あまり乗っています」とされる他は、金庠基氏は山田安栄編『伏敵編附録 靖方溯源』巻之下(一八九一年初版・一八九二年訂正再版)寛仁三年八月条所引『小右記』(六三頁)に依拠されたのであろうか、本文を「所〇之士二十余人許」としているため、「口をする人が二十余人である」とされている。朴氏・全氏・盧氏も史料原文は示さないが、同様の口語訳をされている。そして崔氏は「操櫓する二十余人の水手がいた」とされている。この部分も校訂の問題が解釈を妨げているのであるが、⑥に「兵士」という語がみえるので、二文字分の空白は古記録本の傍注に従って「乗兵」とし、兵士二十余人が乗り込み戦闘に備えていたと解釈してよいであろう。(33) 彼らの装備した武具については、⑥に記されている。

④下〔不イ〕懸檝。又一方七八枝也。〈下に檝を懸く。〔檝を懸けず/懸けざる檝〕又一方七八枝也。〉

この部分の「下〔不イ〕懸檝」の校訂が、この兵船記事全体を理解する上でもっとも問題となるところである。古記録本以外の史料集では、前掲『伏敵編附録 靖方溯源』(六三頁)及び『古事類苑』外交部(一九〇三年・神宮司庁)清、附粛慎・靺鞨・女真・刀伊所引『小右記』(一一一二頁)が「下懸檝」とし、史料大成本・『大日本史料』第二編之一四(一九六三年・東京大学史料編纂所)三一〇頁・竹内理三編『大宰府・太宰府天満宮史料』巻四(一九六八年・太宰府天満宮)四六五頁等では「不懸檝」とし、いずれも傍注などは付されていない。古記録本が、本文を「下」としながら「不カ」と傍注するのも、あるいは後者の先行書の影響によるものかとも思われるが、今日、古記録本の傍注に従い「不懸檝」とするのが一般的である。(34) そして前掲の先行研究では、いずれも「不懸檝」とするところから、「吊されていない櫓が一方に七八個あり」（金庠基氏・盧啓鉉氏）とか「つるしていない櫓が一方に七、八もあり」（全相運氏）、あるいは「櫂は使っていません。もう一艘は櫓が左右七〜八本で」（村井章介氏）といったように、「檝」を櫂や櫓としながらも、「不懸」の解釈に苦心されている。なお崔碩男氏は「不懸」に特に触れることなく、「左右の舷に櫓が各々七八個ずつ設けられ」とされており、金在瑾氏はこの部分に言及されていない。

それでは、底本である前田本に「下」とあるにもかかわらず、なぜ「不」と傍注され、その意見が採用されているのであろうか。檝はふつう櫂の意味であるが、『倭名類聚抄』（同前条）には次のように記されている。

檝　釈名（巻七・釈船）云、檝《音接、一音集。和名加遅》使㆓舟捷疾㆒也。兼名苑云、檝、一名橈《奴効反。一音饒》。

和名に「加遅」つまり「かち」と訓むとある。また『色葉字類抄』加・雑物には、「檝《カチ　又乍楫》、橈《同》、梶《同　俗用之》、柂《同　又乍舵》、棹《カイ》、榜《同》、櫂《同》」とある。(35) これらの記述から、問題とする「檝」を、いわゆる船の方向を定める舵・梶と理解されるかも知れない。例えば、「さらに石女たちは、高麗の軍船が舳先に鉄製の角をつけ、それで賊船を突き破ったり、大石をぶつけて壊したりしたこと、櫓や舵の構造まで、細かく述べている。(36)」と「舵」に触れているのは、その例である。「下」に「不」と傍注するのは、〈檝〉を「かじ」ととり、舵を着けていないといった意味で、〈檝を懸けず〉としたものでもあろうか。そうした解釈の背景には、船を進めるための用具としては、すでに上文に「櫓」があるので、二種類の漕進具は不可解としたのであろうかとも憶測される。

しかし『倭名類聚抄』にみえる「檝」すなわち「かち」が、いわゆる船の方向を定める舵ではなく、櫂（かい）であることについては、すでに狩谷棭斎が『箋注倭名類聚抄』(37)の中で、中国・日本の出典をあげ、檝は楫とも書き、櫂のことであり、『万葉集』(38)に「可治」といい、「加伊」というも、両者同じものであると考証している。棭斎の意見を参考にすれば、問題としている記事の「檝」は舵ではなく船を進める檝（かい）のこととなる。刀伊の被害を報じた『朝野群載』巻二〇・異国所収寛仁三年四月十六日付け「大宰府解」(39)に、

其賊徒之船、或長十二箇尋。或八九尋、一船之檝、三四十許。所レ乗五六十人。二三十人耀レ刃奔騰、次帯二弓矢一負レ楯者七八十人許相従。

とみえる〈一船之檝、三四十許り〉とは明らかに漕進具としての櫂を指している。そして問題としている記事の檝を櫂と解釈すべきことは、続けて〈又一方七八枝也〉とあることからも確かめられる。前述のように〈枝〉という表現から、〈一方七八枝〉とは片側に七〜八本の意味で、左舷・右舷それぞれに七〜八本、合わせて十四〜十六本の檝が配備されていたのである。

すなわち、これまでの記述の〈二重に造〉られ、〈上に艪（ろ）を立つ〉といった表現からすれば、ここは〈下に檝（かい）を懸く〉とするのが自然の解釈というべきであろう。〈又〉とあるのは〈上〉を受けてのことで、二重構造の船体の上と下を順に説明しているとみて何ら問題がないのである。このようにみてくると、前田本の「下懸檝」に「不」と傍注する必要はなく、前田本原文通り「下懸檝」で間違いないと思われる。したがって、この兵船には艪と檝（櫂）という二種類の漕進具が備えられていたことになる。言うまでもなく艪と櫂（パドルも

しくはオール）とでは、漕法が全く異なる。[40] 目撃者である石女らが、果たして両者の違いを正確に認識した上での陳述であるのかという問題もあり、朝鮮時代の板屋船や亀船などではすべて櫓が用いられていることからすると、[41] いずれも実態は櫓で、聞き取った大宰府の官人が、〈上〉〈下〉とその位置の違いや長さ・大きさの違いから櫓と櫂と書き分けた可能性もあるように思われる。

⑤船面以鉄造角。令衝破賊船之料也。〈船面に鉄を以て角を造る。賊船を衝き破らしむる之料也〉

この部分はこれまでもっとも注目されている記述で、先行諸説に見解の相違はない。戦闘における有様が〈船を覆ひて人を殺す。〉と表現されており、船首に敵船を突き破るための角をもつ船といえば、古代地中海世界におけるガレー船の衝角（ラム）を思い起こさせる。中国でも早くに「艨衝」と呼ばれる〈敵船に衝突する〉という船の存在が知られるが、果たして衝角を装備していたかどうかについては議論がある。[42]「内蔵石女等申文」により、高麗の兵船に鉄製衝角の装備が明確に知られることは、それが具体的にどのような形で、またどの位置に取り付けられていたかといった問題はあるが、[43] 貴重な記述といえるであろう。前に紹介したように、崔氏はこの敵船に衝突して打ち破るという戦法は、後の亀船の戦法に影響を与えていると述べられている。

⑥舟中儲雑具、鉄甲冑・大小鉾・熊手等也。兵士面々各々執持也。〈舟中儲くる雑具、鉄の甲冑・大小の鉾・熊手等也。兵士の面々、各々執り持つ也〉

兵士の所持する武具や武器が列記されており、鉄の甲冑を身に纏い、大小の鉾・熊手などで武装していたことが知られる。この前のところでは、〈兵仗多く儲け〉とも記されている。⑤の船首に体当たり用の鉄角が装着されていることに加え、鉾や熊手などの武器、特に熊手が敵船を引き寄せたり、寄り付いたり、敵兵を搦め捉える武器であることを勘案すると、接近戦を想定していたと考えてよいであろう。なおここに代表的な武器である弓矢が見えない。下文で触れるように、内蔵石女らは救助された後、船室に導かれ、そこで上陸の間まで過ごしたと考えられるので、ここに記された武器・武具は船室内に貯えられていたもので、これが兵士の武装の全てではないと思われる。

⑦又入大石打破賊船。〈又大石を入れて賊船を打ち破る〉

校訂のところで触れたように、古記録本に「火石」とあることから、「火薬で石を飛ばせて（?）」とする解釈もあるが、「火」字は前田本・秘閣本いずれも「大」字であるので、「大石」としなければならない。ちなみに、前掲の『伏敵編附録　靖方溯源』『古事類苑』、史料大成本及び『大日本史料』『大宰府・太宰府天満宮史料』等、いずれも「大石」に作っている。石を敵船にどのようにして投げ入れたのか、人力かそれとも機械・器具（投石機）を用いたのか、残念ながらそこまでの記述はない。しかしながら単なる石ではなく〈大石〉とあるので、何らかの機械・器具を用いたと考えるべきであろう。石を機械・器具を用いて敵船に投げ入れる戦法は、中国では早くからみられるところで、高麗の兵船にも、どのような規模のものかは不明であるが、投石機が搭載されていたとみなしてよいであろう。

以上、「内蔵石女等申文」にみえる高麗の兵船の構造について、先行研究を参考にしながら検討を進めてきた。筆者の解釈によれば、①から⑦にいたる段落は、次のように理解することができるであろう。

①広く大きく、ふつうの船とは異なり、〈二重〉に造られていた。

②〈上〉には、左舷・右舷に「櫓」がそれぞれ四本ずつ、計八本設けられ、一本の〈櫓〉を五〜六人で扱っていた。
③兵士二十人余りが乗り込み、戦闘に備えていた。
④〈下〉には、左舷・右舷に〈檝（櫂）〉がそれぞれ七〜八本ずつ、計十四〜十六本備えられていた。
⑤船首には敵船に体当たりし、突き破るための鉄製の角が装備されていた。
⑥船内には鉄の甲冑・大小の鉾や熊手などの武具・武器が用意されていた。
⑦賊船に投げ入れて打ち破るための〈大石〉が用意されており、恐らく投石機が搭載されていた。

このように、高麗の兵船については、船首に鉄角を装備し、〈二重〉に造られ、〈上〉に櫓、〈下〉に檝（櫂）を配備した特異な兵船であることを明らかにすることができたと思われる。崔碩男氏は、

1、左右各々四個の予備櫓があり、櫓を操る五六人の水手がいたこと、2、左右の舷に櫓が各々七八個ずつ設けられ、これを操る二十余人の水手がいたこと、…等の内容が陳述されている。1、にある左右各4個の予備櫓が準備されていたことは、海戦時に艦船の速度を増加させるために必要とされたもののようであり、3、の艫（船頭）に装置された鉄でできた角で敵船を突き破る時に、その櫓を使って船速を倍加させ、その威力で賊船を撞破するためであると思われる。この時、戈船には、2、のように左右の舷に各々七八個の櫓が装備されており、この櫓の数は壬辰倭乱当時のわが戦船である亀船の櫓の数（左右各八個の櫓が装備されていた）に該当する。

と述べられている。(46)「櫓」を操る水手の人数、二十余人の兵士を水手とするなど、筆者と理解を異にするところはあるものの、②の「櫓」を「予備櫓」、④の「檝」を「櫓」と、二種類の櫓を有していたとされていることは注目される。ただし〈二重に造〉るの意味についての説明はなく、「予備櫓」と「櫓」との位置関係についての論及はない。これに対して金在瑾氏は上文で紹介したように、〈二重〉を甲板の上下とする重要な見解を示されながら、④の原文を「不懸檝」とされているためか、左右七〜八本の檝について言及されていないことは残念である。

いずれにしても、これらの記述からだけでは兵船の具体的な姿を描きにくいであろう。しかし造船技術の伝承という視点から、朝鮮歴史上の船を見た場合、やや時代は降るが、『蒙古襲来絵詞』に描かれた軍船や、朝鮮時代の軍船として知られる板屋船（戦船）を参考にすると、さらにその構造を推測することができるように思われる。叙述の便宜上、朝鮮時代の板屋船からみていくことにしたい。時代の順は逆になるが、板屋船の構造が明らかに知られるのに対し、『蒙古襲来絵詞』の図は正確さを欠くところがあるように思われるからである。

五　高麗兵船の具体像

1　朝鮮時代の板屋船（戦船）と高麗の兵船

板屋船とは、乙卯倭乱（一五五五年、倭船六十余隻が海南の達梁島に入寇した事件）の頃、主に倭寇対策として建造された軍船で、その図は『各船図本』(47)にみることができる（図1）。板屋船については金在瑾氏による詳しい研究があり、氏による断面図が図2、そして壬辰・丁酉の倭乱に活躍した亀船と比較したのが図3である。(48)これらによれば、基礎となる船体の上に、左右に張り出す形で造られた二層の甲板の左右前三方を板壁（牌板）で囲み、船尾側に出入り口を設けた船室が乗り、さらにその上甲板（上粧甲板）上に楼閣が建てられている。牌板の外側には龍の絵が描かれており、上甲板の周囲には防御のための女墻がめぐらされている。そして櫓は片側に九本見えるので、左右合計一八本であったことが知られる。これが板屋船の基本構造である。[49] 金在瑾氏は次のように板屋船の特長と独創性を指摘されている。[50]

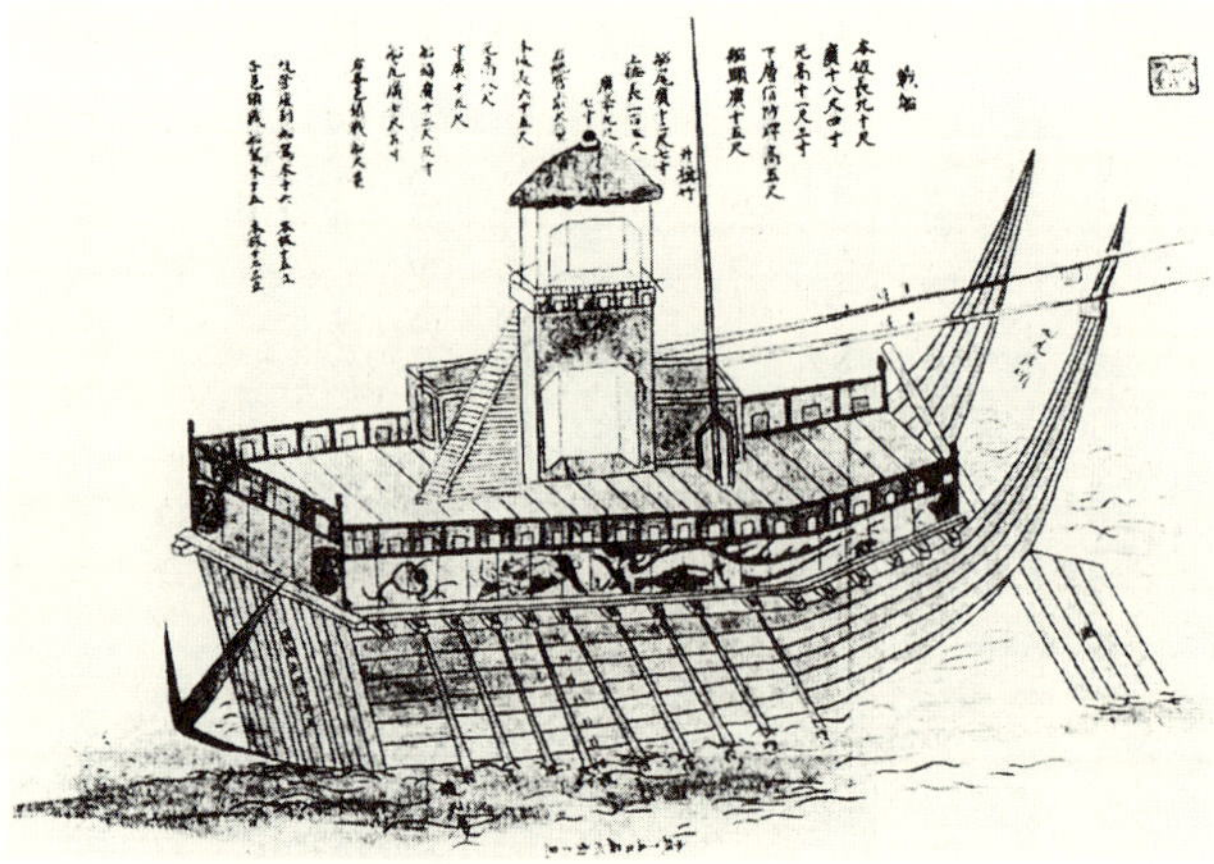

図1　戦船（板屋船）図（『各船図本』所載）

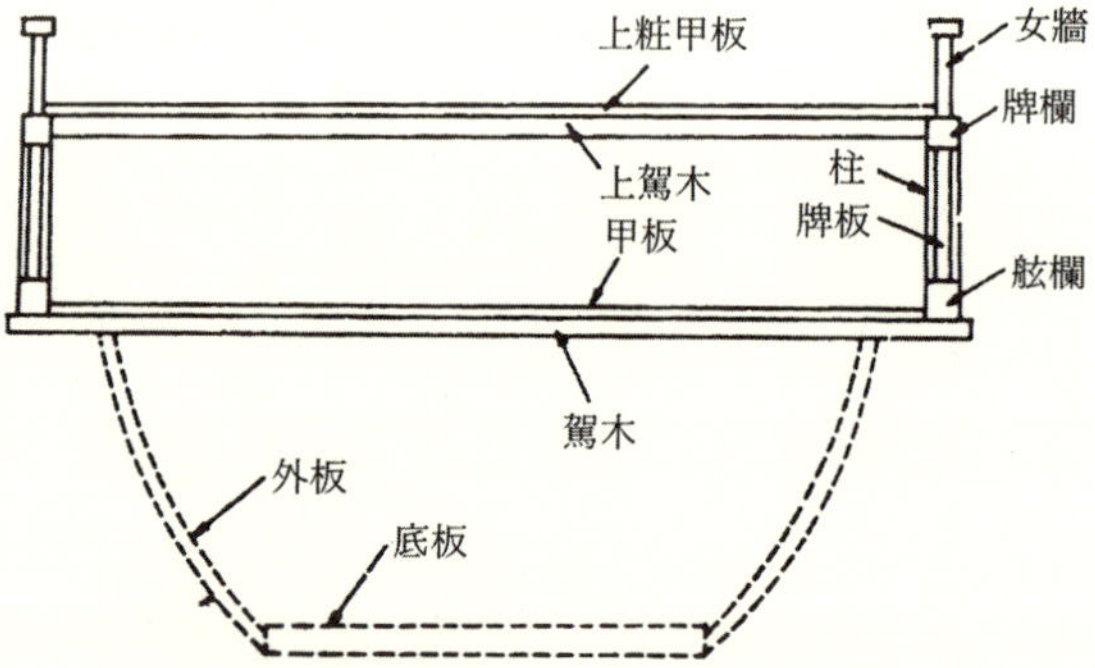

図2　板屋船断面図（金在瑾氏による）

板屋船は、……ひとことでいうと二層に造られた船である。従来の軍船は甲板が一つだけの平船で、せいぜい甲板上に楼閣を建てただけであるが、板屋船は上粧を作って甲板を二層にしたことで、種々の機能を持てるようになった。

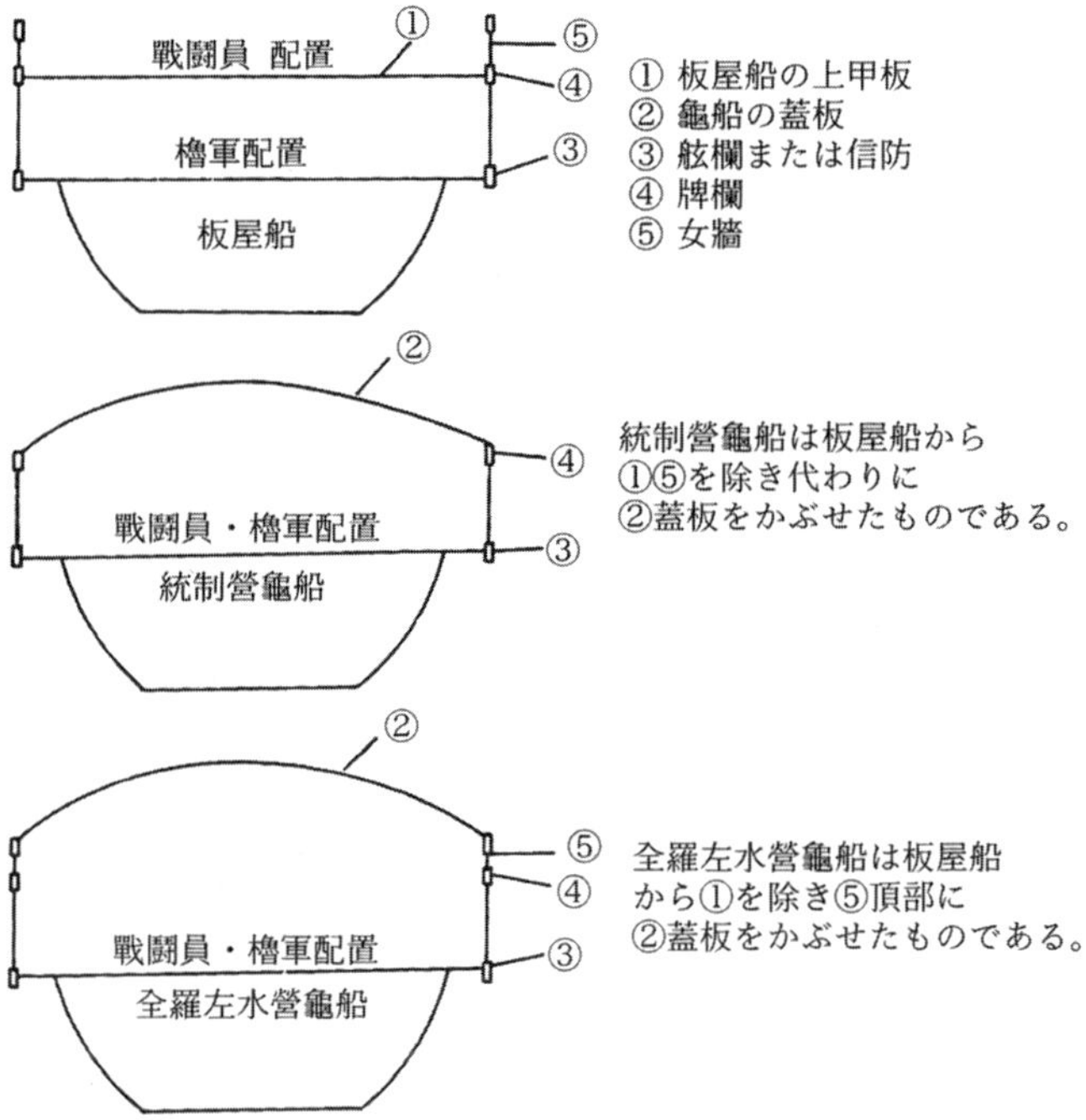

図3　板屋船と亀船の断面図比較（金在瑾氏による）

まず、戦闘員と非戦闘員を分け、非戦闘員である格軍（櫓役のこと—石井）を安全に保護した点である。つまり櫓軍は板屋内に席を占めて敵に露出せず櫓役だけに専念し、戦士は上甲板上の高い場所から敵を見下ろしながら戦えた。この二つの機能が卓越した点であった。

金氏は、こうした特長を述べた後、「板屋船は、船型、構造、機能などが完全に独創的な船であ」り、「板屋船は韓国史上はじめて現れた軍用専門の戦闘艦である。」とまとめられている。

このように板屋船の特長の一つに、甲板を二層にして、櫓軍が「板屋内に席を占めて敵に露出せず櫓役だけに専念」できるような工夫がなされていることをあげられているが、板屋内における水手の具体的な位置などについて、それ以上の説明はない。この点については、金氏も論及されている、日本の戦国時代の主力軍船であった安宅船・関船などの構造を参考にするとよく理解できる。板屋船の構造は、安宅船等と一致しており、図2などはまさに安宅船・関船そのものといっても過言ではないほど、良く似ているのである。[51]安宅船等では、水手が櫓を操作する場所は、船体の左右方向に渡された櫓床・掛櫓床（板屋船でいう駕木）の左右張り出し部分で、舳艫方向に臺（板屋船でいう舷欄）に沿って敷かれた「セガイ（船枻）」と呼ばれる平板を足場とし、それと櫓床・掛櫓床材との間にできた隙間から櫓を海上に突き出す形が取られている。おそらく板屋船も同様で、船室内両端の船体から張り出した部分の隙間から櫓を突き出して操作したものとみてよいであろう。金氏は亀船における櫓の位置についても同様に想定されている。[52]要するに板屋船にせよ、安宅船等にせよ、水手が敵からの攻撃に曝されることなく安全に櫓を操作できるよう、水手が作業するセガイ部分を覆う形での船室造営が考案されたものとみてよいであろう。

以上、板屋船についてやや煩雑な説明を加えてきたのは、これらの板屋船に関する図や説明を参照しながら「内蔵石女等申文」の記述を読み進めると、高麗兵船の構造、二重・上・下の意味も容易に理解することができるように思われるからである。すなわち〈二重〉とは甲板が上下二層に設けられていたことを表現したもので、石女らの言う〈上〉とは上甲板（上粧甲板）の上で、そこには櫓役が配備されていた。そして〈下〉とは上甲板の下で下の甲板と上の甲板との空間を意味し、石女らの陳述にはないが、左右舷側ならびに前後に壁が造られた船室となっていたと考えてよいであろう。そこに檝役が配置されていたのである。海上に投げ出されて漂っていた石女らは、救助されて、まず上甲板から乗り込み、さらに安全な上甲板下の船室に導かれ、檝役の活動を目の当たりにしながら、上陸までの間を過ごしたのであろう。船首の鉄角や二段に櫓・檝を装備するなど艤装面の相違は大きいが、高麗兵船の基本的な構造としては板屋船を想定して誤りないと思われる。そして板屋船の最大の特長が櫓役保護のための船室構造にあるとすれば、その基本的な設計はすでに高麗の兵船にみとめることができるのではなかろうか。(53)もちろん両者にはおよそ五〇〇年ほどの開きがあり、いきなり結びつけるのは問題があろう。そこでその空白を埋める資料として注目したいのが『蒙古襲来絵詞』にみえる軍船である。

2 『蒙古襲来絵詞』にみえる蒙古軍船と高麗の兵船

『蒙古襲来絵詞』(54)後巻・絵一六（第二六・二七紙）に問題としている高麗の兵船を彷彿させる蒙古軍の軍船の絵を見出すことが出来る（図4・5参照）。同絵巻の後巻は弘安の役に関する物語で、絵一六は弘安四年（一二八一）七月三十日から翌閏七月一日にかけて襲った台風、いわゆる神風によって、鷹島に集結していた蒙古軍が壊滅的な打撃を受けて混乱する中、蒙古軍を掃討する竹崎季長ら武士たちの奮戦を描いた場面であることが明らかにされている。(55)そこに描かれている蒙古軍の軍船が注目されるのである。第二六紙（図4）には、竹崎季長が便乗した大矢野三兄弟の船が敵船に近づき、熊手を引っ掛けて季長らが乗り移り、季長が敵兵の首を掻き切る姿が一面に描かれており、第二七紙（図5）には応戦する蒙古軍兵士の乗る軍船三艘が描かれている。同絵巻を詳細に検討された佐藤鉄太郎氏によれば、絵巻全体を通じて後世の書き込みや補正が随所にみられるが、絵一六は、季長の背中に矢が書き加えられている以外は、原図のままであるという。(56)

さて、『蒙古襲来絵詞』にみえる蒙古軍船について、吉田光邦氏は、(57)まず「騎兵を主軸とするモンゴルにあっては、水軍は不得意であり、その技術は当然宋代のそれに負わねばならない。武経総要はまたこうした軍船についても詳しく記載している。」とされた上で、

図4　『蒙古襲来絵詞』(『朝鮮学報』198号、2006年)

図5　『蒙古襲来絵詞』(『朝鮮学報』198号、2006年)

絵詞で竹崎季長が大矢野兄弟と攻め入った軍船は闘艦といわれたものである。舷上に垣を設けて半身をかくすようになっている。また船上にも一室を設ける。また舷側の孔からオールを突きだして漕ぐ。

と、問題としている図4船を、宋代の兵書『武経総要』にいう「闘艦」(58)と説明されている。次に、井上隆彦氏(59)は、図4・5船について、

船首尾とも上部に高く反り上がり、特に船尾は船首面より際立って高くなっている。…また、船首、船尾とも平らで広い中国船独特の船形を示している。…この船は主甲板、後甲板そして船尾に船尾楼を備えている。…船体両側にそって竹を編んだ防御用の柵が設けられている。図一（図4船をさす―石井）では船倉用に光と空気を採り入れるための幾つかの窓がみてとれる。隔壁板は描かれていないが船体中央部、つまり昇降用梯子のすぐ後ろにみえる横材は隔壁板の上部先端かも知れない。

と解説されている。そして山形欣哉氏(60)は、『蒙古襲来絵詞』に描かれた蒙古軍の船を「元船（実際は江南船）」とした上で、図4船について、

「戦棚」（上甲板）の後半の一部の板が揚げられ、「梯子」も見える。船尾の指揮甲板といえる周囲に欄干がないのは不自然である。舷側の竹の網代は波除けと同時に、矢が主な飛道具であった時代にはこれで十分であったのかもしれない。

と述べられている。このように、吉田氏らは特段の考証もなく中国（江南）で建造された船とみなし、説明されている。たしかに、弘安の役（第二次日本遠征）に際して、その軍船が中国の江南で建造されたことは、『元史』世祖本紀・至元十六年（一二七九）二月甲申条に、「以レ征二日本一、勅二揚州・湖南・贛州・泉州四省一、造二戦船六百艘一。」とあることに知られ、中国・寧波を基地としたいわゆる江南軍は併合した宋の軍船・兵士をあわせて約三五〇〇艘、一〇万の兵で構成されていた。しかしながら蒙古の文永・弘安二回に及ぶ日本遠征に際しては、周知のように高麗で多くの軍船が建造されている。[61] 文永の役（第一次遠征）に関連しては、高麗で〈本国の船様〉つまり高麗様式をもって建造されたことが知られ（『高麗史』巻一〇四・金方慶伝）、さらに弘安の役（第二次遠征）に際しても『元史』巻一〇・世祖本紀・至元十六年（一二七九）六月甲申条に、「勅造二戦船一征二日本一、以二高麗材用レ所レ出、即其地製レ之。令下高麗王議二其便一、以聞上。」とある。この高麗を基地としたいわゆる東路軍は、蒙古・高麗・漢三軍あわせて兵士四万、兵船九〇〇艘で構成されていた。

つまり弘安の役に際しては、中国の江南で建造されたり、併合した宋の軍船が動員されていたのであるが、文永の役と同じく高麗で建造された船も多数動員されていたのである。そして高麗の合浦を出発した東路軍が先ず日本を襲い、ついで中国の寧波を出発した江南軍が合流するが、鷹島付近で壊滅的な打撃を受けたのは東路軍・江南軍合流後のことである。したがって、『蒙古襲来絵詞』の問題としている図4・5船を江南軍に属する船と即断することはできず、高麗で現地仕様で建造された船である可能性も否定できないのである。金在瑾氏は、図5船について次のように述べられている。[62]

この船に乗っている兵士たちは、その弁髪のようすから見て、明らかに蒙古兵で、したがってこの船が東路軍のものであることだけは考証されている。そうであるならば、この船は明らかに高麗で造られた軍船である。

この船には甲板が敷かれていて、両舷に舷牆があり、船首・船尾には舷孤が鋭く突き出しており、船首には碇綱を巻き上げる椗輪があり、甲板上の軍士たちの側に格軍たちが櫓を操っている絵も表現されている。しかし、この絵の船のみをもって、これがただちに当時の高麗軍船の姿と断定することはできない。戦乱が経過して以来、一〇余年後に、多分に想像的に描かれたものであるために、高麗船として納得することが難しい点もある。

金氏はこのように高麗船説を主張されている。ただしその前提に、江南軍は元に帰属した宋人のみによって構成されていたとする理解があるようであるが、江南軍には「避レ罪附レ宋蒙古・回回等軍」も招集されており（『元史』巻一一・世祖本紀・至元十七年七月戊辰条）、少数ではあろうが、蒙古兵らも参加していたことに留意しておく必要はあるであろう。

一方、吉田氏らが中国船とするのは、『宣和奉使高麗図経』巻三四・海道一・客舟の一節にみえる次の記述なども参考にされてのことと思われる。[63]

旧例、毎レ因二朝廷遣レ使、先レ期委二福建・両浙監司一、顧二募客舟一。復令二明州装飾一、略如二神舟一。…又其後一倉謂二之廥屋一高及二丈余一、四壁施二窓戸一如二房屋之制一。上施二欄楯一、采絵華煥、而帟幕増飾。使者官属各以二階序一分二居之一。…船首両頬柱中有二車輪一。上綰二藤索一、其大如レ椽、長五百尺。下垂二矴石一、石両旁夾以二二木鉤一…

すなわち徐兢ら宋使一行が高麗渡航に際して利用した〈客舟〉は、〈福建・両浙監司〉に命じて集め、明州で装飾を加えたというところから、江南船とみてよいであろう。そしてここに記された〈両頰柱の中に車輪有り。上に藤索を縮ぐ。其の大さ椽（ママ）の如く、長さ五百尺。下に矴石を垂れ、石の両旁夾むに二木鉤を以てす。〉とある碇昇降装置の形状は、まさに図4・5船の船首に描かれた図そのものと言ってよい。『清明上河図』の船にも同様の装置をみることができる。[64]また〈上に欄楯を施し、采絵華煥なり。〉とあるのも、図4・5船の船首・船尾外壁の彩色模様を思わせる。一般の船と軍用船とでは当然構造も違ってくるであろうが、その碇昇降装置及び装飾の様子は、図4・5船が中国建造船である可能性の高いことを示している。

しかしながら、碇昇降装置について言えば、同じく『宣和奉使高麗図経』の巻三三・舟楫・官船条にみえる宋使一行を迎えた高麗の「官船」について、「前有㆓矴輪㆒」とある。この〈矴輪〉とは「客舟」にいう碇昇降装置と同じものを指しているとみてよいと思う。[65]記述が簡略なのは、徐兢の筆録の順序が巻三三の高麗の官船と巻三四の客舟とは逆だからではないであろうか。つまり記録の時系列からすれば、高麗に向かう時に利用した宋の客舟が先で、高麗に到着して目にした高麗の官船が後である。すでに碇昇降装置については客舟条に詳しく記したので、高麗の官船のそれについては簡略な記述となったのであろう。簡略な記述は、いわば「同前」といった意味に思われ、客舟同様の碇昇降装置を高麗の官船も備えていたことを示していると考えられる。時代は降るが、朝鮮時代の漕船や朝鮮通信使船にも図4・5船と同じような装置を見出すことができるのである。[66]すなわち高麗時代の船にも同様の碇昇降装置が備えられていた可能性は十分あり、高麗の船に関する図や記録がほとんどないこともあって、図4・5船を高麗建造船ではないと断定することには慎重でなければならないように思われる。[67]

したがって図4・5船については中国船・高麗船のいずれとも考えられるのであるが、その絵から知られる構造は高麗の兵船を復元する上では大いに参考になると思われる。まず図4船を子細にみると、上の甲板（板屋船でいう上粧甲板）上では、船首で季長が二人の敵兵を討ち取る様子が描かれ、中央から船尾にかけては刀を振るう大矢野三兄弟と槍や鉾で応戦する蒙古軍兵士の姿が描かれている。注目したいのは、山形氏が「「戦棚」（上甲板）の後半の一部の板が揚げられ、「梯子」も見える。」とされるところで、甲板（上粧甲板）の中央部が開いて下の様子が見え、下にも甲板（上粧甲板）と同じ板敷きの床が、わずかではあるが描かれていることである。下甲板（板屋船でいう甲板）ともよぶべきもので、上下甲板の昇降には梯子を利用したのであろう。そして画面の手前すなわち左舷の舷欄と牌欄との間には網代が取り付けられており、四角い隙間から敵兵の顔が覗いている。開閉式の窓とみてよいであろう。(68) すなわち上下甲板の間を窓付きの網代壁でふさいだ船室構造となっており、船室内から敵兵が槍や矛などで激しく応戦している様子を描いているのである。網代壁は板屋船でいう船室の左右舷側に設けられた牌板に相当する。そして画面奥にあたる右舷側には上甲板（上粧甲板）の縁（牌欄）に沿って防御用の女墻が設けられている。女墻とみるのは、その高さが左舷の網代壁と比べて低く、形状が長方形で、網代とは全く異なる唐草状の文様が描かれているからである。ただし右舷側には網代壁を示す斜線状の文様は描かれていない。すなわち、手前の左舷側には網代壁は描かれているが、女墻は描かれておらず、一方奥の右舷側には女墻は描かれているが、網代壁は描かれていない。元来左舷側にも女墻が存在したであろうが、描かれていないため、殺された敵兵が上甲板から海上に飛び出す形で描かれ、不自然な構図となっている。つまり左舷・右舷双方に省略があり、相互に補うと、よくその形状を復元できるように思う。そこで注意したいのは、蒙古軍兵士が船室内から応戦するように描かれていることである。これは不自然で、本来、上甲板上で白兵戦を展開していたはずである。乗り込んでくる季長ら日本兵を甲板上で迎え撃つとみるのが自然であろう。それがこのように描かれているのは、船に比べて大矢野三兄弟や季長らを大きく描いたため、甲板上に蒙古兵を描く余地はなく、船室内に描かざるを得なかったのではなかろうか。そうした図柄に苦心しながらも、わずかではあるが、下の甲板を描いているのは、絵師が二重構造であったことだけは表現したかった結果であり、それは船室の存在が季長らの記憶に強く印象に残っていたことを示すものではなかろうか。なお、船尾上甲板（上粧甲板）上には小さな小屋がある。山形氏は「指揮甲板」とし、また「艫楼」とする見方もあるが、その下から大きな舵が見えるので、主たる目的としては操舵手を保護するために設けられた部屋であろう。(69) 図４船については、以上のような構造が読み取れるのであるが、肝心の水手や櫓が描かれていない。ただし、すでに吉田氏らが指摘されているように、図５船の黒く塗られた舷側の下部に丸く描かれた十個ほどの孔が見え（一つは日本軍の船によって隠れている）、これが櫓を突き出す孔とみられている。この点について、さらに図５船を参考にして考えることにしたい。

図５船（手前の船）も図４船と同じ構造をもつ船を描いたものとみられ、甲板では弓矢で応戦する兵士、兵士を鼓舞する太鼓や銅鑼などを打ち鳴らす者の姿もある。(70) そして左舷後方に、飛び交う矢に怯えながら櫓を漕ぐ三人の水手と、その操る櫓（檝）が丸い孔を通す形で描かれている。季長の乗り移った図４船にも、左舷側網代壁の下の舷側に描かれた丸い孔を注意して見ると、その幾つかには孔から飛び出すように二三本の線が薄く引かれている。この線はあるいは櫓（檝）を表現したものであろうか。すなわち船室内から櫓（櫂）が突き出されている様子を描いたものと思われる。(71) このように図４船に描かれた孔は櫓を突き出す孔であることが図５船から確認できるのであるが、十三世紀はじめの成立とみられる『華厳宗祖師絵伝（華厳縁起）』に描かれた大型航洋船にも同じような孔が描かれており、「舷墻に穴をあけ、そこから櫓を出して船内で漕ぐ方式」がとられている。その大型航洋船は『宣和奉使高麗図経』の宋の「客舟」記事と特徴が一致し、宋船を思わせるが、不自然なところも多く、作者（絵師）は実際には宋船を見ておらず、宋の絵画を手本にして描いたのであろうと推測されている。(72) この船の描き方の不自然さは『蒙古襲来絵詞』の図４・５船にもみることができる。その一端はすでに述べたが、櫓の孔についても、子細に見ると、その位置が異なっていることに気付く。すなわち、図４船では黒く塗られた

舷側の下部に孔があいているが、図5船では黒く塗られた舷側にあけられている。これは不正確な知識で船を描いていることを物語っているであろう。さらに図5船の水手は全く無防備で上甲板（上粧甲板）で櫓を操作しているが、櫓は上甲板下の船室を通過して船外に出ているように描かれており、不自然である。二重構造の船室を持ちながら、防具も付けない水手が無防備で上甲板上で櫓を操作するとは考えられず、本来は船室内に位置して櫓を操っていたものとみるべきではなかろうか。そしてさらに憶測すれば、絵のままに「舷側の孔からオールを突きだして漕ぐ」とすると、図4船にみるように、丸い孔の部分にまで、波が及んでおり、浸水の可能性が高いのではなかろうか。

ここで想起されるのが『宣和奉使高麗図経』にみえる高麗の官船についての記述で（本論文注53参照）、そこに〈横木を以て相ひ貫き、挑（かか）げ出して棚と為す。面、底より闊し〉とあることである。〈棚〉は和船でいう櫓棚ないしセガイにあたるもので、〈面〉が〈底〉よりも広いというのは、基礎の船体よりも張り出した構造となっていたことを示すものとみて間違いないであろう。この張り出し部分を含めて甲板を二層にし、その間を部屋とすれば、まさに後の板屋船と同じ構造となる。軍船では何と言っても水手の保護が重要な意味を持っている。すなわち高麗の兵船では、上甲板と下甲板との間に設けられた船室内で、水手は左右両端に沿って設けられた、和船でいうセガイに位置を取り、海面に突き出された櫓・檝を操作していた可能性が考えられるのではないだろうか。

『蒙古襲来絵詞』の軍船は非常に細かく描写されているが、金在瑾氏も指摘されるように、不正確なところもあり、復元には相当の推測をまじえる必要があるかと思われる。その不正確さや不自然さは、当時の日本人からすると理解できない〈二重〉構造であったことによるものではないかと思われる。『華厳宗祖師絵伝（華厳縁起）』の作者（絵師）と同様に、『蒙古襲来絵詞』の絵師も実際に船や操船の様子を見ておらず、季長らも生命を懸けた戦闘に際しては水手がどこでどのように漕いでいたかなど、船の構造まで観察するゆとりはなかったであろう。その季長らの不確かな記憶に基づく説明に従って描いていった絵師には、手元にある中国船の見本図を参考に想像をまじえて描くしかなかったのではあるまいか。このような限界がある中で、図4船に下甲板が描かれていることに注目したいと思うのである。

以上、図4・5船について検討を加えてきたが、蒙古軍船の構造について、筆者の推測をまじえた観察の結果を要約すると次のごとくなる。

①甲板が二層に造られており、上甲板（上粧甲板）には左舷・右舷ともに女墻が設けられていた（ただし絵では左舷側の女墻は省略されている）。

②上甲板と下甲板との間の左右舷側ならびに前後には網代壁が立てられ（ただし絵では左舷側の網代壁しか描かれていない）、船室となっていた。この網代壁は板屋船でいう「牌板」に相当し、開閉式の窓も取り付けられていた。

③櫓役は安全な船室内に配備され、櫓を操っていた。

④上甲板（上粧甲板）船尾には操舵手を保護するための小屋が設けられていた。

⑤昇降には梯子（階段）が用いられていた。

このように、『蒙古襲来絵詞』の弘安の役に関する一場面に描かれた蒙古軍船は、二層の甲板をもち、櫓役・操舵手を敵に直接曝すことなく活動できるように、保護が工夫されていた。船体規模の大小、沿岸船と航洋船といった違い、艤装は異なるものの、図4・5の蒙古軍船は、船体の基本的な構造において朝鮮時代の板屋船に類似しており、刀伊の賊を撃ち破った高麗の兵船と共通するものがあるといえるのではなかろうか。この共通点に着目すれば、図4・5船を高麗で建造された船とみることも十分可能であろう。たとえ図4・5船を中国建造船とみた場合でも、「内蔵石女等申文」の兵船記述によく合致するところから、同様の構造の船を高麗ではすでに十一世紀初頭には建造していたとみてよいであろう。すなわち『蒙古襲来絵詞』の蒙古軍船の絵は、高麗の兵船と朝鮮時代の板屋船との間のおよそ五〇〇年におよぶ空白を埋める具体的な史料となり、高麗前期における兵船の造船技術が、朝鮮時代まで連綿と伝承されていることを証明する貴重な史料といえるのではなかろうか。

3　高麗の兵船の特徴

前に金在瑾氏が板屋船を画期的な軍船とする見解を紹介したが、『蒙古襲来絵詞』の軍船の絵と「内蔵石女等申文」の記述を併せて考えると、板屋船の基本構造は、すでに刀伊を撃破した高麗の兵船にみることができるように思う。すなわち、上甲板・下甲板の二層構造であり、上下甲板の間には前後左右を壁（板や網代など）で囲んだ船室が造られ、その中で敵に身を曝すことなく水手が櫓・櫂役に徹することのできる構造は、板屋船そのものと言ってよいであろう。そしてさらに高麗の兵船は板屋船と異なる特徴をもっていた。船首の鉄角は言うまでもないが、櫓役が上甲板上にも配備されていたことである。板屋船では、ここでいう〈下〉つまり上甲板下の船室内に櫓役が配置されていただけであるが、兵船では〈上〉すなわち上甲板にも櫓役が配備されていたのである。二段に櫓・檝役が設けられているのは、機動力を求めることと、崔碩男氏が指摘されるように、敵船に体当たりし撃破するための推進力増強の工夫とみてよいであろう。したがっておそらく上甲板の櫓役は甲板後部に配備されていたものと思われる。そして上甲板上には板屋船のような楼閣は確認できないが、敵船に大石を投げ入れる投石機が搭載されており、兵士が戦闘に備えて待機していた。石女らの陳述にはないが、蒙古軍船や板屋船と同じく、上甲板の兵士や櫓役らを保護し、防御するための女墻（舷墻）に相当するものも当然設けられていたと考えてよいであろう。すなわち高麗の兵船は、上甲板には兵士と櫓役が、上甲板下（船室）には檝役が乗り組み、〈船を覆ひて人を殺す〉と表現されているように、強力な推進力によって刀伊の賊船に体当たりしては撃破していったのである。[73]

以上、いささか大胆な推測を交えながら、朝鮮時代の板屋船、『蒙古襲来絵詞』に描かれた軍船を参考に、高麗の兵船の構造について考察を加えてきた。〈高大〉あるいは〈広大〉と表現された高麗の兵船について、これまで注目されている船首に衝角を装着するだけでなく、二段に櫓役・檝役を配備した特異な構造をもつ大型武装船ということは明らかにし得たのではないかと思われる。しかしながら、朝鮮はもとより中国の歴史上において、このような二段に推進具を装備した兵船の存在を示す史料を管見では見出すことができなかった。もちろん船室のある船ということでは、『清明上河図』『武経総要』などにみることができるが、二段に櫓・櫂を配置した船は知られず、船に素人の筆者には、果たして妥当な解釈か何とも心許なく思うところである。ただし時代も場所も遠く離れるが、近世日本の絵画にそうした船の図を見出すことができる。いずれも川船で、朝鮮通信使を乗せた御座船、琉球使節を乗せた御座船である。[74]下段では継櫓を漕ぎ、船首・船尾側の船室の上では棹櫓を操る人々が描かれている。海上で動き回る兵船と穏やかな河川を進む御座船とでは、用途・目的は全く異なるが、二段に櫓・櫂役を配置することが、少なくとも考えられないわけではないと言えるであろう。

このように高麗の兵船の構造や装備をみてくると、『小右記』にみえる高麗の兵船こそ、まさに軍用専門の戦闘艦のさきがけとみなしてよいであろう。板屋船登場のおよそ五〇〇年前のことである。実戦で大きな成果を上げていることを考えると、高麗の造船技術の先進性の一端を示すものと評価できるように思われる。

六　高麗兵船の規模

内蔵石女らの陳述には、兵船について〈高大〉あるいは〈広大〉とはあるが、具体的な規模については述べられていない。そこである程度推測が可能な乗員数から、兵船の規模を考える手がかりを得ることにしたい。

まず、兵士は二十余人と明記されている。それ以外の乗員の大半は櫓役ということになるが、上甲板の櫓軍は左右八本の櫓に、一本あたり五～六人とあるので、計四十～四十八名となる。これに対して下甲板の檝は左右十四～十六本とあるが、人数については記述がない。上の櫓役と同じ人数であるので省略したものとみれば、十四～十六本×五～六人＝七十～九十六名となる。しかしながら下段の檝（櫓）は海面から近く、上段のそれと比べて長さ・太さ・重さが当然異なることを考慮すると、一本を一人で操作しているとみれば十四～十六名、二人とすると二十八～三十二名となる。このような仮定のもとに兵士・櫓檝役を合計すると、およそ七十～一〇〇名を数えることになる。この他に若干の操船関係者がいたことも考慮しなければならないであろう。ちなみに、朝鮮時代の板屋船（戦船）は総員一六四名（うち戦闘員五十二名・櫓軍一〇〇名）、亀船は総員一四八名（うち戦闘員四十六名・櫓軍九十名）とされている。(75) これらと比べると、高麗兵船の推定総乗員数は、やや下回るが、相当の規模の船であることは間違いない。果たして十一世紀初頭にこれだけの兵船を建造できたのか、筆者にはまったく想像がつかないが、高麗建国前の太祖王建が、羅州攻撃に際して海軍大将軍に任じられ、大船を建造して攻略に成功し権力掌握に向けて大きく踏み出して以来の高麗水軍の伝統、(76) そして後の二次にわたる蒙古の日本遠征に際して大量の軍船を建造したことに知られるように、材料も豊富で、優秀な技術を有していた高麗であることからすれば、一〇〇人前後の沿岸警備用兵船を建造することは十分に可能であるように思われる。金在瑾氏は、『高麗史』巻四四・恭愍王二十三年（一三七四）七月己丑条にみえる、済州島攻撃に「戦艦三百十四艘・鋭卒二萬五千六百有五」が動員されたとする記事から、一隻あたりの乗員八十一名といった例をあげられている。[77]ちなみに、前に引用した寛仁三年四月十六日付け「大宰府解」によれば、刀伊は五十隻の船団を組み、その船は長さ八、九尋から十二尋で、檝は三、四十本・乗員五、六十人といい、また二、三十人が刀を振るって上陸し、その後を弓矢や楯を持った者七、八十人が続いたという。それぞれ合計すると一般の総定員はおよそ一〇〇人になる。これに拉致日本人一二八一名を分乗させたとすれば、最大時一艘あたり一二五名前後となる。ただし〈乗る所五六十人〉とあるのが一艘の乗員数で、二艘で一隊を編成したのではないかとの説もある。[78]五十～六十人乗りと見た場合でも、これだけの船を〈船を覆ひて人を殺す。賊徒彼の猛きに堪へず、船中に虜する所之人等を殺害し、或は又海に入る。〉と表現されているように撃破していることからすれば、高麗の兵船が相当の規模と威力をもう船であったことはうかがうことができるであろう。[79]

七　「高麗の兵船」と「戈船」

このように高麗の兵船の構造や規模についてみてくると、この兵船が『高麗史』にいう顕宗初年に建造された「戈船七十五艘」のうちの一艘であることは間違いない。〈高大〉あるいは〈広大〉と表現される大船でありながら、二段に櫓・櫂を配備した機動力のある高速船であり、船首に衝角を備え、投石機を搭載し、武装兵士を乗せた船は、まさに東女真対策に建造された「戈船」と呼ぶに相応しい兵船であろう。[80]すでに金庠基・崔碩男氏らが戈船と見なされていることを紹介したが、金在瑾氏は、戈船とする説を妥当な見解とされながらも、より広い視野から検討する必要があるとし、中国史料にみえる「戈船」を参考に、高麗の戈船とは、「船縁に短い槍を植え込んだ船」で、「水戦に優れた女真の海賊ども数十名が飛び込んできて白兵戦をするのを防ぐためのものであった。…亀船が蓋板の全面に剣先を植え込んだのは、高麗の戈船と剣船などからの伝統を受けついだものといえる。[81]」と述べられている。中国の戈船の名称は早くからみえ、敵の泳者や危険な海獣を防ぐために戈が取り付けられている船、盾と戈をもった兵を乗せていた船、あるいは敵を防ぐために船上に干戈を並べた船といった、様々な説があるが、一定していない。[82]金在瑾氏はこのような中国の例、及び高麗時代の剣車、後の亀船などを参考にして解釈されているようである。しかしながら、船首に撃突用の鉄角を装備し、鉾や熊手など接近戦用の武器を備えていることは、敵船に体当たりした後、乗り移り、白兵戦を想定していると考えなければならないであろう。上甲板には兵士だけでなく櫓役もいたのであり、もし「船縁に短い槍を植え込ん」でいれば、高麗兵自体が危険な目に逢うのではなかろうか。

むすび

以上、『小右記』所載「内蔵石女等申文」にみえる高麗兵船記事について検討を加えてきたが、最後にこの記事の日本高麗関係史上にもつ意義について述べて稿を閉じることにしたい。

冒頭に村井章介氏の指摘を紹介したように、石女らの目撃談を聞いた大宰府官人は、まず高麗の軍事力に脅威を感じ、その造船技術に驚嘆したに違いない。すでに彼らは新羅船の優秀なことを承知していた。承和五年（八三八）に入唐した、事実上最後となった日本の遣唐使は、翌年の帰国に際して唐楚州の新羅船九隻を雇って帰途につき、無事帰国している。[83]そして『続日本後紀』承和六年七月丙申条に「令三大宰府造二新羅船一、以三能堪二風波一也云々。」とあり、同書翌年九月丁亥条には「大宰府言、対馬嶋司言、…伝聞、新羅船能凌レ波行、望請新羅船六隻之中、分二給一隻一。聴レ之。」といった記事もみえる。大宰府官人ならびにその報告を受けた公卿たちは、こうした新羅以来[84]の造船技術の優秀性・先進性をあらためて覚ったことであろう。そして日本が甚大な被害を受けた刀伊の賊を散々に撃破したというのであるから、その情報がまた高麗の軍事力に対する脅威、警戒心につながることも容易に推測される。これより二十年ほど前の長徳三年（九九七）には、高麗の兵船五百隻が日本に襲来するとの噂が流れ、公卿らが驚愕するほど、高麗とは緊張した関係にあり、高麗の動静に重大な関心が払われていた時期でもある[85]。「内蔵石女等申文」と同日付けの「大宰府解」には、長岑諸近の陳述を記した後に続けて、

謹検㆓案内㆒、異国賊徒、刀伊・高麗其疑未㆑決。今以㆓刀伊之被㆑撃、知㆑不㆓高麗之所為㆒。但新羅者元敵国也。雖㆑有㆓国号之改㆒、猶嫌㆓野心之残㆒。縦送㆓虜民㆒不㆑可㆑為㆑悦。若誇㆓戦勝之勢㆒、偽通㆓成㆑好之便㆒。

と記されている。高麗に対する猜疑心・警戒心の強さを読みとることができる。そしてこれは大宰府官人だけでなく、平安京の公卿も同様で、対馬に滞在する高麗使をひとまず大宰府まで招き、そこでこの間の疑問を質し、食料などを支給して帰国させる、とした陣定の結論を聞いた前権大納言源俊賢は藤原実資のもとに消息を送り、

数多者、著㆓小嶋㆒送㆓旬月㆒者、可㆑量㆓国強搦〔弱〕㆒、可㆑知㆓衣食乏㆒。以㆓早返㆒為㆑先。

と、日本の国情を読みとられ、防備の薄いことを察知されることに神経を使い、さらに「謀略」の虞れもあるとまで言い、実資もこの意見に同意している[86]。このような警戒心は、高麗の強大な軍事力に対する脅威によるものとみてよいであろう。実は内蔵石女らは、その中文の中で高麗側の好意的な待遇について次のように述べているのである。

合戦事畢之後、石女等一類卅余人、各給二駅馬一。迎〔向カ〕二金海府一之途中十五箇日、毎駅以二銀器一供給、其労尤豊。官使仰云、偏非レ労二汝等一、唯奉レ尊二重日本一也者、著二金海府一之後、先以二白布一各充二衣裳一、兼以二美食一給二石女等一。

多少の誇張はあるにせよ、高麗の官人が〈偏に汝等を労ふに非ず、唯だ日本を尊重し奉つれば也〉とまで述べたということが報告されたにもかかわらず、源俊賢のような意見が出され、実資も同調しているのである。日本人捕虜が救出され、丁重に処遇され、護送されてくるという、高麗との関係を改善する絶好の機会であったが、公卿らはそれを望まず、ついに正式の国交を開くまでにはいたらなかった。その理由のひとつに新たに知られた圧倒的な軍事力に対する警戒心があったことは間違いないであろう。こうして、石女らの目撃談は高麗に対する恐怖心を増幅し、新たなる脅威として人々の脳裏に刻まれることになったものと思われる。

本稿の目的は、『小右記』の著名な記事について、通説の「不懸檝」を「下懸檝」とすべきことを指摘し、わずか一文字の校訂が史料の解釈にもたらす影響の大きさを示すことにあるが、高麗の先進的な――日本からみれば圧倒的脅威となる――造船技術の一端を示す稀有な史料であることから、門外漢を顧みず、兵船記事全体についていささか大胆な憶測を試みた。船舶史の専門家をはじめとする諸氏のご教示・ご批正を乞う次第である。

注

（1）小野宮右大臣と称された藤原実資（九五七～一〇四六）の日記。執筆期間は貞元二年（九七七）頃から長久元年（一〇四〇）頃までにわたり、藤原道長全盛時代を中心とする摂関政治期の基本史料として知られる。活字本・写本については、本文参照。

(2)　刀伊の入寇に関連する史料は、東京大学史料編纂所編『大日本史料』第二編之一四（一九六三年、東京大学史料編纂所）寛仁三年四月十七日第二条以下及び同一五（一九六五年・同前）寛仁四年二月十六日第二条等にほぼ網羅されている。研究文献については、本稿に関連する範囲内で、必要に応じて示すことにしたい。なお、いわゆる「渡海制」については、律による規定とみる意見（山内晋次「古代における渡海禁制の再検討」『待兼山論叢』二二、一九八八年、稲川やよい「「渡海の制」と「唐物使」の検討」『史論』四四、一九九一年、榎本淳一『『小右記』にみえる「渡海制」について」山中裕編『摂関時代と古記録』吉川弘文館、一九九一年）や、延喜十一年（九一一）制定の年期制に関わるとする意見（石井正敏「一〇世紀の国際変動と日宋貿易」田村晃一・鈴木靖民編『新版古代の日本　②アジアからみた古代日本』角川書店、一九九二年↓本書所収）などがある。この他、村井章介「一〇一九年の女真海賊と高麗・日本」（『朝鮮文化研究』三、一九九六年）参照。

(3)　池内宏「刀伊の賊——日本海に於ける海賊の横行——」（『満鮮史研究』中世第一冊、吉川弘文館。初版一九三三年。初出一九二六年）、同「高麗朝に於ける東女真の海寇」（『満鮮史研究』中世第二冊、吉川弘文館。初版一九三七年）等参照。なお最近の研究に、高井康典行「一一世紀における女真の動向——東女真の入寇を中心として——」（『アジア遊学』七〇、二〇〇四年）がある。

(4)　例えば、代表的な高麗通史である金庠基氏の『高麗時代史』（韓国：東国文化社、一九六一年。新編版、韓国：ソウル大学校出版部、一九八五年）では、上編・第五章に「粛宗・睿宗の治世と女真征伐」を設け、II—三「女真の侵寇（尹瓘の女真征伐以前）」において『小右記』記事に言及されている。なお以下の金庠基氏説は新編本による。

(5)　古記録本『小右記』は二〇〇一年二月に第四刷が刊行されているが、本稿で問題とする部分については、これまでのところ特に訂正等はない。

(6)　古記録本『小右記』第五冊・寛仁三年七月巻の冒頭に、「寛仁三年七月ヨリ九月マデハ、前田本甲第二十四巻（廣本）ヲ以テ底本トナシ、ソノ破損箇所ハ京都御所東山御文庫本ヲ以テ補ヒ、ソノ部分ハ枠ヲ以テ囲ミ、カツ秘閣本（略号ナ）ヲ以テ対校セリ」とある。なお『小右記』の書誌については、古記録本第一一冊所収「解題」参照。

(7)　前田本の架号は六一七三—四五—第二九冊、秘閣本の架号は六一七三—四一九—第一八冊。

（8）なお、引用部分の「不能見給」の「給」字について、前田・秘閣両本ともに「給」に作るが、池内宏氏は「終」ではないかとされている（「刀伊の賊——日本海に於ける海賊の横行——」〔注3前掲〕三一三頁）。妥当な推測であろう。
（9）村井章介（注2前掲論文）六六頁。
（10）高麗の東女真対策については、金庠基（注4前掲書）ならびに池内宏（注3前掲二論文）等参照。
（11）金庠基（注4前掲書）二〇二～二〇三頁。
（12）崔碩男『韓国水軍史研究』（韓国：鳴洋社、一九六四年）九一～九三頁。
（13）朴賢緒「貴族政権の対外政策」（『韓国史4　高麗』（韓国：国史編纂委員会、一九七四年）三〇七頁。なお注に金庠基氏著書をあげられている。
（14）全相運『韓国科学技術史』（高麗書林、一九七八年）二二〇頁。
（15）盧啓鉉『高麗外交史』（韓国：甲寅出版社、一九九四年）一三二頁。
（16）この他、韓国KBSTVで一九九九年三月に放映された「歴史スペシャル　海上王国高麗の軍艦」（以下、KBS番組）でも高麗の戦船として戈船が取り上げられ、その復元に重要な記事として『小右記』が参考にされている。TV番組ではあるが、現在の韓国学界の見解の一端を表すものとして、以下に適宜取り上げることにした。これまでに放映した番組を文章化（ダイジェスト）した『歴史スペシャル』シリーズが刊行されており、その第六集（坡州市：ヒョヒョン出版、二〇〇三年九月初版刊行）に「海上王国高麗の軍艦」が収められている。
（17）村井氏は、注2前掲論文の他、最近の『東アジアのなかの日本文化』（日本放送出版協会、二〇〇五年）でも触れられている（八四頁）。
（18）金在瑾『韓国船舶史研究』（韓国：ソウル大学校出版部、一九八四年）「二、高麗の船舶」参照。
（19）ただし村井章介氏（注2・17前掲論著）は⑦について「火薬で石を飛ばして…」とされており、またKBS番組でも、「火石」とみて火砲を搭載していたように復元されているが、前述のように「大」石とすべきである。なお本論文〔附記〕を参照。
（20）金在瑾『韓国船舶史研究』（注18前掲）五二～五三頁。
（21）『高麗史』巻一・太祖一・乾化四年条に、「太祖増₂治舟舸百余艘₁。大船十数、各方十六歩、上起₂楼櫓₁。可₂以

馳レ馬。領二軍三千余人一、載二粮餉一往二羅州一とある。同書巻八二・兵志・屯田・辛禑王十四年八月条に「楼船」と呼ぶのはこの船のことであろう（金在瑾注18前掲書、三二頁）。KBS番組では、この船の復元も試みられている。なお楼船については、宋・曽公亮撰『武経総要』（文淵閣四庫全書所収本）前集・巻一一・楼船に、船上に三層の建物を備えた図が掲載されている。同書にはこの他、五層の楼を設けた「遊艇」をはじめとする軍船の説明や図も掲載されている。ただし『武経総要』の図には後世の変改が加えられていることもあり、注意を要することについては、有馬成甫『火砲の起原とその伝流』（吉川弘文館、一九六二年）第二章―四「武経総要について」参照。

(22)『参天台五臺山記』は東福寺所蔵本影印（東洋文庫、一九三七年）、「大日本仏教全書」遊方伝叢書所収本等による。

(23) 櫓については、ジョセフ・ニーダム著・坂本賢三ほか訳『中国の科学と文明』第一一巻・航海技術（思索社、一九八一年）第二九章(g)―(2)「オール」、金秋鵬『中国古代的造船和航海』（中国：青年出版社、一九八五年）二九頁、章巽編『中国航海技術史』（中国：海洋出版社、一九九一年）、石井謙治『図説　和船史話』（至誠堂、一九八三年）第三編―9「櫓と櫂」等参照。

(24)『倭名類聚抄』は、京都大学国語国文学研究室編『諸本集成　倭名類聚抄』（臨川書店、一九六八年）所収「元和三年古活字版」影印による。

(25)『尊経閣蔵三巻本　色葉字類抄』（勉誠社、一九八四年）三九頁。

(26) 高木市之助ほか校注『平家物語』（日本古典文学大系本：岩波書店、一九六〇年）下冊・三〇四頁による。

(27) 金在瑾『韓国船舶史研究』（注18前掲）五三頁・注81。

(28) 金在瑾著・桜井健郎訳『亀船』（文芸社、二〇〇一年、原著一九九二年刊）一一四頁。

(29) 大河内秀元『朝鮮記』乾（「続群書類従」二〇下、続群書類従完成会）二七二～二七三頁。

(30) 金秋鵬（注23前掲書）二九頁。

(31)『宣和奉使高麗図経』は、韓国：弘益斎、一九九七年刊行の影印本『高麗図経』による。本文に引用した「客舟」の構造については、石井謙治「華厳縁起の船について」（『日本絵巻物全集』七　角川書店、一九五九年）に解説がある。『高麗図経』の最新の研究に、チョドンウォン氏ら訳注『高麗図経』（ソウル：ファンソヂャリ出版社、二〇〇五年三月刊）がある。

(32) 伊原弘編『「清明上河図」をよむ』（勉誠出版、二〇〇三年）「清明上河図」全図の第十一図・第十六図参照。同図にみえる船については、山形欣哉『歴史の海を走る中国造船技術の航跡』（農文協、二〇〇四年）第二章「宋――『清明上河図』の世界」に詳しい説明がある。なお、日本の例では、戦国時代の軍船である安宅船などで二人掛かりの大櫓が装備されていたことが知られている。安達裕之『日本の船 和船編』（船の科学館、一九九八年）四九頁参照。

(33) 「兵士二十余人」について、朝鮮学会大会における研究発表後、武田幸男氏より、高麗の軍編成では一隊兵士二五人が原則であったとのご教示を得た。これを水軍の構成にも適用できれば、内蔵石女らの目撃談の正確さを裏付けることになると思われる。武田氏に御礼申し上げる。

(34) 例えば、村井章介（注2前掲論文）六五頁、片倉穣『日本人のアジア観――前近代を中心に』I―五「刀伊」に強制連行された日本人女性（明石書店、一九九八年）一四七～八頁、太宰府市史編集委員会編『太宰府市史』古代資料編（太宰府市、二〇〇三年）八七七・八八二頁、等。なお張東翼『日本古中世高麗資料研究』（韓国：ソウル大学校出版部、二〇〇四年、八八頁）でも「不懸檝」とするが、その他の部分では「所〃之士二十余人許」とするなど、『伏敵編附録 靖方溯源』と史料大成本とを折衷したような形で本文が作られている。

(35) 『尊経閣文庫蔵三巻本 色葉字類抄』（注25前掲）二〇三頁。

(36) 有川宜博「刀伊の入寇」（朝日新聞福岡総局編『はかた学3 海が語る古代交流』葦書房、一九九〇年。初出一九八九年）一二〇頁。

(37) 『箋注倭名類聚抄』は、京都大学国語国文学研究室編『諸本集成 倭名類聚抄』（注24前掲）所収本による。

(38) 『万葉集』では、例えば三六一一番に、「大船に 麻可治之自奴伎（ま楫繁貫き）海原を 漕ぎ出て渡る 月人壮子」とあり、四三三一番に、「… 難波津のみ津に 大船に末加伊之自奴伎（ま櫂繁貫き） 朝凪に 水手整へ…」とみえる。

(39) 『朝野群載』は《新訂増補》国史大系本（吉川弘文館、初版一九三八年）による。

(40) 櫓と櫂については、注23前掲論著参照。

(41) 板屋船・亀船の櫓については、金在瑾『亀船』（注28前掲）参照。

(42)　中国軍船における衝角の存否の問題については、ジョセフ・ニーダム（注23前掲書）第二九章(i)―(5)「衝角」参照。

(43)　KBS番組では、丸太材の先端に鉄をかぶせたものとして復元されている。

(44)　前注19参照。

(45)　投石機については、有馬成甫『火砲の起原とその伝流』（注21前掲）四五～四八頁、ジョセフ・ニーダム（注23前掲書）三七〇頁以下、等参照。

(46)　崔碩男（注12前掲書）九一頁。

(47)　ソウル大学校奎章閣所蔵『各船図本』は、金在瑾『続韓国船舶史研究』（韓国：ソウル大学校出版部、一九九四年）「6　各船図本」に、影印と解説で紹介されている。図1は同書九七頁第4―1図を転載させていただいた。

(48)　図2は金在瑾『続韓国船舶史研究』（注46前掲）一〇〇頁第4―4図、図3は同書一〇七頁第4―7図を転載させていただいた。但しハングルは日本語に訳した。

(49)　板屋船の復元模型の写真は、例えば韓国：国立海洋遺物展示館『海から見たわが歴史』（二〇〇三年版）一一九頁にみることができる。

(50)　金在瑾『亀船』（注28前掲）第六章―Ⅴ「革新的な軍船板屋船」参照。

(51)　安宅船・関船については、小佐田哲男「大和型軍船の構造略説」（『海事史研究』一一、一九六八年）、石井謙治「巨船安宅丸の研究」（『海事史研究』二二、一九七四年）、安達裕之（注32前掲書）「Ⅲ　近世の軍船――安宅船と関船――」等参照。

(52)　金在瑾『続韓国船舶史研究』（注47前掲）二八六頁参照。

(53)　なお、軍船ではないが、高麗の船について、前掲した一一二三年の宋の遣高麗使の記録である『宣和奉使高麗図経』巻三三・官船条に次のようにみえる。

官船之制、上為二茅蓋一、下施二戸牖一。周レ囲欄檻一。以二横木一相貫、挑出為レ棚、面闊二於底一、通身不レ用二板簀一、唯以矯レ揉全木一使レ曲、相比釘レ之。前有二矴輪一、上施二大檣一、…

茅製屋根を持つ船室の周囲に欄干が取り付けられており、〈横木を以て相ひ貫き、挑（かか）げ出して棚と為す。面、底より闊し〉とある。〈棚〉は和船でいう櫓棚ないしセガイにあたるもので、〈面〉が〈底〉よりも広いというのは、基礎の船体よりも張り出した構造となっていたことを示すものとみて間違いないであろう。問題は、〈茅蓋〉が櫓棚の部分まで及んでいたかどうかであるが、〈横木を以て相ひ貫〉くというのは、櫓棚材が船室部分をあたかも貫通して左右に張り出しているかのごとく表現したもので、板屋船でいう「駕木」にあたるものであろう（金在瑾『韓国船舶史研究』注18前掲、四五～四六頁参照）。このような構造の船といえば『北野天神縁起』に描かれた菅原道真を乗せた船（安達裕之注32前掲書・図Ⅰ―22参照）を彷彿させ、櫓棚は船室外に設けられていたと考えられる。これに対して問題としている兵船は、板屋船と同じように櫓棚部分まで船室内に取り込まれていた可能性が高いと思われるのである。

(54) 原本は宮内庁三の丸尚蔵館所蔵。複製本に『御物本蒙古襲来絵詞』（川添昭二氏解説、福岡市教育委員会、一九七五年）がある。なお『蒙古襲来絵詞』の成立については諸説あるが、およそ永仁元年（一二九三）頃とみなされている。川添昭二『蒙古襲来研究史論』（雄山閣、一九七七年）第六章参照。

(55) 佐藤鉄太郎『蒙古襲来絵詞と竹崎季長の研究』（錦正社、二〇〇五年）参照。

(56) 佐藤鉄太郎（注55前掲書）五六頁参照。

(57) 吉田光邦「蒙古襲来絵詞に於ける武器について」（『新修　日本絵巻物全集』第一〇巻、角川書店、一九七五年）九三頁。

(58) 『武経総要』前集巻一一・戦船条・闘艦には、「闘艦者、船舷上設二女墻一。可レ蔽二半身一。墻下開二掣棹空一。船内五尺又建レ棚与二女墻一斉。棚上又建二女墻一、重二列戦士一。…」とあり、図が掲げられている。

(59) 井上隆彦「元寇船の海事史的研究」（石井謙治編『日本海事史の諸問題　船舶編』文献出版、一九九五年）三三〇頁。

(60) 山形欣哉（注32前掲書）四五～四六頁。

(61) 以下、池内宏『元寇の新研究』（東洋文庫、一九三一年）第七章第一節「征伐の決定と造船」、太田弘毅『蒙古襲来――その軍事史的研究――』（錦正社、一九九七年）、金在瑾『韓国船舶史研究』（注18前掲）「二、高麗の船船　3日本遠征軍船」等参照。井上隆彦氏（注59前掲論文）も、冒頭部分では「元の兵船は高麗および中国江南地方で建造されたもので…」（三二〇頁）と述べられているのであるが、以下の本文においては、中国船との理解で考察が進められている。なお『高麗史』所載蒙古襲来関係記事については、武田幸男編訳『高麗史日本伝』上・下（岩波書店、二〇〇五年）参照。

(62) 金在瑾『韓国の船』（韓国：ソウル大学校出版部、一九九四年）九三～九七頁参照。ただし金氏はこれ以前の著作である『韓国船舶史研究』（注18前掲）では、高麗で建造された船とする確証はなく、江南船とみられるが、高麗の軍船を類推することができる点もある、といった趣旨のことを述べられている（五一頁）。またKBS番組でも高麗で建造された船かどうかは明らかでないとする慎重な意見が示されている。

(63)『宣和奉使高麗図経』については、前注31参照。

(64)『清明上河図』の船については、山形欣哉（注32前掲書）第二章参照。なお日本の絵巻物、例えば『吉備大臣入唐絵詞』『華厳宗祖師絵伝（華厳縁起）』などの船にもまさに同じ装置が描かれている。石井謙治「華厳縁起の船について」（注31前掲）参照。

(65) 本文で紹介したように、金在瑾氏が『蒙古襲来絵詞』の軍船を高麗船とする説明の中で、「船首には碇綱を巻き上げる椗輪があり、」とされるのは、この記事を念頭におかれてのことであろう。一九八三年から翌年にかけて、韓国全羅南道莞島近海で発掘されたいわゆる莞島船は十一世紀後半の高麗の商船とみられているが、その復元模型では、船首に車輪型の碇昇降装置が備えられている（国立海洋遺物展示館（注49前掲書）二九頁参照。

(66)『各船図本』所載「漕船」については、金在瑾『続韓国船舶史研究』（注47前掲）二〇三頁、朝鮮通信使船については、同書一六六・一六九頁等参照。なお、同書及び国立海洋遺物展示館（注49前掲書）一二三頁などにみられる図によれば、朝鮮半島ではその後も近代に至るまでこの装置が用いられている。

(67)『蒙古襲来絵詞』には図4・5船以外にも蒙古軍船が描かれている。例えば絵一九（第三三・三四紙）の蒙古軍船は図が簡略であるが、舷側に楯を立て並べたり、反り返った船形や構造は、図4・5船とは全く異なってみえる。絵詞全体を通じて、絵の描き方に二種類あり、絵師の異なることについてはすでに指摘がある（佐藤鉄太郎（注55前掲書）参照）。絵一六と絵一九の船の画風の違いも同様の理由によるものであろうが、注目したいのは、第三四紙に描かれた船の碇で、ただ船首の柱に綱で繋がれているだけで、昇降装置のようなものはみえない。そしてそこに描かれた碇の形状は鷹島海底で発見された碇装置と一致し、その碇の石の分析結果は中国産であることを示しているという（「名古屋大学年代測定総合研究センター」ＨＰ「ＣＨＩＭＥ年代測定法」「鷹島の碇石」http://www.nendai.nagoya-u.ac.jp/CHIME/takashima.html による。なお上野祥史「碇石」国立歴史民俗博物館『東アジア中世海道　海商・港・沈没船』毎日新聞社、二〇〇五年、参照）。これを参考にすれば、図柄の違いは中国建造船と高麗建造船の相違を示すものかとも思われるが、日本遠征には千料舟・抜都魯軽疾舟・汲水小舟の大別して三種類の船（後注80参照）が建造されており――実際には多様な船舶を動員しているとみられる――、船種の違いに考慮すべきかも知れない。この点、さらに検討が必要と思っている。なお、絵一九と共通する第二八紙の船の舷側に並べられた楯には卍形の文様が描かれている。吉田氏は『武経総要』の兵器にみられる文様との類似を指摘されており（注57前掲論文、九四頁）、小松茂美氏は「卍の文様…は、宋・元時代の建築の飾りや、衣服・器物の文様に、盛んに遣われたもの。」（『蒙古襲来絵詞　日本絵巻大成　一四』中央公論社、一九七八年、一〇一頁）と解説されている。

(68) 上文に引用した『宣和奉使高麗図経』巻三四・客舟条にみえる宋の客舟には「廥屋」と呼ばれる部屋が設けられており、その〈四壁に窓戸〉が施されていたという。また前注53に引用した同書巻三三・官船条によれば、高麗の官船には、〈下に戸・牖〉が施されていたとある。牖とは窓のことである。宋・高麗船のいずれにも船室には窓が設けられていたことが知られるので、蒙古軍兵士が顔を覗かせている四角い隙間は窓とみてよいであろう。なお井上隆彦氏（注59前掲論文）は、「船倉用に光と空気を採り入れるための幾つかの窓」（三三〇頁）と、船倉に窓があるとされている。

(69) ジョセフ・ニーダム（注23前掲書）三二六頁では、「舵楼」とされている。

(70)『宣和奉使高麗図経』巻三三・舟楫・巡船条には、宋使一行を高麗で送迎した「巡船」について、「鳴レ角撃レ鐃而来」とあり、高麗の船にも鳴り物が搭載されていたことが知られる。

(71) 山形欣哉（注31前掲書）一〇一頁に復元図がある。

(72) 石井謙治「華厳縁起の船について」（注31前掲）四〇頁参照。

(73) 板屋船には二本の帆柱があり、KBS番組の戈船復元船では帆柱を立てている。しかしながら高麗の兵船は上甲板に櫓役も配備されていたので、帆はかえって邪魔になるように思われる。また沿岸警備船であることを考えると、帆は必要なかったとみてよいのではなかろうか。なお、鉄角が後世の板屋船などに受けつがれなかったのは、海戦方法が白兵戦から火器を利用した敵船と距離をおく戦いへと変化したことによるものであろう。

(74)　安達裕之（注32前掲書）六一頁の図Ⅲ―18「琉球使節を乗せて淀川を上る宇和島藩と長州藩の川御座船」、六二～六三頁の図Ⅲ―19「朝鮮通信使を乗せて淀川を上る今治藩の川御座船」等参照。なお、同様の朝鮮通信使船を描いた絵図は多く残されており、それらについては、辛基秀・仲尾宏編『大系朝鮮通信使　善隣と友好の記録』（明石書店、一九九三～九六年）参照。

(75)　金在瑾『亀船』（注28前掲）一一三頁参照。なお、亀船・戦船等の総乗員数については、有馬成甫（注21前掲書）第四章―二「朝鮮の水軍」にも詳しい研究がある。

(76)　崔碩男（注12前掲書）「四、新羅末と高麗初の水軍活動」参照。

(77)　金在瑾『韓国船舶史研究』（注18前掲）五三頁。

(78)　拉致日本人の数は『小右記』寛仁三年六月二十九日条に記された大宰府からの被害報告書による。ただし筑前国早良郡の「被追取者四十四人」は「四十五人」が正しいとみられるので、訂正した上で合計した。

(79)　朝鮮学会における研究発表後、藤田明良氏から、一般あたり五～六十人乗りと理解すべきではないかとのご意見をいただいた。氏によれば、これに最大五十名の日本人捕虜が乗せられたとすれば、およそ一〇〇名を数えることになるとする見解を、近刊の論文で発表される予定とのことである。藤田氏に御礼申し上げる。

(80)　ただし高麗の記録にみえる「戈船」が全て同じ規模・装備の船であったとも考えられない。それはよく知られているように、東女真が高麗に「戈船」を献上している記事がみられるからである（『高麗史』巻五・顕宗二十二・二十一年四月戊子条・同年五月乙卯条参照）。これらの女真の戈船とは、本文で問題とした鉄角を備えた兵船をいうのではなく、日本入寇に使用したような船を称しているとみるべきであろう。要するに、高麗の「戈船」とは、特定の形態の船を指した語ではなく、軍船――軍事用の戦船・兵船の意味で、その規模・装備にはいくつかの種類があったとみるべきであろう。蒙古が日本遠征に用いるため高麗で建造させた船について、『元史』巻八・世祖本紀・至元十一年三月庚寅条には「戦船大小合九百艘」とあるが、同書巻二〇八・日本伝には、「千料舟・抜都魯軽疾舟・汲水小舟各三百、共九百艘」とある。「戦船」が総称として用いられている。まさに「戈船」とは「戦船」にあたる語とみるべきであろう。先端の鉄角が武器の代表である戈に似ているところから命名されたものか、あるいは「武装した軍船」の意味で付けられた名称ではなかろうか。なお崔碩男（注12前掲書）九三頁参照。

（81）金在瑾『亀船』（注28前掲）一六七頁。なお同『韓国船舶史研究』（注18前掲）三三～三五頁も参照。ＫＢＳ番組でも戈船は舷側に剣を外に向けて刺し並べた形で復元されている。金在瑾氏説によるものであろう。
（82）ジョセフ・ニーダム（注23前掲書）三六四～三六五頁参照。
（83）『続日本後紀』承和六年八月二十日条ほか参照。
（84）新羅船だけでなく、『日本書紀』巻二五・白雉元年（六五〇）是歳条に、「遣㆓倭漢直縣・白髪部連鐙・難波吉士胡床於安藝國㆒、使㆑造㆓百濟船二隻㆒。」とみえる。百済舶とは百済仕様の船とみてよいであろう。
（85）石井正敏「日本・高麗関係に関する一考察――長徳三年（九九七）の高麗来襲説をめぐって――」（中央大学人文科学研究所編『アジア史における法と国家』中央大学出版部、二〇〇〇年↓本書所収）参照。
（86）『小右記』寛仁三年九月二十三日条。なお平安京貴族の対応については、土田直鎮『王朝の貴族』「刀伊の襲来」（中央公論社、一九六五年）ならびに村井章介（注2前掲論文）参照。

附記　本論文は、二〇〇五年十月二日開催の第五六回朝鮮学会大会研究発表会において、同題で発表した内容を中心とし、発表時間の関係で省略した『蒙古襲来絵詞』関係資料を加えてまとめたものである。

　注16で触れたＫＢＳ番組に関連して、筆者にも取材があり、「二重」の意味をはじめ本論文で述べたような内容をお話しすることがあった。その際、「火石」についても触れるところがあり、「火薬とする意見もあるが、大石とするのが妥当」と述べた。しかしながら放映に際しては、後半つまり「大石」を妥当とする部分はカットされてしまった。残念に思い、「二重」の解釈も含めて、早くに文章化をめざしていたが、ようやくまとめることができた次第である。韓国文献の入手には高麗大学校大学院生辛槿姈氏のご協力を得た。感謝申し上げる。

　なお、研究発表当日、吉田光男氏より、韓国で高麗時代のものとみられる沈没船が見付かったとの報道があることを教えていただき、その後、十月二日付け『朝鮮日報』のコピーを恵与された。全羅南道新安郡安佐面沖の海底で発見され、「安佐渡船」と名付けられたという高麗船については大いに興味が惹かれ、詳しい報告が待たれるところである。吉田氏に御礼申し上げる。

II　日元・日麗外交と文書

7　至元三年・同十二年の日本国王宛クビライ国書について
――『経世大典』日本条の検討――

はじめに

高麗人から日本についての情報を得た蒙古（モンゴル）のクビライ汗（世祖）は日本との通交を企図し、至元三年（文永三・一二六六）八月、国書を託して使者を派遣した。いわゆる日本招諭の始まりである。その後も高麗を仲介として数次にわたって使者を派遣し、文書を送ったが、ついに日本からの使者はおろか、返書さえも受け取ることはなく、二度の遠征（文永の役・弘安の役）を実行することになる。その前後クビライの時代に蒙古（一二七一年に国号を大元と定める）からはクビライの国書や中書省牒、高麗からは国王の国書や按察使牒が届き、日本も一度は返牒を考え、草案を作成したこともあったが、けっきょく送られることはなかった(1)。本論文末にこの間の外交文書をまとめて【蒙古（元）・高麗・日本外交文書一覧】として掲げた。

こうしたクビライの時代を中心とする蒙古（元）・高麗と日本の外交文書については、蒙古襲来の研究では必ず取り上げられ、すでに数多の蓄積があるが、近年のユーラシア規模の史料学研究、特にモンゴル語文献に対する研究が進展している状況を受けて、あらためて検討する必要があるのではないかと考えている。そこでまず基本となる至元三年八月日付クビライの最初の国書について考察を加え、関連して同十二年の国書についても触れることにしたい。(2)

一　至元三年クビライ国書が日本に届くまで

至元三年クビライ国書が日本に届くまでの経緯を年表にまとめると次の如くである。

○一二六六年（日本文永三・蒙古至元三・高麗元宗七）
八月七日、クビライ、黒的・殷弘らに国書（至元三年八月付）を託し、日本に遣わす。十一月二十五日、黒的ら高麗に至り、高麗国王に先導を命じるクビライの命令を伝える。同月二十八日、高麗国王、宋君斐・金賛らを黒的らを送る使者に任ずる。ついで一行、日本に向かう。

○一二六七年（文永四・至元四・元宗八）
正月、蒙古使・高麗使、巨済島（慶尚南道巨済市）まで至るが、風濤険阻により高麗に引き返す。ついで黒的及び宋君斐ら、クビライのもとに到り釈明する。クビライ許さず、高麗国王を責め、再度日本への先導を命じる。八月一日、黒的ら、再び高麗に到る。九月二十三日、高麗国王、黒的らを留め、潘阜らにクビライ国書と高麗国王の国書（至元四年九月付）を託し、日本に遣わす。十一月、高麗使潘阜ら、対馬に到り、大宰府に向かうことを求める。

○一二六八年（文永五・至元五・元宗九）

正月、潘阜ら大宰府に到り、国書二通（蒙古国書・高麗国書）に自らの書状を添えて大宰府に提出する。(3) 初めて日本にクビライ国書が伝わる。武藤（少弐）資能、これを幕府に送る。二月七日、幕府から国書二通と高麗使書状が朝廷に伝えられる。ついで八日以降、院（後嵯峨上皇）において評定が行われ、けっきょく返牒は送らずと決する。五月、大宰府にとどめられていた潘阜ら、返書を得られないまま帰途につき、七月十八日、高麗（開京）に帰着。ついでクビライに報告する。

二　至元三年クビライ国書の本文を伝える史料

以上のような経過をたどって日本に届いた至元三年クビライ国書の全文ないし一部を伝える主な史料は次の如くである。

1　中国史料

（一）『元史』巻六・世祖本紀（略称：本紀）、巻二〇八・外夷・日本伝（略称：本伝）

『元史』は明の洪武二年（一三六九）に編纂が開始され、翌年の七月に完成した。短期間に完成したのはすでに元代に編纂されていた歴代皇帝の実録と、元朝の典章・制度を編集した『経世大典』（至順二・一三三一年完成。ただし現在は散逸）をほぼそのまま本紀や志・伝に利用したことによる。したがって全体の体裁としては未整理なところがあるが、参考した史料にあまり手を加えていないので、史料としては貴重である。完成後まもなく刊行された洪武刻本を祖本として、その後何回か付印されているが、一九三五年商務印書館によって影印された百衲本が優れているとされる。百衲本は洪武本の残巻に南監本（嘉靖初年に刊行された南京国子監本）を合わせて刊行したもので、もっとも洪武本の姿を伝えているという。(4) 本稿では、現在一般に使われている、百衲本を底本とする標点本（中華書局　一九七六年初版）を用いた。

本紀と本伝所引クビライ国書をみると、両者の間には若干の字句の異同がある。なお王惲「進二実録一表」（『元文類』巻一六）に「今具所二修成一世祖皇帝実録二百一十巻、事目五十四巻、聖訓六巻、凡二百七十巻、謹繕写為二二百七十帙一、用二黄綾夾複一封全、随レ表上進。」とある。このうち聖訓は後の実録には「聖詔録」あるいは「聖詔録」とあり、詔書を集成したものである。『元史』本紀が実録を参考にしているとすれば、世祖本紀の国書も「聖訓」から採られている可能性がある。

（二）『元文類』所引『経世大典』政典・征伐・日本条（略称：大典）

『経世大典』全八八〇巻（他に目録一二巻・公牘一巻・纂修通議一巻を付す）は、奎章閣学士により、元朝一代の典章・制度を唐・宋の会要にならって編纂されたもので、至順二年（一三三一）に完成した。元滅亡後、明の宮廷に所蔵され、『元史』の編纂に利用されるとともに、一大類書である『永楽大典』にも引用されたが、その後散逸してしまった。ところが幸いなことに、元の儒者蘇天爵（一二九四～一三五二）が編纂し、元統二年（一三三四）五月の序文をもつ『元文類』（原題『国朝文類』）全七十巻の巻四十～四十二「雑著」に「経世大典序録」と題して『経世大典』全編の序文（総序・小序）と本文の抄録とが収められており、構成と内容を知ることができるのである。その巻四一・政典部・征伐に平宋・高麗についで日本条があり、そこにクビライ国書の冒頭と末尾が記載されている。(5)

『経世大典』を引用した『永楽大典』も清代に散逸してしまったが、一部が現在に伝わり、さらにその一部に『経世大典』に基づく巻が存在し、『元文類』所引本や『元史』との比較研究が進められ、『経世大典』は『元史』

の志・伝編纂の主要な史料となり、外夷伝についても同様の事情にあったことが明らかにされている。また『元文類』所引『経世大典』の政典部は各条（項目）ごとに本文と細字二行注から成るが、本文は『経世大典』の序、注は『経世大典』の本文を抄録（取捨・省略）したものであることも明らかにされている。日本条についても同様で、『経世大典』を参考にしたとみられる『元史』日本伝と共通する記述も多く、『元文類』所引『経世大典』日本条が『経世大典』原本の序と本文の抄録とから成っているとと考えてよい。[6] そこで以下『元文類』所引『経世大典』日本条については『経世大典』（略称：大典）日本条として記述を進めることとする。

『経世大典』日本条には至元三年国書と至元十二年国書の冒頭（書き出し文言）と末尾（書き止め文言）を引用するだけであるが、差出人・宛先人両者の名分関係を示す書式を考える上で冒頭・末尾は重要な意味をもっているので、貴重である。特に至元十二年国書は管見では本書に伝わるのみであり、冒頭と末尾だけであっても貴重な史料であることは言うまでもない。『元史』が、元代の実録等に依拠しているとは言え、明代の編纂であるのに対し、『経世大典』は元朝の国家的事業として、元人自身の手によるだけに、その日本条は、蒙古（元）のいわば公式見解を伝えている点で重要な意味をもっている。また二度にわたる日本遠征から五十年ほどしか経過していない時期の成立であるので、この点からも貴重である。国学基本叢書本『元文類』（商務印書館）を利用し、欽定文淵閣四庫全書本（上海古籍出版社、一三六七冊）を参考にした。[7]

2　朝鮮史料

（一）『高麗史』（略称：高麗）

高麗滅亡後、朝鮮王朝によってすぐに編纂が開始されたが、主に名分に関わる編纂方針の議論から、数度の改訂を経て、ようやく文宗元年（一四五一）に完成したものが今日に伝わっている。クビライ国書は巻二六・元宗世家・八年条に収められている。

クビライ国書を携えた黒的らが高麗に到ると、宰相の李蔵用はただちにクビライ国書を日本にもたらすことの不可を黒的に伝えている（『高麗史』巻一〇二・李蔵用伝）。李蔵用はクビライ国書を見た上で黒的に意見しているものとみられる。クビライとしては高麗に先導役を務めさせるにあたり、日本招諭の意図を承知しておいてもらう必要があるので、国書を高麗側にも示したのであろう。国書の正本を見せるとは思えないので、副本を提示したのであろう。それが記録に留められたのであり、副本とは言え、来歴から言えば『高麗史』に引用された本文は史料として重要である。現在流布している乙亥字印本の影印本『高麗史』三冊（韓国：亜細亜文化社、一九七二年）を利用した。(8)

（二）　**『高麗史節要』**（略称：節要）

『高麗史節要』は『高麗史』完成の翌年に撰進された。紀伝体の『高麗史』を節略して編年体に改めたものであるが、独自の記述もあり、『高麗史』とともに参照する必要がある。問題とするクビライ国書は巻一八・元宗八年条に収められている。撰進翌年の刊本が蓬左文庫に所蔵されており、同本を底本に影印刊行された学習院東洋文化研究所本（一九六〇年）を用いた。(9)

3　日本史料

（一）　**宗性編『調伏異朝怨敵抄』**（略称：宗性）

東大寺僧宗性編『調伏異朝怨敵抄』（東大寺図書館所蔵）に、クビライ国書と同時に提出された高麗国王国書・高麗使潘阜書状とともに収められている。(10) 国書が京都に伝わって間もなく書写されたもので、台頭・平出など原本の体裁を伝える写本として今日もっとも重視されていることは周知の通りである。書写の経緯について、三通の最後に宗性自身が次のように記している。

文永五年二月之候、於二西郊亀山殿大多勝院道場一、勤二仕後鳥羽院御八講一之間、此程寄二宿注〔法カ〕性称願房之住房一之次、借二請彼房主之本一、即誂二其房主一、令二書写一之畢。当時天下無双勝事、只有二此事一。仍為二後覧一所二書留一之也。依二諸卿之評定一、返牒不レ被レ遣之云々。委細之事、追可二尋記一之而已。

華厳宗末葉法印釈宗性《尊勝院》／年齢六十五／夏臈五十五

識語によれば、宗性白身が書写したのではなく、称願房に託写したものであることが知られる。「文永五年二月之候」とあるが、『深心院関白記』（記主関白近衛基平）によれば後鳥羽院御八講は後鳥羽院の国忌にあたる二月二十二日に結願を迎えている。したがって称願房所持の国書の写しは二月二十二日より以前に書写されていたことになる。クビライ国書が幕府から京都（関東申次）に届いたのが二月七日、翌日から朝廷で評定が開始されている。そして関白近衛基平が〈返牒有るべからず〉と具申したのが十九日のことである（『深心院関白記』）。朝廷に届くとすぐに解読が行われ、評定の席で菅原長成によって読み上げられ、国書の写しが参加した公卿らに配付された。[11] 宗性識語からは、公卿周辺にも早くに流布した様子がうかがえ、人々が異国からの国書に驚き、異国襲来の風聞が飛び交う中、固唾を呑んでその対応を見守っている緊迫感が伝わってくるようである。

（二）『異国出契』（略称：異国）

江戸時代にまとめられた外交文書集で、二〇〇五年に張東翼氏によって紹介された。[12] 五つの文書群から成り、延宝八（一六八〇）・九年の頃に、南都や京都の寺院に所蔵されていた史料集を書写して一書にまとめたものとみられ、[13]写本が京都大学・内閣文庫に所蔵されている。その第一文書群に、至元三年のクビライ国書から文永七年大宰府守護所牒まで七通の蒙古・高麗からの文書が収められている。このうち三通は宗性編『調伏異朝怨敵抄』、二通は水戸藩彰考館編『本朝文集』[14]によってすでに知られていたが、至元六年（一二六九）六月日付中書省牒と同年八月日付高麗慶尚晋安東道按察使牒の二通（文書一覧5・6）ははじめて学界に紹介された。第一群の末には「以上七篇以二南都一乗院所蔵之本一写之」という本奥書があり、興福寺一乗院所蔵本を底本としている。

クビライ国書については、宗性本の台頭を平出にし（ただし祖宗は平出とせず）、平出の日本を二字分欠字、王の一部は追い込みとしている。クビライ国書以外の文書をみると誤字脱字が多く、また例えば高麗国王書の「蒙古〇〇〇〇」といったように、すでに書写の延宝の頃には底本に虫損などがあったことを示している。誤字脱字や体裁など、底本（一乗院本）のままであるか、あるいは延宝の書写に際してなのかは不明である。良質の写本とは言えないが、新紹介文書だけでなく、他の文書についても貴重な史料であることに変わりはない。内閣文庫本を利用した。[15]

（三）『八幡愚童訓』（略称：八幡）

『八幡愚童記』の書名でも伝わり、蒙古襲来関係史料として著名である。もともとの著者は石清水八幡宮の神官で、遅くとも花園天皇治世中（一三〇八～一三一八）には成立したとみられている。[16]八幡の神徳・神威を説き、喧伝する目的があるだけに、虚構や文飾が多く、記述をそのまま史実とすることはできず、多くの異本が作られている。こうした問題はあるが、蒙古襲来関係記事について、しかるべき史料を参考にしているとみられるので、十分な史料批判の上で利用すれば、その価値は高い。クビライ国書も全文が引用されている。活字本に「群書類従」一・神祇部所収本と「日本思想大系」本があり、校訂には後者を用いた(17)。

三　至元三年クビライ国書の校訂本文と主な異同

以上に紹介した至元三年クビライ国書を伝える史料の中では、来歴と形態からみて宗性本がもっとも信頼すべき史料となるであろう。ところが宗性本には他の史料と校合すると誤脱字があり、校訂が必要となる。そこで宗性本を底本に、上で紹介した諸史料と対校し、校異を示すことにしたい。なお宗性本の台頭と平出のみ示し、改行は／を付して追い込みで記すこととする。また句読点は私に付し、返り点等は省略した。

1　校訂本文と校異

上(1)天眷命
大(2)蒙古国(3)皇帝奉書
日本国王。朕惟、自古小国之君、／境土相接、尚務講信修睦。況我
祖宗受天明命、奄有区夏、遐方異(4)／域、畏威懐徳者、不可悉数。朕即／位之初、以高麗无辜之民、久瘁鋒鏑、
即令罷兵、還其彊域(5)、反其／旄倪。高麗君臣、感戴(6)来朝。義雖／君臣　而歓若父子。計／
王之君臣亦已知之。高麗朕之／東藩也。日本密邇高麗、開国以／来、亦(7)時通中国。至於(8)朕躬而無／一乗之
使、以通和好。尚恐／
王国知之未審。故特遣使持書／布告朕志(9)。冀自今以往通問結／好、以相親睦。且聖人以四海為／家。不相
通好、豈一家之理哉。以至(10)／用兵、夫孰所好。／

王其図之。不宣。(11)

至元三年八月日

【校異】（1）「上天眷命」：本紀・本伝・大典・高麗・節要ナシ（2）「大蒙古国」：本紀ナシ（3）「国」：大典・高麗・節要ナシ（4）「異」：節要「遠」（5）「域」：底本「城」。本伝・高麗・節要・異国・八幡ニヨリ改メル。本紀「場」（6）「戴」：本伝百衲本等「載」（7）「亦」：本紀ナシ（8）「朕躬」：異国「朕之躬」（9）「志」：本紀「心」（10）「以」：底本ナシ。諸本ニヨリ補ウ（11）「不宣」：本紀・本伝・高麗・節要ナシ。大典「不宣白」。

2　主な異同

諸本間の異同で、内容に大きく関わるものはないが、原本を忠実に写したとみられる宗性本にも明らかな誤字・脱字がそれぞれ一つある。（5）「域」を「城」に作るのは、まさに焉馬魯魚の誤りであり（なお本紀の「場」は彊・界と同じである）、（10）「以」は単純な脱字であろう。八幡・異国は宗性本の誤脱字を正しく記しており、宗性本とは別系統の写本であることが分かる。台頭・平出を示す宗性本は、この二字の誤脱を改めると、クビライ国書の原型を忠実に伝えていると考えて良いと思われるのであるが、もう二箇所注意すべき異同がある。（3）国字と（11）白字の有無であり、いずれも書式を考える上で重要な冒頭と末尾で、特に「白」字については、原国書には記されていたが、宗性本では写し漏らしてしまったとする意見が示されているのである。(18)

この二字を考える上で重要な史料が『経世大典』である。その日本関係記事（日本条）全体については、下文であらためて検討することとして、当面の問題に関連する部分は次の通りである。

本文：国書始書二「大蒙古皇帝奉書日本国王」一、継称二「大元皇帝致書日本国王」一。末並云二「不宣白」一。不レ臣レ之也。…皐還。上以為将レ命者不レ達。黒迪被レ劫。上以為典二封疆一者、以二慎レ守固レ禦為レ常。此将二吏之過一。」

注：至元二年、命二兵部侍郎黒迪・礼部侍郎殷弘一、持二国書一往使二日本一。書称二「大蒙古皇帝奉書日本国王」云云一。末云二「不宣白」一。遣二高麗一。高麗王植言、道険遠不レ可レ辱二天使一、命二其起居舎人潘阜一持レ書往。留六月、不レ得二要領一而帰。

本文では二通の国書の冒頭と文末が引用されていて、始めの書は「大蒙古皇帝奉書日本国王。…不宣白。」、次の国書は「大元皇帝致書日本国王。…不宣白。」であったという。その始めの国書は〈皐《(潘阜)》還り〉云々とあるので、最初のクビライ国書に間違いなく、注では明確に黒迪(黒的)らがもたらした国書としている(大元皇帝国書については下文で検討する)。

このように、元人自身による記録ではクビライ国書は「大蒙古皇帝奉書日本国王…不宣白。」であったというのである。そこで宗性本には「白」が脱しており、「不宣白」を正しいとする意見が出されることになる。国と白、二字の異同は宗性写本の信頼度に関わってくる問題であるが、それだけでなく、クビライが日本をどのような存在に位置づけていたのか、といった問題を考える上からも重要と考える。

四　至元三年クビライ国書の論点――大蒙古国皇帝・不宣――と宗性本

1　冒頭「大蒙古国皇帝」の「国」字

大蒙古国皇帝の「国」字については、本伝及び宗性・異国・八幡等に記されていることから、原国書にはあったとみて間違いない。そこで『経世大典』『高麗史』等に記されていないのはなぜか、単なる脱字なのか、それとも意図的なものか、検討の余地があるであろう。拙著ではおおむね次のように述べた。

「大蒙古国」とは、「イェケ（大いなる）・モンゴル（蒙古）・ウルス（集団・国）」を漢語に翻訳したものとされている。(19) こうした某国皇帝は契丹が金の完顔阿骨打を「東懐国皇帝」に冊封しようとしたり（『遼史』巻二八・天祚皇帝本紀・天慶九年（一一一九）三月丁未朔条）、阿骨打自身が「大女真金国皇帝」を名乗ったりする例があり（『高麗史』巻一四・睿宗十二年（一一一七）三月癸丑条）、「大蒙古国」も華北で通用する称号として理解できるが、本来の中華の皇帝は「大唐皇帝」「大宋皇帝」であり、「大唐国皇帝」「大宋国皇帝」と称することはない。「イェケ・モンゴル・ウルス」皇帝の翻訳漢語としてクビライ側には何ら違和感がないであろうが、中華の制度からすれば異例な表現である。いわゆる澶淵の盟（一〇〇四年）における契丹・宋間の文書も「大契丹皇帝謹致書於大宋皇帝闕下…不宣。謹白」といったもので、大契丹国皇帝・大宋国皇帝とはしていない。王朝の名称は封号や爵位等に由来するもの、民族名に由来するもの等さまざまであるが、中華の皇帝にふさわしくないとして、『経世大典』編纂に際し、意図的に国字を除いたのではなかろうか。(20)

2　文末の「不宣」と「不宣白」

このように、『経世大典』や『高麗史』が「大蒙古皇帝」としているのは意図的なものではないかと考えられ、文末の「白」字についても同様の操作（付加）が行われている可能性があると思われる。

　文末の「不宣」「不宣白」は十分に意を尽くしていないといった意味で、私人間の書翰や公式の文書における末尾の常套句として早くから用いられている。「不宣」については、各種の書儀[21]にも使用例があげられているが、唐・宋代の書儀を代表する『司馬氏書儀』巻一・私書の部の「啓事」に「伏惟…不宣。謹啓。」、上㆓尊官㆒時候啓状・上㆓稍尊㆒時時候啓状に「伏惟…不宣。謹状」といった用例が示されており、同等もしくはやや尊長に対する丁寧な書式に用いるとされている。[22]

　一方、『宋大詔令集』巻二二八〜二三二・政事部・四裔一〜五に宋皇帝が大金・契丹皇帝に送った国書が収められているが、その中で年次の明らかな一例をあげると、嘉祐七年（一〇六二）の「皇帝賀㆓契丹皇帝正旦㆒書」の冒頭と末尾には「正月一日、伯大宋皇帝致㆓書于大契丹聖文神武睿孝皇帝闕下㆒…専奉㆑書陳賀。不宣白。」とある。この他もおおむね致書形式で、末尾は「不宣白」「皇帝謹白」「不宣、謹白」、「不次白」「不次、謹白」で、「不宣」で終わっているものはない。他ならぬクビライが中統元年（一二六〇）四月七日付けで宋の理宗に送った国書は、「皇天眷命、大蒙古国皇帝致㆓書于南宋皇帝㆒。…不宣白。」（王惲『秋澗先生大全文集』巻九六・「和宋書」）となっている。こうしてみると、問題としているクビライ国書の末尾は『経世大典』のいうように、「不宣白」を正しいとする論も成り立つように思われる。

　しかしながら、クビライをついだテムル（成宗）が大徳三年（一二九九）三月に僧一山一寧を日本に派遣した際の国書の写しが金沢文庫にあり（文書一覧18。大徳元年とするが三年の誤りである）、それには、「上天眷命、大元皇帝致㆓書日本国王㆒…不宣。」となっている。末尾は「不宣」で、白字はない。[23]

　つまり日本に伝わる二通の蒙古（大元）国書の、系統を異にする四種の写本――クビライ国書の宗性・異国・八幡本とテムル国書の金沢文庫本において、いずれも末尾は「不宣」となっているのである。四つの写本が、ともに最後の文字を写し漏らすということは考え難い。一般に書写に際しては始めと終わりは特に注意するものであろう。それが書かれていないということは、もともとなかったとみるべきである。したがって、クビライの原国書の末尾は、宗性・異国・八幡本の通り、「不宣」であったとみて良いと考える。

高麗使潘阜がクビライ国書を明府閣下に提出する際、来日の経緯を示す書状を添えているが（文書一覧3）、その文末は「不宣。拝覆。」となっている。また一二九二年（至元二十九）の高麗国王の日本国王宛国書（文書一覧17）でも文末は「不宣。再拝。」となっている。(24)クビライ国書は皇帝間で用いる「不宣白」ではなく、日本国王宛に敢えて「不宣」としたのではなかろうか。それはまた大徳三年のテムル国書にも言えると思う。『経世大典』は国字を除いたのと同じように、皇帝文書にふさわしく白字を付加したものと推測される。

3　宗性本の価値——体裁と振りガナ

以上の考察により、至元三年クビライ国書の冒頭と末尾は、宗性・異国・八幡本の伝える通り、「上天眷命、大蒙古国皇帝奉書日本国王。…不宣。」で間違いないと考える。また宗性本では、「上天眷命」「大蒙古国皇帝」「祖宗」が台頭、「日本国王」「王」が平出とされている。「上天眷命」とは、モンゴル語の聖旨（詔書）(25)の冒頭句に対応し、「とこしえの天の力に」といった意味で、「皇天眷命」とも表現される。(26)「祖宗」は、ここではチンギス汗（成吉思汗）を指している。これらの宗性本で台頭にされている語について、北京図書館金石組編『北京図書館蔵中国歴代石刻拓本』（中州古籍出版社、一九九〇年）四八冊所収蒙古（元）代の石刻資料を参考にすると次の如くである。「上天眷命」は至元二十八年（一二九一）「北嶽廟聖旨碑」（一一七頁）をはじめ多くみられ、「祖宗」は至元二十九年（一二九二）「加封北海広澤霊祐王碑」（一二二頁）にみえる。ただこの碑文の「祖宗」が果たしてクビライ国書と同様にチンギスだけを対象としているかどうか検討の余地はあるが、「成吉思皇帝聖旨」を台頭する例は至元十七年（一二八〇）「万寿宮聖旨碑」（八〇頁）などにみることができる。(27) そして「大蒙古国皇帝」台頭の例は見あたらないが、「大元」を台頭としている例は大徳七年（一三〇三）「兀林答阿魯元剌神道碑」（一六七頁）などに見られるので、「大蒙古国皇帝」も当然台頭にしたであろう。したがって、宗性本の台頭・平出は原本通りとみてよい。すなわち宗性本は、二つの誤字脱字はあるが、台頭や平出をはじめ、原国書の体裁を忠実に写し取っているとみて間違いないと考える。

あらためて宗性本の価値を確認したわけであるが、宗性本の価値は原国書の体裁を伝えているだけにとどまらない。返り点・振りガナ・送りガナが付されていることである。今、原本に接する機会を得ず、写真(28)からの判断であるが、振りガナ等は本文と同筆とみられる。そして注意してみると二箇所振りガナに対する傍注とみられるものがある。①区夏の「クキヲ」のヲに「ヲヵ」、以往の「ノチ」のチに「チヵ」としている。いずれもヲ・チが一見したところウ・ナに読めるところから、それぞれ傍注したものと推測される。(29) そして傍注が宗性によるものとすれば、全体の振りガナ等の筆は本文と同じく称願房のものとなり、底本にあったものを写しているとみてよいであろう。

国書（牒状）は、上文で触れたように、評定の席で読み上げられる。身延文庫蔵『金剛集』に至元三年クビライ国書に関わる記述があり、「自二蒙古国一状、(脱アラン)筑前国大宰府ニ。…自二鎌倉一佐々木対馬守氏信・伊勢入道行願二人ヲ以被レ進二公家一。於二仙洞一菅宰相長成卿被レ召読二条(牒ヵ)状一也。」とあり（本論文注3参照）、菅原長成が読み上げたという。クビライ国書は二月八日の院評定においてはじめて披露されているので、菅原長成が読み上げたというのはこの日のことであろう。また文永八年の高麗牒状（実は三別抄牒状）について、『吉続記』文永八年九月五日条に、「参内。藤翰林(茂範)祇候。被レ召二御前一、被レ読二牒状二通一。無二停滞一読申之。牒状之旨趣、明日於二仙洞一、可レ有二評定一云々。帥卿奉行也。面々被レ書二賦牒状一云々。」とあり、藤原茂範が御前に召されて読み上げている。

このように、国書が朝廷に伝わるとすぐに有識者によって解読が試みられ、返り点や振りガナを付した写しが作られ、御前（天皇・上皇）で読み上げられた。そしてその写しが評定に参加する人々に〈書き賦《くば》〉られ、参考資料とされたのである。至元三年のクビライ国書も同様で、写しを配付された公卿から、さらにその周辺の人々によって写し取られ、広まっていった。その一つが宗性本ということになる。

こうしてみると、宗性本は二月八日の評定において読み上げたという菅原長成の読解を今に伝えている可能性がある。(30)長成は道真の子孫であり、後に返牒案二通（文書一覧7・8）を作成している。漢籍の訓読については、平安時代以降学者の家それぞれに流儀があり、道真の父祖以来文章博士の家として知られる菅原家も一家をなしている。もし宗性本が菅原長成の読解を反映しているとすれば、宗性本の価値も一層増すことになるであろう。菅原長成の読みかどうかはいずれにせよ、宗性本は当時の人々がクビライ国書をどのように読んだのかを伝えていることになるが、その読み方に、今日一般に行われている読み方と特に異なる箇所は見あたらない。しいて言えば「尚務講信修睦」の「尚」を「なお」と読むか「たっとび（とうとび）」と読むか意見が分かれるが、宗性本では「タトヒ」（たっとび）とある。また密＝ビツ、問＝ブン、境＝ケイといったように、漢音が用いられている。同時に書写された高麗国王書・潘阜書状にも同様に振りガナが付されており、すでに指摘されていることであるが、国語史料としても重要であることをあらためて記しておきたい。

五　『経世大典』日本条の検討

さて、これまでの記述で、クビライ国書を考える上で『元文類』所引『経世大典』日本条が重要な史料となっていることが明らかになったと思う。『経世大典』日本条は「日本伝」とよぶにふさわしく、クビライ国書だけでなく、他にも興味深い記述がある。本書についてはこれまであまり利用されていないと思われるので、ここであらためて全文を示すことにしたい。『経世大典』日本条は本文と細字二行注とから成るが、前述のように、本文は『経世大典』日本条の序、注は『経世大典』日本条本文の抄録とみなされる。国学基本叢書本を底本に、四庫全書本と対校し、人名・官職名を除く異同を傍注する。適宜段落を区切って引用し、必要に応じて※印を付して筆者のコメントを記すことにする。なお注も本文と同じ大きさで記述する。日本条は、おおむね『元史』日本伝をはじめ、本紀・列伝に知られていることが多く、特に注は日本伝と重なる記述が多い。しかしながら、所々に独自の記事や論賛がみられ、元人自身の記述した日本伝として興味深いものがあり、傍線部については、さらに節をあらためて考察を行うことにしたい。

1　『経世大典』政典・征伐・日本条（『元文類』巻四一所引）

（一）本文（『経世大典』序）

①日本海国。

※〈日本は海国なり〉に始まっていることは象徴的で、二度の海外遠征失敗の実感が込められているようである。

②自㆓至元㆒大徳間、黒迪・殷弘、趙良弼、杜世忠・何文著、王積翁・釈如智、寧一山、与㆓高麗之潘阜・金有成輩㆒、数使㆓其国㆒。惟積翁中道為㆓舟人所㆒㆑殺。余皆奉㆓国書㆒以達。而竟不㆓報聘㆒。

※黒迪（黒的）・殷弘は第一～三回の蒙古使で対馬まで到る。趙良弼は第五回蒙古使で一二七一年大宰府に到る。杜世忠・何文著は第一次遠征（文永の役）後最初の使者。一二七五年に来日したが鎌倉で処刑された。王積翁・釈如智（愚渓如智）は一二八四年に対馬に到るが、積翁が同行者から殺され、引き返す。寧一山

（一山一寧）は一二九九年に来日した。高麗使の潘阜はクビライ国書を伝え、金有成は一二六九年に中書省牒状を伝えた。いずれも対馬から先、日本に渡った使者だけをあげ、蒙古から高麗へ日本人二名を送り届けるような使者については記されていない。

③至元十年（一二七三）、忻都・洪茶邱、以二二万五千人一征之。第虜掠而帰。

※第一次遠征（文永の役）。ただし出発は至元十一年。「二万五千人」は日本伝「一万五千人」とする。

④十七年（一二八〇）、阿剌罕・范文虎輩、以二十万人一征之。未レ見レ敵、喪二全師一。

※第二次遠征（弘安の役）。ただし出発は至元十八年。十万人は江南軍で、東路軍については触れていない。

⑤二十年（一二八三）、阿塔海復以二十万人一往。而昂吉児上言、民労、乞レ寝レ兵。上亦謂日本未二嘗相侵一。而交趾犯レ辺。宜下置二日本一、専事中交趾上。遂罷レ征。日本人竟不レ至。

※昂吉児の上言については本文⑩・注㉕とともに、下文で触れる。「上亦謂…」は日本伝では二十三年条にかける。

⑥国書始書二「大蒙古皇帝奉書日本国王」一、継称二「大元皇帝致書日本国王」一。末並云二「不宣白」一。不レ臣レ之也。辞懇懇欵欵、自抑之意、溢二於簡冊一。雖三孝文於二尉陀一不二是過一焉。阜〔者イ〕還。上以為将レ命者不レ達。黒迪被レ劫〔却イ〕。上以為典二封疆一者、以二慎レ守固レ禦為一レ常。此将二吏之過一。

※上文で触れた箇所である。大元国書と傍線部については下文であらためて述べる。

⑦良弼之往、復謂レ不レ見レ報者。豈以二高麗林衍叛一、道梗故耶。終不下以二旅拒一名上之。

※「豈以…」は趙良弼が伝えた国書の中で触れられており、日本からの使者が来ないのは高麗で政変が起こっているからではないかとしている。日本伝にみえる。

⑧忻都軍既還。其国遣二商人一、持レ金来易レ銭、亦聴レ之。又詔勿レ困二苦其商人一。柔遠之道至矣。

※忻都軍は第一次遠征軍。「其国…」は日本伝・至元十四年条にみえ、「又詔…」は本紀・至元十五年十一月丁未条に「詔二諭沿海官司一、通二日本国人市舶一」とみえる。

⑨阿剌罕之行、上宣諭曰、有二一事一、朕憂レ之、恐二卿輩不一レ和耳。既而諸帥果以輿レ尸取レ敗。而上言、将校不レ聴二節制一逃去。載二運士一至二合浦一、遣レ還二郷里一。及二敗卒于閶者脱帰一、則言、省臣先潰去。棄二軍五龍山下一、為二日本所一レ殲。諸将之罪始暴著。

※第二次遠征（弘安の役）の顛末を記述。クビライは遠征軍の出発に先立って訓辞を与え、諸軍将校の不和を誡めている（注㉔を参照）。そしていち早く帰国した范文虎ら将校は、部下が命令を聞かずに勝手に帰途についてしまったと報告したが、遅れて帰国した兵卒于閶らの復命により、その報告の虚偽であることが暴露されてしまった。「諸将之罪」と明記しているところが注目される。

⑩昂吉児之〔上カ〕言曰、語曰、上下同レ欲者勝。又曰、兵以レ気為レ主。近歳民貧賦重、洊〔薦イ〕水旱、救レ死不レ暇。復駆レ之渉レ海遠征、莫レ不二愁歎一。此非二上下同一レ欲也。軍嘗挫二衄東海一、倉皇喪レ気、人無二闘志一、非二所謂以一レ気為レ主也。

※『元史』巻一三二・昂吉児伝に見える。下文「昂吉児之讜言」参照。

⑪成宗即レ祚、或又建二言伐一レ之。上曰、今非二其時一。朕徐思レ之。卒遣二寧一山一、附二商船一往使而已。

※世祖（クビライ）没・成宗（テムル）即位は一二九四年。日本征伐建言は、日本伝には大徳二年（一二九八）のことと見える。翌年、一山一寧を派遣した。

⑫嗚呼、世祖之文経武略、与二知レ人之明、謙光之度一、成宗之能持レ盈、昂吉児之讜言、諸将之罪負、日本之自絶二照臨一、皆当レ使二後世有〔イナシ〕レ聞焉。

※後世に著聞すべき事柄をあげる。下文で検討する。

（二）注（『経世大典』本文の抄録）

⑬至元二〔三カ〕年、命二兵部侍郎黒迪・礼部侍郎殷弘一、持二国書一往使二日本一。書称二「大蒙古皇帝奉書日本国王」一云云一。末云二「不宣白」一。道二高麗一。高麗王植言、道険遠不レ可レ辱二天使一。命二其起居舎人潘阜一持レ書往。留六月、不レ得二要領一而帰。

⑭五年(一二六八)九月、再命二黒迪・弘一往。至二対馬島一。日本人拒不レ納、交闘執二其塔二郎・彌二郎二人一而還。

⑮六年(一二六九)、命二高麗金有成一、送二還執者一、且俾三中書省牒二其国一。亦不レ報。

※中書省牒状の日付は至元六年六月日付（文書一覧5）。

⑯十二月、又命二秘書監趙良弼一往使。良弼乞レ定下与二其王一相見之儀上。廷議与二其国一上下分未レ定。与二其国一且無二礼数一。上従レ之。良弼至。留二其太宰府守護所一者久之。

※日本伝と同じであるが、「十二月」は本紀により至元七年のこととみなければならない。(31)

⑰時又有二曹介叔者一上言、高麗迂〔遷イ〕路導二引国使一。有二捷径一、順風半日可レ到。但使臣則不二敢同往一。大軍進征、則願為二郷導一。上曰、如レ此則当レ思レ之。

※日本伝では至元八年六月とする。また「曹介叔」は日本伝「曹介升」とする。四庫全書本の「遷」は「迂」を「迁」に誤ったことによるものであろう。

⑱九年(一二七二)五月、命二高麗王植一、致二書日本一、諭使二通好一。始遣二彌四郎者一入朝。上宴労之。既又遣〔逼イ〕二使者一遂〔徒イ〕帰。竟不二報聘一。

※趙良弼が帰国した際に伴い、クビライのもとに到った「日本使」弥四郎らが、二月に元を離れて高麗に向かった。高麗国王は康之邵（及び張鐸ら）に送還させる際に国書を託した（文書一覧12）。『元高麗紀事』二月十三日条、『元史』高麗伝、『高麗史』元宗十三年四月甲午条、等参照。

⑲十年（一二七三）、命二鳳州経略使忻都・高麗軍民総管洪茶丘一、以二千料舟・抜都（巴図イ）軽疾舟・汲水小舟各三百、共九百艘一、載二士卒二万五千一伐之。

※「十年」は日本伝「十一年三月」、「二万五千」は本文と同じであるが、日本伝では「一万五千」とする。

⑳十一年（一二七四）十月、入二其国一敗レ之。而我軍不レ整。箭又尽、第虜二掠四境一而帰。

㉑十二年（一二七五）、遣二礼部侍郎杜世忠・兵部侍郎何文著・計議官撒都魯丁一往使。書前言二「大元皇帝致書于日本国王」一、後言二「不宣白」一。亦不二来覲一。

※杜世忠らは前年の第一次遠征（文永の役）の失敗を受けて、日本招諭再開の使者として派遣され、四月に来日したが、九月には鎌倉で処刑されてしまう。この時の大元皇帝国書については下文で検討する。

㉒十四年（一二七七）、遣二商人一持レ金来、易二銅銭一。許レ之。

※本文⑧参照。

㉓十七年（一二八〇）十月、立二日本行省一。命二阿剌罕一為二右丞相一、与二左丞相范文虎及忻都・茶丘等一、率二十萬人一討之。

※本文④参照。

㉔十八年（一二八一）二月、諸将陛辞。上若曰、有二一事一朕憂レ之。恐二卿輩不レ和耳。范文虎新降者也。汝等必軽レ之。八月、諸将未レ見レ敵、喪二全師一以返。上言、至二日本一欲レ攻二太宰府一。暴風破レ舟、猶欲レ議レ戦。萬戸厲徳彪・王国佐等、不レ聴二節制一逃去。本省載二余軍一至二合浦一、散遣レ還二郷里一。未レ幾敗卒于閶脱帰言、官軍六月入レ海、七月至二平壺島一、移二五龍山一。八月一日、風破レ舟。五日、文虎等諸将各自択二堅好船一坐去、棄二士卒十余萬于山下一。無レ食無レ主者三日、衆議推二張百戸者一為二主帥一、号レ之曰二張総管一、聴二其約束一。方伐レ木作レ舟欲レ還。七日、日本人来戦尽死、余二三万虜去。九日、至二八角島一尽殺二蒙古・高麗・漢人一、謂二新附軍一為二唐人一不レ殺而奴レ之。閶輩是也。蓋行省官議事不二相下一、故皆棄レ軍帰。久之閶与二莫青・呉萬五

者㆒逃還。十万之衆、得レ返者此三人也。

※第二次遠征の顚末を記す。本文⑨にもみえる。日本伝の記述とほぼ同じであるが、注目されるのは、傍線を付した〈范文虎は新に降れる者也。汝等必ずや之を軽んぜん。〉という箇所で、日本伝をはじめ、他に見えない記事である。范文虎は南宋の将校として元との最前線に立ち、至元七・八年には元軍に包囲された宋の要衝襄陽に援軍を率いて向かったが、敗れている。至元十二年（一二七五）二月、元に降伏した。クビライはこれを受け入れ、「両浙大都督」を授けた。宋が滅亡するのは、その翌年正月のことである。クビライの信任を得た范文虎は至元十六年（一二七九）には独自の判断で使者を日本に送り、招諭を試みている（以上、『元史』世祖本紀）。そして翌年、第二次遠征に際しては司令官の一人である中書右丞に任命された。クビライは遠征軍の出発にあたり、本文⑨・注㉔のように、将校を集めて訓辞を与えた。『元史』日本伝には、「帝勅曰、…又有㆓一事㆒、朕実憂レ之。恐㆓卿輩不レ和耳。仮若彼国人至、与㆓卿輩㆒有レ議、当㆘同心協謀、如レ出㆓一口㆒答㆖之。」とあり、諸軍司令官の不和を誡め、同心して対処すべきことを命じている。第一次遠征（文永の役）が失敗した原因に〈官軍整はず〉があげられているが、その事情の一端を伝えている。そしてここで言及されている「不和」は、東路軍を率いる二人の指揮官、すなわち高麗国王の信任あつい高麗人金方慶と、元に亡命した高麗高官の子でクビライの側近として高麗に厳しい姿勢をとる洪茶丘との確執を指していると推測されるのであるが、[32]本条では明確に、降将范文虎と他の将校との対立を不安視しているというのである。注目すべき記事の一つである。

㉕二十年〔一二八三〕、命㆓阿塔海㆒為㆓日本省丞相㆒、徹里帖木児右丞、劉二抜都左丞、陳某右丞、鄭某参政。往〔征カ〕以㆓十万人㆒往。淮西宣慰使昂吉児上言、民労、乞レ寝レ兵。

※陳某右丞、鄭某参政については、他に所見がないようである。

㉖二十一年（一二八四）、又以二其俗尚レ仏、遣二王積翁者一、与二普陀僧如智一往使。舟中有二不レ願レ行著〔者イ〕一、共謀殺二積翁一、不レ果レ使而返。
㉗二十三年（一二八六）、上曰、日本未二嘗相侵一。今交趾犯レ辺。宜下置二日本一、専事中交趾上。
㉘成宗大徳二年（一二九八）、江浙省平章政事也速達耳、乞レ用二兵日本一。上曰、今非二其時一。朕徐思レ之。
㉙大徳三年（一二九九）、遣二僧寧一山者一。加二妙慈弘済大師一、附二商船一往使二日本一。而日本人竟不レ至。
※㉖〜㉙はほぼ日本伝と同じである。

2　『経世大典』における論賛

『経世大典』日本条には随所に論賛が記されており、同時代の評価として興味深いものがある。それらのいくつかを取り上げる（傍線部）。

（一）「辞懇懇款款、…雖孝文於尉陀不是過焉」

クビライ国書の末尾「不宣白」には、相手を臣下とは扱わないとする意味が込められているとし、その書を〈辞懇懇款款、自抑の意、簡冊に溢る。〉と評している。〈孝文の尉陀に於ける〉とは、『史記』巻一一三・南越伝や『漢書』巻九五・南粤伝にみえる故事を指している。孝文すなわち前漢の文帝（在位：前一八〇〜一五七年）は善政に努めた名天子として知られる。尉陀（尉佗）は趙佗とも言い、秦始皇帝の時に南海郡の官人（尉）に任じられたが、秦が滅ぶと自立して王を称し、周辺（今日の広東周辺）を服属させ、やがて武帝と称して漢の辺境への人寇をくりかえしていた。そこで文帝は即位すると尉陀を懐柔するために使者を遣わし、書を送った。これが名文として後世に伝えられているのである。『漢書』によれば、その書の冒頭と末尾は、「皇帝謹問二南粤王一。…存二問隣国二。」というものである。これは慰労詔書と称される、皇帝が臣下に与える書式の一つで、唐・宋代にも用いられ、日本でも律令制定以降、天皇の新羅王や渤海王宛文書に用いられている。文帝の慰労詔書の内容は、入寇を責めるというよりも、諄々と諭すといった内容で、趙佗はこれに感じて帝号を称することを止め、文帝に臣を称するようになったという。[33] そこで元の人々はクビライ国書を「誠意に満ち、自我を抑制した言葉で溢れており、(その優れた内容は名文として知られる) 前漢の文帝が南粤王尉陀(趙佗)に送った文書にも勝っている」と評価しているのである。

たしかにクビライ国書も最後の用兵云々という表現がなければ、そのような評価も与えられるであろう。しかし末尾の用兵云々の一節により、それまでの和親の情をがらりと変化させてしまう。とうてい文帝の書には及ばないように思えるが、これを〈自抑の意〉に溢れていると評価するところに、すでに受け手との間の意思疎通を欠いていると言わざるを得ない。用兵云々のような、いわゆる威嚇文言は、蒙古(元)の皇帝聖旨をはじめとする命令文書には常套句として用いられており、[34] 蒙古(元)の人々にとっては特に問題視するようなものではないということであろう。ちなみに文帝の国書に「亡三一乗之使、以通二其道一」という、クビライ国書に共通する一文もみえる。

(二)「忻都軍既還。其国遣商人、…柔遠之道至矣」

忻都軍は第一次遠征軍で、その後に日本から訪れた商人にも貿易を認めている(本文⑧・注㉒参照)。朝貢をうながしても無視し、直接戦火を交えた相手ではあるが、拒絶することなく受け入れているところに、クビライの懐の深さがあり、遠蕃を懐柔する最善の方策と評価している。[35]

（三）「嗚呼、…皆当使後世有聞焉」

本文（序）の最後にまとめて後世に著聞するできごととして、五つの事柄をあげている。

（イ）世祖之文経武略、与知人之明、謙光之度。

クビライの〈文経武略〉とは、日本に対して、十分に配慮した国書を送り、招諭に努めたにもかかわらず、無視を続けたため、やむを得ず遠征に踏み切ったということであろうか。「武」一辺倒で臨んでいるわけではないということを評価しているのである。

〈人を知るの明〉とは、日本に関係することでは、自ら日本奉使を志願した趙良弼のような例であろうか。趙良弼は女真族の出身で、『資治通鑑』に通じ、歴代の典章・制度、兵馬（軍事）や地理に詳しく、国家の興亡についてもよく記憶していたという。クビライが帝位に即く前、推薦する人があり、登用した。『元史』巻一五九に伝があり、『元文類』の編者である蘇天爵編『元朝名臣事略』巻一一にも伝が立てられている。一二七一年（文永八）九月に日本に赴いた趙良弼は一年余滞在したが、けっきょく返書を得ることもなく、正式の使者を帰国に伴うこともできなかった。しかしその復命を聞いたクビライは、〈卿、君命を辱しめずと謂ふべし〉と労をねぎらったという。その他、敵対していた南宋の将校でも、降伏後ただちに高官に抜擢した范文虎のような例もある。異民族であっても有能な人材を登用することを称賛しているのであろう。『元史』世祖本紀の論賛にも「知二人善一任レ使」とある。

〈謙光〉は、へりくだってその徳がますますあらわれることを意味し、〈謙光・自抑、厥の輝き愈いよ揚ぐ〉（陸雲『陸士龍集』巻三「贈顧尚書」）といった用例もあるので、「自抑之意」が溢れているというクビライ国書を指しているのであろう。

（ロ）成宗之能持盈。

〈能く盈を持つ〉とは、十分の地位を保って失わない、満ちて溢れぬ程度を保つといった意味である。「持盈之業」とは出来上がった事業を維持することで、成宗が世祖の事業を受け継いで使者（一山一寧）を派遣し、日本の懐柔に努めたことを指しているのであろう。『元史』成宗本紀の論賛には、「成宗承二天下混一一之後、垂拱而治。可レ謂レ善二於守成一者矣。」とある。

（ハ）昂吉児之讜言。

讜言とは正しい言葉、善言といった意味である。『元史』巻一三二・昂吉児伝や日本伝によると、昂吉児は二度クビライに対して征東（日本遠征）の不可を直言している。最初は第二次遠征に対する反対意見で本文⑩がそれにあたる。二度目は第二次遠征失敗後、三度目の遠征を企画したことに対する反対意見で、注㉕にみえる。昂吉児伝には前者について、「日本不レ庭。帝命二阿塔海等一、領二卒十萬一征之。昂吉児上疏。其略曰、臣聞、兵以レ気為レ主、而上下同レ欲者勝。比者、連事二外夷一、三軍屢衂、不レ可二以言一レ気。海内騒然、一遇調発。上下愁怨。非二所謂同一レ欲也。請二罷レ兵息一レ民。不レ従。既而師果無レ功。」とある。本文⑩とほぼ同趣旨の記述であるが、注目したいのは、本文⑩には昂吉児伝の傍線部、つまりクビライは昂吉児の諫言に従わずに遠征を実施し、けっきょく失敗に帰した、という記述がないことである。『経世大典』ではクビライの責任を直接に問うような表現を避けたのか、あるいは『元史』は明人による評価を付け加えたのかも知れない。なお昂吉児伝には、「昂吉児屢為二直言一。雖二帝怒甚一、其辞不二少屈一。」とみえている。

（ニ）諸将之罪負。

将校の復命が後から帰国した兵卒（于闐）によって虚偽であることが暴かれてしまったことを指し、暴風に襲われ戦意を喪失して戦いよりも撤退を先とした将校の行動を指しているのであろう。遠征の失敗は、将校たちの責任であることを述べているかのようである。

（ホ）日本之自絶照臨。

けっきょく日本は自ら蒙古（大元）皇帝の徳化を拒絶したと結んでいる。

以上、『経世大典』日本条にみえる論賛についてながめてきた。全体として、クビライは日本に対して十分な配慮のもとに交渉を進めたが、やむを得ず遠征を実行した。しかし指揮官の不手際で敗れてしまった。世祖クビライの文武経略には何も問題はないが、不誠実な対応をとる日本、そして遠征の成果をあげることができなかった指揮官たちに大きな問題があったとする論調で一貫しているといって良いであろう。本文最後の〈日本の自ら照臨を絶つ〉という一句に凝縮されているように、蒙古（元）の有徳の皇帝礼賛に終始している。こうしたところをみると、「大蒙古国皇帝」から国字を削り、「不宣」に白字を加え、より中華王朝の皇帝にふさわしいものに改めたと考えることも、あながち無理な推測とは言えないように思われる。

六　至元十二年の大元皇帝国書

1　至元十二年の国書「大元皇帝致書于日本国王。…不宣白」と使者杜世忠

さて、『経世大典』日本条で、他の史料にみえない記事として注目されるのは至元十二年（一二七五）の国書である。『経世大典』本文⑥に「国書始書大蒙古皇帝奉書日本国王。継称「大元皇帝致書《ママ》日本国王」。末並云「不宣白」。」とある大元皇帝国書は、注㉑に「十二年、遣㆓礼部侍郎杜世忠㆒…往使。書前言「大元皇帝致書于日本国王」。後言「不宣白」。亦不来覲。」とあり、冒頭と末尾が一致することから、至元十二年（建治元・一二七五）の

杜世忠派遣の際の国書であることが知られる（クビライはこれより先、至元八年（一二七一）に国号を大元と定めている）。『元史』世祖本紀・至元十二年二月庚戌条に「遣㆓礼部侍郎杜世忠・兵部郎中何文著㆒、齎㆑書使㆓日本国㆒。」とあり、日本伝には、「十二年二月、遣㆓礼部侍郎杜世忠、兵部侍郎何文著・計議官撒都魯丁㆒、往使復致㆑書。亦不㆑報」とみえる。日本側の記録である『関東評定伝』[36]には、杜世忠のもたらした国書について、〈今の度の貢し来たる所の牒状、前の如く順い伏すべきの趣也〉と記されているが、本文そのものは伝わっていない。冒頭と末尾だけではあるが、『経世大典』の記事は貴重である。

杜世忠ら奉使の経過は次の如くである。一二七五年（建治元・至元十二・忠烈王元）正月、第一次遠征（文永の役）から帰国した東征司令官がクビライに復命した。その内容は日本伝や注⑳に「入㆓其国㆒敗㆑之。而我軍不㆑整。箭又尽、第虜㆓掠四境㆒而帰」とあるように、日本軍を敗《やぶ》ることは破ったが、ただ一部を虜略しただけで、征服には至らず、クビライには大いに不満の残る結果であった。そこで二月九日には早くも宣諭日本使に杜世忠らを任じて国書を託し、直ちに派遣したのである。杜世忠らは高麗を経て、四月十五日、長門国室津[37]に到着した。七月頃、鎌倉に向けて出発し、八月、鎌倉に到着した。しかし九月七日、幕府により、竜ノ口で処刑されてしまう。その理由について、〈永く窺覦を絶ち、攻むべからざるの策也〉（『北条九代記』）、〈永く和親を絶ち、通問せざるが為の策〉（『関東評定伝』）、「襲来の企てであるによりて返牒をつかはさず」（『異国牒状記』[38]）等とある。四年後の一二七九年（弘安二・至元十六・忠烈王五）八月、杜世忠らを日本に送り届けたまま抑留されていた高麗の梢工（船員）が、日本から高麗に逃げ帰り、杜世忠らが殺されたことを伝えると、高麗国王はこれをクビライに報告した。クビライは日本再征を決意し、ついに一二八一年に第二次日本遠征（弘安の役）が実行される。

2　致書という書式

杜世忠によって伝えられた至元十二年国書は致書式と言われる、原則として同格の者の間で交わされる書式で、早くからみられる。[39] 有名な『隋書』倭国伝にみえる「日出処天子致㆓書日没処天子㆒、无恙」云々もその一つで、煬帝が不快に思ったのは、東夷の倭国が天子を称し、「致書」などという同格の無礼な書式を用いてきたからだという説もある。[40]『宋大詔令集』に収められた宋皇帝と金皇帝や契丹皇帝（遼皇帝）との間で交わされた文書も致書式で、前掲した以外にも例えば金皇帝に対する「大宋皇帝謹致㆓書於大金皇帝㆒…各無㆓允従㆒」といったものがあり、兄弟関係に擬する契丹皇帝に対しては「兄（伯）大宋皇帝致㆓書于弟（姪）大契丹（中略）皇帝闕下㆒…不宣白」（中略部分は契丹皇帝の尊号）といった例がある。そして前掲したクビライが中統元年（一二六〇）四月七日付けで南宋皇帝理宗に送った国書も「皇天眷命、大蒙古国皇帝致㆓書于南宋皇帝㆒…不宣白。」となっている。この年の三月二十四日に皇帝位についたクビライは、四月四日に即位の詔を天下に公布し、五月十九日に中統と建元している。皇帝から皇帝へ対等の書式として致書式を採用したのであろう。

3　皇帝から国王への致書式文書

皇帝間（同格間）で用いられるという致書式のもつ意義を考えると、皇帝クビライが日本国王宛に致書式を使うことは異例のように思われる。[41] ただし皇帝から国王へ致書式が使われている例がないわけではない。拙著ではクビライ国書の起草者が参考した可能性を考えて蒙古（大元）以前の例をあげたが、以後の例もあわせてあげると次の通りである。

①「兄大女真金国皇帝致㆓書于弟高麗国王㆒。…仍遺㆓良馬一匹㆒」（『高麗史』巻一四・睿宗十二年（一一一七）三月癸

丑条)。

②「大明皇帝致㆓書高麗国王㆒。…不㆑可㆑不㆑使㆓天下周知㆒」(『高麗史』巻四一・恭愍王十八年(洪武二・一三六九)四月壬辰条)。

①は、一一一五年に金を建国し、皇帝を名乗った完顔阿骨打が高麗国王に送った国書で、契丹を共通の敵とする金と高麗は兄弟の契約を結び、和親に努めようというものである。②は一三六八年に元を北に逐った明の洪武帝(朱元璋)がすぐに高麗国王に送った国書で、翌年四月高麗に届いた。〈天下を有つの号を定めて大明と曰い、洪武と建元〉す、と元に代わって建国し、皇帝位に即いたことを伝えたものである。(42) 阿骨打が①のあと一一一八年十二月に高麗に送った国書について、『高麗史』には、「金主遣使来聘。致㆑書曰、『詔㆓諭高麗国王㆒。朕興㆑師伐㆑遼、…仍賜㆓馬一匹㆒。至可㆑領也』」(睿宗十四年(一一一九)二月丁酉条)とある。「致書曰」とあるが致書式文書ではなく、詔書式である。(43) 一方②を受け取った高麗国王は五月、直ちに元の年号を停止して明に使者を派遣し上表称臣した。これを受けて六月に明の使者が高麗の民を送還してきた。『高麗史』には、「皇帝遣㆓宦者金麗淵㆒致㆑書曰、『去年冬専使渉㆑海、…仍齎㆓紗羅各六匹、侑緘㆒。至可㆑領也。』」(恭愍王十八年六月丙寅条)と記されている。ここにも「致書」とあるが、書式は末尾の文言から詔書式とみなされる。金・明いずれも建国して最初の高麗国王宛の文書に致書式を用い、その後は皇帝が臣下に与える書式である詔書式を用いていることになる。阿骨打も洪武帝も建国から間もなく、まだ基盤が弱い時期に高麗を味方にすべく、また冊封するための準備として、丁寧な書式を用いたものと推測される。皇帝から国王への致書式が共通した環境の中で用いられていることに注目したい。

4　至元十二年当時のクビライの日本対策

このように皇帝が国王に致書式を用いることはあるが、それは建国間もない、特殊な情勢下においてのことと思われる。クビライが日本国王宛に致書式を用いた至元十二年は、クビライが大蒙古国の皇帝位に即いた一二六〇年から数えて、すでに十五年も経過している。即位以来内紛が続いてはいたものの、対立するアリク・ブガを倒し、至元と改元したのは一二六四年のことである。金や明が高麗に対して致書式を用いている環境とは異なっている。

また至元十二年（一二七五）当時のクビライの対日経略をみると、正月に第一次遠征から帰国した将校の復命を聞いたクビライは、杜世忠らを日本に派遣する一方では日本再征の準備を進めている。杜世忠の派遣と前後して、蛮子軍すなわち南宋人兵士を屯田兵として高麗に送り、九月には日本へのルートを知っているという人物が高麗に到り、さらに十月には「以㆕元将㆔復征㆓日本㆒、遣㆓金光遠㆒、為㆓慶尚道都指揮使㆒、修㆓造戦艦㆒」とあり、十一月には「元遣㆑使来、作㆓軍器㆒、以㆓起居郎金磾㆒、偕往㆓慶尚・全羅道㆒、斂㆓民箭羽・鏃鉄㆒」と見える（以上『高麗史』忠烈王元年条）。

このように、至元十二年杜世忠らに国書を持たせて派遣した頃には再征の準備を着々と進めていた。そして国書の内容はと言えば、〈前の如く順い伏すべきの趣〉（『関東評定伝』）で、服属を求めるこれまでの国書と変わるところはない。至元十二年当時に致書式を日本国王宛に使う環境にクビライはあったとは思えないのである。八年後の至元二十年（一二八三）にクビライが日本に送った国書は、君主（皇帝）が臣下へ命令を下す詔書式を用いている。(44) なぜ至元十二年の段階で詔書式を用いなかったのか不可解である。

5　クビライ国書の書式の変遷

一二六〇年に宋皇帝宛に対等の「致書」式を用いたクビライは、一二六六年の最初の日本国王宛には明らかに上長に献ずる「奉書」式を用い、さらに一二七五年には宋皇帝に対すると同じ「致書」式を用い、一二八三年には皇帝の命令文書である「詔書」式を用いている。[45] このようにクビライの国書の書式は一定せず、奉書↓致書↓詔書という変遷をたどっている。朝貢・服属を強く求める日本国王宛にどうして「奉書」「致書」といった書式を採用したのか、なぜ「詔書」式を用いなかったのか、理解に苦しむところである。[46] 唐・宋にいたる漢文書式にみえる用法・用語とは異なった解釈によるのか、[47] あるいはモンゴル語文書を漢語に翻訳する際の問題なのか、[48] 不明ではあるが不可解である。蒙古（元）の古文書学及び政治制度史などの全体から考察を加える必要があるであろう。

6　至元十二年国書と大徳三年テムル国書

至元十二年国書について、果たして当時致書式を用いる環境にあったか疑問があることを述べたが、そこで注目したいのは、すでに何度か触れているテムルの日本国王宛国書である（文書一覧18）。「上天眷命、大元皇帝致書日本国王…不宣。」とあり、至元十二年の国書と一致している。クビライを継いだテムルは日本が仏教を尊崇していることとから、僧侶（一山一寧）を使者とする配慮をみせている。おそらくテムルにとって最初の国書であるので致書式を用いたのであろう。ただし『経世大典』では本文⑫の総括で成宗の持盈（世祖の偉業を維持すること）をあげ、⑪と注㉙で一山一寧の遣使について述べているものの、国書には全く触れていない。以上のようなクビライの対日経略の状況とテムル国書との一致から、『経世大典』の伝える至元十二年国書は、大徳三年テムル国書と混同している可能性もあるのではなかろうか。[49]

むすび

以上、クビライが最初に日本に送った至元三年国書について、本文の確定を主として考察を加えてきた。その結果、すでに周知のことではあるが、宗性本は二つの誤脱字はあるが、台頭・平出も含めて、原国書の体裁を今に伝えているとみて間違いなく、あらためて宗性本の信頼性と価値を確認することができたと思う。あわせてクビライ国書の検討に重要な意味を持つ『元文類』所引『経世大典』日本条の全体について検討を加えた。『経世大典』は元人自身による記録であるだけに貴重であり、他にみられない記事もある。これまで部分的に取り上げられるだけの史料であったが、全体の研究が必要と思われ、特に至元十二年国書については考証を試みた。モンゴルの文書については、漢文とモンゴル文翻訳の問題をはじめ、さまざまな課題があることはいうまでもないが、取りあえず筆者の気付いたことについてまとめ、大方のご批正を乞う次第である。

注

（1）　蒙古襲来を中心とする、日本と蒙古（元）関係についての研究は数多い。こうした先行研究を参考に、筆者は『「武家外交」の誕生』（NHK出版、二〇一三年）を刊行した（以下、拙著と略称する→本著作集第四巻所収）。拙著はもともとNHKEテレ番組「さかのぼり日本史」（二〇一二年十二月放映）の内容を一般向けにまとめた書物であるため、考証を省略しているところが多い。そこで補足の意味を込めて順次論文として発表していきたいと考えており、本論文もその一つである（補注）。なお、蒙古（元）・高麗と日本との間で交わされた文書については、本稿末に一覧表を掲げた。以下においては文書一覧○と表記する。本論文では文書一覧1の至元三年国書と13の至元十二年国書について主に考察を加える。

（補注）　この他、本年（二〇一四）三月刊行の『中央史学』三七に「年未詳五月十四日付源頼朝袖判御教書案についてー―島津荘と日宋貿易――」を発表した↓本書所収。

（2）　近年、モンゴル文の皇帝聖旨（詔書）や命令文書の研究が進み、クビライ国書についても多くの研究があるが、本稿に直接関連する研究として、舩田善之「日本宛外交文書からみた大モンゴル国の文書形式の展開――冒頭定型句の過渡的表現を中心に――」（『史淵』一四六、二〇〇九年）をあげておきたい。なおクビライの時期のモンゴル情勢については、杉山正明『クビライの挑戦――モンゴル海上帝国への道』（朝日新聞社、一九九五年）、同『モンゴル帝国の興亡』上下（講談社現代新書、一九九六年）、同『モンゴルが世界史を覆す』（日経ビジネス人文庫、二〇〇六年）、同『疾駆する草原の征服者』（講談社、二〇〇五年）等参照。

（3）　高麗使潘阜書状（文書一覧3号）の宛先は「明府閣下」となっており、大宰府の責任者を指している。当時事実上の責任者は前大宰少弐武藤資能で、『師守記』貞治六年五月九日条には、「筑紫少卿入道(資能)以二飛脚一進二牒状於関東一云々」とある。一方、身延文庫蔵『金剛集』第一二「雑録」には、資能の子息経資が国書を受け取ったとする記述がある。すなわち、

文永五年正月一日、…自二蒙古国一状、(脱アラン)筑前国大宰府ニ。彼状豊前之新左衛門尉経資(武藤)請取、大田次郎左衛門長盛并伊勢法橋二人ヲ以被レ進二六波羅一。彼使者ヲ以被レ進二関東一。自二鎌倉一佐々木対馬守氏信・伊勢入道行願二人ヲ以被レ進二公家一。於二仙洞一菅宰相長成卿被レ召読二条(牒カ)状一也。

とある。そこで実際に潘阜から国書を受け取ったのは資能で、幕府への送達をはじめとする対応は親父資能が差配したとみられる。坂井法曄「日蓮の対外認識を伝える新出資料」（『金沢文庫研究』三一一、二〇〇三年）、新井孝重『蒙古襲来』（吉川弘文館、二〇〇七年）一〇～一一頁、朱雀信城「至元八年九月二十五日付趙良弼書状について」（『年報　太宰府学』二、二〇〇八年）等参照。

（4）　以上、標点本『元史』一「出版説明」参照。

（5）　『元文類』については、古松崇志「修端「弁遼宋金正統」をめぐって――元代における『遼史』『金史』『宋史』三史編纂の過程――」（『東方学報（京都）』七五、二〇〇三年）、周雪根「《国朝文類》研究争議」（『江西師範大学学報（哲学社会科学版）』四二―四、二〇〇九年）等参照。

（6）『元文類』『経世大典』『元史』等の関係については、浅見倫太郎「元ノ経世大典並ニ元律」一・二（『法学協会雑誌』四一―七・八、一九二三年）、市村瓚次郎「元朝の実録及び経世大典に就きて」（箭内亘『蒙古史研究』〈刀江書院、一九三〇年〉、羽田亨『駅伝雑考』〈東洋文庫、一九三〇年〉、王慎栄「《元史》諸志与《経世大典》」〈『社会科学輯刊』一九九〇年二期〉、金インホ「麗末鮮初六典体制の成立と展開」〈韓国『東方学志』一一八、二〇〇二年〉、元高麗紀事研究チーム『訳注　元高麗紀事』〈韓国サンイン社、二〇〇八年〉、渡辺健哉「『羅氏雪堂蔵書遺珍』所収「経世大典輯本」について」〈『集刊　東洋学』一〇三、二〇一〇年〉等参照。

（7）国学基本叢書本と四庫全書本では人名表記の違い（例えば阿剌罕を阿勒哈、昂吉児を昂吉爾とするなど）の他、文字にも若干の異同がある。

（8）武田幸男編訳『高麗史日本伝』上・下（岩波文庫、二〇〇五年）解説ならびに下巻〔伝〇〇五・〇〇六〕参照。

（9）学習院東洋文化研究所本所収末松保和「高麗史節要解説」参照。

（10）平岡定海『東大寺宗性上人の研究並史料』中巻（日本学術振興会、一九五九年）に写真が掲載されている。なお平岡氏は宗性本が国語資料としても貴重であることを指摘されている。

（11）身延文庫蔵『金剛集』（注3前掲）に「於二仙洞一菅宰相長成卿被レ召読二条(牒カ)状一也。」とみえる。この他、文永八年の高麗牒状（実は三別抄牒状）の場合、『吉続記』文永八年九月三日条に、「高麗牒状事、於二仙洞一有二評定一。《帥卿奉行》。関白殿…左大弁宰相(藤原資宣)等也。左大弁読二申牒状二通一。《菅宰相依二辞退一也。》」、五日条に、「参内。藤翰林茂範祗候。被レ召二御前一、被レ読二牒状二通一。無二停滞一読申之。牒状之旨趣、明日於二仙洞一、可レ有二評定一云々。帥卿奉行也。面々被レ書二賦牒状一云々。」とあり、それぞれ藤原資宣、藤原茂範か読み上げている。

（12）張東翼「一二六九年「大蒙古国」中書省の牒と日本側の対応」（『史学雑誌』一一四―八、二〇〇五年）。なお植松正「モンゴル国国書の周辺」（『史窓』六四、二〇〇七年）には読み下し文を収める。

（13）第一群所収「贈蒙古国中書省牒」「贈高麗国牒」は彰考館編『本朝文集』に収められており、その末に「以二一乗院御門主本一写之」とある。水戸光圀の命によりのちの『大日本史』編纂のための史料蒐集が進められていた時期で、『異国出契』もおそらく彰考館による蒐集史料の一つと思われる。『本朝文集』については、飯田瑞穂「『本朝文集』解題」（『古代史籍の研究』上「飯田瑞穂著作集」二、吉川弘文館、二〇〇〇年。初出一九七一年）参照。

(14) 新訂増補国史大系所収。飯田瑞穂（注13前掲論文）参照。

(15) 国立公文書館内閣文庫所蔵。函号：一八四函二六五号・一冊。

(16) 西田長男「八幡愚童訓」（『群書解題』第六、続群書類従完成会、一九六二年）及び『寺社縁起』（「日本思想大系」岩波書店、一九七五年）解説四九二～四九三頁、参照。

(17) 『八幡愚童訓』の諸写本については小野尚志『八幡愚童訓諸本の研究　論考と資料』（三弥井書店、二〇〇一年）参照。同書二四二頁に後崇光院（一三七二～一四五六）宸筆巻物切（「高麗開国以来…不宣／至元三年八月」）の写真（図版a）が掲載されている。

(18) 杉山正明『モンゴル帝国の興亡』下（注2前掲）一二〇～一二一頁。

(19) 杉山正明『モンゴル帝国の興亡』上（注2前掲）四三頁。

(20) なお文永八年に来日した趙良弼が国書の副本提出に際してしたためた書状（文書一覧10）にも、その冒頭には「大蒙古国皇帝差来国信使趙良弼」と記している。また至元二十九年高麗国王国書（文書一覧17）には「大元国皇帝陛下」といった表現がある。ただし大徳三年テムル国書（文書一覧18）には「大元皇帝」とある。

(21) 趙和平『敦煌写本書儀研究』（新文堂出版公司、民国八二年）、周一郎・趙和平『唐・五代書儀研究』（中国社会科学出版社、一九九五年）等参照。

(22) 「叢書集成新編」第三五冊所収。実例は『司馬光集』第二冊・巻五八～六三「書啓」（四川大学出版社、二〇一〇年）にみることができる。なお、元泰定元年（一三二四）刊『新編事文類要啓劄青銭』（続修四庫全書）「萬金家書門」等にも「温公書儀」を参考にした例が挙げられている。

(23) 同じテムル国書は『元史』巻二〇・成宗本紀・大徳三年三月癸巳条にも掲載されているが、冒頭と末尾は省略されている。

(24) 高麗国王国書の写しは金沢文庫等に所蔵されている（文書一覧17）。

(25) 『元文類』巻四〇所引『経世大典』君事篇・帝制に、「国朝以二国語一訓勅者、曰二聖旨一。史臣代言者、曰二詔書一」とみえる。

(26) 杉山正明『モンゴル帝国の興亡』下（注2前掲）一二一～一二二頁、舩田善之（注2前掲論文）四～五頁、参照。

（27）「祖宗」を台頭にする例に、遇目したところでは、「皇慶制科取士詔」（劉応李輯『新編事文類聚翰墨全書』（続修四庫全書）庚集巻二・詔誥門）、「勅賜興元閣碑」（松川節「『勅賜興元閣碑』モンゴル文面訳註」（『内陸アジア言語の研究』二三、二〇〇八年）等がある。

（28）平岡定海注10前掲書。

（29）区夏をクキと読んでいるようであるが、その読みの由来は分からない。

（30）長成は道真の子孫で為長の子。この時散位非参議従二位であった。後深草・亀山天皇の侍読を務め、文章博士・大学頭等を歴任している（『尊卑分脈』）。なお訓読方法に博士家の家ごとに特色があることについては、良く知られている。菅原家の訓読の特徴については、小林芳規『平安鎌倉時代に於ける漢籍訓読の国語史的研究』第五章第三節第四項「菅原家の訓法の特徴」（東京大学出版会、一九六七年）参照。ちなみに宗性は為長・長成父子と親しい交流をもっていた（太田次男「東大寺宗性の『白氏文集要文抄』について」『斯道文庫論集』四、一九六五年、一〇六～一〇七頁）。

（31）池内宏『元寇の新研究』（東洋文庫、一九三一年）九〇頁、参照。

（32）金方慶と洪茶丘の対立については、新井孝重『蒙古襲来』（吉川弘文館、二〇〇七年）一三五～一三九頁、参照。筆者も拙著において、〈官軍整はず〉という表現から金方慶と洪茶丘の対立とする趣旨を述べた（三六頁）。

（33）以上、文帝の書については、小川環樹・西田太一郎著『漢文入門』（岩波全書、一九五七年）二〇八～二一八頁に訳注と解説がある。なお詩文の文体を説いた明の徐師曽編『文体明弁』（一五七三年刊）巻二一「国書」にも採用されている。慰労詔書については、中村裕一『唐代制勅研究』（汲古書院、一九九一年）第二章、同『隋唐王言の研究』（汲古書院、二〇〇三年）第一章第四節参照。

（34）「威嚇文言」とは、命令・指示の遵守を求め、もし背いた場合は罰が与えられるといった内容の言葉で、「命令に背く理不尽な事ごとをおこなわないように」といった穏やかなものから、「命令に従わなければ手足を奪う」といった実力行使をほのめかせるものまで、さまざまな表現が用いられている。松川節「大元ウルス命令文の書式」（『待兼山論叢』二九、一九九五年）、堤一昭「大元ウルス高官任命命令文研究序説」（『大阪外国語大学論集』二九、二〇〇三年）一八四頁、等参照。

一二四六年、ローマ教皇インノセント四世にグユク汗（定宗）が送った書翰には、「私たちの命令に背いたならば、私たちはあなたを敵とみなそう」といった表現がみられる（海老澤哲雄「グユクの教皇あてラテン語訳返書について」（『帝京史学』一九、二〇〇四年、六五頁）。したがって、こうした威嚇文言は常套句であり、問題としているクビライ国書の用兵云々も、「モンゴル側にとってごく普通の文言に過ぎなかった可能性さえ存する」（堤一昭前掲論文一八四頁）とされている。たしかに常套句ではあるかも知れないが、実行を伴い、決して形式的なものではなかった。例えば『元史』巻二一〇・緬国伝を見ると、緬国王宛て至元十年（一二七三）二月（補注）のクビライ詔書では、朝貢を求めた上で、「至レ若レ用レ兵、夫誰所レ好。王其思レ之」と結んでいる。日本国王宛の「以至レ用レ兵、夫孰所レ好。王其図レ之」とほぼ同文である。緬国王はクビライの要求に従わなかった。そのためついに一二八七年に滅ぼされてしまう。日本に対しても同様で、クビライからの二度目の国書にあたる日本国王宛至元六年六月日付中書省牒（文書一覧5）には、「若猶負レ固恃レ険、謂レ莫二我何一、杳無レ来則、天威赫怒、命レ将出レ師、戦舸萬艘、径圧二王城一。則将有レ噬レ臍、無レ及二之悔一矣。利害明甚、敢布二之殿下一。唯〔惟カ〕殿下、寔重図レ之。」とまで記し、それでも返事を得られないと知るや、日本遠征の準備を進め、やがて実行するのである。異国（四夷）に対する威嚇文言は国内向けとは質が異なるように思われる。

（補注）拙著九二頁ではクビライ国書の日付を誤って「一二七五年（至元十二）」と引用した。訂正させていただく。

（35）この頃の日元貿易については、榎本渉「初期日元貿易と人的交流」（宋代史研究会編『宋代の長江流域』汲古書院、二〇〇六年）参照。国家として対立する状況にあっても海商の往来が続いたが、交戦の影響はあり、一二八一年に杭州にいる宋（元）僧西澗子曇が鎌倉の禅僧に宛てた書状には、《去秋の船、風波定まらず、只だ両隻の到る有るのみ》とみえる。わずか二隻だけと述べていることは、例年はもっと多く日本からの貿易船が訪れていたことを思わせるという。

（36）『関東評定伝』は「群書類従」補任部（第四輯）に収める。

（37）拙著二一頁において、長門国室津に現在の「山口県上関町」と注記したが、「山口県下関市」の誤りであることを森茂暁氏よりご指摘いただいた。訂正するとともに、森氏に御礼申し上げる。

（38）『異国牒状記』については、拙論「『異国牒状記』の基礎的研究」（『中央大学文学部紀要』史学五四、二〇〇九年→本書所収）参照。

(39)　中村裕一注33前掲書、中西朝美「五代北宋における国書の形式について――「致書」文書の使用状況を中心に――」(『九州大学東洋史論集』三三、二〇〇五年) 等参照。

(40)　中村裕一『唐代制勅研究』(注33前掲) 九七〇～九七一頁。

(41)　五代十国の時代に五代の皇帝が十国の「国主」宛に致書式を用いている例は多くみられる (注39前掲中村・中西論文参照)。ただし十国の国主と外夷の国王では異なること、言うまでもない。なお、大宝二年 (七〇二) に入唐し、養老二年 (七一八) に帰国した日本の遣唐使坂合部大分が、「皇帝敬致書於日本国王」とする書をもたらしたという (『善隣国宝記』上・鳥羽院元永元年条)。また『異国牒状記』には「文武天皇慶雲二年、唐牒状にいはく、皇帝書を日本国の王に致すとかく。返牒なし」とある。慶雲「二年」は遣唐使粟田真人が帰国した「元年」の誤りか、あるいは「慶雲」が「養老」の誤りか、いずれかと考えられるが、どちらにしても、当時の唐皇帝がこれほど破格の書式を日本国王宛に用いるか疑問はある。クビライの時代をずっとさかのぼる史料であるが、参考のために記しておきたい。『善隣国宝記』については、田中健夫編『訳注日本史料　善隣国宝記　新訂続善隣国宝記』集英社、一九九五年)、『異国牒状記』については注38拙論参照。養老・慶雲の国書については、田中健夫・石井正敏「古代日中関係編年史料稿」(『遣唐使研究と史料』東海大学出版会、一九八七年) 及び森公章『遣唐使と古代日本の対外政策』(吉川弘文館、二〇〇八年) 四二～四四頁、窪田藍「『異国牒状記』所載の「牒状」について――「文武天皇慶雲二年」の「牒状」の解釈を中心として――」(『東アジア世界史研究センター年報』五、二〇一一年) 等参照。

(42)　同時に日本等にも使者を派遣し、即位を告げているが、日本国王宛には詔書式が用いられている。『明実録』洪武二年二月辛未条、参照。

(43)　『高麗史』に「致書曰」として引用されている文書が必ずしも致書式文書を指すわけではないことについては、森平雅彦「高麗王とモンゴル官府・官人の往復文書」(『モンゴル覇権下の高麗』名古屋大学出版会、二〇一三年。初出二〇〇九年) 参照。

(44)　クビライが至元二十年 (一二八三) に王君治らを派遣した際に託した国書が『善隣国宝記』上に収められており (文書一覧15)、詔書式である。王君治らは日本に向かう途中で遭難し、引き返したため、日本には伝わらなかった。翌年にも王積翁らが、おそらく同じ国書 (文書一覧16) を携えて日本に向かったが、対馬まで来たところで内紛が起こり、帰途についており、日本に届くことはなかった。

(45) この間、至元五年九月に再度黒的らが派遣されたが、対馬まできたところで争いとなり、現地住人二名を連れて引き返してしまった。したがってこの時の国書（文書一覧４）は日本に届かず、内容・書式ともに不明である。ついで至元六年六月付で中書省牒（文書一覧５）を送り、翌年十二月には趙良弼に国書（文書一覧９）を託して日本に派遣している。『元史』日本伝に、「書曰、『蓋聞王者無外、…王其審図之』」とあるだけで、冒頭と末尾が略されており、書式は不明である。杉山正明氏は、「上天眷命／大蒙古国皇帝奉書／日本国王。蓋聞王者無外。…王其審図之。不宣」と、奉書式とする復元案を示されている（『モンゴルが世界史を覆す』（注２前掲）三四〇頁）。

(46) 舩田善之氏は「君臣関係がなかったとはいえ、「奉書」という表現は、ランク下の国王宛てとしては破格の敬意表現である」。クビライがカーン位を「固めてまもない段階、そして皇帝を戴く南宋や情勢定まらぬ高麗をにらんでいた段階であった。かかる状況の下、日本と初めての交渉を試みるにあたって、相手に敬意を表す「奉書」を採ったのは自然な選択であったといえよう」「本文書の起草者（あるいは翻訳者）は、日本の反発を回避して円満な外交関係が構築できるように、破格の「奉書」形式を採用したと考えられる」とした上で、「フビライは「奉書」形式の採用を認識していたか、という疑問を提起しておきたい」（七頁）と発給の過程について言及し、フビライに「「奉書」のニュアンスがきちんと伝わっていたかどうか極めて微妙であろう。」とされている（注２前掲論文七〜八頁）。

(47) 至元六年六月日付中書省牒状（文書一覧５）は、本論文注34で触れたように、服属を迫り、従わなければ大軍を派遣して王城を襲うとまで述べながら、末尾は「謹牒」と結んでいる。上意下達の場合、唐（『唐令拾遺』公式令牒式条）・宋（『司馬氏書儀』巻一・公文・牒式条）の書式では「故牒」とするところである。日本でも令に明文はないが、唐の書式に準じて「故牒」が使用された。元においても『元典章』巻一四・吏部八・行移に、「不二相統摂一」（所管・被管関係にない）官司間における牒式の規程があり、例えば「三品於二四品・五品一並今故牒」（田中謙二『田中謙二著作集』第二巻、汲古書院、二〇〇〇年、三八一頁参照）と、三品が四品・五品に対する場合は「故牒」とするとされている。中書省牒における「謹牒」という末尾は、クビライ国書の「奉書」と同じく、不可解な用法と言わざるを得ない。

至元三年八月に最初のクビライ国書が使者に託された二ヵ月後にあたる、『元史』世祖本紀・同年十月丁丑（十八日）条に「更二勅牒旧式一。」とある。公式文書の書式が改定されたというのであるから、この頃は書式をはじめ文書行政システムが整備段階にあったという事情、あるいはモンゴル文を漢文に翻訳する際の問題などがあるのかも知れない（舩田善之（注2前掲論文）参照）。また『元史』日本伝に「良弼将レ往、乞レ定下与二其王一相見之儀上。廷議与二其国一上下分未レ定。且無二礼数可レ言。上従レ之。」とあり（『元文類』所引『経世大典』注④も参照）、日本・日本国王をどのように位置づけ、扱うべきかが未確定といった事情も、書式が一定しない背景にあるのかも知れない。なお『元文類』にみえる「不宣白」の注「不臣之也」とは「臣下としては扱わない」ということであるが、だからといって「対等」を意味しているわけではなく、高麗のように冊封関係を結んでいないということで、上下関係であることは言うまでもない。

(48)　蒙古（元）における、蒙漢両語に通じた書記や通訳（通事）については、宮崎市定「元朝治下の蒙古的官職をめぐる蒙漢関係」（『宮崎市定全集』一一、岩波書店、一九九二年。初出一九六五年）参照。

(49)　拙著では、「杜世忠らの国書と大徳三年の国書を混同している可能性が高い。したがってクビライが杜世忠に託した国書の書式は明らかにできないとすべきであろう」（三二頁）とした。しかしこれはやや性急な結論であった。本文のように修正し、混同の可能性を指摘するにとどめておきたい。

【蒙古（元）・高麗・日本外交文書一覧】

凡例：文書の日付が明らかに知られるものは「年月日付」とし、使用年月日に傍線を付した。

文書を託した使者の派遣による場合は「年月日頃」とした。

本文が伝えられている場合、その冒頭と末尾を示した。

本文は不明であるが、内容が分かる場合は、それを摘記した。

出典については本文を参照。

1、一二六六年（蒙古至元三・高麗元宗七・日本文永三）八月日付
クビライ国書：「上天眷命、大蒙古国皇帝奉書日本国王。…不宣」
出典：『元史』世祖本紀・『高麗史』・宗性本ほか（『鎌倉遺文』九五六四）
備考：高麗使潘阜が伝える。

2、一二六七年（至元四・元宗八・文永四）九月日付
高麗元宗国書：「高麗国王王禃　右　啓、季秋向闌、伏惟大王殿下、…拝覆。日本国王左右」
出典：『高麗史』・宗性本・『異国出契』（『鎌倉遺文』九七七〇）
備考：高麗使潘阜が伝える。

3、一二六八年（至元五・元宗九・文永五）正月日付
高麗使潘阜書状：「啓　即辰。伏惟明府閤下、…不宣。拝覆」
出典：宗性本・『異国出契』（『鎌倉遺文』九八四五）
備考：潘阜が1・2を提出した際の文書。

4、一二六八年（至元五・元宗九・文永五）九月頃
クビライ国書：内容不詳
出典：『元史』日本伝

5、一二六九年（至元六・元宗十・文永六）六月日付
備考：使者黒的らが対馬で引き返し、日本に届かず。

蒙古中書省牒：「大蒙古国皇帝洪福裏、中書省牒日本国王殿下。…謹牒。右牒日本国王殿下」
出典：『異国出契』
備考：6とともに、高麗使金有成らが伝える。張東翼「一二六九年「大蒙古国」中書省の牒と日本側の対応」（『史学雑誌』一一四―八、二〇〇五年）、植松正「モンゴル国国書の周辺」（『史窗』六四、二〇〇七年）、森平雅彦「高麗王とモンゴル官府・官人の往復文書」（『モンゴル覇権下の高麗』名古屋大学出版会、二〇一三年）等参照。

6、一二六九年（至元六・元宗十・文永六）己巳八月日付
高麗按察使牒：「高麗国慶尚晋安東道按察使牒日本国太宰府守護所。…牒具如前。事須（脱アラン）。謹牒」
出典：『異国出契』
備考：5に同じ。

7、一二七〇年（至元七・元宗十一・文永七）正月日付
日本太政官牒：「日本国太政官牒蒙古国中書省。…今以状牒。牒到准状。故牒」
出典：『本朝文集』（『鎌倉遺文』一〇五七一）
備考：菅原長成作。幕府が同意せず、使者に交付されず。

8、一二七〇年（至元七・元宗十一・文永七）二月日付
日本大宰府守護所牒：「日本国太宰府守護所牒高麗国慶尚晋安東道按察使。…今以状牒。牒到准状。故牒」
出典：『本朝文集』（『鎌倉遺文』一〇五八八）
備考：菅原長成作。幕府が同意せず、使者に交付されず。荒木和憲「文永七年二月日付大宰府守護所牒の復元――日本・高麗外交文書論の一齣――」（『年報　太宰府学』二、二〇〇八年）、高銀美「太宰府守護所と外交」（『古文書研究』七三、二〇一二年）等参照。

9、一二七〇年（文永七・元宗十一・至元七）十二月頃
クビライ国書：冒頭・末尾は省略されているが、本文は「蓋聞、王者無外、…王其審図之」
出典：『元史』日本伝
備考：使者趙良弼が伝えた。

10、一二七一年（至元八・元宗十二・文永八）九月廿五日付
蒙古使趙良弼書状：「大蒙古国皇帝差来国信使趙良弼、…伏乞照鑒」
出典：東福寺文書（『鎌倉遺文』一〇八八四）
備考：9の国書副本提出に関連する文書。西尾賢隆「モンゴル襲来前夜の日元交渉の一面――趙良弼と大応――」（『中世の日中交流と禅宗』吉川弘文館、一九九九年）、朱雀信城「至元八年九月二十五日付趙良弼書状について」（『年報　太宰府学』二、二〇〇八年）等参照。

11、一二七一年（至元八・元宗十二・文永八）
高麗三別抄牒：本文不詳。「韋毳者無遠慮」「遷宅江華近四十年、被髪左衽聖賢所悪、仍又遷都珍島」といった文言があり、「件牒状趣、蒙古兵可来責日本、又乞糴、此外乞救兵歟」という内容であったという。
出典：「高麗牒状不審条々」（東京大学史料編纂所蔵）、『吉続記』文永八年九月条
備考：9・10の趙良弼ら来日の前に届いた。石井正敏「文永八年の三別抄牒状について」（『中央大学文学部紀要』史学五六、二〇一一年→本書所収）参照。

12、一二七二年（至元九・元宗十三・文永九）四月七日頃
高麗元宗国書：内容不詳。「植（高麗国王王禃）致書於日本国王。使通好天朝」
出典：『元高麗紀事』二月十三日条、『元史』高麗伝、『高麗史』元宗十三年四月甲午条
備考：趙良弼が帰国に伴いクビライのもとに到った「日本使」（実際は少弐氏の派遣するところ）が二月に元を離れて高麗に向かい、高麗国王が康之邵・張鐸らに送還させる際に託した国書。

13、一二七五年（至元十二・忠烈王元・建治元）二月頃
クビライ国書：「大元皇帝致書于日本国王…不宣白」
出典：『元文類』所引『経世大典』日本条
備考：使者杜世忠がもたらす。

14、一二七九年（至元十六・忠烈王五・弘安二）
大宋国牒：本文不詳。「可通好之趣也。無其儀者、令責日本歟云々」（『師守記』）、「如伝聞者、宋朝為蒙古已被打取。日本是危、自宋朝被告知之趣歟」（『勘仲記』）といった内容であった。

出典：『師守記』貞治六年五月九日条、『勘仲記』弘安二年七月二十五日条
備考：宋の降将范文虎・夏貴らが宋朝名義で送った。使者は周福ら。『元史』世祖本紀に関連する記事がみえる。

15、一二八三年（至元二十・忠烈王九・弘安六）八月頃
クビライ国書：上天眷命、皇帝聖旨。諭日本国王。…朕其禍福之変、天命識之故詔示。想宜知悉」
出典：『善隣国宝記』上
備考：使者王君治ら途中で遭難し、日本に届かず。田中健夫編『訳注日本史料　善隣国宝記　新訂続善隣国宝記』（集英社、一九九五年）、西尾賢隆「元朝国信使寧一山」（『中世の日中交流と禅宗』吉川弘文館、一九九九年）等参照。

16、一二八四年（至元二十一・忠烈王十・弘安七）四月頃
クビライ国書：内容不明（15と類似するか）
出典：『善隣国宝記』上
備考：使者王積翁ら対馬から引き返し、日本に届かず。15の備考参照。

17、一二九二年（至元二十九・忠烈王十八・正応五）十月日付
高麗忠烈王国書：「皇帝福廕裏、特進上柱国開府儀同三司駙馬高麗国王王眶謹奉書于日本国王殿下…不宣。再拝」
出典：金沢文庫文書（『鎌倉遺文』一八〇四〇）
備考：耽羅に漂着した日本人を元に送り、クビライの命により日本に送還する際に、使者金有成らに託した国書。村井章介「東アジア地域の交流」（『週刊朝日歴史　百科　日本の歴史』歴史の読み方5、朝日新聞社、一九八九年）参照。

18、一二九九年（大徳三・忠烈王二十五・正安元）三月付
テムル（成宗）国書：「上天眷命、大元皇帝致書于日本国王…不宣」
出典：金沢文庫文書（『鎌倉遺文』一九三二四）
備考：使者一山一寧がもたらす。西尾賢隆「元朝国信使寧一山」（『中世の日中交流と禅宗』吉川弘文館、一九九九年）参照。

8　文永八年来日の高麗使について
――三別抄の日本通交史料の紹介――

はじめに

蒙古の、いわゆる日本招諭の直接的な行動は、西暦一二六六年（日本文永三・高麗元宗七・蒙古至元三）に世祖が黒的・殷弘らを、当時蒙古の藩属国的立場にあった高麗に派遣して、日本招諭の嚮導をなすべき旨を高麗王に命じたことに始まる。(1)これ以後、蒙古は高麗を仲介として、日本の来貢を促すための使節を日本に派遣し、高麗もまた蒙古の意を受けて、単独に、あるいは蒙古使と同伴して、使節を日本に派遣し、これに応じた。こうした蒙古・高麗両国使の来日、および文永・弘安の役に至る経過、等については諸先学によって明らかにされているので詳細はそれらに譲ることとし、(2)ここでは文永八年（西暦一二七一・高麗元宗十二・元至元八）に来日した高麗使について考えてみたい。

一

さて、『吉続記』文永八年九月二日条に、

高麗牒状到来事　晴、参内、関東使随身高麗牒状、向西園寺大納言(實兼)許、亜相参院申入云云、[3]

とあり、高麗牒状が鎌倉の幕府を経て京都の朝廷へ伝えられたことが知られる。この牒状を日本に齎らした高麗の使節は、ちょうどこの頃、これとは別箇に来日した蒙古使節趙良弼らの例（九月十九日、筑前国今津に来着。[4]十月二十三日、鎌倉を経て京都に牒状が伝えられた[5]）から考えて、一ヵ月ほど前の七月末以前に、おそらくは博多附近に来着したものと思われる。

この後、朝廷では高麗牒状をめぐって評定が続けられるが、牒状の内容については、『吉続記』同年九月四日条に、

件牒状趣、蒙古兵可来責(責来イ)日本、又乞糶、此外乞救兵歟、就状了見区分、

とあることによって、わずかにその一端が知られるのみで、その全文は伝わらない。そして、これによって、蒙古が日本に攻めてくることを伝えたことは明白に読みとれるが、[6]「乞糶、此外乞救兵歟」については、この前後の高麗・蒙古の動静から考えて、一体誰が〈糶ヲ乞〉い、〈救兵ヲ乞フ〉のか理解できず、当時の人々もまた判断が容易でなかったことが〈状ニ就テ了見区分〉とあることによって推察される。

さて、朝廷では評定の結果、咒願文作成が決定されたが、その辞句をめぐって問題が生じたことを伝えた『吉続記』同年九月二十三日条以降においては、この高麗使また牒状について何の記事も見えず、返牒の有無を始め、どのように処理されたのか明らかにできない。一方の幕府側の対応も、九月十三日附で「蒙古人可襲来之由、有其聞之間、所下遣御家人等於鎮西也」[7]に始まる御教書が出されたことを知るのみである。

このように、今回の高麗使・同牒状に関する日本側の史料は少なく、朝鮮・中国両史料には全く伝えられていない。そのため、彼らの来日目的等は不明とする他にないのであるが、池内宏氏は、当時の高麗・蒙古の動静、および前述の日本側諸史料に基いて、次のように推察されている。

趙良弼の渡海に先だち、高麗から予め其の事を報ずる使者の差遣せられたことを推知し得る。〇中略趙良弼の渡来に先だった高麗の使者は、蒙古襲来の風聞を伝へたにちがひなく、それは上に引いた吉続記の文に「件牒状趣、蒙古兵可来責日本歟」云々とあるのを見ても明かである。さて、高麗は漫然かういふ使者を我が国に遣はしたのではあるまい。世祖の日本征伐の計画は、屯田経略使の設置となって現はれたが、いよ〳〵征伐が実行せらるるならば、さなきだに疲弊してゐる高麗は、過重なる負担の為めに、殆んど窮地に陥らねばならぬ。此の難局に際して活路を開かうとすれば、我が国を動かして蒙古の意を迎へしめる外、他に途はない。問題の使者の派遣は之を目的としたものではあるまいか。さうして趙良弼の一行の出発は、高麗の希望に依って暫くの間見はされたのではあるまいか。[8]

このように池内氏は推測されている。そしてこの見解は現在に至るまで踏襲されており、通説と理解してよいであろう。但しこの見解では、問題の高麗牒状の内容、つまり高麗使来日の目的を伝える唯一の史料である前掲『吉続記』文永八年九月四日条の中の「蒙古兵可来責日本」の箇所については一応説明されているが、後半の「乞糴、此外乞救兵歟」という部分には触れられていない。

これに対し、根本誠氏は前掲の『吉続記』の記事について、

> ここに蒙古兵とあるものは、高麗が蒙古の日本侵攻を告げたものと解すべきである。ただ最後の文がわからない。〇中略更に敢て判読すれば、主要問題のあとにこのような要求が書かれていたのかも知れない。即ち第二問題として食糧を売ってくれとか、救援の兵を頼むとかこれである。若しそうだとすればこの高麗は政府軍ではなくて、反乱軍であったろう。[9]

と述べ、問題の使節は、その頃猖獗を極めていた高麗三別抄の反乱軍からのものであろう、と推測し、論を展開されている。

このように、文永八年度の高麗使に関しては、大別して二つの見解があるが、ともに史料上の制約により、わずかに前後の状況から推測を加えられているにとどまっているということができるであろう。

二

ところで、史料編纂所保管文書の中に「高麗牒状不審条々」なる一葉の文書がある。まず本文を示すと左のごとくである（口絵参照、括弧内の註、句読点、等は説明の便宜上、私に附したものである）。[10]

「高麗牒状不審条々
一、以前状文永五年、揚蒙古之徳、今度状文永八年、韋毳(改行、下同ジ)／者無遠慮云々、如何、
一、文永五年状、書年号、今度、不書年号事、
一、以前状、帰蒙古之徳、成君臣之礼(×義)云々、今状、遷宅江／華近四十年、被髪左衽聖賢所悪、仍又遷都／珎嶋事(×云々)、
一、今度状、端ニハ不従成戦之思也、奥ニハ為蒙被使／云々、前後(×如何)相違如何、
一、漂風人護送事、
一、屯金海府之兵、先廿許人、送日本国事、
一、我本朝統合三韓事、
一、安寧社稷待天時事、
一、請胡騎数万兵事、
一、達兕旒許垂寛宥事、
一、奉贄事、
一、貴朝遣使問訊事、」

本文書は十二ヵ条から成るが、文永八年（西暦一二七一・高麗元宗十二・元至元八）度の高麗牒状を文永五年（西暦一二六八・高麗元宗九・蒙古至元五）度の同牒状と比較して、不審に思われる箇所を抄出したものであることが知られる。すなわち、文中〈以前ノ状〉と称されるものが文永五年度牒状であることは第一・二条から分かり、一方の〈今度ノ状〉が文永八年度牒状であることは第一条によって明らかであるが、それはまた第三条に〈今状、江華ニ遷宅シテ四十年ニ近シ〉とあるこ

とによっても確認される。つまり、高麗が蒙古の圧力を避けて、開京から江華島へ遷都したのは、一二三二年（日本貞永元・高麗高宗十九・蒙古太宗四）のことであり、[11]それから文永八年（一二七一）まで〈四十年ニ近シ〉という表現と合致するのである。

このように、本文書の第一～三条は、文永八年に齎らされた高麗牒状を、これより先文永五年に伝えられた同牒状[12]と比較して、その不審に思われる箇所を書き出したものであり、第四条以下は文永八年度の牒状の中で注意すべき箇所を抄出したものであることが知られる。[13]そして、この文永八年度の高麗牒状とは、前掲の『吉続記』にみえる高麗牒状と同一のものと考えてよいと思われ、[14]これまで『吉続記』の記事以外に全く知られていなかった文永八年度の高麗牒状に関する事実が伝えられている点で、本文書は貴重な史料というべきであろう。

さて、「高麗牒状不審条々」を通覧して気づくのは、文永八年度の牒状において、蒙古に対する非難・中傷が明らさまに述べられていることである。

まず、第一条には〈韋毳ハ遠慮ナシ〉とある。この「韋」は〈なめしがわ〉、「毳」は〈けおりもの・けがわ〉の意であり、「韋毳」とは蒙古を指称するものとみてよいであろう。また、第三条には〈被髪左衽ハ聖賢ノ悪ムトコロ〉とある。説明の要もないであろうが、「被髪・左衽」とは〈夷狄ノ俗[15]〉を意味し、蒙古を指すことは疑いなく、そしてそれは〈聖賢ノ悪ムトコロ〉であると述べているのである。

このように、蒙古を「韋毳」「被髪・左衽」等と間接的に指称し、蒙古に対する非難・敵意が強烈に表現されていることがまず注目されるであろう。特に、第一・三条に記しているように、文永五年度の牒状（注12参看）の場合に、高麗は蒙古に臣事していること、蒙古王は立派な人物である、故に日本もその徳化に浴するようにと勧めていること、等が牒状全篇に亘って述べられているのと比較すると、まことに好対照と言わざるを得ない。

そして、もし今度の牒状が通説のごとく蒙古使の来日に先立ってそれを知らせるものであれば、その内容が早晩蒙古側に漏れることは十分予測できる筈であり、高麗朝廷が蒙古の圧力を考慮せずに敢えてこのような表現を用いた牒状を日本に送るとは考えにくい。むしろ、文永五年度の牒状のように、蒙古への入貢を日本に勧めることが高麗にとって最善の方法と考えられるのであって、蒙古に対する警戒心を煽るような牒状は逆効果と思われる。したがって、今度の牒状を、蒙古の意を体して高麗朝廷が送ったものとするには、疑問が抱かれる。

そこで、あらためて文永八年度牒状の主体、出された背景、等について、当時の高麗における情勢の検討を通じて考察してみたい。すでに触れたように、高麗にあっては、この頃三別抄の乱で国内が混乱している時期にあたっているのである。

三

さて蒙古の高麗侵入は一二三一年（日本寛喜三・高麗高宗十八・蒙古太宗三）に始まったが、翌年高麗では防衛のために、都を開京から、漢江・臨津江等の河口にあり天然の要害である江華島に遷した。これに対して蒙古は、しばしば開京へ還都するよう督促を加えたが、高麗朝廷は三別抄を中心として抵抗を続け、この勧告に従わなかった。この頃、首都防衛軍として活躍し、反蒙古勢力の中心となっていたのが三別抄である。しかし、蒙古の還都要求は止まず、高麗朝廷がなかなかこれに応じないため、侵略を繰り返した。そのために受けた高麗の被害は甚大であった。こうした事態の中で一二六〇年（日本文応元・蒙古中統元）に即位した高麗元宗は、親ら蒙古皇帝世祖の許に入朝して、対蒙古関係の改善・侵略阻止を企り、その帰途、蒙古の要求を容れて還都を決め、これを江華島に伝えた。時に一二七〇年（日本文永七・高麗元宗十一・蒙古至元七）五月のことである。ところが、この決定が明らかになると、反蒙古感情の強い三別抄はこれに従おうとせず、六月一日には将軍裴仲孫・指諭盧永禧らを指導者として反し、王族の承化侯温を王に擁立し、官府を署置した。いわゆる三別抄の乱の勃発である。このように、国王を推戴し、政府機関を設置していることは、「三別抄の叛乱が単なる暴動でなく、蒙古に屈服した旧国王、旧政府を否認し、新しい独立政府の樹立をめざすものであったことを示(16)」している。彼ら三別抄は、江華島内の戦艦を悉く集め、公私の財貨および蒙古へ入朝した元宗の帰国を迎えるために島を出ていた臣僚の子女らを載せて南下し、八月には全羅南道の珍島に拠点を構えた。こうした三別抄の反軍に対し、高麗朝廷は蒙古の援軍を得て討伐を策したが成らず、逆に三別抄は周辺諸地域を侵略し、強大な勢力を誇っていた。しかし、翌一二七一年（日本文永八・高麗元宗十二・元至元八）五月十五日に元（蒙古、コノ年国号ヲ元ト改ム）の洪茶丘を中心とする討伐軍により壊滅的な打撃を受け、承化侯温は殺され、裴仲孫もこの時戦死したらしい。わずかに金通精なるものが余党を率いて耽羅（全羅南道済州島）に逃れたが、彼らも一二七三年（日本文永十・高麗元宗十四・元至元十）四月に平定され、三年に亘る三別抄の乱も終焉を迎えたのである(17)。

以上、三別抄の乱を中心に、当時の高麗の情勢を概観してきたが、文永八年（一二七一）高麗の牒状が齎らされたのが、ちょうどこのように高麗国内が混乱している時期にあたることは注意すべきであろう。

四

さて、こうした高麗情勢を念頭において「高麗牒状不審条々」を読みかえしてみると、その第三条が注目される。そこには、〈前回の状（文永五年度牒状）は「蒙古ノ徳ニ帰シ、君臣ノ礼ヲ成ス云々」と述べている。一方今回の状（文永八年度牒状）には、江華島に遷都して約四十年経った。しかし、被髪・左衽つまり夷狄蒙古（の風俗）は聖賢の嫌悪するところである。そこでまた珎島（珍ト通用、下同ジ）に遷都した、と記している。〉とある。つまり、文永八年度牒状に〈珎島ニ遷都ス〉と記されていることである。前述のように、一二七〇年（文永七）還都決定に従わない三別抄の裴仲孫らは王族を擁立して江都に反し、さらに南下して珍島に拠点を設けたのである。すなわち〈珎島ニ遷都ス〉と述べるのは、決して正規の高麗朝廷ではなく、珍島に拠った三別抄側の表現と考えるのが最もふさわしいと思われる。

また、第二条には〈文永五年度の牒状には年号を記しているが、今度のものにはそれを記していない。〉とある。朝鮮半島に興亡した歴代の王朝は、一部一時期独自の年号を用いた例もあるが、ほとんどは冊封関係にある中国の王朝の年号を原則として使用している。高麗の場合も、この頃は、文永五年度の牒状に、「我国臣事蒙古大朝、稟正朔、有年于茲矣、」とあり、末尾に「至元四年九月日　啓」と記しているように、蒙古の年号を用いている。[18] このように他国の年号を用いることは、自らがその国の附庸国という立場にあることを明示するものである。ところが、文永八年度の牒状には年号を記していないという。これはとりもなおさず独立の意志表示であり、したがって蒙古と強く結ばれていた高麗朝廷からの正式の牒状とは考え難い。一方、これを三別抄の反軍からのものと考えれば、十分にうなずかれるであろう。つまり、三別抄は蒙古を侵略者として敵視しており、反乱を起こし、独立政府を樹立した後にあって、蒙古の年号を使用することは到底考えられないのである。

以上のように、文永八年度牒状において、蒙古に対する非難・敵意を表明していること、年号を記していないこと、そして〈珎島ニ遷都ス〉と表現されていること、等により、今回の使節ならびに牒状は、すでに根本氏が推測されたように、正規の高麗朝廷からのものではなく、珍島に拠点を構えた三別抄からのものと考える。それはまた根本氏の論拠とされた『吉続記』の記事を以て裏付けとすることができよう。すなわち、前引の〈糶ヲ乞フ、此ノ外、救兵ヲ乞フカ、〉という部分である。『元史』巻七・世祖本紀至元八年正月丙戌条に、

高麗安撫阿海、略地珎島、与逆党遇、多所亡失、中書省臣言、諜知珎島、余糧将竭、宜乗弱攻之、詔不許、

令巡視険要、常為之備、

とあり、珍島の三別抄側に食糧が十分でなかったことを知ることができる。文永八年度牒状が三別抄からのものであるとすれば、食糧の補給を求め、且つ蒙古を討つためと称して救援兵を要請したことも十分に了解されるであろう。

五

これまで、主に「高麗牒状不審条々」の第一〜三条に検討を加え、文永八年度高麗牒状は正規の高麗朝廷からのものではなく、珍島に拠点を構えた三別抄から送られてきたものに相違ないことを述べてきたが、本文書の他の条文については、記述が簡単であるので、種々の推測は可能であるが、字面以上に文意を具体的に明らかにすることは困難である。ただ、その中の二・三について取り上げておきたい。

まず、第四条であるが、本条の「不従成戦」は、〈従ハザレバ戦ヲ成ス〉と読んで、蒙古の日本に対する威嚇を伝えたもので、『吉続記』に〈蒙古兵、来リテ日本ヲ責ムベシ〉とあるのと関連して考えるべきかと思われるが、〈戦ヲ成スニ従ハズ〉と読んで、蒙古の日本攻撃に従わない旨を示したものと理解することも可能であろう。しかし、「為蒙被使」の部分に恐らく誤脱があるものと思われ、訓釈共に明らかでないため、「前後相違」とする理由が分からず、全体の文意を理解することができない。

次に、第六条には〈金海府に駐屯する兵士を、まず二十許人日本に送る〉とある。この金海府（慶尚南道）に駐屯する兵士とは、高麗兵のことではなく蒙古兵のことで、今度の高麗使——実は三別抄の使——と前後して来日した趙良弼ら一行の訪日の情報を伝えたものと思われる。すなわち、蒙古世祖は一二七〇年（日本文永七・高麗元宗十一・蒙古至元七）十二月、第五回目の日本招諭のための使節趙良弼と共に忽林赤らの諸将を高麗に赴かしめたが、その時の高麗王への詔書に、

〇上略遣少中大夫秘書監趙良弼充国信使、期於必達、仍以忽林赤・王国昌・洪茶丘将兵、送抵海上、比国信使還、姑令金州等処屯駐、所需粮餉、卿専委官赴彼、逐近供給、并鳩集金州旁左船鑑於金州需待、無致稽緩匱乏。(19)

とあり、世祖は、趙良弼の日本に使して還る間、その発船地である金州（金海府）に忽林赤らの率いる蒙古兵を駐屯せしめることを伝え、高麗にその助力を命じているのである。この後、蒙古兵の金州駐屯に関する史料が散見する。おそらく本条の〈金海府ニ屯スルノ兵〉とは、この金州駐屯蒙古兵を指すものであり、〈先ヅ廿許人、日本国ニ送ル〉とは、趙良弼ら遣日使一行を駐屯兵の中の一部と伝聞して、三別抄がこれを日本に伝えたものであろう。というのは、実際の趙良弼ら一行の来日人数は「百余人」(20)と伝えられており、もし高麗朝廷の正規の報告とすれば余りに不正確であり、一方珍島の三別抄が情報を伝えたものと考えれば納得できるであろう。(21)

また、第七・八条は、三別抄が蒙古の侵略にあくまで抵抗し、高麗を復興するという理念・憂国の情を述べたもので、三別抄が極めて強い民族意識に支えられていることを示し、独立政府を自任していたことを窺うに足る格好の史料と言えよう。

末尾の第一二条は、情況の実見のための使節派遣を日本に要請したものでもあろうか。

むすび

以上、「高麗牒状不審条々」という文書の検討を中心に、文永八年来日の高麗使ならびにその齎らした牒状について考察を加えてきた。その結果、それは正規の高麗朝廷からのものではなく、還都に反対して決起し、珍島に拠った三別抄から送られたものであった、[22]ということは明らかにし得たと思う。この点については、すでに触れたように、根本氏が指摘されているのであるが、何分にも『吉続記』の記事のみによって推測を加えられていたにすぎなかったので、余り注目を集めるところとはなっていなかった。[23]しかし、この文書によって、同氏の推測を裏付けると共に、後考に俟つべきことが多いが、その遣使の背景等について具体的に把握することができるようになったと考える。

すなわち三別抄は、蒙古の来貢命令に従わない日本を同志と頼み、救援を求めるため、高麗王を詐称して[24]——勿論、独立政府を自任する三別抄側には詐称の意識はなかったであろうが——使者を派遣し、牒状を送った。その牒状においては、蒙古を非難し、敵対するものであることを表明して日本の援助を期待し、食糧の補給、あるいは援兵等を要請したのであろう。そして、何よりも蒙古襲来の風聞を盛り込み、日本に恐怖感を抱かせ、味方に引きつけようとしたのではあるまいか。それはあたかも彼らが江都に反した時の行動、すなわち『高麗史』巻一三〇裴仲孫伝に、

○上略仲孫与夜別抄指諭盧永禧等作乱、使人呼於国中曰、蒙古兵大至、殺戮人民、凡欲輔国者、皆会毬庭、須臾国人大会、

と伝えられている方法と軌を一にするものと言えるのではあるまいか。

私はこのように三別抄の日本への遣使事情を推測する。(25) しかし残念なことは、これに対する日本側の応待が明らかでなく、三別抄の意図が那辺まで通じたか不明とする他にないことである。おそらく日本側では牒状の内容を的確に理解することができず、結局この前後の例と同様に返牒の沙汰には及ばなかったのではなかろうか。(26)

いずれにせよ、これまで文永八年（一二七一）度の高麗使・同牒状については『吉続記』以外に史料がなかったため、推測に頼る面が多かったのであるが、「高麗牒状不審条々」なる一葉の文書には、この問題に関する未知の事実が伝えられており、蒙古襲来前夜の日・麗・蒙（元）関係のみならず三別抄の乱について考察する上でも、本文書のもつ意義は極めて大きいと言うことができるであろう。しかし、それは筆者の能く論ずるところではない。今はこの史料を紹介するにとどめる次第である。

注

（1）『元史』巻六・世祖本紀至元六年八月丁卯条、同書巻二〇八高麗伝、等参照。なお『元史』は「百衲本二十四史」所収本に拠る。

（2）川添昭二氏『蒙古襲来研究史論』（雄山閣、一九七七年）巻末文献目録、参照。

（3）『吉続記』は『増補史料大成』所収本に拠り、『勧修寺家旧蔵記録』・『進献記録抄纂』等所収本を参考にした。

（4）『五代帝王物語』（『群書類従』帝王部、所収）続群書類従完成会本第三輯、四四九頁。

（5）『吉続記』文永八年十月二十三日条。

（6）あるいは、蒙古使が来日して、日本の来貢しないことを問責する意味かとも思われるが、後掲の関東御教書には「蒙古人可襲来之由」云々とみえるので、これは蒙古の日本侵攻の意図を伝えたものとしてよいであろう。

（7）『二階堂文書』・『小代文書』所収、文永八年九月十三日附関東御教書。

（8）池内宏氏『元寇の新研究』㈠（東洋文庫、一九三一年）一〇一〜二頁。

（9）根本誠氏「文永の役までの日蒙外交――特に蒙古の遺使と日本の態度――」（『軍事史学』五、一九六六年）五九〜六〇頁。なお、池内・根本両氏の参照された『吉続記』には「蒙古兵可来責日本歟、糴此外歟、救兵歟」とあったごとくである（山田安栄氏『伏敵篇』（吉川半七、一八九一年）所引本もほぼ同様であり、あるいは両氏ともに『伏敵篇』に拠られたのかとも想像される）ので、一層文意を的確に判断し難かったのであろう。

（10）なお、初め他の文字を書き、その上に重ねて書いた文字には、左傍に・を附し、初めに書かれた文字が判読可能の場合には、右傍に×を冠して註した。

（11）『高麗史』巻二三高宗十九年六月乙丑条。なお『高麗史』は国書刊行会刊活字本に拠り、延禧大学東方学研究所刊影印本を参考にした。

（12）文永五年度高麗牒状は、宗性上人の筆写にかかるものが、現在東大寺尊勝院に伝えられている。左のごとくである。

「高麗国王王禃
右　啓、季秋向闌、伏惟
大王殿下、起居万福、瞻企瞻企、我国臣事
蒙古大朝、禀正朔、有年于玆矣、
皇帝仁明、以天下為一家、視遠如邇、日月所照、咸仰其徳化。今欲通好于
貴国、而
詔寡人云、海東諸国
日本与高麗為近隣、典章政理、有足嘉者、漢唐天下、亦或通使中国、故遣書以往、勿以風濤険阻為辞、其旨厳
切、玆不獲已、遣朝散大夫尚書礼部侍郎潘阜等、奉
皇帝書前去、且
貴国之通好中国、無代無之、況今
皇帝之欲通好
貴国者、非利其貢献、但以無外之名、高於天下耳、若得

貴国報音、則必厚待之、其実与否、既通而後、当可知矣、其遣一介之使、以往観之何如也、惟
貴国商酌焉、拝覆
日本国王左右、
　至元四年九月　日　　啓

なお、平岡定海氏『東大寺宗性上人之研究並史料』中巻（丸善、一九五九年）巻末写真、および竹内理三氏『鎌倉遺文』古文書編第十三巻（東京堂、一九七七年）九七七〇、等参照。

(13) 但し、前掲文永五年度牒状を参照して考えると、ここにみえる全てが牒状からの忠実な引用ではなく、取意文である可能性も考慮しておく必要があろう。なお、「高麗牒状不審条々」は、写しではなく、原本であると思われる。それは、文字の改訂が、筆者（官務か局務に関係ある人物であろう）自身による第一次的な訂正と認められるからである。しかし、これが文永八年当時に記されたものか、後のものであるかについては、俄には決し難い。

(14) 前述の『吉続記』の記事以外に高麗使の文永八年度来日を伝える史料はなく、また後述するように、内容上からも『吉続記』の記事との間には密接な関連がある。

(15) たとえば、『論語』憲問篇集註に「被髪左衽、夷狄之俗也、」とみえる。

(16) 旗田魏氏『元寇』（中央公論中公新書、一九六五年）八五頁。

(17) 以上、三別抄の乱を中心とする高麗の情勢については旗田氏前掲書、池内宏氏「高麗の三別抄について附三別抄の叛乱」（『史学雑誌』三七―九、一九二六年、のち『満鮮史研究』中世第三冊（吉川弘文館、一九六三年）に収む）、金庠基氏「三別抄와그의乱에就하야」（一）～（三）（『震檀学報』九・一〇・一三巻、一九三八～四一年、のち『東方文化交流史論攷』（ソウル：乙酉文化社、一九四八年）に収む）、等参照。

(18) 高麗を始め、朝鮮半島における年号使用の状況については、藤田亮策氏「朝鮮の年号と紀年」（上）（下）（『東洋学報』四一―二・三、一九五八年、のち『朝鮮学論考』（藤田先生記念事業会、一九六三年）に収む）、参照。

(19) 『元史』巻二〇八高麗伝・至元七年十二月条。『元高麗紀事』（『広倉学宭叢書』甲類第二集、所収）によれば、十二月二日のことである。

(20) 同前注4。

(21) すなわち、蒙古人使節団は二十余人で、他は日本へ彼らを到達させるために高麗が同伴させた者と考えることもできよう。

(22) 文永八年度牒状には「遷都珎島」とあるが耽羅へ遷ったことについては何も書かれていないようである。したがって、今回の牒状は三別抄の珍島在島時代、つまり文永八年五月中旬以前に認められ、次いで日本に送られたものと考えるべきであろう。もしそうであるとすれば、使節は五月ないし六月に来日したが、調査のため、大宰府にでも暫く留めおかれたものでもあろうか。

(23) 最近、蒙古襲来研究史をまとめられた川添昭二氏は、根本氏の指摘を紹介し、「右の記事（『吉続紀』を指す――引用者註）は、今後さらに検討を加えらるべきである」と述べておられる。（同氏前掲書二二六頁）。

(24) 同様の事例として、『高麗史』巻二六元宗十一年八月丙戌条に、「三別抄入拠珍島、侵掠州郡、矯帝旨、令全羅道按察使督民収穫、徙居海島」とあるのを挙げることができる。

(25) 根本氏も、この使節を三別抄からのものとした上で論じておられるので、参照されたい（前掲論文）。

(26) たとえば、この後約一〇〇年を経た南朝正平二十二年・北朝貞治六年（西暦一三六七・高麗恭愍王十六）に来日した高麗使の齎らした牒状について審議された際の記録が『師守記』・『異国牒状事』などにみえる（『大日本史料』第六篇之二十八・正平二十二年貞治六年五月二十三日条、参照）。その外国からの来牒に対する返牒の有無などの先例を列挙した中には、この前後の使節については言及しているものの、文永八年度の高麗使については全く触れられていない（趙良弼らのことは記されている）。あるいは、これが高麗の正使ではなく、謂わば「賊徒」からのものであることが後刻明らかになった故に、除外されたものかとも考えられる。

9　文永八年の三別抄牒状について

はじめに

筆者が、東京大学史料編纂所に保管されている「高麗牒状不審条々」と題する一葉の文書が、文永八年（一二七一）に送られてきた「高麗牒状」が実は高麗朝廷に反旗を翻し、珍島に拠点を構えた三別抄政府からの牒状であることを示す重要な史料であることに気づき、同文書を紹介する論文を発表したのは一九七八年三月のことであった。(1) まもなく村井章介氏（一九八二）が三別抄の乱について詳細に検討された論文の中で、本文書も取り上げられ、その意義を明らかにされた。一方、反蒙古の英雄三別抄に関する具体的な史料ということで、特に韓国の方々の関心を惹いたようで、いち早く金潤坤氏（一九八一）によって取り上げられ、やがて尹龍爀氏（一九八五）によって拙論が翻訳されるに至った。以後、本文書は三別抄研究のみならず蒙古襲来（元寇）関係論著では必ず取り上げられる史料となった。日本では私の紹介論文（以下、旧稿と称する）と村井氏論文を利用する形で論及されるが、韓国では両論文を参考に、本文検討をはじめ、各条の解釈をめぐって専論もあらわれている。しかしながら、「高麗牒状不審条々」の記述が断片的で、内容について解釈の難しい部分もあり、見解が分かれているところも少なくない。筆者の旧稿は副題に「三別抄の日本通交史料の紹介」と付したように、「高麗牒状不審条々」の紹介を中心としたものであるので、詳しい検討や考察は示していない。そこでこれまでの日韓両国における研究史と論点を踏まえて、現在考えていることについて述べてみることにしたい。なお引用史料や文献における中略は…、割注は《》をもって示し、韓国語文献については翻訳して引用したが、誤訳に基づく誤解をおそれ、その原文を【原文1~29】として巻末に収めた。

一　三別抄牒状に関する基本史料

三別抄牒状に関する基本史料は、「高麗牒状不審条々」と『吉続記』(2)である。そこでまずこれらを示しておくことにしたい。なお「高麗牒状不審条々」の釈文については若干の異見もあるが、それについては各条検討の際に紹介することとして、旧稿における筆者の釈文を示す。なお異体字は通用の字体に改めた。

【史料1】「高麗牒状不審条々」

高麗牒状不審条々

一、以前状《文永五年》、揚蒙古之徳、今度状《文永八年》、韋毳者無遠慮云々、如何

一、文永五年状、書年号、今度、不書年号事

一、以前状、帰蒙古之徳、成君臣之礼云々。今状、遷宅江華近四十年、被髪左衽聖賢所悪、仍又遷都珍島事

一、今度状、端ニハ不従成戦之思也、奥ニハ為蒙被使云々、前後相違如何

一、漂風人護送事
一、屯金海府之兵、先廿許人、送日本国事
一、我本朝統合三韓事
一、安寧社稷待天時事
一、請胡騎数万兵事
一、達兇旒許垂寛宥事
一、奉贄事
一、貴朝遣使問訊事

【史料2】『吉続記』文永八年九月条

二日癸亥、晴、参内、関東使随二身高麗牒状一、向二西園寺大納言《（実兼）》許一。亜相参院申入云云、

三日、晴、…高麗牒状事、於二仙洞一有二評定一。《帥卿奉行》。関白殿、…左大弁宰相等也。左大弁読二申牒状二通一。《菅宰相依二辞退一也。》

四日、晴、不二出仕一。件牒状趣、蒙古兵可三来責二日本一、又乞レ糴、此外乞二救兵一歟。就レ状了見区分。

五日、晴、参内。藤翰林茂範祗候。被レ召二御前一、被レ読二牒状二通一。無二停滞一読二申之一。牒状之旨趣、明日於二仙洞一可レ有二評定一云々。帥卿奉行也。面々被レ書二賦牒状一云々。

六日、丁卯、晴、藤翰林入来。牒状間事、有二相談事一。貼字事、此字釈以レ物為レ質。然者其儀《（ママ）》不レ叶二道理一。若書写之誤歟。貼《テム》ノ字歟。然者可レ叶二道理一歟。此字釈、窺視也。如二唐韻所見一者、貼字釈、典也。字釈区分。如二唐韻一者、可レ叶二其儀《（ママ）》一歟。玄《此字釈本ハシメト可レ読之由申レ之。或タカヒ（〇シハ）、此

説協レ理云々》。此等条々可二和讒一之由申レ之。

〔校注〕六日条の貼・貼字は〈此の字釈「窺視」也〉とあるので、「覘」の写誤とみなければならない。『説文』に「覘、闚視也」とある。

七日、晴、参院。…今日高麗牒状事有二評議一。参仕人々《関白、…左大弁》菅八座読二申牒状一。左大弁先日不二読居一云々。大丞日来無二稽古之名誉一。人以不二信用一。

二　三別抄牒状の内容

「高麗牒状不審条々」は文永八年（一二七一）九月に鎌倉を経て朝廷に届いた高麗牒状を、これより先文永五年（一二六八）に送られてきた高麗牒状と比べて（補注1）不審に思われる記述や文言を箇条書きにしたもので、全部で一二箇条から成っている。これによれば、文永八年牒状には、「韋毳者無遠慮」「遷宅江華近四十年、被髪左衽聖賢所悪、仍又遷都珍島」「不従成戦之思也」「為蒙被使」「漂風人護送」「屯金海府之兵、先廿許人、送日本国」「我本朝統合三韓」「安寧社稷待天時」「請胡騎数万兵」「達旒許垂寛宥」「奉贄」「貴朝遣使問訊」等の文言が記されており、『吉続記』九月六日条によれば、他に「覘」字が記されていたことが知られる。（補注2）そして全体としては、「蒙古兵可三来二責日本一、又乞レ糴、此外乞二救兵一歟」と理解される内容であったという。（補注3）その詳細については下文で検討するが、蒙古を非難する内容で、「高麗牒状不審条々」の第三条に「遷都珍島」とあることによって、文永八年九月に朝廷に届いた牒状が、「高麗」牒状とはいうものの、実際には珍島に拠点を構えた三別抄政府からのものであることは明らかである。なお『吉続記』によれば、仙洞ならびに内裏の評定等に際して「牒状二通」が読み上げられたという。二通で考えられるのは、①差出者が高麗（三別抄）と蒙古、②宛先が（イ）朝廷と大宰府、（ロ）朝廷と幕府（将軍）、③文永五年度牒状と今回の牒状、となるが、①は考えがたく、②③についても他に手がかりがないので何とも判断できない。この点については後考に俟つことにとして、今回の牒状（三別抄牒状）が三別抄政府で作成され、日本に送られてくるまでの経緯について、まず考えておくことにしたい。

三　三別抄牒状の作成時期

三別抄牒状の内容を理解する上では、牒状の作成時期を把握しておくことが重要である。そこで検討の参考に資するため、三別抄の叛乱前後の時期の出来事を年表に示すと、次の如くである。

〔略年表〕

○一二七〇年（高麗元宗十一・蒙古至元七・日本文永七）

二月　十六日　（蒙）高麗国王元宗・世子諶ら、燕京を発し、帰途につく。

五月二十七日　（高）元宗、江華島から開京への還都と三別抄軍の廃止を指令。

六月　一日　（高）三別抄の将軍裴仲孫ら、元宗の命令に従わず、王族の温を王とする政権を樹立。

〃　三日　（高）三別抄、江華島を離れて南下。

八月　一日　（高）世子諶を蒙古に遣わし、上表して裴仲孫（三別抄）の叛乱を告げる。

八月　十九日　（高）三別抄、珍島に到り拠点とする。

十一月　三日　（高）三別抄、耽羅を陥す。

〃　　是月　（蒙）高麗に屯田経略使司を設け、金州等に分屯させる。
十二月　一日　（蒙）趙良弼を日本国信使に充てる。
〃　　二十日　（高）世子諶、蒙古より帰国。高麗が南宋・日本と通じているとの疑いをただす等の世祖の詔数通をもたらす。元宗、そのうち叛賊の帰属を促す詔を朴天澍に持たせて三別抄のもとに遣わす。
○一二七一年（元宗十二・至元八・文永八）
正月　六日　（高）朴天澍ら珍島に到る。三別抄、朴天澍を宴慰する一方、兵を使わして官軍を襲う。世祖の詔は〈我を諭すに非ず〉として受け取らず、朴天澍を追い返し、同行者を抑留。
〃　　十二日　（高）高麗国王、書を中書省に送り、屯田経略使設置の中止を求める。
〃　　十五日　（高）蒙古の日本国信使趙良弼ら四〇人高麗に到る。世祖の詔を伝える。
〃　　二十二日　（高）朴天澍、珍島より開京に還る。
〃　　二十五日　（高）朴天澍を蒙古に遣わす。
三月　　三日　（高）経略使忻都ら高麗に到り、日本経略のための屯田経営に着手。
三〜四月　（高）三別抄首領裴仲孫、蒙古と内属について交渉。結局拒否される。
四月　十四日　（高）忻都ら、珍島の三別抄軍追討を世祖に求め、許される。
五月　十五日　（高）蒙古忻都・金方慶ら、珍島の三別抄を攻撃。温、殺される。金通精ら三別抄の余党、済州島（耽羅）に逃れる。
七月　　是月　（日）この頃、三別抄の使者、来日。牒状を伝える。

九月　二日　（日）三別抄牒状、鎌倉を経て京都に届く。この日、院に伝える。
〃　六日　（高）趙良弼ら、開京を発し、金州に向かう。ついで日本に向かう。
九月　十三日　（日）幕府、蒙古襲来に備えるべき旨の御教書を発給。
九月　十九日　（日）趙良弼ら日本人弥四郎らを同行して筑前国今津に到る。
十月二十三日　（日）趙良弼の牒状、鎌倉を経て京都に届く。
○一二七三年（元宗十四・至元十・文永十）
四月　是月　（高）耽羅の三別抄、蒙古金方慶・忻都らに攻められ、平定される。

1　既往の見解

三別抄牒状は文永八年（一二七一）九月二日に幕府を経て京都の朝廷に届いている。相前後して来日した趙良弼の例を参考にすると、(3) 三別抄の使者は七月以前に博多に来着しているとみられる。ところがこの年の五月十五日には珍島の三別抄政府は蒙古軍の攻撃を受けて壊滅的な打撃を受け、耽羅（済州島）に逃れている。「高麗牒状不審条々」には「遷都珍島」とはあるが、耽羅に関する記述はない。したがって牒状が珍島時代に作成されたものであることは間違いない。つまり五月十五日以前の作成となる。それではいつ頃のことであろうか。これまでの議論であまり注意されていないが、具体的に論じられている村井章介氏（一九八二）、羅鐘宇氏（一九九六）ならびに李領氏（一九九九）の説を紹介すると次の如くである。

まず村井氏は、「牒状が蒙古への露骨な敵意にみちていることからみて、一―2（下文参照―石井）に述べた三別抄の内紛が反蒙古派の勝利におわった時期、つまり珍島陥落の直前に、討伐軍の行動をみすえながら書かれた、と推測する。」（二八六頁注71）とされている。

次に羅氏は、「筆者は送った時期を同年四月頃と見ることができるのではないかと考えている。なぜならば、その時は三別抄の珍島政府が全羅道と慶尚道沿岸を掌握し、朝廷から派遣された軍隊も撃破して、自信感を得ており、珍島の三別抄政府は人をして蒙古の将帥忻都に密議したことがあったが、珍島に来てくれと言うほどであった（『高麗史』巻二七・元宗十二年四月）。すなわち、開京政府を除いて独立した政府としての態度を見せている。」（八六頁注43　原文1）と述べられている。

そして李領氏の見解を要約すると次の如くである。

①蒙古側の最後通牒ともいえるクビライ（世祖）の詔書を持参した朴天澍が、珍島に到着した正月庚午（六日）から、五月に珍島で三別抄が敗れる時までの間に書かれて、日本に送られた。

②この間、三〜四月にかけて三別抄の大将軍劉存奕に率いられた部隊が金州を中心とする近隣地域を攻撃していることが注目される。珍島から遥か離れた地域での活動は、単なる食糧確保の軍事作戦ではなく、対日通牒の伝達とともに元寇の阻止を目的とした、意図的な行動である。この部隊は二月癸卯（九日）に、全羅道と慶尚道の境界に位置した長興府兆陽県にあらわれ、東側の金州地域に移動したものとみられる。

③すなわち、対日通牒を持参した三別抄の機動部隊は、すでに二月癸卯日に珍島を出発したのであるが、その対日通牒の内容が三別抄によって擁立されて、珍島基地で最期を迎えた国王承化侯温を含む大将裴仲孫などとの討議、あるいは許可を得たはずだと考えれば、対日通牒はクビライの詔書を珍島に持ってきた朴天澍が帰京した正月丙戌日から二月癸卯日の間に作成されたものと考えることができる。

このように李領氏は正月二十二日から二月九日までに作成されたと主張されている（一〇〇頁〜一〇二頁）。尹龍爀氏（二〇〇九）も李領氏説を支持されているようである（一七六頁）。

　諸氏いずれも三別抄の行動を分析した上での結論であるが、筆者は村井氏の見解を妥当と考える。まず李氏の説のように、重要な外交文書を携行した使節が、各地を経略しながら、日本に向かったということは考えがたい。三別抄政府の存亡に関わる「救兵」を求める文書を届ける使者であれば、目的地（大宰府）に直行するとみるのが自然であろう。三別抄軍の金州を含む慶尚道南辺の経略と関連させて、正月から二月頃に作成されたとする意見には従いがたい。また「自信感」にある中で認（したた）められたとする羅氏の説は如何であろうか。羅氏も村井氏と同じく蒙古側（忻都）との交渉に注目するが、牒状作成の時期については村井氏説のように陥落直前とみるべきであろう。

2　作成の時期

　村井氏が注目する「三別抄の内紛」とは、三別抄政府の実力者である将軍裴仲孫が蒙古側に妥協案（内属）を提示したが拒絶されたという出来事である。[4] その関係史料を引用すると、次の如くである。

○『元史』巻七・世祖本紀・至元八年条

二月甲辰（十日）、…命二忽都答児一、持レ詔、招二諭高麗林衍余党裴仲孫一。

三月己卯（十六日）、中書省臣言、「高麗叛臣裴仲孫乞二諸軍退屯、然後内附一。而忻都未レ従二其請求一。今願、得二全羅道一以居、直二隷朝廷一。詔以三其飾レ詞遷二延歳月一、不レ允。

四月壬寅（九日）、高麗鳳州経略司忻都言、叛臣裴仲孫、稽二留使命一負固不レ服。乞下与二忽林赤・王国昌一分レ道進討上。従レ之。…命二高麗一、簽レ軍征二討珍島一。

○『高麗史』巻二十七・元宗世家十二年条

四月丁未（十四日）、追討使金方慶報、珍島賊、使レ人告二忻都一曰、有二密議一請三官人暫臨二小島一。忻都曰、我不レ受二帝命一、何敢入。賊又請下具二酒殺一来饋上、乃許レ之。忻都奏レ帝曰、叛臣裴仲孫、稽二留使命一負固不レ服。乞下与二忽林赤・王国昌一分道追討上。帝従レ之。

五月癸亥朔、洪茶丘領レ兵討二珍島一。丁丑（十五日）、金方慶・忻都・茶丘、熙・雍等率二三軍一討二珍島一大破レ之、斬二偽王承化侯温一。賊将金通精率二余衆一竄二入耽羅一。

珍島三別抄政府の首領裴仲孫が妥協策を指揮官忻都を通じて蒙古側に提案して拒否されたという経緯を知ることができる。特に、〈密議有り、官人暫く小島に臨まんことを請ふ〉と、裴仲孫は忻都に珍島を訪ねるよう求めている。しかしその提案は拒絶された。一方、「高麗牒状不審条々」第十二条によれば日本宛三別抄牒状に「貴朝遣使問訊」とあったという。「貴朝」とは日本で、日本に珍島への使者派遣を求めているとみてよいであろう。裴仲孫（三別抄）は蒙古と日本の両者に、同じように珍島を訪れるよう要請しているのである。もし裴仲孫（三別抄）が同時並行して蒙古・日本に提案し、両者が受け容れたならば、蒙古の責任者（忻都）と日本の使者や援兵とが鉢合わせとも成りかねない。そうなれば双方に対して明白な背信行為となり、逆に両者から責められることになるであろう。そのようなことを三別抄政府がするはずはない。蒙古と日本に時間差を設けて接触したと考えるべきである。その場合、時間的にみて、日本との交渉が先、蒙古が後とは考えられない。まず蒙古と交渉し、拒絶された結果、日本に使者を送ったと理解すべきであろう。

すなわち、裴仲孫を首領とする三別抄政府が生き残りをかけて望みを託した忻都を介しての妥協交渉が不調に終わり、蒙古の総攻撃を覚悟しなければならないせっぱ詰まった状況の中で、三別抄政府に最後に残された道は日本との連携であった。内属提案が拒絶された正確な月日は不明であるが、三別抄政府の対日牒状が作成された時期は、忻都との交渉が不調に終わった一二七一年（文永八）四月末から五月中旬の総攻撃を受ける直前とみて間違いない。

3　三別抄牒状における情報

三別抄牒状の作成を一二七一年の四月末から五月中旬とすれば、それまでに三別抄は蒙古や開京朝廷の情報をどれほど得ていたであろうか。これはすなわち三別抄牒状にはどれほどの情報が盛り込まれているかを考えることでもある。前掲の年表を参照して注目したいのは、まず高麗の世子諶の行動である。諶は一二七〇年八月一日に三別抄の叛乱を報告するために蒙古に赴き、十二月二十日に帰国している。元宗は、この時諶が持ち帰った世祖の詔書四通のうち林衍の乱に乗じて地方に逃れ、叛乱を企てる兵士の追討を命じる詔書を朴天澍に持たせ、三別抄招諭のため珍島に派遣した。朴天澍は翌年正月珍島に到り、世祖の詔を示したが、三別抄に受け容れられず、朴天澍は追い返され、同行の部下は拘留された。このように、三別抄は世祖の詔を受け入れはしなかったが、朴天澍ならびに拘留したその部下から、今開京朝廷のもとで起こっている状況を詳しく聴取したに違いない。

それでは朴天澍やその部下から聞き出す可能性のあった情報とは、どのようなことが考えられるであろうか。まず十二月に帰国した諶が燕京滞在中に得た情報であろう。諶が燕京滞在中に屯田経略使設置のことが決められている。また日本国信使に趙良弼を任命するのは十二月一日のことであるが、日本への使者派遣は高麗の協力なくしては実現できないので、具体的な使者の名前などはともかく、少なくとも日本への使者派遣の件については諶も相談ないし指示を受けているであろう。これらの諶が持ち帰った情報をはじめ、予定部分も含めて、朴天澍らによって三別抄側に伝えられていた可能性はきわめて高いと思われる。さらに前述したように、裴仲孫が蒙古の忻都との交渉期間中に得た情報もあるであろう。すなわち、五月十五日の珍島陥落直前に作成された三別抄牒状は、さまざまな情報に基づいて作成されたものと思われる。蒙古の攻撃が必至となった状況の中で日本との連携を実現させるため、三別抄政府は蒙古の脅威——日本攻撃——が近づいていることを強調したであろうことも容易に推測される。こうした事情を踏まえて、あらためて「高麗牒状不審条々」の内容について考えてみたい。

四　「高麗牒状不審条々」の検討

1　「高麗牒状不審条々」の構成

「高麗牒状不審条々」は全部で一二条から成るが、その内容は三種に分類される。

第一〜三条：前回の牒状（文永五年）と今回の牒状（文永八年）と比較して問題点をあげる。
第四条　　：今回の牒状自体における齟齬（前後相違）をあげる。
第五〜十二条：今回の牒状における不可解な文言を列記する。その配列は時系列に沿っていると考えられる。
　注意しなければならないのは、それぞれの語句の意味は明瞭であるが、なぜ「高麗牒状」にこのような語句が用いられているのか理解できない、ということで「不審」とされているのである。

以下、「高麗牒状不審条々」の各条ごとに、先行研究を紹介しながら、検討を進めることにしたい。前述のように、本文書に論及する先行研究は数多いが、ここでは逐条的な検討がなされている文献を主に取り上げて紹介することにしたい。石井正敏（一九七八）以下、李佑成（一九七九）、金潤坤（一九八一）、柳永哲（一九九四）、李領

（一九九九）、裴象鉉（二〇〇五）、尹龍爀（二〇〇九）、村井章介（二〇〇九）等諸氏の研究である。なおそれぞれ解釈に微妙な違いがあるため、煩を厭わず、できるだけ原文を引用するように努めたい。

2　各条の検討——第一～四、七～十二条——

【第一条】「以前状文永五年、揚二蒙古之徳一、今度状文永八年、韋毳者無二遠慮一云々、如何」

【第二条】「文永五年状、書二年号一、今度、不レ書二年号一事」

【第三条】「以前状、帰二蒙古之徳一、成二君臣之礼一云々、今状、遷二宅江華一近二四十年一、被髪左衽聖賢所レ悪、仍又遷二都珍島一事」

第一・二・三条については旧稿の解釈以来特に異論はない。要するに文永五年牒状では蒙古を称賛していたのに、今回（文永八年）の牒状では全く正反対のことを述べており、年号も記していない。これはいったいどうしたことか、と戸惑いを記しているのである。

【第四条】「今度状、端ニハ不従成戦之思也、奥ニハ為蒙被使云々、前後相違如何」

○石井：「「不従成戦」は、〈従ハザレバ戦ヲ成ス〉と読んで、蒙古の日本に対する威嚇を伝えたもので、『吉続記』に〈蒙古兵、来リテ日本ヲ責ムベシ〉とあるのと関連して考えるべきかと思われるが、〈戦ヲ成スニ従ハズ〉と読んで、蒙古の日本攻撃に従わない旨を示したものと理解することも可能であろう。しかし、「為蒙被使」の部分に恐らく誤脱があるものと思われ、訓釈共に明らかでないため、「前後相違」とする理由が分からず、全体の文意を理解することができない。」（五頁）

○李佑：「前の「不従成戦」（従わずして戦いを成す）とは、三別抄軍が蒙古に屈従せず戦争をするようになった経緯を言ったもので、後の「為蒙所使」（蒙のために使するところ）とは、開城側で蒙古の命令によって日本の入貢を要求したこと、すなわち蒙古の手先であると言ったものである。当時の日本は開城と珍島が別れた事情をまだ知らず、ただ高麗王朝が江華島から珍島に移ったのだとばかり思い、前後の文脈が合わないと言ったもののようである」（二六〇〜二六一頁）

○金　：「三別抄政府に日本は軍糧と援兵を送れ。もしこの命令に従わなければ、（日本と蒙古の）争いが起こり、日本は蒙古に使われることになるであろう、と解釈することができる」（三二八頁　原文2）

○柳　：「思」を「由」と判読した上で、「「不従成戦」の主体は三別抄政府で、後の「為蒙被使」の主体は出陸還都した開京の政府であり、…「不従成戦之由也」は、（降伏、出陸還都など、蒙古の要求）に従わないことが、戦争が起きた理由である」と解釈することができる。そして、「為蒙被使」は「蒙古に使われることになった」と解釈することができる」（一六八頁　原文3）

○李領：「「為蒙被使」は「蒙古の為に（何か）をさせられる」ととれ、…「不従成戦之思也」は「従ハズシテ、戦ヒノ思ヒヲ成スナリ」と読み下すことができると思う。つまり、蒙古に敵対する意味として理解することが可能ではないか。すなわち、奥の「為蒙被使」の主体は高麗政府、「端ニハ不従成戦之思也」の主語は三別抄であり、この端の部分は、三別抄が朝廷の解散命令に従わないで、蒙古に対する抗戦を持続することを決めたことを意味するものと思われる」（一〇三頁）

○尹　：「蒙古の要求に応じず、我々（三別抄）は戦争に突入し、一方、開京側は蒙古に服属し、使われることになったという柳永哲の説明が、説得力がある」（一七二頁　原文4）

○村井：本文の「被」を「彼」と判読した上で、「戦争を起こそうとする考えに従わない（戦ひを成すの思ひに従はざるなり）」…日本に対して戦争を起こそうとするモンゴルの意思に、三別抄が従わなかったという意味であると考えている。…「彼の使臣が来たので（彼の使ひを蒙らんがため）」と読み、モンゴルから使臣を送ってきたために、という意味になる（「蒙」という文字は、モンゴルの略字ではなく、動詞とみる）。このような場合、主語は開京の高麗政府となるが、日本側はこのことを三別抄勢力と混同したために、「前後相違如何」と不審に思ったものと推測される」（一九一頁　原文5）

諸氏の見解は様々で、筆者も旧稿に示した二つの解釈を依然としてとっている。ともかく「前後相違」しているというのであるから、推測すれば、日本と戦おうとする蒙古には荷担しないと言いながら、蒙古の使者として来日したというようにも書かれており、いったい蒙古の味方なのか、蒙古に抵抗しているのか、よく分からない、といったところであろうか。

【第五条】「漂風人護送事」

【第六条】「屯㆓金海府㆒之兵、先廿許人、送㆓日本国㆒事」

第五・六両条については、詳しい検討が必要であるので、次節であらためて述べることにしたい。

【第七条】「我本朝統㆓合三韓㆒事」

○石井：第七条は第八条と関連しているものとみており、「第七・八条は、三別抄が蒙古の侵略にあくまで抵抗し、高麗を復興するという理念・憂国の情を述べたもので、三別抄が極めて強い民族意識に支えられて

いることを示し、独立政府を自任していたことを窺うに足る格好の史料と言えよう」（五頁）

○李佑：「高麗王朝が三韓を統合した押しも押されぬ大国であると言ったもので、従って自主独立を守る珍島政府が歴史的伝統を受け継ぐのだという意志を見せたもののようである」（二六一頁）

○柳　：「三別抄政府の正統性を印象づけようとする表現である。ここで「統合三韓」とは、高麗王朝が後三国を統一したことを指称することで、およそ三〇〇年以上過ぎた事実を日本が知らなかったはずはないことを前提とする時、果たして何か不審の内容であったのかという問題が疑問点として残る。ただ、想定できることは、前の項目などでもあらわれていたが、開京政府と三別抄政府の差別性（違い―石井）からくる混乱が、この項目でも反映されている可能性である」（一七〇頁　原文6）

【第八条】「安二寧社稷一待二天時一事」

○李佑：「現在たとえ都が移り、外敵の侵入が続き国が乱れた王朝ではあっても、天の時がめぐりきたれば、社稷（国家）が再び安定するという所信を披瀝したもののようである」（二六一頁）

○金　：「侵略者たちを撃退させて、自主独立を守ろうという彼ら自身の行為が大義となり、自然の理致に順応するものであるため、必然的に将来社稷が安寧になるであろうと信じていたのである」（三八七頁　原文7）

○柳　：「社稷の安寧が天時を待つ外にないほど差し迫っていることを伝える内容」（一七一頁　原文8）

○尹　：「「社稷の安寧はひたすらに天にかかっている」という意味に解釈したい。これは、未来に対する期待、あるいは危機意識の表現であるともいえるが、それよりは、自身の運命がひとえに天にかかっているものとして、巨大な麗蒙連合軍と軍事的に対決中である三別抄政府の荘厳な決意の表明であると考えられる。

そして、このような三別抄の運命が一方で日本の運命とも連結されていることを暗示することで、三別抄と日本が共同運命体であることを強調したのではないかと考える。高麗正統政府を自任する三別抄政府の樹立を知らない幕府（マヽ）では、このような三別抄の危機意識と決然とした覚悟を理解することはできなかったであろう」（二七九頁　原文9）

○村井：「国家を平安にすることで、はじめて天時が近づくのを待つことができるという意味であると考えている。人間が積極的な行動で立ち上がるのが、天の意思発動に先行するという見解で、単に天に頼るほかないという消極的な発想よりは、もう少し三別抄の意思表示とみるのが適当であろう」（二九二頁　原文10）

第七・八条の諸氏の見解をみると、第八条の「待天時」を積極的・能動的な文脈でとらえるか、あるいは消極的・受動的に解釈するかの違いがある。

高麗が三韓統合の正統王朝と自任していたことは、例えば『高麗史』巻五六・地理志一の冒頭に、「惟我海東三面阻レ海、一隅連レ陸。輻員之広、幾二於萬里一。高麗太祖興二於高勾麗之地一、降レ羅滅レ済、定二都開京一。三韓之地、帰二于一統一」云々とみえる。こうした意識を考慮すると、第七・八条は、我々「高麗王朝」は三韓を統合した栄光ある正統の王朝である。[補注4]それが今は蒙古に服属を強いられる窮状にあるが、（珍島に遷都して）社稷を保ち、蒙古撃退の時期を待つ、という三別抄政府の気概を示す文言と理解される。これは前に検討した、この牒状が作成された時期、つまり蒙古から妥協案が拒否され、前途に窮した状況を考えると、良く理解できる文言であろう。なお、第九条でも触れるように、三別抄政府は開京朝廷の存在を隠しているようには思われない。第十二条に「貴朝遣使問訊」とあるのは日本の使者の派遣を求めていることであろうから、もし実際に珍島を日本の使者が訪れたならば、高麗の政権が二分されていることは明白になる。すなわち、三別抄に二つの朝廷・政府を隠す意図はなく、自分たちが本流との意識のもとに、日本に共同戦線を持ちかけているものと考えられる。つまり我が高麗は三韓を統合した王朝であるが、今開京にある朝廷は蒙古に服属した傀儡政権であり、自分たちこそが高麗の正統政府であるとの認識に基づいているものと思われる。

日本側がこの文言を「不審」としているのは、三韓統合と言えば、ただちに記紀にいう神功皇后の三韓説話を想起する日本人からすれば、〈三韓を統合〉した〈本朝〉とは日本となり、この文言が「高麗」牒状に記されていることを奇異に感じたためではなかろうか(5)。

【第九条】「請二胡騎数万兵一事」

○李佑：「蒙古の手先である開城側が蒙古兵数万名を請い、珍島を討ち、さらに日本を征服しようとすることを日本側に知らせる言葉のようである」(二六一頁)

○羅　：「蒙古と共謀した開京政府が三別抄を討つために蒙古兵を引き入れたことと、このようになれば、結局日本が災いを被るであろうということを伝えているようである」(九〇頁　原文11)

○柳　：「開京還都政府がその請兵の主体とみられ、また当時の国際情勢から察するに、数万兵の軍士を動員して高麗に派遣する対象は蒙古のほかになかったであろう。…この時期の三別抄政府の討伐のために蒙古の軍士が派遣されていたことは『高麗史』や『高麗史節要』に散見される」(二七一頁　原文12)

○裴　：「日本側に胡騎数万を要請したという内容をあらわしている」(一〇五頁　原文13A)

「胡」が「戈戟」を意味することもあるので、よく武装された騎兵を要請した一節とも理解することができると思われる」(一〇五頁注78　原文13B)

○尹　：柳説のように、「開京政府が請軍の主体」で、「高麗政府と連合した大規模な蒙古軍の侵入が予定され

ている事情を伝えるものといえる」（一七九〜一八〇頁　原文14）

○村井：「開京の高麗政府がモンゴル兵を要請したという情報を三別抄が伝えたものと解釈する著者（尹氏）の説に賛成する」（一九二頁　原文15）

本条も解釈が難しい。いったい誰が胡騎を請うているのか。請軍の主体は三別抄政府か開京政府か。『吉続記』の「救兵」記事に関係していると考えれば、裴氏のように三別抄が日本に援軍を要請したとするのがもっとも自然である。しかし日本の兵を「胡騎」と表現することは考えられない。やはり「胡騎」とはモンゴル兵であり、諸説のように開京の高麗政府が蒙古軍を要請したとするのが実情に叶った合理的な解釈であろう。ただ要請の理由が三別抄征討とみるか、日本攻撃とみるかで見解の相違がある。いずれにしてもこのように理解すると、「高麗」を名乗って牒状を送ってきた三別抄政府が、もう一つの政府を認めていることになるが、前条で述べたように、自分たちが本流の高麗政府であって、開京政府は蒙古の傀儡であり、彼ら傀儡政権が蒙古軍を要請して日本を攻めようとしている、と日本に危機意識を煽り、共同作戦へ誘い込む情報提供とみるべきであろう。

【第十条】「達兇旒許垂寛宥事」

○柳　：「兇」を「冕」と判読し、「「達」は書信または国書を差し出したとみて、「冕旒」を王の意味と解釈し、日本の王に前の事実を含めた国書を差し上げることになったが、寛宥を施すことを許諾してくださいという、儀礼的書信の結びの挨拶と解釈される」（一七二頁　原文16A）

また「達」を「遭」、「兇」を「凶」、「旒」を「疏」とみる可能性を示した上で、「どの場合でも国書の終わりの部分を整理して、儀礼的挨拶を表わすことは間違いないと思われる。ただ、不審事項が何であった

のかについては明確ではない」（一七二頁　原文16B）

二文字目を筆者は「兇」と読んでいるが、兇旒の意味は良く分からない。「旒」とは旗や吹き流し、あるいは冠の飾りなどをいうが、□旒の熟語でまず念頭に浮かぶのは、柳氏のように冕旒で、天子・貴族の用いる冠や旗の飾りを言い、要するに朝廷を指しているとみることができるが、文字を「冕」と判読することはできない。〈□旒の許に達す。寛宥を垂れんことを〉と読んで、使者派遣の挨拶を述べているのではないかと推測される。川添昭二氏の、「突然日本に救援を乞うたことについての了解を求め」たものとする理解が妥当であろう。(6)

【第十一条】「奉㆑贄事」

○李佑：「珍島政府が日本と親しくするため礼物を送ったということ」（二六一頁）

○柳　：「礼物を捧げる意味であるが、これを不審としたのは、文書の作成者が三別抄政府から日本に送った礼物が届いたのか確認できなかったとか、礼物の中間伝達過程で紛失して、このような事実を察知することができない場合であったとみられる」（一七二頁　原文17）

三別抄が日本への贈り物を送ることを「奉贄」と表現しているとみて間違いないが、なぜこれを不審としているのだろうか。日本に対する新羅や高麗からの贈り物は、通常「礼物」「土物」「土宜」といった表現がとられており、「贄」とする例は他にみられない。一方贄を贈り物の意味で用いている例は『高麗史』には散見している。例えば「東北路兵馬使奏、女真諸蕃子等六十人請㆓執㆑贄入朝㆒。許㆑之。」（『高麗史』巻六・靖宗五年（一〇三九）三月辛丑条）とあり、礼物つまり外交交渉に伴う贈答品の意味で用いられている。したがって三別抄側には深い意味はないものと思う。ところが日本では「贄」は贈答品の表現としてなじみがないだけでなく、特殊な意味で用いられている。すなわち、贄とは元来、神または天皇へ貢納される食料を意味しているのである。(7)このような文言が外交文書である牒状に用いられているので、不審としているのであろう。

【第十二条】「貴朝遣使問訊事」

○石井：「情況の実見のための使節派遣を日本に要請したものでもあろうか」（五頁）

○李佑：「日本がこれに対する答礼として珍島に使節を派遣し、互いに誼を交わすようにしようというものである。これは日本との相互通交のためのもので、先ず珍島政府が自己の存在を国際的に知らせ、将来の対外関係の布石を敷こうとするものであった」（二六一～二六二頁）

○柳　：「貴朝（日本朝廷）から使臣を派遣して、問訊しなさいという意味に解釈するのが自然であり、先に日本が当惑していた牒状の内容と関連して、あるいは未審な事案については事実確認をしなさいという儀礼的な表現であろう」（一七二頁　原文18）

○裴　：「実際の情況を視察するように使節を派遣してくれるのを要請する内容をあらわしている。周知のように「牒状」が発給された時点は文永八年、三別抄が金海に侵入したころであった。ゆえに、彼らは当時金海府にいた捕虜を人質として強く直接的な連帯を提案したものとみられる」(注79)（一〇五頁　原文19A）「柳永哲は、彼ら倭寇は金海を侵攻したが、三別抄によって捕虜として抑留された部類である可能性を想定している」（一〇五頁注79　原文19B）

○尹　：「珍島側では、あるいは日本側が諸般の状況を正確に把握することができない可能性を想定して、必要であれば珍島に対する現地確認も歓迎するという立場まで伝えた」（一八〇頁　原文20）

○村井：「この牒状を携帯した使臣に対する答使の派遣を願ったもので、第五条と共に、近代的な外交用語を借りれば、「平等互恵」の関係締結を願っているものと解釈することができる」（一九一頁　原文21）

まずは珍島現地を視察して現状を把握してもらい、蒙古に対抗する共同作戦を練りたい、といった提案であろう。これを「不審」としているのは、このような提案がこれまで高麗からなされることがなかったからではなかろうか。なお先にも述べたように、三別抄の裴仲孫は蒙古側の責任者である忻都にも現地訪問を求めている。

以上、「高麗牒状不審条々」の各条ごとに旧稿発表以後の研究を紹介し、私案を述べてきた。ここで保留した第五・六条について、節をあらためて考えることにしたい。

3　各条の検討――第五・六条――

筆者はこの両条は関連するものと考えている。両条に関する諸説を紹介すると次の如くである。

(イ)　既往の見解

【第五条】「漂風人護送事」

○李佑：日本漂流民を珍島政府が日本に保護送還したことである。先ず人道的見地から漂流民を救済したもので、かつ日本に好意を表わしておこうとするようにみえる」（二六一頁）

○柳　：「漂風人を日本に護送したことを伝えている。…高麗が漂風人を護送してくれたということを（朝廷が―石井）幕府《マ　マ》からいまだ知らされていないとか、確認することができなかったために書かれた表現であると考えられる」（一六八～一六九頁　原文22）

○尹　：「一二七〇年、三別抄の蜂起以後は、西海沿岸が一種の戦時状態におちいったために、問題の「漂風人」は純粋な漂風人であったというよりは、南海と西海沿岸を掌握していた三別抄によって航海途中で拘留された集団である可能性が高いと考えられる。三別抄は潜在的連合勢力である日本との通好を開く方案として、かれらを本国に護送し、したがって日本側への牒状でも、この点を特に強調して言及したのであろう」（二七五頁　原文23）

○村井：「漂風人を双方が一緒に護送しようとする提案と解釈するほうが、外交交渉のテーマとして適当ではないか？」…第十二条とともに、「近代的な外交用語を借りれば、「平等互恵」の関係締結を願っていると解釈することができる」（二九一頁　原文24）

【第六条】「屯金海府之兵、先廿許人、送日本国事」

○石井：「この金海府（慶尚南道）に駐屯する兵士とは、高麗兵のことではなく蒙古兵のことで、今度の高麗使――実は三別抄の使――と前後して来日した趙良弼ら一行の訪日の情報を伝えたものと思われる。すなわち、蒙古世祖は一二七〇年（日本文永七・高麗元宗十一・蒙古至元七）十二月、第五回目の日本招諭のための使節趙良弼と共に忽林赤らの諸将を高麗に赴かしめたが、その時の高麗王への詔書に、「遣少中大夫秘書監趙良弼充国信使、期於必達。仍以忽林赤・王国昌・洪茶丘将兵、送抵海上、比国信使還、姑令金州等処屯駐、所需糧餉、卿専委官赴彼、逐近供給、并鳩集金州旁左船艦於金州需待、無致稽緩匱乏」（『元史』高麗伝）とあり、世祖は、趙良弼の日本に使して還る間、その発船地である金州（金海府）に忽林赤らの率いる蒙古兵を駐屯せしめることを伝え、高麗にその助力を命じているのである。この後、蒙古兵の金州駐屯に関する史料が散見する。おそらく本条の〈金海府ニ屯スルノ兵〉とは、この金州駐屯蒙古兵を指すものであり、〈先ヅ廿許人、日本国ニ送ル〉とは、趙良弼ら遣日使一行を駐屯兵の中の一部と伝聞して、三別抄がこれを日本に伝えたものであろう。というのは、実際の趙良弼ら一行の来日人数は「百余人」と伝えられており、もし高麗朝廷の正規の報告とすれば余りに不正確であり、一方珍島の三別抄が情報を伝えたものと考えれば納得できるであろう」（五頁　ただし傍線は新たに加えた）

○李佑‥「すでに石井氏が明らかにしたように、日本に行く蒙古使節趙良弼一行が金海から出発し蒙古軍を率いていくという事実を、日本側にあらかじめ知らせておいたようである」（二六一頁）

○金　‥「上の石井のように、もし三別抄政府が蒙古兵を日本に送還したことと解釈すれば、文意が通じないだけでなく、この当時の前後の状況とも合わない。その金海府にとどまっていた兵士は、すなわち倭寇の捕虜であったのである。換言すれば、三別抄軍が金海地域を襲撃して、防護将軍朴保らが捕えていた日本人を奪って、日本との相互通交のために、今回日本に送還したようである。」（三七三頁　原文25）

○柳　‥「この駐屯兵が倭寇であって捕虜」とする金説に従い、「金海（金州）を侵攻した倭寇たちが捕虜として抑留されているが、元宗十二年四月辛丑に三別抄が金州を襲撃した時、かれらを奪って、日本に送ってあげたのである。…このようにみる場合、「屯」は抑留の意味として使われ、日本についての外交的儀礼として金海に抑留されていた倭寇たちを金海府の屯兵として表現したものとみられる」（一七〇～一七一頁　原文26）

○裴　‥「彼らは金海府にいる兵士（あるいは捕虜）二〇余人をまず日本に送るなどして接触を試みている点が注目される」（二〇五頁　原文27）

○李領‥「「金海府に駐屯する兵士二十ばかり」とは、蒙古兵でも政府軍でもなく、三別抄の兵力であったと考えられる」（二〇八頁）

○尹　：「このころ蒙古軍が金海府（金州）に駐屯していた事実は記録によって確認される（『元史』巻七・至元九年三月乙丑条―石井）。…牒状に登場する「屯金海府之兵」の正体は、日本に対する圧迫手段として、実際の蒙古軍であった可能性も少なくないと考える。

三別抄の牒状で言及された「日本にまず送られた金海府駐屯の軍士二〇余名」が万一蒙古軍であれば、この軍士は三別抄がこの地域に対する攻撃で捕らえた蒙古軍の捕虜であったかもしれない。すなわち、三別抄は蒙古軍の日本に対する脅威が目前に迫った緊急事案であることを立証するための方法の一つとして、金州攻撃で捕らえた捕虜の一部を日本に送還した可能性についての問題である。趙良弼が日本で彼らから「金州の戍兵」についての問題を指摘され、帰国後、即刻これに対する措置を要求している点からみれば、当時の日本は非常に具体的に趙良弼について、この点を追及したものとみえる。このような情報を日本は三別抄が提供した資料によって把握した可能性が高く、牒状に登場する「屯金海府之兵」の存在は、まさにこのような情報の根拠となったのではないかと考える」（一七七〜一七八頁　原文28）

○村井：第六条の兵士は、牒状を携帯した使臣の護衛のために派遣されたものであり、珍島陥落の後「耽羅」（済州島に移動した三別抄勢力）が外交工作を広げた時点にも大宰府に滞在しており、趙良弼に対する圧力となっていたと想像することができる。（一九二頁　原文29）(8)

以上のように、第六条の「屯金海府之兵」については、①金州駐屯蒙古兵、②三別抄による捕虜蒙古兵、③三別抄が救出した蒙古の捕虜になっていた倭寇、④三別抄の兵士、⑤三別抄牒使の護衛に付された兵、などの理解がある。

諸説を検討するにあたり、まず明確にしておかなければならないことがある。それは韓国側研究者に私見に対する誤解があることである。例えば、私が「三別抄政府が蒙古兵を日本に送還した」（金氏）、「趙良弼一行の情報を伝えるために日本に送った兵士」（柳氏）、あるいは「日本に派遣される蒙古使臣趙良弼の先発隊としての蒙古の兵士」（尹氏）等と解釈しているとして批判されている。しかしながら、私は「三別抄政府が蒙古兵を日本に送還した」などと述べていないし、考えてもいない。上記の引用文をあらためて見ていただきたい。金氏らが引用されているのはもっぱら傍線部で、確かにここだけでは分かりにくい表現かも知れないが、三別抄が趙良弼らの訪日の情報を伝えた、という趣旨である。傍線部に続く「すなわち」以下で詳しく検討し、「本条の〈金海府ニ屯スルノ兵〉とは、この金州駐屯蒙古兵を指すものであり、〈先ヅ廿許人、日本国ニ送ル〉とは、趙良弼ら遣日使一行を駐屯兵の中の一部と伝聞して、三別抄がこれを日本に伝えたものであろう。」というのが私の見解である。「二十許人」を「先発隊」としたり、蒙古兵を「送還」したとするような考えは私にはない。なお「送」は送る＝派遣するの意味であって、「送還」の意味ではない。要するに私は三別抄が趙良弼一行の訪日情報を不正確に伝えたものと理解しており、今も変更はない。

　さて、その上で諸説についてみてみると、②説の捕虜蒙古兵を二十名も送る理由は考えられず、③の捕虜倭寇説は、そもそも倭寇の捕虜が存在したこと自体証明されているわけではなく、[9] また「屯」を「抑留」の意味に解釈することは無理であろう。④説の三別抄兵士とする理解も「屯金海府之兵」という表現には合わないように思われる。また⑤説の牒使に金海府の兵を護衛につけるということは、たしかに考えられないことではないが、前述のように危急を要する救援要請の牒状をもった使者が、珍島からわざわざ金海府方面に立ち寄るとは、考えがたいことではなかろうか。『高麗史』や『元史』から知られるこの当時の状況から判断して、「屯金海府之兵」という表現に相応しいのは蒙古兵以外に考えられないのではないだろうか。そこで節をあらためで私見を述べることにしたい。

（ロ）検討

さて、順は逆になるが、まず【第六条】から検討したい。第六条の〈金海府に屯する之兵〉云々について、旧稿では『元史』高麗伝を引いたが、同じ内容を伝える『高麗史』巻二七・元宗十二年（一二七一）正月己卯（十五日）条(10)も参考になる。すなわち、

蒙古遣二日本国信使秘書監趙良弼及忽林赤・王国昌・洪茶丘等四十人来。詔曰、朕惟日本自レ昔通二好中国一、又与二卿国一地相密邇。故嘗詔レ卿道二達去使一、講信修睦、為二渠疆吏所一レ梗、不レ獲三明諭二朕意一。後以二林衍故一不レ暇。及三今既輯二爾家一、復遣二趙良弼一充二国信使一、期二于必達一。仍以二忽林赤・王国昌・洪茶丘一、将レ兵送二抵海上一、比二国信使還一、姑令二金州等処屯住一。所レ需粮餉、卿専委レ官赴レ彼、逐レ近供給、鳩二集船艦一、待二於金州一。無レ致二稽緩匱乏一。

とある。この年正月、日本国信使趙良弼及び忽林赤・王国昌・洪茶丘等が開京に到り、世祖の詔を伝えた。その内容は趙良弼が使命を終えて日本から戻るまで、忽林赤らを金州等に屯住させることを伝え、その間の食糧の供給や船艦を集めて金州で待機させるように命じるものである。そしてこの後九月に趙良弼は日本に向けて出発するのであるが、日本側では趙良弼来日以前に金海府に屯住する蒙古兵の存在を知っていた。すなわち日本から高麗に戻った趙良弼が、日本に書状官として同行した張鐸に託して本国に届けた復命書にもとづくとみられる記述が『元史』巻七・世祖本紀至元九年三月乙丑条に記されており、それには、

安童、良弼請レ移二金州戍兵一、勿レ使三日本妄生二疑懼一。臣等以為、金州戍兵、彼国所レ知、若復移レ戍、恐非

レ所レ宜。但開二諭来使一、此戍乃為二耽羅一暫設、爾等不レ須二疑畏一。帝称レ善。

とある。趙良弼は「金州戍兵」を他所に移し日本側の疑懼を生ぜしめないように要請している。これに対して丞相の安童らは「金州戍兵」のことは既に日本側に知られているのだから、日本からの使者には耽羅（済州島の三別抄軍）に備えて置いたものと説明すれば良いであろうとの意見を述べ、世祖はこれを認めている。[11] 趙良弼の要請は認められなかったのであるが、「金州戍兵」とは蒙古兵のことであり、牒状にいう「屯金海府之兵」にあたるとみて間違いないであろう。そしてこの蒙古兵の屯住情報を日本側が趙良弼より先に来日した三別抄牒状及び使者によって知ったこともまた間違いないであろう。[12] 国信使趙良弼らが高麗に到り、金州屯住等の世祖の命令を伝えた正月十五日と言えば、朴天澍による珍島の三別抄説得が不調に終わった頃のことである。したがって国信使の到来や金州駐屯兵に関わる世祖の命が正式に伝えられるのは朴天澍らの開京出発後のことになるが、こうした国信使派遣の情報は、すでに触れたように燕京滞在中の世子諶には当然伝えられていたものと思われ、珍島に向かう朴天澍にも伝えられていたに違いない。三別抄側は朴天澍を通じてこの情報を入手していたであろう。このような情報が牒状の「屯二金海府一之兵、先廿許人、送二日本国一事」の背景にあるものと考える。

なお、『吉続記』九月六日条によると、三別抄牒状には「覘」字が記されていたという。「覘」とは〈窺い視る〉の意味である。牒状のどの部分にこの文字が記されていたかは全く不明であるが、筆者はこの第六条の「屯金海府之兵」派遣記事との関わりで、蒙古兵が日本事情を偵察に行くといった文脈の中で記されているのではないかと憶測している。

次に【第五条】について考えてみたい。「漂風人」を捕虜倭寇あるいは捕虜蒙古兵とする説があるが、「屯」という表現からは捕虜とはとうてい考えられず、「倭寇の捕虜」とする明確な根拠が示されているわけでもない。

筆者が参考にしたいのは、山本光朗氏が紹介された越良弼に関する『元朝名臣事略』野斎李公撰墓碑にみえる記述である。すなわち、

　前使過二高麗一、名為二遣レ人護送一、取二道対馬・一岐等島一。実漏二密謀一、益懼三其日本既通、有二以軋一レ己也。公曲為二防遏一、使レ不レ得レ逞二其計一。自二絶景島一登レ舟、経二趁太宰府一。

とある。山本氏は、「前使とは、至元六（文永六）年三月に黒的らが対馬で捕らえ国都に道行した日本人を、日本送還のため高麗国都に護送してきたモンゴル人于婁大らと、日本人を同地から彼等に代わって大宰府に送還した高麗人金有成等…のことと見られる。金有成等は至元六（文永六）年九月に対馬島経由で大宰府に来たり、日本人送還を名目として、モンゴル中書省の牒状と高麗慶尚晋安東道按察使の牒状を齎したが、それに対する日本からの返牒は遂に為されなかった。」(13)と述べられている。ここで注目したいのは〈名を人を遣りて護送すると為し〉つまり「日本人の護送を名目として」とあることである。文永八年の趙良弼は来日に際して「弥四郎」なる日本人を伴っている。『元史』日本伝に、「九年二月、枢密院臣言、奉二使日本一越良弼、遣二書状官張鐸一来言、去歳九月、与二日本国人弥四郎等一、至二太宰府西守護所一。…」とみえる。弥四郎の素性は定かではないが、(14)第五条の「漂風人護送」とはこの「弥四郎」を漂風人にみなし、その護送を来日の名目としていることを示しているのではなかろうか。

　以上、第五・六条について検討を加えてきた。その結果、三別抄は「蒙古が日本人漂流者の護送を名目として、金海府に駐屯する兵を日本に派遣しようとしている」と述べているものと推測される。それは三別抄が国信使趙良弼らの派遣情報を伝聞に基づき不正確に伝えたもので、具体的な使者の名などは不明にしても、趙良弼らが日

本人弥四郎らを同行して日本に向かうという情報を牒状に記したものと思われる。

むすび

以上、文永八年（一二七一）に珍島の三別抄政府から日本に送られた牒状について検討を加えてきた。まず同牒状は、五月十五日の蒙古軍の総攻撃によって珍島が陥落する直前に作成されたもので、それまでに得ていた情報が盛り込まれていることを踏まえ、「高麗牒状不審条々」に逐条的な考察を加えた。相変わらず不詳とせざるを得ない部分が残るが、三別抄政府の意図や日本側が「不審」とした事情については明らかにすることができたのではないかと考えている。

なお、近年三別抄の使者に関するとみられる史料が山本光朗氏によって紹介された。すなわち、前掲『元朝名臣事略』野斎李公撰墓碑に趙良弼が日本に到着したことに関連して、次のように記されている。

既至、宋人与二高麗・耽羅一共狙二撓其事一。留二公太宰府一、専人守護。

つまり趙良弼等が日本に到着したところ、宋人と「高麗耽羅」が一緒になって、その行動を妨害しようとしたというのである。これについて山本氏は、「「高麗・耽羅」とは高麗人と耽羅に居る者ということで、当時耽羅（済州島）に拠っていた三別抄を指していることはほぼ間違いない。或いは文永八年の先の「高麗牒状」を齎した三別抄の使者が、まだ日本に留在していたものかとも考えられる」(15)とされている。なお文中の「高麗耽羅」を尹龍爀氏は「高麗の耽羅」と読むべきであるとしている（尹 二〇〇九：注50）。また『元史』日本伝には、

（至元）九年二月、枢密院臣言、奉㆓使日本㆒趙良弼、遣㆓書状官張鐸㆒来言、去歳九月、与㆓日本国人弥四郎等㆒至㆓太宰府西守護所㆒。守者云、曩為㆓高麗所㆒㆑給、屢言㆓上国来伐㆒。豈期皇帝好㆑生悪㆑殺、先遣㆓行人㆒下㆓示璽書㆒。然王京去㆑此尚遠、願先遣㆑人従㆓奉使回報㆒。良弼乃遣㆑鐸、同㆓其使二十六人㆒至㆓京師㆒求㆑見。

とみえている。趙良弼に対して大宰府守護所の者が〈曩に高麗の給くところとなり、屢々上国の来伐を言ふ〉云々と述べたという。「高麗があざむく」とは蒙古側の表現であろうが、三別抄情報に基づく発言とみてよいであろう。

このように蒙古襲来の近いことを伝える三別抄牒状の日本にもたらした影響は大きく、幕府は来寇を現実のものととらえ、九月十三日付けで御教書を発して、警戒を命じている。[16] しかしながら三別抄に対してはついに返牒が送られることはなかったのである。

注

（1）　石井正敏（一九七八）の論文発表に先立ち、その内容を一九七七年十月に史料編纂所の研究会で報告した。その時、たまたま東大に来られていた韓国の歴史研究者である李佑成氏が研究会にも出席して私の発表を聴かれた。李氏はすぐにそれを韓国の研究者に連絡されるとともに、拙論発表の翌年には韓国の『中央日報』一九七九年四月十六日・十七日紙面に「「三別抄政府」外交文書発見」等の題で文章を寄せられた（後日これを論文にまとめられたものが李佑成（一九八二））。李氏の記事を受けてまもなく日本でも一九七九年四月二十日付け「統一日報」に「高麗の三別抄鎌倉幕府に外交文書」と題する記事が出ている。その後ＮＨＫ番組「歴史誕生」で「解読された謎の国書」の題で特集が組まれ、筆者も出演することがあった（一九八九年九月放映）。その内容は『歴史誕生』三（一九九〇）に収められている。

（2）『吉続記』は史料大成本による。

（3）九月十九日に筑前国今津に来着。牒状は鎌倉を経て、十月二十三日に京都に届いている。

（4）村井氏（一九八二）一五四～一五七頁。

（5）文永八年九月十五日付け僧東巌慧安の敵国降伏祈願文（『鎌倉遺文』一〇八八〇号文書）は、本文に「高麗半違二背蒙古一、随二順本朝一」とあり、また日付からみて三別抄牒状を見た上で認められているとみられている（村井章介一九八二、一七一～一七二頁）。その祈願文の最初に「昔在二女帝一、名曰二神功一。…」とあり、神功皇后の事跡から説いている。

（6）川添昭二『北条時宗』（吉川弘文館、二〇〇一年）八三頁。

（7）古代・中世の贄に関する論文は多いが、当面は『国史大辞典』『平安時代史事典』等に平易な説明があるので、参照されたい。

（8）なお村井氏は（一九八二）では、「蒙古が金海府の屯田兵二〇名を日本に送ったこと」（一六五頁）とされている。

（9）倭寇捕虜説は、例えば『高麗史』巻二七・世家二七・元宗三年十二月辛丑条に「三別抄寇二金州一。防護将軍朴保與二別抄一皆奔入二山城一。賊縦レ火剽掠而去。」とある記事によっているのであろうか。しかしそこには倭寇捕虜のことは、いっさい記されていない。

（10）武田幸男編訳『高麗史日本伝』上（岩波文庫、二〇〇五年）八四頁（家〇六〇）参照。

（11）村井章介（一九八二）一七〇頁参照。

（12）山本光朗「元使趙良弼について」（『史流』四〇、二〇〇一年）三九～四〇頁参照。

（13）山本（注12前掲論文）二六頁。

（14）弥四郎について、池内宏氏（『元寇の新研究』東洋文庫、一九三一年、一〇五頁）は、趙良弼が対馬島で一員に加えたとされているが、趙良弼一行は梁州管内の絶景島（絶影島）を出発して、対馬・一岐（壱岐）に立ち寄らずに大宰府に向かったとみる山本光朗氏は、弥四郎は何らかの理由で絶景島（絶影島）付近に滞在していたとされている（山本注12前掲論文二九頁）。

（15）山本（注12前掲論文）二四頁。なお文中の「宋人」について、太田弥一郎氏は、入宋日本僧で宋の密命を受けて帰国した瓊林ではないかと指摘されている（「石刻史料「賛皇復県記」にみえる南宋密使瓊林について――元使趙良弼との邂逅――」『東北大学　東洋史論集』六、一九九五年）。

(16)　文永八年九月十三日付け関東御教書（『鎌倉遺文』一〇八七三・一〇八七四）参照。

（補注1）　文永五年高麗国牒状（東大寺宗性筆『調伏異朝怨敵抄』所収『鎌倉遺文』一〇八八〇）は次の如くである。／は改行を示す。

「高麗国王　王禃／右　啓、季秋向闌、伏惟／大王殿下、起居万福、瞻企瞻企、我国／臣事／蒙古大朝、稟正朔有年于茲矣、／皇帝仁明、以天下為一家、／視遠如邇、日月所照、咸仰其徳／化、今欲通好于／貴国、而／詔寡人云、『海東諸国、／日本与高麗為近隣、典章政理、有／足嘉者。漢唐而下、亦或通使中国／。故遣書以往。勿以風涛険阻為辞。』／其旨厳切。茲不獲已、遣朝散大夫／尚書礼部侍郎潘阜等、奉／皇帝書前去。且／貴国之通好中国、無代無之。況今／皇帝之欲通好／貴国者、非／利其貢献。但以無外之名高於天下／耳。若得／貴国之報音、則必／厚待之、其実与否、既通而後当可／知矣、其／遣一介之使以往観之何如也。惟／貴国商酌焉。拝覆／日本国王左右／至元四年九月　日　啓」

（補注2）　同じく九月六日条によれば「玄」字もあったという。『大漢和辞典』によれば、「なはまき、笠に同じ」とあるが、未詳であり、写本の調査も含め、後考に俟ちたい。

（補注3）　この後、九月二十四日に催された春季仁王会の咒願文に、「西蕃之使介」が「北狄之陰謀」を告げてきたので、退散せしむべき趣旨が盛りこまれたという（『吉続記』九月二十一日条）。

（補注4）　高麗が「我本朝」と称している例は、たとえば『高麗史』巻九六・尹彦頤伝に、「尊主之誠、在二我本朝一、有二太祖・光宗之故事一。」とあり、同書巻一一二・趙云仡伝に、「況我本朝、水近二倭島一、陸連二胡地一、不レ可レ不レ虞。」とみえる。また『吾妻鏡』安貞元年（一二二七）五月十四日条所引「日本国惣官大宰府宛高麗国全羅州道按察使牒状」に「彼国対馬嶋人、古来貢二進邦物一、歳修和好、亦我本朝、従二其所レ便、特営二館舎一、撫以二恩信一。」とみえる。

参考原文

附記に記したように、本論文は韓国で刊行された論文集に寄稿したものである。日本語で執筆した原論文では、韓国語文献を引用する際、翻訳した文章をのせた。ただし誤訳があってはならないので、編集委員会に原稿を送る際には原文を〔参考原文〕として添え、引用には原文を用いるよう付記した。ところが実際に刊行された論文では、私か日本語訳で引用した文章をさらに韓国語に翻訳されている。つまり、A氏の説とはいいながら、実際にはA氏の原文とは違った文章で引用されている。そこでここにあらためて原文を掲載することとした。

(1)「필자는 보낸 시기를 같은 해 4월경으로 볼 수 있지 않을까 생각한다. 왜냐하면 그때는 三別抄의 珍島政府가 全羅道와 慶尙道 沿岸을 장악하고 朝廷에서 파견된 군대도 격파하면서 자신감을 얻고 있으며, 珍島의 三別抄政府는 사람을 시켜 蒙古의 將帥 忻都에게 密議한 일이 있으니 珍島에 와달라고 말 할 정도였다(『高麗史』巻27, 元宗12年4月). 즉, 開京政府를 제치고 독립된 정부로 서의 태도를 보이고 있다.」

(2)「삼별초정부에 일본은 군량과 원병을 보내라. 만약 이 명령에 쫓지 않으면 (일본과 몽고) 싸움이 벌어지게 될 것이고, 일본은 〝몽고의 부림을 당하게 될 것이다〟 로 풀이해 볼 수 있을 듯하다.」

(3)「〝不從成戰〟 의 주체는 삼별초정부이며, 뒤의 〝為蒙被使〟 의 주체는 출륙환도한 개경의 정부인데… 〝不從成戰之由也〟 는 〝(항복、출륙환도 등 몽고의 요구) 를 따르지 않은 것이 전쟁이 이루어지게 된 이유이다〟 라고 해석될 수 있겠다. 그리고 〝為蒙被使〟 는 〝몽고의 부림 당하는 바가 되었다〟 로 해석될 수 있다〟.」

(4)「몽고의 요구에 응하지 않아서、우리 (삼별초) 는 전쟁에 들어가게 되었고、반면 개경측은 몽고에 복속되어 부림을 당하게 되었다는 류영철의 설명이 설득력이 있다.」

(5)「전쟁을 일으키려는 생각에 따르지 않다 (戦ひを成すの思ひに従はざるなり)」…일본에 대하여 전쟁을 일으키려는 몽골의 의지에 삼별초가 따르지 않았다는 의미로 생각하고 있다. …「그쪽의 사신이 왔으므로 (彼の使ひを蒙らんがため)」 라고 읽어서、몽골에서 사신을 보냈기 때문에、라는 의미가 된다 (「蒙」 이라는 글자는 몽골의 약자가 아니라 동사로 본다). 이럴 경우、주어는 開京의 고려정부가 되는데、일본 측은 이것을 삼별초 세력과 혼동했기 때문에 「前後相違如何」 라고 의아하게 생각했던 것으로 추측된다.」

(6)「삼별초정부의 정통성을 부각하려는 입장을 나타내는 표현이다. 여기서 〝통합삼한〟 이란 고려왕조가 후삼국

을 통일한 것을 지칭하는 것으로 근 삼백년이상이 지난 사실을 일본이 몰랐을 리는 없다고 전제할 때, 과연 무엇이 불심의 내용이었을까 하는 문제가 의문점으로 남는다. 단지 상정해 볼 수 있는 것은 앞의 항목들에서도 나타났지만 개경정부와 삼별초정부의 차별성에서 오는 혼란이 이 항목에서도 반영되었을 가능성이다.」

(7) 「침략자들을 격퇴시키고 자주 독립을 수호하려는 그 자신들의 행위가 대의에 옳고 자연의 이치에 순응하는 것이기 때문에 필연적으로 장차 사직이 안녕하게 될 것이라 믿고 있었던 것이다.」

(8) 「사직의 안녕이 천시를 기다릴 수 밖에 없을 정도로 다급함을 전하는 내용」

(9) 「〝사직의 안녕은 오직 하늘에 달려 있다〟는 뜻으로 해 석하고 싶다. 이것은 미래에 대한 기대 혹은 위기의식의 표현일 수도 있지만 이 보다는, 자신의 운명이 오직 하늘에 달려 있다는 것으로서, 거대한 영몽연합군과 군사적으로 대결중인 삼별초 정부의 장엄한 결의의 표명이라고 생각된다. 그리고 이 같은 삼별초의 운명이 한편으로 일본의 운명과도 연결되어 있음을 암시함으로써 삼별초와 일본이 공동 운명체임을 강조한 것이 아닐까 한다. 고려 정통정부를 자임하는 삼별초 정부의 수립을 알지 못하는 막부 (原文のまま—石井) 에서는, 이 같은 삼별초의 위기의식과 결연한 각오를 이해할 수 없었던 것이 다.」

(10) 「국가를 평안하게 함으로써 비로소 天時가 다가오는 것을 기다릴 수 있다는 의미라고 생각한다. 인간이 적극적인 행동으로 일어서는 것이 하늘의 의사 발동에 선행 한다는 견해이며, 단지 하늘에 의지할 수밖에 없다는 소극적인 발상보다는 좀 더 삼별초의 의사표시로서 적당할 것이다.」

(11) 「蒙古와 야합한 開京政府가 三別抄를 치기 위해서 몽고 병을 끌어들인 것과, 이렇게 되면 결국 日本이 화를 입게될 것이라는 것을 말하는 것 같다.」

(12) 「개경환도 정부가 그 청병의 주체로 보이며, 또한 당시의 국제정세로 미루어 수만병의 군사를 동원하여 고려로 파견할 대상은 몽고 밖에 없었을 것이다, …이 시기 삼별초정부의 토벌을 위해 몽고의 군사가 파견되고 있음이 『高麗史』 나 『高麗史節要』 에서 산견되고 있다.」

(13) A 「일본측에 胡騎 수만을 요청하였다는 내용을 담고 있다.(注78)」

B 「〝胡〟가 〝戈戟〟을 의미하기도 하는 만큼 잘 무장 된 기병을 요청한 대목으로도 이해될 수 있을 것으로 본다.」(注78)

(14) 「개경정부가 청군의 주체」이며, 「고려정부와 연합한 대규모 몽고군의 진입이 예정되어 있는 사정을 전하는

것이라 할 수 있다.」

(15)「開京의 고려정부가 몽골병을 요청했다는 정보를 삼별 초가 전한 것으로 해석하는 저자의 의견에 찬성한다.」

(16) A「'達' 은 서신 또는 국서를 드린다로 보고 '冕旒' 를 왕의 의미로 해석하여 일본의 왕에게 앞의 사실을 담은 국서를 드리게 되었는데 관유함을 베풂을 (垂) 허락 하소서 라는 의례적 서신의 맺음인사로 해석된다.」

B「어느 경우나 국서의 마지막 부분을 정리하면서 의례적 인사표시를 한 것은 틀림없을 것으로 여겨진다. 단지 불심사항이 무엇인지에 대해서는 확실하지 않다.」

(17)「예물을 바친다는 의미인데、이를 불심이라 한 것은 문서의 작성자가 삼별초정부에서 일본에 보낸 예물을 미쳐 확인하지 못하였거나、예물의 중간 전달과정에서 분실 되어 이러한 사실을 깨닫지 못한 경우로 보인다.」

(18)「貴朝 (일본 조정) 에서 사신을 파견하여 문심하라는 의미로 해석하는 것이 자연스러우며、앞서의 일본이 당혹해 했던 첩장의 내용과 관련하여 혹 미심한 사안에 대 해서는사실확인을 하라는의례적표현일 것이다.」

(19) A「실제의 정황을 살필 수 있도록 사절을 파견해 줄것 을 요청하는 내용을 담고 있다. 주지하듯이「牒状」이 발급된 시점은 文永 8년、삼별초가 김해로 진입한 즈음 이었다. 따라서 그들은 당시 김해부에 있던 포로를 볼모로 강력하고도 직접적인 연대를 제안한 것으로 보여진다.(注79)

B「柳永哲은 이들 왜구는 김해를 침구하였다가 삼별초 에 의해 포로로 억류된 부류일 가능성을 상정하였다.」(注79)

(20)「진도 측에서는 혹 일본 측이 제반 상황을 정확히 파악 하지 못할 가능성을 상정하고、필요하다면 진도에 대한 현지 확인도 환영한다는 입장까지 전달하였다.」

(21)「이 牒状을 휴대한 사신에 대하여 答使 파견을 원했던 것이므로、제五조와 함께 근대적인 외교용어를 빌리자면「평등호혜」의 관계 체결을 원하고 있는 것으로 해석 할수 있다.」

(22)「표풍인을 일본으로 호송한 일을 말하고 있다. …고려가 표풍인을 호송해 주었다는 일을 (朝廷이—石井) 막부에서 아직 알지 못하고 있거나 확인하지 못했기 때문에 쓰여진 표현이라 생각된다.」

(23)「一二七〇년 삼별초 봉기 이후는 서해 연안이 일종의 전시 상태에 놓여져 있었기 때문에, 문제의 '표풍인' 은 순수한 표풍인이었다기 보다는 남해와 서해 연안을 장악하고 있던 삼별초에 의하여 항해도중 구류된 집단 일 가능성이 많은 것으로 생각된다. 삼별초는 잠재적 연 합세력인 일본과의 通好를 여는 방안으로 이들을 본국에 호송

하였고, 따라서 일본측에의 첩장에서도 이 점을 특히 강조하여 언급하였을 것이다.」

(24)「漂風人을 쌍방이 함께 호송하려는 제안으로 해석하는 쪽이외교교섭의 테마로 적당하지 않을까?」…第12条와 함께 「근대적인 외교용어를 빌리자면 「평등호혜」의 관계 체결을 원하고 있는 것으로 해석할 수 있다.」

(25)「위의 石井과 같이 만약 삼별초정부가 몽고병을 일본에 송환한 것으로 해석하면 문의가 통하지 않을뿐만 아니라 이 당시 전후의 상황과도 맞지 않는다. 그 김해부에 머무르고 있던 병사는 곧 왜구의 포로였을 것이다. 다시 말하면 삼별초군들이 김해지역을 습격해서 방호장군 박보 등이 잡아 두고 있던 일본인을 탈취하여 일본과의 상호통교를 위해서 이번에 일본으로 송환한 것일 것 같 다.」

(26)「이 주둔병이 왜구로서 포로」…「김해(金州)를 침구한 왜구들이 포로로 억류되어 있다가, 원종 년 4월 신축에 삼별초가 금주를 습격하였을 때 이들을 탈취하여 일본으로 보내 준 것일 것이다. …이렇게 볼 경우 ‘屯’은 억류의 의미로 쓰여졌으며, 일본에 대한 외교적 의례 로서 김해에 억류되어 있던 왜구들을 김해부의 둔병으로 표현한 것들로 보인다.」

(27)「그들은 金海府에있는병사 [혹은 포로] 二〇여 인을 먼저 일본에 보내는 등으로 접촉을 시도하고 있는 점이 주 목된다.」

(28)「이 무렵 몽고군이 김해부(금주)에 주둔하고 있었던 사실은 기록에 의하여 확인된다(『元史』巻7・至元9年3月乙丑条—石井).…첩장에 등장하는 ‘둔김해부 지병’의 정체는 일본에 대한 압박 수단으로서 실제 몽 고군이었을 가능성도 적지 않다고 생각된다.

삼별초 첩장에서 언급된 "일본에 먼저 보내진 김해부 주둔의 군사여 명"이 만일 몽고군이라면, 이 군사는 삼별초가 이 지역에 대한 공격으로 붙잡은 몽고군의 포로 일지 모른다. 즉 삼별초는 몽고군의 일본에 대한 위협이 목전에 이른 긴급 사안임을 입증하기 위한 방법의 하나 로 금주 공격에서 붙잡은 포로 일부를 일본에 송환하였을 가능성에 대한 문제이다. 조양필이 일본에서 그들로부터 ‘금주의 戍兵’에 대한 문제를 지적받고, 귀국 후 즉각 이에 대한 조치를 요구하고 있는 점에서 보면 당시 일본은 매우 구체적으로 조양필에 대해 이점을 압박하였던 것으로 보인다. 이같은 정보를 일본은 삼별초가 제공한 자료에 의하여 파악하게 되었을 가능성이 많고, 첩장에 등장하는 ‘둔김해부지병’의 존재는 바로 이같은 정보의 근거가 되었던 것은 아니었을까 생각된다.」

(29)「제조의 병사는 첩장을 휴대했던 사신의 호위를 위하여 파견된 자들로서, 진도 함락 후 「耽羅」(제주도로 옮긴

삼별초 세력）가 외교공작을 펴던 시점에도 大宰府에 체재했으며, 趙良弼에 대한 압력이 되었다고 상상할 수 있다.」

参考文献目録

日本語文献、韓国語文献の順に、それぞれ発表年次順に掲げる。論文が著書等に再録されている場合は、初出年を掲げ、引用は原則として再録本による。

○日本語文献

石井正敏（一九七八）「文永八年来日の高麗使について」（『東京大学史料編纂所報』十二）↓本書所収

旗田巍（一九八一）「三別抄の反蒙抗戦と日本への通牒」（『井上靖歴史小説集』月報五、岩波書店）

村井章介（一九八二）「高麗三別抄の叛乱と蒙古襲来前夜の日本」（『アジアのなかの中世日本』校倉書房、一九八八年。初出一九八二年）

旗田巍（一九八二）「蒙古襲来をめぐる日本と高麗」（『朝鮮と日本人』勁草書房）

NHK歴史誕生取材班（一九九〇）「解読された謎の国書」（『歴史誕生』三、角川書店）

旗田巍（一九九五）「日本と高麗――蒙古襲来を中心にして――」（『古代の高麗と日本』民族文化）

南基鶴（一九九七）「蒙古襲来と高麗の日本認識」（『日本国家の史的特質』古代・中世、思文閣出版）

李領（一九九九）「元寇と日本・高麗関係」（『倭寇と日麗関係史』東京大学出版会）

李領氏は同じ年に同内容の論文を韓国語でも発表されているが、ここでは日本語論文から引用する。

○韓国語文献

李佑成（一九七九）「三別抄の遷都抗蒙運動と対日通牒――「珍島政府」の一資料――」（『韓国の歴史像』創作と批評社、一九八二年。日本語訳旗田巍監訳・鶴園裕他訳、平凡社、一九八七年）引用は日本語訳本による。なお論文の骨子は「「三別抄政府」外交文書発見」『中央日報』一九七九年四月十六日・十七日号に発表されているので、初出年は一九七九年とした。

金潤坤（一九八一）「三別抄の対蒙抗戦と地方郡県民」（嶺南大学校）『東洋文化』二〇・二一合集）。同氏はその後、同論文を骨子とする「韓国中世の歴史像：第二編 高麗時代の社会変動：第六章 三別抄の反蒙抗戦と郡県民の動向」（『民族文化研究叢書』二五、二〇〇一年）を発表し、さらに「三別抄政府の対蒙抗戦と国内外情勢の変化」（『韓国中世史研究』一七、二〇〇四年）を発表されている。ここでは初出を一九八一年とし、引用には二〇〇一年を用いた。
尹龍爀（一九八五）「三別抄の対日交通史料」（『史郷』二）
李基白編（一九八七）『韓国上代古文書資料集成』（一志社）
柳永哲（一九九四）「高麗牒状不審条々の再検討」（『韓国中世史研究』一）
羅鐘宇（一九九六）『韓国中世対日交渉史研究』（圓光大学校出版局）
南基鶴（一九九六）「蒙古侵入と中世日本の対外関係」（『亜細亜文化』十二）
蔡尚植（一九九七）「麗・蒙の日本侵攻と関連された外交文書の推移」（『韓国民族文化』九）
李領（一九九九）「麗蒙連合軍の日本侵攻と麗日関係」（『日本歴史研究』九）
盧明鎬他編（二〇〇〇）『韓国古代中世古文書研究』（ソウル大学校出版部）
尹龍爀（二〇〇〇）『高麗三別抄の対蒙抗争』（一志社）
張東翼（二〇〇四）『日本古中世高麗資料研究』（SNUPRESS）
裴象鉉（二〇〇五）「三別抄の南海抗戦」（『歴史と境界』五七）
金普漢（二〇〇五）「中世日本の麗・蒙危機論――九州武士たちの認識と対応――」（『文化史学』二三）
金琪燮他編（二〇〇五）『日本古中世文献における韓日関係史料集成』（혜안）
姜在光（二〇〇七）「一二五〇〜一二七〇年代の神義軍の対蒙抗戦と政治活動」（『韓国中世史研究』二三）
尹龍爀（二〇〇九）「三別抄と麗日関係」（韓日文化交流基金・東北亜歴史財団編『モンゴルの高麗・日本侵攻と韓日関係』景仁文化社）
村井章介（二〇〇九）「「三別抄と麗日関係」についての討論」（韓日文化交流基金・東北亜歴史財団編『モンゴルの高麗・日本侵攻と韓日関係』景仁文化社）

附記　本論文は、「高麗牒状不審条々」について一九七八年に紹介論文を発表して以来、主に韓国の研究者の方から多くのご意見をいただいているので、きちんと整理しておきたいとの考えに基づき、まとめたものであるが、直接の契機は、今年（二〇〇九年）に入り、韓国のKBS「歴史追跡」（四月二十日放映）そして日本のNHK「ETV特集日本と朝鮮半島二〇〇〇年」（九月二七日放映）で相次いで三別抄の特集が組まれ、取材を受けたことによる。実際の放映では取材で話した内容の一部しか紹介されていないので、これを機会に文章としてまとめることとした次第である。その後、後者については『日本と朝鮮半島二〇〇〇年』（下）第六章「蒙古襲来の衝撃　三別抄と鎌倉幕府」として刊行された（NHK出版・二〇一〇年六月）。

なお、本論文は日韓歴史共同研究委員会（第一次）において、二〇〇三年から三年間研究を共にした金鉉球先生が高麗大学を退官するに際して編集された『東アジアのなかの韓日関係史』（高麗大学校日本史研究会編）に寄稿したもので、同書下巻に収められ、二〇一〇年五月に刊行された。韓国語に訳して掲載されたが、内容が日本史の研究にも深く関わるため、ここに日本語版を発表することとした。掲載を許可された「金鉉球先生退官記念論叢準備委員会」に御礼申し上げる。

日本語版掲載に際し、補注を付した他、内容にも補訂を加えた。

10 『異国牒状記』の基礎的研究

はじめに

近年、対外関係史の分野で、外交文書（外交に用いられた文書）への関心が高まり、その内容はもちろん、書式などについて、新たなる視点からの考察が加えられている。(1)こうした研究の現状にあって、あらためて注目したい史料の一つが前田育徳会尊経閣文庫に所蔵される『異国牒状記』である。中国（隋・唐・宋・元）や朝鮮（高句麗・新羅・渤海・高麗）から送られてきた文書（牒状）に朝廷・幕府がどのように対応したか、その先例を中心に仮名混じり文で書かれている。その全文は早く和田英松氏（一九〇五年）(2)によって紹介され、解説が加えられている。本書には成立を示す年紀はなく、「後伏見院宸翰」と伝えられているが、和田氏により貞治六年（一三六七）に倭寇禁遏を求めて来日した高麗使（金龍ら）ならびにそのもたらした牒状への対応について議論が重ねられた際に作成された史料であることが、明らかにされている。ついで『大日本史料』第六編之二十八（一九三七年）南朝正平二十二年・北朝貞治六年五月二十三日条に、『師守記』(3)をはじめとする関連史料とともに翻刻され、広く知られて今日に至っている。最近では韓国の張東翼氏『日本古中世高麗資料研究』（二〇〇四年）[4]にも収録され、韓国語訳が付されている。一方、この時の高麗使の来日と牒状問題については、中村栄孝氏に詳しい研究があり[5]、その後も室町幕府がはじめて経験する外交案件として論及されるところがあったが[6]、最近に至り、張東翼・岡本真・李領・藤田明良氏らが[7]貞治六年度の交渉を直接のテーマとする論文を相次いで公表され、にわかに注目されるところとなっている。『異国牒状記』はまさにこの問題に関連する重要な史料であるが、これまでの研究において必ずしも十分に利用されているとは言い難いように思われる。本書は室町幕府初度の外交案件に関する史料としてだけでなく、簡単な記述ではあるが、過去の事例についても言及し、中には本書にしか伝えられていない記事も含まれており、貴重な史料である。それにもかかわらず、これまであまり利用されていない理由には、『異国牒状記』の史料としての意義が十分に理解されていないことがあるのではなかろうか。本文の錯簡が訂正されることなく今日にいたっていることも、その一つの表れではないかと思われる。

すなわち、これまで紹介されている『異国牒状記』にはいくつか問題がある。まず本文は前田育徳会尊経閣文庫所蔵本（以下、前田家本）によっているが、前田家本（一巻・九紙）の現状では、本紙九枚の紙継ぎに錯簡がある[8]。ところがこれまでの紹介では錯簡が正されないまま翻刻されているので、文意の通じない箇所があり、また文意が通じないため校訂に苦心した結果と思われる誤字もまま見受けられる。次に『異国牒状記』には写本があるが、これまで利用されていない。すなわち、題目は『異国牒状之事』となっているが、前田家本と同じ内容の冊子本が東京大学図書館（以下、東大本）及び京都大学図書館（以下、京大本）に所蔵されている。ちなみに前田家本の内題には「異国牒状事」とある。東大本は近世の写本で、一見すると前田家本の写しとみられるものであるが、よくみると文字遣いなどに違いがある上、前田家本では切除されてしまったとみられる文章が記載されており、貴重な写本である。京大本は東大本の近代における写しであるが、東大本の来歴を知る上で重要な奥書を残している。

このように、すでに周知の史料である『異国牒状記』ではあるが、いくつかの問題があり、より正確な本文を示すことが重要と思われる。そこで前田家本・東大本・京大本の原本調査を踏まえて、まず前田家本を底本に原文を翻刻し、東大本（京大本）との校異を示し、さらに原文は仮名が多く、やや読みにくいので、漢字交じりにあらためた釈文を示すことにする。その上で、成立の事情や史料としての意義などについて検討を加えることにしたい。(9)

一　原文翻刻と校異

まず前田家本を底本に、東大本（京大本）との校異を示すこととする。なお前田家本は、紙数九紙で、料紙の左側を上にして二〜三ミリ幅の糊代で継がれているが、「はじめに」で触れたように、紙継ぎに錯簡があり、正しくは現在の第一・四・三・二・五〜九紙の順に配列しなければならない。そこで正しい順に改めた上で翻刻する。

凡例

一、本文は前田家本（前本と略称）を底本とする。ただし変体仮名は通用の仮名に改めて用いる。

二、東大本（東本と略称）との異同を示す。ただし、仮名字母の違い、例えば「に」を「尓」「耳」の草書体で記すといった違い、また助詞の「に」―「ニ」、「ハ」―「は」の類は煩を避けて一々注記しない。

三、紙幅の都合により、本文の続く文章は追い込みで翻刻し、底本の改行は／で示した。また割り注は《 》で示した。

四、底本の紙継ぎ目は『　』で示し、現在の紙数【一〜九】を傍注した。

題箋「異国牒状記《後伏見院／宸翰》」

異国牒状事

応神天皇の御代より正応にいたる／まて数十ヶ度の例いまさらしるし申に／およハす且ハ異朝の牒書の事才
人／なとの存知すへき事なりしかあれとも／日本国事はことに往跡にまかせて(1)／沙汰ある事なれハ粗先規を
しるし申／はかりなり凡太元天子ハ日本国に／相対して同輩の礼の(2)あらむするハ／本儀にてあるへしいさゝ
かも勝劣ある／時ハこれをきらふ太元といふも当時□(3)／国王にてあれとももと(4)は蛮夷《はんい》のたく』【二】ひな(5)りしかあ
れとも帝位につきてその／礼をいたす時はとかむへきにあらす／仮令《けりょう》自他皇帝とも天皇とも天子と□(6)／か
きたらむは礼に違さるにてある(7)／へし和王とも国主とも国王ともかき／たらんハ其礼をそむきたるにてある
／へし先例(8)礼ニかなふ時ハ返牒あり礼ニ(9)／そむく時ハ返牒なしされとも又儀ありて／礼にそむけとも返牒を
つかハす事もあり／それハ古賢なを難する事なりその例／こまかに左にしるす又礼にかなハ(10)さるとき／ある
いは官符をなして宰府に告《つけ》(11)しらせ或□(12)／武将の返牒をつかハす或ハ大宰少弐か武将／の命を受けてつかハす(13)
事又其(14)例おゝ(15)し／一かうに返状(16)なくて詞に(17)して牒使に仰き／かする事もあり(18)先例ミな時によりて不同』【四】なり
この(19)うち武将(20)の返牒ハ承安平相国／入道ほか(21)その例まれなり延応二年のたひ／人々の議(22)定に将軍の牒たるへ
きよし一同ニ／申といへとも返牒ニ及ハす又大樹の書札にて／僧につかハさる(23)ゝ事其例ハなしたゝし内々の
／事たる(24)うへは沙汰に及へからさるをやもし武将／の命をうけて少弐か状なとをやつかハさる／へきそれハ
度々の例ある上嘉禄天福の儀／も子細なしたとひ。《少弐》(25)九州にありとも名字を／のせられん事は異儀あるへから
す承暦四年／越前の敦賀《つるか》(26)の津より牒状を執進と／いへともなを太宰府返牒をつかハす今度／もをなしかるへ

きをや猶沙汰ありて治定／せらるへきか消息たらは一向の新儀にてある(27)／へし代々の太宰府の牒又返牒なき時の／官符(28)宣下以下の文章少々しるし献す／これにてなすゝへしるへきにや所詮この／段は先規をしらさるあいた中〳〵僧中なと』【三】斗申へき哉次ニ高麗国ハ神功皇后／三韓《みつのからくに》を退治せられしよりなかく我朝に／帰《き》(29)して西藩《せいはん》となりて君臣の礼をいた／し朝貢《てうこう》を毎年舟八十艘《そう》(30)をおくりし／事上古ハたえす(31)しかるに中古以来太元国ニ／したかへられて彼《かの》(32)藩臣《はんしん》となるしかありとも／いかてか旧盟をわすれん仍代々高麗の／礼は各別の事なり無礼の事ことに其沙汰／あり彼国よりは皇帝天皇なとかけとも／本朝よりは国王とも渤海《ほっかい》の王ともふるくは／かきしなりしかあるに皇帝聖旨とかき／本朝を国主とかく段太元の朝よりも／高麗にはなをそのとかふかゝるへし仍先々／殊其沙汰あるか又今度牒のハしにあて所／なし年号なし箱に入らす此等の条々／も無礼といふ(33)へし承暦に匡房卿意見に／申篇目等なりくはしく左の先例にしるす』(34)【二】

一　代々異国よりの礼節の事《礼ニかな(35)井たる(36)例を／も少々のす》

応神天皇廿八年九月高麗の牒状到来その／文にいはく高麗の王日本国に教《おし》(37)ふとこれをか／く太子《たいし》(38)兔道稚郎子《うちわかみこ》(39)その文をよみて高麗／の使をせめて無礼なりとて即これを破棄《やふりす》(40)つ

推古天皇二年正月異朝隋《すい》(41)国の牒状到来その文ニ／いはく皇帝和王ニ問聖徳太子此状を御らん／して天子と書すして和王とかける事をにく／ミてその使を賞せす

同十六年八月又異朝 隋煬帝《すいのやうたい》(42)の書にいはく皇帝／和王にとふ《問》とかく無礼なりといへとも返牒をつか／ハしていわく東天王西皇帝に(43)申とかゝる隋／煬帝これをミて悦す(44)と云々

斉明天皇七年高麗の王の牒状ニいはく大高／麗国天皇謹《つつしんて》(45)白《まうす》(46)二大和国天皇一ニ高麗ハ本朝に／したかへる国也無礼のよし沙汰あり

天智天皇十年牒状到来その書にいはく／大唐皇帝　敬《つつしんて》問《とふ》(47)二日本国天皇(48)一ニ礼節は子細なし／といへとも返牒ハ

なし』【五】[49]

天武天皇元年二月唐牒状のはこの上に[50]／題云《たいして》[51]大唐皇帝敬て和王に問と書く返牒／なし

文武天皇慶雲二年唐牒状にいはく皇帝／書を日本国の王に致《いた》す[53]とかく返牒なし[52]

長徳三年五月高麗の牒到来文章旧儀ニ／たかふ上其状躰蕃礼《はんれい》[57]ニそむくよし沙汰ありて／返牒なし[54][55][56][58]

承暦四年九月太宗国[59] 明州《みやうしう》[60]牒状越前国敦賀《つるかの》[61]／津につくその状にいはく大宗国 明州《みやうしう》[62]牒日本国／太宰府とかく諸道の輩に仰て勘らるゝ処ニ[63]／牒状の躰先例にかなハす猥《みたり》[64]に聖旨と称《せう》[65]す蕃礼《はんれい》[66]／にそむくとて京都に達かたきよし宰府の返／牒をつかハす

承徳元年九月大宋国[67] 明州《みやうしう》[68]牒到来書の躰／先例にかなハす返牒なきよし官符にて[69]宰府／に仰[70]らる宰府よりこれをつかハす

元永元年九月宋朝牒状到来其状にいはく[71]／知 明州軍州《みやうしうくんしう》[72]事云々諸道勘文ニ及ふ書躰先／例に背うへ公家に進するおもむきなきよし』【六】沙汰ありて返牒なし

天福二年正月牒状沙汰ありて返牒清書に及と／いへとも関東子細を申によりてこれをとゝめらる／彼返牒案武将の命をうけて大宰府よりつか／ハす躰也為長卿これをつくる／

仁治元年四月牒状到来関白直盧にて議定[73]あり／将軍の返牒たるへきよし人々一同に申といへとも／つゐに返牒をつかハさす

文永五年二月牒状到来其状無礼によりて返牒／に及ハす

同六年十二月牒状到来又無礼によりて返牒に／及ハす

同八年十月牒状到来牒の使趙良弼《てうりやうひつ》ちきに／天皇にたてまつるへきよし申て牒状をいたさす／仍宣旨を宰府[74]に下されてめさるゝ時正文をい[75]／たす

建治(76)元年五月同十月弘安二年七月牒状到来／といへとも襲来《おそいきたる》(77)の企あるによりて返牒をつか／ハさす
正応五年十二月高麗牒状到来返牒なし
一　返牒なき時宣旨をくたし(78)大宰(79)府の返牒』【七】以下の事
延喜七年五月新羅《しんら》(80)(81)牒状到来文章(82)博士等に／仰て(83)大宰(84)府の返状(85)を作てつかハす
寛仁三年九月高麗国の牒到来太宰府返／牒を下して帰遣へきよし宣下あり
承徳(86)元年五月大宋国明州《みやうしう》(87)牒到来太宰府(88)の／返牒を遣へきよし官符を彼府にたまふ／権帥匡房卿これをつく
る勅宣のよしをのせす／宰府私(89)の牒のよしなり
永(90)承六年七月高麗国牒到来礼なきに／よりて宰府牒をつかハす
承(91)安三年二月大宋国明州《みやうしう》(92)牒到来入道太政／大臣返牒をつかハす其状云日本国沙門静海／牒とこれをかく永
範卿これをつくる
天福二年五月宰府(93)の返牒をつかハすへき／よし沙汰ありといへとも関東計申につきて／これをつかハされす
《子細右に／しるす》
仁治元年四月将軍の私返牒たるへきよし／沙汰ありといへともつゐに返牒をつかハさす(94)《子細右に／しるす》
承暦四年九月宰府(95)の返牒を遣す《子細右に／しるす》』【八】
一　礼物ハ已紛失歟しかありといへとも猶返遣(96)／さるよし仰らるへき歟代々返牒なき時(97)これ／をかへさる又
と丶めらる例ありといへとも其礼／にかなハす
一　牒使には粮物を給ふ先規なり又返牒な／き時ハ給ハぬ事もあり今度一向武家の御／沙汰たるへきあいた(98)
子細をしるさす
以上このほか返牒ある例をハりやくして／これをしるさす又小弐わたくしの／返状(99)なとをつかハす近例

候(100)歟然而公家／の所見くハしからす候(101)

【九】

〔校異〕

(1)て　前本損傷あるも残画による。東本空白のまま(2)の　東本ナシ(3)□　前本損傷、「ハ」あるか(4)もとは　東本ナシ(5)なり　東本「也」(6)□　前本損傷　東本「も」(7)ある　東本「有」(8)例　東本「例に」(9)礼ニ　前本損傷あるも「礼」は残画により、「ニ」は推補。東本「礼」(10)ハ　東本「わ」(11)つけ　東本振り仮名ナシ(12)□　前本損傷、「ハ」字アルカ(13)す　東本「する」(14)其　東本「その」(15)おゝ　東本「多」(16)状　東本「牒」(17)し　東本ナシ(18)あり　東本「有」(19)このうち　東本「此内」(20)将の　東本「将ときの」(21)ほか　東本「外」(22)議　東本「儀」(23)るゝ　東本「里」傍書「るゝ」(24)たるう　前半重ね書き(25)少弐　東本本文(26)つるか　東本振り仮名ナシ(27)ある　東本「有」(28)符　東本「府」(29)き　東本振り仮名ナシ(30)艘　東本「般」、京本「般（ママ）」(31)た　東本「し」(32)彼　東本「後」とし、振り仮名ナシ(33)いふ　東本「云」(34)東本「す」に続けて「者なりよく〳〵御了簡あるへし」アリ。(35)礼ニ…のす　前本重ね書き(36)井　東本「ひ」(37)おし　東本振り仮名ナシ(38)たいし　東本振り仮名ナシ(39)うちわかミこ　東本「ウチワカミコ」(40)やふりす　東本「ヤフリス」(41)すい　東本「ずい」(42)すいのやうたい　東本「すいのようてい」(43)に　東本ナシ(44)ミ　東本「見」(45)つつしんて　東本「ツツシンテ」(46)白　東本「曰」(47)つつしんてとふ　東本「ツツシンテトウ」(48)ニ　東本ナシ(49)東本次行一行アキ(50)の　東本ナシ(51)に　前本「の」を擦り消ち(52)く　東本「ハ」(53)いた　東本振り仮名ナシ(54)東本次行を続ける(55)章　東本「帝」(56)ふ　前本重ね書き(57)れい　東本振り仮名ナシ(58)あり　東本「有」(59)太　東本「大」(60)ミやうしう　東本振り仮名「ミャウしう」(61)つるかの　東本振り仮名ナシ(62)ミやうしう　東本振り仮名ナシ(63)ニ　東本ナシ(64)みたり　東本「ミたり」(65)せう　東本振り仮名ナシ(66)れい　東本振り仮名ナシ(67)宋　東本「宗」(68)ミやうしう　東本振り仮名ナシ(69)て　東本「も」(70)仰　東本「作」カ(71)いはく　東本

「曰」(72)ミやうしうくんしう　東本振り仮名ナシ(73)議　東本「儀」(74)府　東本「符」(75)い　東本「ハ歟」傍書(76)治　前半重ね書き(77)おそいきたる　東本振り仮名ナシ(78)大　東本「太」(79)府　東本「符」(80)しんら　東本振り仮名ナシ(81)状　東本ナシ(82)博　東本「轉」(83)大　東本「太」(84)府　東本「符」(85)状　東本「牒」(86)徳　前本重ね書き(87)ミやうしう　東本振り仮名ナシ(88)府　東本「符」(89)府　東本「符」(90)永承六年条　東本ナシ(91)東本ここに承暦四年条アリ(92)ミやうしう　東本振り仮名ナシ(93)府　東本「符」(94)さ　東本ナシ(95)府　東本「符」(96)返　東本ナシ(97)なき　東本ナシ(98)い　東本「ひ」(99)状　東本「牒」(100)候　東本ナシ(101)候　東本ナシ

〔校異補注〕

(20)　前田家本の「武将の」を東大本では「武将ときの」としている。前田家本の「将」は「時」にも読める筆であるので、「武将」を書いたのち、「将」字を「時」に読み違え、誤りを犯してしまったものであろう。

(34)　前田家本の本来であれば第四紙目にあたる現第二紙の最後は「先例にしるす」で終わり、五紙目は「一代々異国より…」で始まっている。ところが東大本には「先例にしるす」に続けて「者なりよく〳〵御了簡あるへし」とある。つまり前田家本にはこの記述がない。そこで前田家本の料紙を調べると、現第二紙が他の料紙に比べて約二センチ短いことに注意される。すなわち全九紙の法量は、タテは九紙ともに三二・三～三二・五センチであるが、ヨコについては次の如くである。第一紙四三・四、第二紙四六・四、第三紙四八・五、第四紙四八・七、第五紙四八・八、第六紙四九・〇、第七紙四八・四、第八紙四八・二、第九紙四七・九センチである。問題となる第二紙と首末の二紙を除く六紙は四八・二～四九・〇センチとなる。ところが第二紙はこれより約二センチ短い。これはちょうど一行分に相当する。すなわち第二紙は何らかの事情で左側が切除されてしまい、東大本にある「者なりよく〳〵御了簡あるへし」に相当する一行が失われてしまったものと推測される。そこで次に示す釈文では、この記述を補った。なお前田家本の付属文書（一五～一六頁参照）の一つで、各料紙のはじめと終わりを記した「宸翰端末之認」には、「二一　計申へき哉／訖先例にしるす」と現第二紙の始末が記されており、問題の一行は前田綱紀が入手した時にはすでに切除されていたことが知られる。

二 釈文

凡例

一、読みやすいように仮名を漢字に改め、句読点を打ち、カタカナのハ・ニ等は平仮名に改め、濁点を付した。なお漢字への変換については『師守記』等の用語を参考にした。

(例)つかはす↓遣はす　そむく↓背く　しるし↓注し　かなふ↓叶ふ
　　にくみ↓憎み　いへとも↓雖も　たくひ↓類

二、振り仮名は省略したが、その読みは釈文に生かした。

三、適宜小見出しを付け(一〜一二)、文章の段落ごとに区切り番号を付し、見出しにあたるところは⓪とした。なお、以下の引用に際しては、釈文の番号を用いる。

四、漢字に原文に無い助詞などを補う場合はカタカナを用いた。

(例)日本国事↓日本国ノ事　礼に違ざる↓礼に違ハざる

五、底本の明らかな誤字及び東本により補訂すべき文字は〔　〕で示した。

一、序文

異国牒状ノ事

①応神天皇の御代より正応に至るまで数十ヶ度の例、いまさら注し申スに及ばず。且は異朝の牒書の事、才人などの存知すべき事なり。しかあれども日本国ノ事は、ことに往跡にまかせて沙汰ある事なれば、粗ラ先規を注し申スばかりなり。

二、対元（蒙古）外交の基本姿勢

①凡ソ太元ノ天子は日本国に相対して同輩の礼のあらむずるは、本儀にてあるべし。いささかも勝劣ある時はこれを嫌ふ。

②太元といふも、当時□〔はカ〕国王にてあれども、もとは蛮夷の類なり。しかあれども帝位につきてその礼を致す時は咎むべきにあらず。

③仮令自他皇帝とも天皇とも天子と〔も〕書きたらむは、礼に違ハざるにてあるべし。和王とも国主とも国王とも書きたらんは、其礼を背きたるにてあるべし。

三、返牒の基準と種類――公家・大宰府、武将・少弐――

①先例、礼に叶ふ時は返牒あり、礼に背く時は返牒なし。されども又儀ありて、礼に背けども返牒を遣はす事もあり。それは古賢なを難ずる事なり。その例こまかに左に注す。

②又礼に叶はざる時、あるいは官符をなして宰府に告げ知らせ、或□〔はカ〕武将の返牒を遣はす。或は大宰少弐が武将の命を受けて遣はす事、又其例多し。一向に返状なくて詞にして牒使に仰セ聞かする事もあり。先例みな時によりて不同なり。

四、武将・少弐の返牒

①このうち武将の返牒は承安平相国入道（平清盛）ほか、その例まれなり。

②延応二年の度、人々の議定に将軍の牒たるべき由、一同に申スと雖も返牒に及ばず。

③又大樹の書札にて僧に遣はさるる事、其例はなし。ただし内々の事たる上は沙汰に及ブべからざるをや。

④もし武将の命を受けて少弐が状などをや遣はさるべき、それは度々の例ある上、嘉禄・天福の儀も子細なし。たとひ少弐九州にありとも名字を載せられん事は異儀あるべからず。

五、この度は大宰府返牒か消息か
①承暦四年越前の敦賀の津より牒状を執リ進ムと雖も、なを太宰府返牒を遣はす。今度も同じかるべきをや。
猶沙汰ありて治定せらるべきか。
②消息たらば一向の新儀にてあるべし。
六、先例注記の方針
①代々の太宰府の牒又返牒なき時の官符・宣下以下の文章、少々注し献ず。これにてなすすべ知るべきにや。
所詮この段は先規を知らざる間、中〱僧中など斗ヒ申スべき哉。
七、対高麗外交の基本姿勢と今度の牒状の問題点
①次に高麗国は神功皇后三韓を退治せられしより、永く我朝に帰して西藩となりて、君臣の礼を致し、朝貢を毎年舟八十艘を送りし事、上古は絶えず。
②しかるに中古以来太元国に従へられて彼藩臣となる。しかありともいかでか旧盟を忘れん。仍テ代々高麗の礼は各別の事なり。無礼の事、ことに其沙汰あり。
③彼国よりは皇帝・天皇など書けども、本朝よりは国王とも渤海の王とも古くは書きしなり。
④しかあるに皇帝聖旨と書き、本朝を国主と書く段、太元の朝よりも高麗には、なをその咎深かるべし。仍テ先々殊ニ其沙汰あるか。又今度ノ牒の端に宛所なし、年号なし、箱に入らず。此等の条々も無礼と言ふべし。承暦に匡房（大江）卿意見に申ス篇目等なり。詳しく左の先例に注す〔者なり。よく〱御了簡あるべし。〕
八、返牒なしの先例
⓪一、代々異国よりの礼節の事《礼に叶ゐたる例をも少々載す》
①応神天皇廿八年九月、高麗の牒状到来。その文にいはく、「高麗の王日本国に教ふ」とこれを書く。太子

兎道（ママ）稚郎子その文を読みて高麗の使を責めて無礼なりとて即チこれを破リ棄つ。
②推古天皇二年正月、異朝隋国の牒状到来。その文にいはく、「皇帝和王に問フ」。聖徳太子此状を御覧じて、天子と書カずして和王と書ける事を憎みてその使を賞せず。
③同十六年八月、又異朝隋の煬帝の書にいはく、「皇帝和王に問ふ」と書く。無礼なりと雖も返牒を遣はしていわく、「東天王西皇帝に申ス」と書かる。隋ノ煬帝これを見て悦バずと云々。
④斉明天皇七年、高麗の王の牒状にいはく、「大高麗国天皇謹白㆓大和国天皇に㆒」。高麗は本朝に従へる国也。無礼の由、沙汰あり。
⑤天智天皇十年牒状到来。その書にいはく、「大唐皇帝敬問㆓日本国天皇に㆒。礼節は子細なしと雖も、返牒はなし。
⑥天武天皇元年二月、唐牒状の函の上に題して云ク、「大唐皇帝敬て和王に問」と書く。返牒なし。
⑦文武天皇慶雲二年、唐牒状にいはく、「皇帝書を日本国の王に致す」と書く。返牒なし。
⑧長徳三年五月、高麗の牒到来。文章旧儀に違ふ上、其状ノ躰蕃例に背く由沙汰ありて、返牒なし。
⑨承暦四年九月、太宗（大宋）国明州牒状越前国敦賀の津につく。その状にいはく、「大宗（宋）国明州牒日本国太宰府」と書く。諸道の輩に仰セて勘へらるる処に、牒状の躰、先例に叶はず、猥りに聖旨と称す。蕃礼に背くとて、京都に達シ難き由、宰府の返牒を遣はす。
⑩承徳元年九月、大宋国明州牒到来。書の躰先例に叶はず。返牒なき由、官符にて宰府に仰せらる。宰府よりこれを遣はす。
⑪元永元年九月、宋朝牒状到来。其状にいはく、「知明州軍州事」云々。諸道勘文に及ぶ。書ノ躰先例に背ク上、公家に進ずる趣きなき由沙汰ありて、返牒なし。

⑫天福二年正月、牒状沙汰ありて、返牒清書に及ブと雖も、関東子細を申スによりて、これをとどめらる。彼返牒案、武将の命をうけて大宰府より遣はす躰也。為長(高辻)卿これを作る。

⑬仁治元年四月、牒状到来。関白直廬にて議定あり。将軍の返牒たるべき由、人々一同に申すと雖も、遂に返牒を遣はさず。

⑭文永五年二月、牒状到来。其状無礼によりて返牒に及ばず。

⑮同六年十二月、牒状到来。又無礼によりて返牒に及ばず。

⑯同八年十月、牒状到来。牒の使趙良弼直に天皇にたてまつるべき由申シて牒状を出さず。仍テ宣旨を宰府に下されて召さるる時、正文を出す。

⑰建治元年五月、同十月、弘安二年七月、牒状到来と雖も、襲い来るの企あるによりて返牒を遣はさず。

⑱正応五年十二月、高麗牒状到来。返牒なし。

九、大宰府返牒の例

⓪一、返牒なき時、宣旨を下し、大宰府の返牒以下の事

①延喜七年五月、新羅牒状到来。文章博士等に仰せて大宰府の返状を作リて遣はす。

②寛仁三年九月、高麗国の牒到来。太宰府返牒を下して帰シ遣ハスべき由宣下あり。

③承徳元年五月、大宋国明州牒到来。太宰府の返牒を遣ハスべき由、官符を彼府にたまふ。権帥匡房卿これを作る。勅宣の由を載せず。宰府私の牒の由なり。

④永承六年七月、高麗国牒到来。其礼なきによりて、宰府牒を遣はす。

⑤承暦四年九月、宰府の返牒を遣はす《子細右に／注す》。

⑥承安三年二月、大宋国明州牒到来。入道太政大臣返牒を遣はす。其状ニ云ク、「日本国沙門静海牒」とこ

れを書く。永範《（藤原）》卿これを作る。

⑦天福二年五月、宰府の返牒を遣はすべき由沙汰ありと雖も、関東計ヒ申スにつきてこれを遣はされず《子細右に／注す》。

⑧仁治元年四月、将軍の私返牒たるべき由沙汰ありと雖も、遂に返牒を遣はさず《子細右に／注す》。

一〇、礼物受納の可否

①一、礼物は已ニ紛失歟。しかありと雖も猶返シ遣ハさるべき由、仰セらるべき歟。代々返牒なき時、これを返さる。又とどめらる例ありと雖も、其礼に叶はず。

一一、高麗使の処遇

①一、牒使には粮物を給ふ先規なり。又返牒なき時は給はぬ事もあり。今度一向武家の御沙汰たるべき間、子細を注さず。

一二、むすび

①以上このほか返牒ある例をば略して、これを注さず。

②又小弐私の返状などを遣はす近例候歟。然而公家の所見詳しからず候。

三　前田家本と東大本・京大本

1　前田家本（巻子本　一巻、架蔵番号「宸　貴一九号」）

前田家本は、現在三重の箱に納められているが、その中箱の表裏に次のように記されている。

（表）「古蹟《礼／甲》　『御箱御上書／松雲院様御震筆』（貼紙）
後伏見院宸翰／　異国牒状記《外題一条右府／冬経公》　一巻　」
（裏）「　『御封印／　吉田佐右衛門／熊内弥助』（貼付）
延宝八年九月　高辻黄門豊長／被恵之余畢　」

これにより、延宝八年（一六八〇）九月に加賀藩主前田綱紀（一六四三〜一七二四年、法号松雲院）が高辻豊長から贈られたものであることが知られる。高辻豊長は本姓菅原、この年権中納言・正三位であった（『公卿補任』参照）。箱表に「後伏見院宸翰」と綱紀の筆で記されており、原本の題簽にも「異国牒状記《後伏見院／宸翰》」とある。また癸卯の年（綱紀晩年の享保八・一七二三年のことであろう）に本史料の影写本（尊経閣文庫現蔵）を作成した際の文書「異国牒状記付属書　八通」の中に六月九日付け古筆了音（一六七四〜一七二五）の極め書があり、それにも「後伏見院御正筆ト奉存候」とある。[10]しかしながら、筆者を後伏見院（一二八八〜一三三六、在位一二九八〜一三〇一）とする説は、本史料が貞治六年（一三六七）の外交問題に際して作成されたものであることが明らかにされている今日では否定される。後伏見院説は、『異国牒状記』に触れられている先例の中で年次のもっとも降るものが正応五年（一二九二）であることによるのであろう。

前田家本の紙継ぎの錯簡についてはすでに触れたが、本書付属文書の一つに「宸翰端末之認」と題する文書がある。九紙を放して九名がそれぞれ分担して影写するため、再び成巻する際に継ぎ間違いのないように控えておいたものと思われ、「一　異国牒状事／訖蛮夷のたく」のように、一紙ごとの始まりと終わりが記されている。それを見るとその配列は現状と同じで、したがって、錯簡は綱紀入手当時からのものであったことが知られる。

また前田家本には、脱文を挿入符と墨線で示したり、重ね書き（擦り消ち。誤字を削り上から重ねて訂正）にした箇所がある。補入は二箇所（校異25 91）、重ね書きによる誤字訂正は六箇所にみられる（校異24 35 51 56 76 86）。補入の問題は下文で触れることとして、重ね書きによる誤字訂正のうちで書き損じの文字が確認できるのは校異51で、「能（の）」を「尓（に）」に改めている。

本文は一筆で、漢字に付されている振り仮名も本文と同筆とみてよいと思われる。和田氏が筆者を二条良基と推測されていることには検討の余地があるが、筆跡からみて貞治六年当時の文書とみてよいであろう。本文に「少々注し献ず」（六―①）等とあり、もともと『異国牒状記』は参考資料として、後述するように、おそらく天皇に献上するために作成されたもので、誤字訂正の方法が見せ消ちや抹消ではなく、きれいに削って書き直している様子から、別の史料を写した写本ではなく原本とみてよいと思われる。清書のつもりで書いたが、本文終わりの方に大きな脱文補入ができてしまったため、別に清書を作成して献上し、結果として前田家本が草案となったものと推測される。

2　東大本（冊子本　一冊　架蔵番号「G27／20」）と京大本（同上　架蔵番号「国史／こ2／4」）

東大本は同筆で書写された儀式書と一緒に綴じられており、恐らく近世の書写と思われる。東大本の来歴は不明で、奥書などいっさい手がかりとなる記述はないが、京大本の奥書には、次のように記されている。

東京市浅草区北仲町五番地浅倉屋／吉田久兵衛氏所蔵／大正十三年九月謄写

京大本は東大本の写しとみて間違いないので、この奥書によって東大本は大正十三年（一九二四）当時、浅草にあった著名な古書店浅倉屋吉田久兵衛氏の所蔵であったことが知られる。京都大学で書写された後、大正十三年以降東大に購入されたものであろう。その前年には東大は関東大震災により多くの蔵書を失っており、まもなく精力的な蒐書が行われたことはよく知られている。和田英松氏により前田家本が一九〇五年に紹介されているので、同じ内容の浅倉屋所蔵本の存在とその価値が世に知られ、京大における謄写本の作成、さらに東大への架蔵となったものと思われる。

四　前田家本と東大本（京大本）との異同

さて、そこであらためて前田家本と東大本との関係について考えてみたい。両本を一見すると東大本は前田家本の写しと思われるが、子細に検討すると仮名の使い方など大きな違いもある。この両者の主な異同をあげると次の如くである。なお京大本は東大本の写しであることが明らかであるので、特別のことがない限り東大本と同一のものとして扱っていく。

①前田家本の脱文補入が東大本では正しい位置に記されている。
　校異91：前田家本では仁治元年条の次に「承暦四年…」を記し、承安三年の前に挿入符を書き、墨線でつないでいるが、東大本では前田家本に指示された承安三年の前に記されている。ただし東大本ではその前の「永承六年…」の記事はない。

②前田家本の傍書が東大本では本文に記されている。
　校異25：前田家本の傍書「〇少弐」が東大本では本文に記されている。

③前田家本の損傷箇所が東大本では空画とされている。

校異1：東大本に「…往跡にまかせ　／沙汰ある事…」と「せ」の次に一字分の空画がある。前田家本をみると、空画の箇所は損傷しているが、わずかに残っている墨痕から「て」字と判読される。

④前田家本の仮名が東大本では漢字で表記されている。

なり↓也、あり・ある↓有、このうち↓此内、ほか↓外、いふ↓云

⑤両本の文字遣い（仮名字母）に違いがある。

両本では仮名の用字が異なっている場合が多い。字母により違いを示すと次の如くである。前田家本↓東大本、前田家本↑↓東大本

阿↓安、可↓加、幾↓起、希↓計、己↓古、志↓之、寸↓春、春↓須、世↓勢、堂↓多、徒↓津、登↓止、尓↓仁、能↓乃、ハ↓波・盤、盤↓波、不↓婦、遍↓部、女↓免、良↓羅、留↓流・累、遠↓越、左↑↓佐、寸↑↓須、多↑↓太、尓↑↓耳、連↑↓礼、

⑥両本の振り仮名に違いがある。

前田家本と比べると東大本はやや簡略で、かつ前田家本が平仮名中心であるのに対し、東大本は片カナを多用しているという傾向がある。

以上の前田家本と東大本との主な異同をみると、東大本を前田家本（系統）の写本とみることは難しいように思われる。少なくとも東大本を前田家本の直接の写しとすることはできない。それは校異32で、前田家本に「したかへられて彼藩臣《かのはんしん》となる」とあるところが、東大本には「したかへられて後藩臣《はんしん》となる」とある。もし振り仮名が付されている前田家本を直接写したのであれば、「彼」を「後」と記すことはないであろう。したがって、両本が直接の親子関係にないことは明らかである。そこで考えられるのは、前に前田家本は草案原本で、別に清

書献上本が作成された可能性を述べた（三二四頁）が、前田家本の誤脱が訂正され、用字法も異なる東大本は清書献上本（系統）の写しではないかということである。しかしながら、異同の③は東大本が前田家本の転写本であることを明白に物語っているように思われる。③は東大本では空画とされている行末の一字分が、前田家本では損傷しているが、墨痕から「て」字と判読されることを示している。東大本の空画のあり方は前後の行の字詰めからみて、意図的に一字分空けているとみなされる。その事情は、前田家本の損傷箇所の墨痕を判読できず、あるいは敢えて判読せず、そのまま空画にして書写されたことに由来しているのではなかろうか。すなわち、前田家本の写しが作られた際、補入記事は正しい位置に記入し、損傷で読めない箇所は空画のままとした。ただし補入記号に惑わされてうっかりと永承六年条を落としてしまった。またいつの段階かは不明であるが、筆写者の嗜好によるものか仮名遣いを異にし、また振り仮名も全てではなく必要に応じて付した写本が作られた。東大本はこのような前田家本の転写本と推測され、その親本は本来の第四紙末尾の一行が切除される江戸時代以前の写本とみなされる。

五 『異国牒状記』と勘例

『異国牒状記』は、例えば本文冒頭で「粗ラ先規を注し申スばかりなり。」（一—①）と述べ、続けて先例を挙げている書きぶりは勘例に類似している。しかしすでに和田英松氏が指摘されているように、勘例そのものとは考えられない。局務・官務両局勘例が通常は漢文（記録体）であるのに対して仮名書きであることがまず注意される。仮名書状で問い合わせてきた二条良基（家司藤原家尹奉書）に対する中原師茂の返書は仮名交じりであるが、勘例は漢文のままである（『師守記』五月八日・九日条）。このような事情から和田氏は、『異国牒状記』は当時関白としてこの問題に対処していた二条良基が、両局勘例とは「別に書いて参考の為に光明帝に献上せられたものであらう」[11]と述べられている。作者二条良基、献上先光明上皇とする意見については下文で検討することとして、勘例に基づいてまとめられたということは間違いないと思われる。さらにその内容も単に先例を列挙するだけでなく、元や高麗の歴史にも論及する解説ともいうべき記述が多い。したがって『異国牒状記』は、勘例を基にして、今回の高麗牒状への対応の指針を記述することに主眼がおかれているものと思われる。それではその基となった勘例はどのようなものであろうか。

そこで『大日本史料』を参考に、『師守記』等から知られる、高麗使の来日から帰国までの朝廷・武家の動向の中で、牒状と勘例に関わる部分を中心に日付をおって記すと別表（三四三〜三四六頁）の如くである。

別表の高麗牒状をめぐる朝廷の動向から、勘例は異国牒状への対応について、異国殿上定についてなど、いくつか作成されていることが知られるが、『異国牒状記』に関わるような勘例は、局務中原師茂から別当柳原忠光（四月二十三日）・前内大臣三条公忠（同二十四日）・関白二条良基（五月八日・九日）・前関白近衛道嗣（同二十二日）らに提供されている。一方の官務小槻兼治勘例は頭弁萬里小路嗣房に提出されていることが知られる（五月二十八日）だけであるが、おそらく師茂勘例と同様に上記の公卿にも提供されていると理解すべきであろう。そしてこの時の勘例は両局以外に作成された形跡はない。したがって、『異国牒状記』は両局勘例のいずれか、もしくは両者を参考にしていることになる。この点について手がかりを与えてくれるのが『師守記』五月九日条で、師茂が二条良基に提供した勘例の写しが記されている。『異国牒状記』と共通する年紀を比較して示すと次の如くである。

『異国牒状記』	〔中原師茂勘例〕
応神天皇廿八年九月	（同　じ）
長徳三年五月	同年六月十三日
承暦四年九月	同年十月二日
承徳元年九月	同年九月、十二月廿四日
元永元年九月	永久五年九月、同六年（元永元）三月十五日、同六月八日
文永五年二月	文永五年閏正月八日、二月六日・七日・十二日・廿八日、三月廿七日、同六年四月廿六日
建治元年五月・十月	建治元年十月廿二日
弘安二年七月	弘安二年六月廿六日、七月廿五日
正応五年十二月	正応五年十一月十二日、十二月八日・九日・十六日、同六年四月廿二日
承安三年二月	承安二年秋、同三年十二月、同四年二月五日

このように『異国牒状記』と師茂勘例とでは、先例引用の年月日に大きな差異があり、『異国牒状記』が師茂勘例に基づいているとは考えられない。したがって残る可能性は官務小槻兼治勘例を参考にしているということになるであろう。すなわち『異国牒状記』は、官務小槻兼治の勘例を参考に、今回の高麗使ならびに牒状に朝廷として如何に対応すべきか、その方針を分かり易く仮名書きで記述したものと思われる。今日、小槻氏の主な文書は壬生家文書として宮内庁書陵部に伝わり、図書寮叢刊に収めて刊行されているが[12]、その限りでは関連する史料を見出すことはできない。

六　『異国牒状記』の成立時期

それでは『異国牒状記』はいつ書かれたのであろうか。成立の時期について考えてみたい。まず成立時期の上限を考える上で手がかりとなるのは、『異国牒状記』が武家・大樹（将軍）返牒に触れていることである。朝廷では五月二十三日の殿上定で返牒せずと決し、この決定はまもなく西園寺実俊を通して武家に伝えられた。『師守記』同日条には殿上定の具体的な様子を記した後、「後日、不レ可レ有二返牒一、可二返送一之旨、以二西園寺右府一被レ仰二武家一云々」とみえる。〈返し送る可きの旨〉とは、『師守記』五月九日条所載勘例正応六年四月二十二日条に、「今度異国牒使、被レ返二送本国一。関東計申云々。」とある例を参考にすると、返牒を与えずにそのまま帰国させるといった意味であることが知られる。しかしながら、すでに周知の如く武家はこの朝廷の決定に従わなかった。『後愚昧記』六月二十六日条に、「後聞、高麗牒使今日下向云々。於二公家一者不レ可レ有二返牒一之由雖二落居一、自二武家一遣二返牒一《行忠卿清書云々》。又大樹賜二種々物等於彼牒使一云々。」とあるように、武家（将軍足利義詮）より返牒が与えられた。そしてその返牒は、義詮の指示により、禅僧春屋妙葩が将軍の意を体する私信（消息）の形式をとったものであったことが、『鹿王院文書』所収（貞治六年）六月七日付け春屋妙葩宛足利義詮書状に、「先日高麗消息上処、為二外国披見一不足覚候、僧禄〔録〕二字可二添給一候也。恐々敬白。」とみえることによって知られている。その内容は倭寇禁圧を約束するものであった。[13]

以上のような経緯をたどって高麗使に託された武家返牒に関する記述が『異国牒状記』に散見している。記述の順を追って紹介すると次の如くである。

（イ）又大樹の書札にて僧に遣はさるる事、其例はなし。ただし内々の事たる上は沙汰に及ブべからざるをや。

（四―③）
（ロ）消息たらば一向の新儀にてあるべし。（五―②）
（ハ）代々の太宰府の牒又返牒なき時の官符・宣下以下の文章、少々注し献ず。これにてなすすべ知るべきにや。所詮この段は先規を知らざる間、中〳〵僧中など斗ヒ申スべき哉。（六―①）

これらは将軍の意を体した禅僧春屋妙葩の「消息」という形での返牒が話題となっていたことを示している。そして次のような記事がある。

（ニ）一、牒使には粮物を給ふ先規なり。又返牒なき時は給はぬ事もあり。今度一向武家の御沙汰たるべき間、子細を注さず。（一一―①）

ここには粮物支給に関して述べているが、「一向武家の御沙汰」は返牒も含めてのことで、対応一切が武家の責任においてなされていることを意味している。

このような『異国牒状記』の記述から、高橋公明氏は同書は五月二十三日の殿上定以降に成立したとされている。(14) ただし四月十八日には将軍足利義詮が天龍寺で使者を接見しており、また殿上定以前の五月八日に関白二条良基が中原師茂に対して将軍返牒の先例を注進するよう命じていたりしていることなどから、「朝廷が返牒しなくとも幕府が返書を出す可能性が大きいことがわかり、（朝廷では―石井）それにどう対応するかに焦点が移って」おり、「高麗に返書して武家外交を開始することは、すでに将軍周辺では既定の方針になりつつあったらしい」(15) とする理解もある。たしかに義詮は高麗使に関心をもっており、朝廷の結論如何に関わらず、返牒を与えて高麗との外交関係を結ぶことを意図していたとも考えられる。したがって、このような理解にたてば、『異国牒状記』が武家返牒に触れていることをもって、ただちに五月二十三日の殿上定以降の成立と断定するには慎重でなければならないであろう。しかしながら、この度の高麗使ならびに牒状問題の発端を記す前関白近衛道嗣の『後深心院関白記』三月二十日条には、

異国《或人云、高麗云々》使者来朝、有二牒状一云々。此事宜レ為二聖断一。彼牒状武家可二執進一歟、為〔当脱カ〕公家可レ被レ召レ之歟、両様之間、可レ有二計沙汰一之由、去十六日武家執奏云々。

とある。牒使ならびに牒状への対応は「聖断」たるべき由を武家から申し出ているという事情からすれば、朝廷の定を待たずに武家が返牒を決めるとは考えがたい。また前述のように、『異国牒状記』では僧の消息による返牒が話題となっており、武家返牒が相当具体化している様子を示している。「先日高麗消息上処」云々と義詮が春屋妙葩に書状を送っているのは六月七日のことであるが、返牒を指示した「先日」とはそれほど隔たっているとは思われない。このような事情を考えると、「一向武家の御沙汰」（二一—①）とする表現がなされるのは五月二十三日の殿上定で朝廷による返牒なしと定め、これが武家に伝えられて以降のこととみなければならないであろう。やはり『異国牒状記』の成立は五月二十三日以降と思われる。[16]

それでは下限はいつであろうか。『異国牒状記』本文に武家返牒についての議論は記されているが、高麗使に返牒を付したり、使者が帰国したとみられる記事はない。例えば一〇—①に、

一、礼物は已ニ紛失歟。しかありと雖も猶返シ遣ハさるべき由、仰セらるべき歟。代々返牒なき時、これを

返さる。又とどめらる例ありと雖も、其礼に叶はず。

とある。『後愚昧記』三月二十四日条に、

自二去月之比一、蒙古并高麗使、持二牒状一来朝之由、有二其聞一。不レ経二日数一而即上洛、嵯峨天龍寺ニ居住云々。牒状案流布之由聞レ之。仍乞二取按察一写留了。蒙古状献二方物一、即彼目録載二牒状奥一者也。但件物等於二雲州一、為レ賊被二掠取一云々。糺出而可レ献之由、武家称之旨、有二其聞一。然而不レ及二其沙汰一歟如何。

とみえ、方物は出雲で賊に奪われてしまったという事実に関連する記述である。『異国牒状記』一〇―①の記述は、「返牒しない場合は礼物（方物）を返却するのが原則であるので、たとえ紛失して現物が無いとはいえ、返却の意を伝えるべきである」という意味にとることができる。すなわち、「仰せらるべき歟」という記述から、使者に返牒を付す以前、少なくとも帰国前に書かれたものであることが知られる。高麗使が帰途につくのは、六月二十六日（『後愚昧記』）のことであるので、『異国牒状記』はそれより前の成立となる。

以上の検討により、『異国牒状記』の成立の上限は五月二十三日、下限は六月二十六日となる。

七　『異国牒状記』の作者

『異国牒状記』の作者について、本文には記されていない。冒頭に、「且は異朝の牒書の事、才人などの存知すべき事なり。しかあれども日本国ノ事は、ことに往跡にまかせて沙汰ある事なれば、粗ラ先規を注し申スばかりなり。」（一―①）云々とある。文中の「才人」とは、例えば『源氏物語』乙女に「殿にも文つくり繁く、博士・さい人どもところ得たり」、『平家物語』都遷に「大臣公卿諸道の才人等に仰あはせ」、『平治物語』上・信西出家の由来の事に「御辺は諸道の才人也」とあるように、文章博士やそれに準じる式部大輔など漢文学に長じた人々を指して用いられている。したがって、「異国牒状については『才人』が関与すべきものである。（自分はそのような立場にはないが、）諸事先例に準拠して沙汰が行われるので、先例を注進するものである。」といった意味に取ることができ、勘例を職務とする大物の手になることを思わせる。(17) しかしこれはあくまでも参考にした勘例にある文言を記したものとみるべきであろう。

さて、作者について和田英松氏は、「然らば、如何なる人のかいたものであらうか、当時公卿中で、最も文学に長じ、政務に通じて居る人は、二条良基公で、愚管記（後深心院関白記―石井）、後愚味記にも、殿上で牒状の事を議せられた時、公の列席せられた事が見えてあるから、此牒状の勘例も、或は公が別に書いて、参考の為に光明帝に献上せられたものであらう」（二四三〜二四四頁）と述べられている。たしかに良基は関白としてこの時の対応にあたっており、特に『師守記』五月八日・九日条等に自ら勘例を徴した記事がある。まず五月八日には良基が師茂に書状（藤原家尹奉書）を送り、異国牒状無礼の時の先例注進を求めている。その書状には、

異国の牒状無礼なとにて返牒の候はぬとき、将軍の返牒また大宰府の返牒、又小弐わたくしの返状なとつかはして候例、□□しるしされ候て、明日とく〳〵まいらせられ候へ、尚々いそきしるしてまいらせられ候へきよし、おほせ《（ママ）》事候。

とある。これに対する師茂の返事は、

おほせ下され候異国の牒状到来の時、被レ略二返牒一、或将軍以下遣之例、一通所見に随候て、注進仕候。物忩之勘例、定参差事候歟。恐存候。このよし御心え候て、うち〳〵よく〳〵御ひろ候へく候。あなかしく。

というもので、「異国牒状到来時、被レ略二返牒一、或将軍以下遣例事」と題する勘例を送っている。この良基・師茂往復書状には『異国牒状記』における文言と共通するものがあり、また「うち〳〵よく〳〵御ひろ候へく候」(師茂)と、後光厳天皇に献じられることを想定した記述は『異国牒状記』の性格と一致するので、『異国牒状記』が良基周辺で作成された可能性は高い。

しかし『異国牒状記』が五月二十三日の殿上定以降の成立であるとすれば、五月八日良基書状に「明日とく〳〵まいらせられ候へ」云々と急いでいる様子から、翌日に師茂勘例を得ながら二十三日以降にまで手元にとどめておくとは思われない。そこで良基以外に作者について考えるもう一つの有力な手がかりが『師守記』六月十三日条にある。そこには近衛道嗣が家司安居院平行知を介して中原師茂に「異国牒状勘草、可レ有二御一見一之由」を伝えてきたので、師茂はさっそく「異国牒状勘例草」を道嗣に進上したことが記されている。原文には、

今日新宰相行知朝臣触申云、…此次副二進状一云、…異国牒状勘草、可レ有二御一見一之由、自二近衛殿一被レ仰云々。被レ答云、…異国牒状勘草一帖進上候。可二書進上一候之処、可二遅々一候之間、進上之由、被申了。

とある。ここで問題となるのは、異国牒状勘草の「御一見」を望んだのは誰かということである。道嗣自身は五月二十二日に師茂から「異国牒状無二返牒一例小草子」を得ているので、すでに一見している(別表参照)。さらに家司からの伝言であるので、主人である道嗣が「御一見」を望んでいるとすれば、〈近衛殿自《よ》り仰せらると云々〉

という文言はやや不自然に感じられる。すなわち「御一見」を望んでいるのは道嗣ではなく、その表現や文脈から考えて後光厳天皇とみるべきであろう。

後光厳天皇が、この度の牒状問題に関心が高かった様子は『師守記』（四月二十三日）からうかがうことができる。別当柳原忠光が師茂に宛てた再度の勘例注進の依頼状に「内々被二仰下一候也」とあり、師茂の返事に「重一通謹書進上候。内々可レ有二洩御奏聞一候哉」（同二十五日）とある。また二条良基への師茂返状にも同様の記述があることは前に触れた通りである。どのような形で披露されたかは不明であるが、勘例の内容が逐一後光厳天皇に伝えられていることが知られる。六月十三日条の記事は、すでに殿上定において返牒なしと決定した後ではあるが、武家による返牒が具体化している様子を知った天皇が、あらためて先例を一見したいと望んでいることを示すものであろう。そしてその意向を近衛道嗣が家司を介して師茂に伝えてきたのである。師茂から勘例を得た道嗣は、これを天皇に献上したものと思われる。後光厳天皇と近衛道嗣とが親密であったことはよく知られているところである。(18) ただし前述のように、『異国牒状記』の基となった勘例は小槻兼治勘例とみられる。道嗣が中原師茂と親しかったことはその日記『後深心院関白記』によって明らかであるが、(19) 小槻兼治も道嗣への年始の礼を欠かさずに行っている。(20) 道嗣が師茂と同じく兼治にも「御一見」に供するための勘例を徴していたことは十分に考えられる。

このように『師守記』の記事を手がかりに『異国牒状記』の作者を考えると、すでに指摘されている関白二条良基に加えて前関白近衛道嗣が候補者として浮かび上がってくる。このうち『異国牒状記』が五月二十三日の殿上定以降に書かれたことを考慮すると、六月十三日の記事が重視されるのであり、近衛道嗣周辺で作成された可能性も十分に考えられるであろう。前掲『師守記』六月十三日条後半の記事は、「新たに書き上げて進上すべきところ、遅くなってしまうので、すでに書き上げてある異国牒状勘草一帖を進上いたします」といった意味になる。したがって、道嗣が師茂から得た勘例をそのまま献上したとは考えがたく、新たに書き直して「御一見」に供したであろう。そしてその際に読みやすいように仮名交じり文に改めたのではなかろうか。兼治勘例についても同様に手に入れ、仮名交じりに改めて「御一見」に供したものと推測されるのである。もちろん道嗣自身が書いたわけではなく、側近ないし右筆に命じて書かせたものと思われる。そして献上すべく書き始めた両局勘例のうち小槻兼治勘例を参考にした「異国牒状事」は文末にいたり大きな脱文が出て修正が必要となり、あらためて清書したものが献上された。この結果、脱文・修正の生じた「異国牒状事」は草案として残った。これがすなわち前田家本『異国牒状記』と考えられるのである。

以上の検討により、武家返牒に触れている『異国牒状記』は、六月十三日以降、高麗使が帰途につく同二十六日までの間に前関白近衛道嗣周辺で作成された可能性が高いと推測される。このような成立の時期と事情を考えると、返牒せずと決した朝廷ではあるが、武家の対応を関心を持ちながら見守っていた様子が伝わってくるように思われる（注16参照）。

八　前田家本『異国牒状記』の伝来と高辻家

一方、前田家本『異国牒状記』がもともと高辻豊長の家に伝来していたことについても考えておく必要がある。高辻家は本姓菅原氏で、言うまでもなく文章博士や式部大輔などを輩出する名門である。(21)『尊卑分脈』『系図纂要』等により略系図を示すと次の如くである。

菅原道真―（五代略）―是綱（高辻）―○―○―為長―長成―○―○―○―長衡―（八代略）―豊長

高辻為長が天福度返牒を作成したことは『異国牒状記』に明記されており（八―⑫）、またその子長成が文永度返牒を起草していることも知られている。[22] そして長成の四代目の長衡（一三三二～一三八九）が貞治六年当時に活躍しており、豊長はその直系の子孫にあたることが注目される。長衡については、『尊卑分脈』に「侍読後円融　文章博士　左大弁　正三　右京大夫」と官歴が記されており、『系図纂要』には「元亨元年生　応安五年四ノ十八従三右京大夫　康暦元年九ノ六左大弁　至徳二年正ノ六正三　康応元年八ノ十六薨六十九」とある。『公卿補任』によれば応安五年（一三七二）に非参議従三位となり康応元年（一三八九）に非参議正三位で薨じている。長衡の文章博士在任期間は不明であるが、武家の信頼があつかったようで、貞治六年十一月十八日、足利義詮の病気平癒祈願の際には祭文の草案、そしてこの年十二月に没した義詮の翌年三月における百日忌法会では義満のため十種供養諷誦文の草案を作成している。[23] このような当代を代表する文人長衡の活躍からみて、貞治六年の牒状一件にも何らかの形で関わっていた可能性がある。したがって、『異国牒状記』が長衡周辺で作成され、前述のような事情によって草案となった原本が子孫に伝えられたことも考えられるであろう。[24] しかしながら、「才人」（一―①参照）の家柄にあたる長衡が仮名交じりの文章を献上するとも思えず、まして『異国牒状記』には明らかな誤謬記事もあり、[25] 異国牒状作成に関与する可能性のあるほどの長衡が間違えるとは考え難い。それが長衡の時かどうかは何とも言えないが、異国牒状作成の資料として、他家から高辻家に譲られた可能性を推測することができるのではなかろうか。

むすび

以上、前田家本を主とする『異国牒状記』について考察を加え、同書は貞治六年五月二十三日の殿上定以降、六月二十六日の高麗使帰国以前の間に、官務小槻兼治勘例を参考に作成され、後光厳天皇に献上されたもので、前田家本はその草案原本と考えられること、作者については二条良基もしくは近衛道嗣が候補者としてあげられ、両者の内では断定はできないが成立の時期を考えると近衛道嗣の可能性が高いことを述べてきた。それが高辻家に伝来した事情については、異国牒状作成の資料として他家から譲られたのではないかとの推測を示した。(26)

『異国牒状記』には貞治六年の高麗使来日とそのもたらした牒状について、『師守記』などには知られない具体的な記述があることは言うまでもないが、それ以外の先例についても、独自の記事があり、重要な史料であることをあらためて注意しておきたい。また元（蒙古）や高麗に対する当時の人々の認識を知る上で興味深く、また返牒の種類についても触れている。本書によれば返牒は、①返牒、②大宰府返牒、③武家（将軍）返牒、④少弐返状の四種に分けられている。①の単に返牒と呼ぶ場合は朝廷の返牒であり、②大宰府返牒は朝廷が審議して大宰府名義で送る返牒、③は幕府（将軍ないし武家棟梁）の返牒、④は大宰少弐の返牒で、幕府の意向を受けずに独白に返牒を送る場合は少弐私返状とされている。「返牒」ではなく「返状」と区別していることも注意されるであろう。そして武家（将軍）が禅僧名義で送る「消息」について、これまでにない「新儀」と公家がとらえており、朝廷側の戸惑いといったものが伝わってくるように思われる。これらの詳細はあらためて論ずることとして、ひとまず『異国牒状記』の基礎的な考察の筆を擱くことにしたい。(27)

注

(1) 例えば、二〇〇七年十二月には九州史学会で「文書からみた東アジアの戦争と外交——モンゴル・元を中心に——」と題するシンポジウムが開催されており、また以下で紹介するような直接外交文書をテーマとする論文が相次いで発表されている。

(2) 和田英松「異国牒状事」(『弘安文禄　征戦偉績』冨山房、一九〇五年)。

(3) 『師守記』の本稿における引用は史料纂集本及び『大日本史料』による。なお『師守記』をはじめ、貞治六年条の引用に際しては原則として年次を省略する。

(4) 張東翼『日本古中世高麗資料研究』(韓国SNUプレス、二〇〇四年)。

(5) 中村栄孝「『太平記』に見える高麗人の来朝」(『日鮮関係史の研究』上、吉川弘文館、一九六五年。初出一九三一年)。

(6) 中村氏以降、この時の交渉についてやや詳しく論及した研究に、高橋公明「室町幕府の外交姿勢」(『歴史学研究』五四六、一九八五年)、橋本雄「室町幕府外交の成立と中世王権」(『歴史評論』五八三、一九九八年)などがある。

(7) 張東翼「一三六六年高麗国征東行中書省の咨文についての検討」(『アジア文化交流研究』二、二〇〇七年)、岡本真「外交文書よりみた十四世紀後期高麗の対日本交渉」(佐藤信・藤田覚編『前近代の日本列島と朝鮮半島』山川出版社、二〇〇七年)、李領「一四世紀の東アジア国際情勢と倭寇――恭愍王一五年(一三六六)の禁倭使節の派遣を中心に――」(『中世港湾都市遺跡の立地・環境に関する日韓比較研究』村井章介代表科学研究費研究成果報告書、二〇〇八年)、藤田明良「東アジア世界のなかの太平記」(市沢哲編『太平記を読む』吉川弘文館、二〇〇八年)。

(8) 筆者は故飯田瑞穂先生のご教示により、錯簡のことを知った。本論文附記参照。

(9) なお貞治六年の高麗使と高麗牒状については別稿を用意している。

(10) なお箱書きならびに付属文書の古筆了音極め書に、外題は一条冬経(一六五二〜一七〇五)の筆とある。

(11) 和田氏(注2前掲論文)二四三〜二四四頁。

(12) 宮内庁書陵部編『図書寮叢刊　壬生家文書』全十冊(明治書院、一九七九〜一九八八年)。

(13) 『高麗史』巻一三三・辛禑伝・辛禑三年六月条に、「遣二判典客寺事安吉祥于日本一請二禁賊一。書曰、本国与二貴邦一為レ隣、…歳自二庚寅一海盗始発、…因レ此丙午年(恭愍王十五・貞治五)間、差二萬戸金龍等一報二事意一。即蒙二征夷大将軍禁約一、稍得二寧息一。…」とみえる。

(14) 高橋氏(注6前掲論文)一七〜一八頁。

(15) 藤田明良氏(注7前掲論文)一七一~一七二頁。
(16) 『異国牒状記』は、返牒せずと決し、武家に対応を委ねた後も朝廷側が関心を持ち続け、幕府の対応を見つめていたことを伝えており、興味深いものがある。五―①②に、「承暦四年越前の敦賀の津より牒状を執リ進ムと雖も、なを太宰府返牒を遣はす。今度も同じかるべきをや。猶沙汰ありて治定せらるべきか。消息たらば一向の新儀にてあるべし」とある。これはこの時の高麗使(金龍一行)が出雲方面に来着したことを受けての記述で、大宰府以外に使者が来着した場合でも大宰府から返牒を送った前例があるので、今回もそのような方法を取るかどうか検討の余地があることを述べ、もし「消息」であればもっぱら「新儀」つまり初めてのケースになる、といった意味を述べている。この「消息」は義詮書状における「高麗消息」とみなしてよいであろう。これらの記述は武家が消息という新儀を用いるという情報は得ているものの、最終的な対応が分からない段階で記述されたことを示しており、殿上定による決定後も公家が関心を寄せていたことを示している。
(17) 異国牒状の作成(起草)にあたる人々と、先例勘申にあたる人々とを区別した表現であろう。
(18) 近衛道嗣と後光厳天皇との関係については、たとえば次のような指摘がある。「延文四年に新千載和歌集が奏覧された。そのころ後光厳天皇は蹴鞠に熱中してしきりに道嗣を呼び出し、また道嗣から四書集成・詩人玉屑を借りたり、さらに自作の聯句の添削をさせるなど、道嗣と天皇の間が急速に親密になっているようである」(菅原昭英「大日本古記録 後深心院関白記」『東京大学史料編纂所報』三四、一九九九年)。
(19) 『後深心院関白記』(大日本古記録所収)貞治六年九月九日条によれば、道嗣は、訪れた師茂と世事について談じ、前日の将軍足利義詮逝去にともなう諸事についての勘例注進を求め、翌日届けられた師茂勘例を、そのまま自分の日記に貼り継いでいる(注18前掲菅原論文参照)。なお、師茂は道嗣の父基嗣に家司として仕えていたこともある。貞治六年頃の朝廷については、森茂暁『南北朝期公武関係史の研究』(文献出版、一九八四年)参照。
(20) 『後深心院関白記』には小槻兼治が道嗣を訪問したり(貞治六年二月二十六日、応安元年二月二十三日)、年始の挨拶に訪れている記事(応安元年正月三日、同二年正月三日条)が散見している。
(21) 『尊卑分脈』第四冊(新訂増補国史大系本)・菅原氏、『系図纂要』第四二冊(名著出版本第七冊)・菅原氏等参照。
(22) 『本朝文集』(新訂増補国史大系本)巻六七所収文永七年正月日付け太政官牒及び同年二月日付け大宰府守護所

牒。後者については、荒木和憲「文永七年二月付大宰府守護所牒の復元――日本・高麗外交文書論の一齣――」（『太宰府学』二、二〇〇八年）参照。

(23)『大日本史料』第六編之二十八・貞治六年十一月十八日条、同編之二十九・応安元年三月十六日条参照。なお願文等の清書はいずれも貞治六年武家返牒の清書にもあたった世尊寺行忠が担当している。

(24)ちなみに高辻長衡の自筆書状（貞治元年頃八月三日付け）が「小鳥居文書」に残されている（『東アジア中世海道　海商・港・沈没船』国立歴史民俗博物館、二〇〇五年、九二頁参照）。太宰府天満宮の領家であった長衡が天満宮社家の小鳥居氏に宛てた書状である。これを前田家本『異国牒状記』と比べると筆跡は似ていないようである。社家宛の書状と献上を意識した筆とでは丁寧の度合いが異なり、いちがいに比較はできないが、参考のために付記する。

(25)明らかな誤謬記事には、例えば承暦四年条（八―⑨）があり、同年にもたらされた宋牒状と高麗牒状との混同がみられる。また延喜七年（九―①）は延長七年の誤りであろう。これらの問題については、別稿に詳しく述べる予定である。

(26)ここで、前田家本第二紙末行（「者なりよく〳〵御了簡あるへし」）が何らかの事情で切除されていることについての憶測を述べておきたい。この切除には意図的なものが感じられるからである。上に紹介したように、『異国牒状記』の箱には綱紀自身の手で「後伏見院宸翰」と記しており、綱紀の蔵書ノートである『桑華書志』（尊経閣文庫）にも「宸翰録」の部「後伏見　九十二」に「異国牒状記一巻」と記されている。綱紀は伝承のままに後伏見院宸筆と信じていた。しかしながら考えてみると、「御料簡あるべし」とは院の文書には相応しくない文言であろう。この文言がたまたま料紙の末行にきていることから、意図的に切除され、後伏見院説が作られた可能性はないであろうか。何時のことかは不明であるが、もちろん綱紀が恵贈される以前のことである。

(27)最近の研究で、『異国牒状記』に触れる論文に、朱雀信城「至元八年九月二十五日付趙良弼書状について」（『太宰府学』二、二〇〇八年）、近藤剛「嘉禄・安貞期（高麗高宗代）の日本・高麗交渉について」（『朝鮮学報』二〇七、二〇〇八年）などがある。

〔貞治六年高麗使の来日と牒状審議経過〕

出典略称：師守＝『師守記』、善隣＝『善隣国宝記』、愚昧＝『後愚昧記』、深心＝『後深心院関白記』、高麗＝『高麗史』

○貞治五年（恭愍王十五・至正二十六・丙午・一三六六）

九月是月　これより先、高麗、金龍らを日本に遣わし、禁賊を求める。（高麗）

是月、金龍ら出雲に来着。（太平記）

十一月壬辰　高麗、金逸らを日本に遣わし、禁賊を請う。（高麗）

○貞治六年（恭愍王十六・至正二十七・丁未・一三六七）

二月十四日　高麗使金龍ら、摂津兵庫に到り、書を通ず。（善隣）

〃　二十七日　高麗使金一（逸ヵ）ら、来朝す。（善隣）

〃　是月　高麗使、入京。天龍寺に宿す。（愚昧）

三月十六日　武家、異国牒状の沙汰につき公家に伝える。聖断たるべきの間、牒状を武家が執り進むべきか、公家が召すべきか、その方法について尋ねる。（深心）

四月六日　高麗人三十余人、重ねて嵯峨に着く。筑紫に到着したという。（師守）

〃　十八日　将軍足利義詮、高麗使を天龍寺雲居庵に招き、舞楽を見物させる。（師守・善隣）

〃　二十三日　別当柳原忠光、大外記中原師茂に、異国牒状勘例を紛失してしまったので、今夕のうちに今一本の進上を求める（「内々被仰下候也」）。師茂、承知の由を返事。（師守）

〃　二十四日　前内大臣三条公忠、異国仗議・殿上定の先例注進を師茂に求める。また勘例を求める。師茂、先例について回答。また勘例は或人に貸してあるので、戻り次第書写進上することを回答。

（師守）
〃　二十五日　頭弁万里小路嗣房、師茂に異国仗議・殿上定の先例注進を求める。師茂、調べて注進すべきことを約す。この日、師守・師香ら先例を調べ師茂に提出。（師守）
〃　二十六日　師茂、異国牒状勘例を重ねて清書し、柳原忠光に送る（「重一通謹書進上候。内々可洩御奏聞候哉」）。（師守）
〃　二十八日　師茂、万里小路嗣房に文永仗議定文を送る。ついでに勅問・人々の意見などについて尋ねる。嗣房より受領の返事あり。御点人数が伝えられる。（師守）
五月八日　殿上定、延期。（師守）
〃　九日　関白二条良基、仮名書状をもって師茂に、異国牒状無礼の時の先例注進を求める。（師守）
〃　十日　師茂、二条良基に書状ならびに「異国牒状到来時、被略返牒、或将軍以下遣例事」と題する勘例を送る。（師守）
〃　十三日　二条良基、家尹の奉書をもって師茂に異国殿上定の先例を尋ねる。師茂、永保二年以下の例を注進。（師守）
〃　十五日　別当柳原忠光、異国牒状事について前関白近衛道嗣に相談。（深心）
〃　十六日　殿上定、十九日に延期。（師守）
〃　十九日　参議日野保光、師茂に殿上定の先例を尋ねる。師茂、永保二年等の先例を注進。（師守）
〃　二十日　異国殿上定、延期。是日、高麗使、東大寺大仏殿等見物のため、南都に下向す。（師守）
〃　二十二日　師茂、異国牒状に対する諸卿の意見書を卜部兼熙より借りる。翌日、返却。（師守）
近衛道嗣、師茂を召し、勘例の事などを仰す（深心）。

〃 二十三日 師茂、「異国牒状無返牒例小草子」を進上。(師守)

〃 二十三日 近衛道嗣、安居院行知の奉書をもって、師茂に昨日の「異国牒状無返牒例小草子」を返却。(師守)

〃 二十六日 今夜、異国殿上定。官・外記勘例ならびに牒状を下さる。牒状は読み上げたが、暁天に及ぶため勘例は披見に及ばず。牒状無礼により返牒せずと決す。(深心・愚昧・師守)

〃 二十六日 別当柳原忠光、近衛道嗣を訪ね、殿上定の詳細を語る。(深心)

〃 二十七日 またこの頃、忠光、三条公忠に書状をもって殿上定の詳細を伝える。(愚昧)

〃 二十七日 師茂、二条良基に先日の「異国牒状事勘例草」を返してもらう。(師守)

〃 二十八日 師茂、書状を頭弁嗣房に送り、二十三日の異国殿上定の子細を尋ね、官務小槻兼治勘例の借用を求める。勘返状ならびに兼治勘例が届く。師茂、兼治勘例を写し、返却。また師茂、局務勘例を三条公忠に貸す。本意の由、返事あり。(師守)

六月二日 師茂、卜部兼煕より官務小槻兼治勘例を借りるが、先日頭弁より借用したものと同じであるので、書写せずに返すこととする。(師守)

〃 四日 師茂、卜部兼煕に官務小槻兼治勘例を返す。ついでに局務勘例草を貸す。(師守)

〃 七日 卜部兼煕、異国殿上定における諸卿意見の奉行職事案写を師茂に送り、かつ局務勘例草を返却。(師守)

〃 七日 是日、足利義詮、書を春屋妙葩に送り、「高麗消息上処」に「僧録」の二字を添えるべきことを命ず。(鹿王院文書)

〃 十三日 近衛道嗣、「異国牒状勘例草、可有御一見之由」を師茂に伝える。師茂、「異国牒状勘例草」

を進上す。(師守)

〃　二十六日　高麗使、帰途につく。幕府、返牒を与え、物を賜う。(愚昧・善隣)

この後、金龍ら征夷大将軍の禁約を得て、高麗に帰着。(高麗)

○応安元年(恭愍王十七・戊申・一三六八)

正月十七日　日本国僧梵盪・梵鏐ら、金逸とともに高麗に到る。(高麗)

附記　本稿作成にあたり、史料の閲覧ならびに翻刻を許可された前田育徳会尊経閣文庫・東京大学図書館・京都大学図書館に御礼申し上げる。

中央大学大学院博士課程在学中、森克己先生の『日宋貿易の研究』で『異国牒状記』の存在を知り、その研究を志した。このことを尊経閣文庫に関わっておられた飯田瑞穂先生にお話ししたところ、まもなく私信・メモという形で『異国牒状記』の本文を示して下さった。飯田先生のあの端正な文字で書写された本文の末尾には識語があり、「〇原本紙継ノ錯乱アリ、訂シテ写ス。原順序上に示す。／昭和五十年九月十二日書写ス。(花押)」と記されている。これにより『大日本史料』等における意味不通の箇所に対する疑問が氷解した。そして翌年四月東京大学史料編纂所に奉職し、山中裕先生・岡田隆夫氏の編年部第三編に配属された。第三編は永久五～六(元永元)年条を編纂中で、たまたま『異国牒状記』に元永元年九月の宋国牒状に関する記事があり(八―⑪)、検討を進められていた岡田氏からその研究を指示されるとともに、『国書総目録』でその存在は知りながら未見であった東大本のコピーを示された。偶然に驚くと共に幸運を喜び、さっそく比較検討した結果、前田家本の一行の脱落に気付いたのである(読解に際しては同室の第五編辻彦三郎先生のご教示を得た)。こうした諸先生のご厚意に応えたいとの思いから、早くに論文としてまとめるべく努めたが、荏苒として今日に及んでしまった。特に飯田先生には、三〇余年を経てようやく宿題を提出できたように思う。あらためて学恩に感謝する次第である。

なお、本稿は二〇〇八年三月二十一日開催中央大学人文科学研究所公開研究会において「『異国牒状記』と貞治六年の高麗使」と題して発表した内容の一部をまとめたものである。

11　貞治六年の高麗使と高麗牒状について

はじめに

貞治六年（高麗恭愍王十六・一三六七）二月、高麗使が入京し、倭寇の禁圧を求める征東行中書省名義の牒状を伝えた。いわゆる庚寅年（一三五〇年）の倭寇以来、高麗における倭寇の活動はますます盛んになり、使者派遣の前後には京畿道沿岸にまで被害が及んでいた。三月になり武家から〈聖断為るべし〉（『愚管記』三月二十日条）と牒状への対応を一任された朝廷では、さっそく官務・局務に勘例を徴して審議を始め、五月二十三日の殿上定において「文章無礼」により返牒せずと決した。この決定に対して、対応を朝廷に委ねたはずの武家であるが、一転して将軍足利義詮は「僧録」の肩書きを加えた禅僧春屋妙葩名義の返牒を作成した。この武家返牒を得て高麗使が帰途についたのは六月二十六日のことであった。返牒は僧侶名義によるものであるが、高麗側では〈征夷大将軍の禁約を蒙り、稍寧息を得たり〉（『高麗史』）と、その相手を征夷大将軍と明確に認識していた(1)。

この貞治六年の高麗使の来日による日本・高麗交渉についての研究は、中村栄孝氏によって先鞭が付けられ(2)、その後も室町幕府最初の外交案件として、また禅僧が外交に関わる先例ともなったところから注目され、論及されているが、最近に至りこの時の日本・高麗交渉を直接の研究テーマとする専論が張東翼・岡本真・李領・藤田明良各氏によって相次いで発表された(3)。中村氏の研究を基礎に、さまざまな視点から検討が加えられているが、それでも、この時高麗使によってもたらされた牒状が征東行中書省名義であること、また使者が短期間に二度にわたって来日しているとみられることなどをめぐって意見の相違がある。相次ぐ専論の発表は、それだけ事実の解明に難しい問題があることを示している。

この時の牒状本文（写）をはじめ、『師守記』などの基本史料は、『大日本史料』第六編之二十七（一九三五年刊）・二十八（一九三七年刊）の当該条にほぼ網羅されている。その史料の一つに『異国牒状記』があり、第六編之二十八の正平二十二年・貞治六年五月二十三日条に収められている（六三～六九頁）(4)。『異国牒状記』は貞治六年の高麗牒状について審議する際の資料として作成されたので、当然のことながらこの時の高麗牒状の内容や使者に触れている。ところがこれまでの研究ではあまり参考にされることがない。それは牒状の本文（写）が伝えられ、『師守記』などに詳しい記録が残されていることが大きな理由と思われるが、『異国牒状記』そのものの史料性について正当な評価がなされていないこともその一因と考えられる。しかしながら、『異国牒状記』には『師守記』等にはみえない、牒状や使者に関連する重要な情報が記されているのである。その詳細については、別稿「『異国牒状記』の基礎的研究」(5)を参照していただきたい。また牒状写そのものについても、これまで記述内容の検討が中心で、文書としての考察はほとんどなされていない。写ではあるが、台頭・平出さらには署名・花押なども原本の体裁を伝えているものと思われ、その古文書学的な視点からの検討も重要な意味をもっている。周知のように、高麗時代の原文書の残存している例は極めて少ない。もし牒状写が牒状を忠実に写しているとすれば、原本に準ずる貴重な史料と言えるであろう。

そこで牒状写を中心に、『異国牒状記』にみえる記事を参考に、あらためて貞治六年来日の高麗使ならびに牒状をめぐる諸問題について考えてみたい。なお、本論において史料・文献を引用するに際しては、中略は……、割り注は《　》、読み下しは〈　〉等で示し、句読点・返り点は特に断らない限り、先行研究を参考に私案をもって付した。

一　貞治六年の高麗使・牒状関連史料

まず貞治六年の高麗使ならびに牒状に関連する基本史料を引用すると次の如くである。

【史料1】『報恩院文書』（包紙ウハ書「元国牒状及高麗使節事　三通」）
※醍醐寺文書写真版を底本とし、『大日本史料』『大日本古文書』『太平記』を参考に、『異国出契』（イと注記）をもって校訂した。典拠の説明は下文を参照。改行等は原本に従い、異体字は通用の字体に改めた。

〔文書Ⅰ〕「征東行中書省箚付」

（端裏書）
「［　］使万戸将軍□□□軍□下
［　］貞治六二　　　」
□□□〔皇帝聖イ〕旨裏征□〔東イ〕行中省〔書脱〕照得、日本与二本省所轄高麗地境一水路相接。□〔凡イ〕遇二
□〔貴イ〕国飄風人物一、往々依レ理護送。不レ期自二至正十年庚寅一、有二賊船数多一、出レ自二
□〔貴イ〕国地面一、前二来本省合浦等処一、焼二毀官廨一、掻二擾百姓一、甚至二殺〔害一、経二及〕多出自

□□〔一十イ〕余年一、海船不レ通、辺界居民、不レ能二寧処一。□〔蓋イ〕是嶋嶼居民、□〔不イ〕レ懼二官法一、専務二貪婪一、潜レ地出レ海劫奪。尚慮二貴国之広一、豈能周知。若使発レ兵勦捕、恐非二交隣之道一。除下已移二文日本国一照験、煩中為行二下概管地面・海嶋一、厳加二禁海《治》一、毋上使二似レ前出レ境作レ耗外、省府今差二本職等一。一同馳駅、恭詣二国主前一啓稟、仍守二取日本国回文一還レ省。合下仰照験、依レ上施行。須二議箚付一者。

一□〔実イ〕起、正馬弐□〔疋イ〕、従馬伍疋　　乗駕過海船壱隻

（署　押　A）

（署　押B）　右箚二付着《差》去萬戸金凡貴・千戸金龍等一□□〔准レ之イ〕

〔文書II〕「高麗国征東行中書省咨」

皇帝□〔聖イ〕旨裏征東行中書省照得、日本与二本省所轄高麗地面〔境カ〕一水路相接。貴国飄風人物一、往々依レ理護送。不レ期自二至正十年庚寅一、有二《凡遇二》賊船数多一、出レ自二貴国地面一、前二来本省合浦等処一、焼二毀官廨一、掻二擾百姓一、甚至二殺害一、経二及一十余年一、海船不レ通、辺界居民、不レ能二寧処一。蓋是嶋嶼居民、不レ懼二官法一、専務二貪婪一、潜レ地出レ海劫奪。尚慮二貴国之広一、豈能周知。若使発レ兵勦捕、恐非二交隣之道《道》一。除下已差二

萬戸金凡貴・千戸金龍等一、馳駅恭詣二
国主前一啓稟上外、為レ此、本省合行移文。請
照験、煩下為行二下概管地面・海嶋一、厳加二禁治一、毋レ使二似レ前出レ境作上レ耗。仍希二
公文回示一、須レ至レ咨者。
右□〔咨〕二
日本国一。伏請二
照験一。謹咨。

礼物　白苧布拾疋
綿紬拾疋
豹皮参領
虎皮弐張

□□〔禁約イ〕　（署　押C）

〔文書Ⅲ〕「高麗使臣交名及び雑記」

①「高麗使臣交名」

□〔高イ〕麗国投拝使　左
萬戸左右衛保勝中郎将金龍
検校左右衛保勝中郎将権重文
別将朴之
別将李長寿
別将沖劔
別将金大

散員金哲
散員祁之用
散員金玉
伍尉金能文　伍尉朴天震
伍尉金千　伍尉権成
伍尉□〔崔イ〕昇玉
伍尉□□〔金英イ〕
禅雲寺長老延□〔銅イ〕

②「雑記」（返り点は省略する）

高麗国使□〔佐イ〕、我国
皇帝説言、日本国皇帝□□之意、交親隣国、故奉上宝物
綿紬十疋・苧布十疋・豹□〔皮イ〕三領・虎皮□〔二イ〕張
　大□□〔将軍イ〕大〔官カ〕宮前
金線□□□□□□□□□〔衣二・紵布衣二・綿紬布一持来イ〕也。遇悪□〔不イ〕到杵築、過□〔去イ〕
□□□〔隠岐国イ〕、□□〔去年イ〕九月□〔十イ〕六日□〔到イ〕□□□〔月イ〕留隠□〔岐イ〕、十二月十六日渡海伯耆国、
□□□□□□□〔正月山雪多路悪イ〕故留在、今京□□〔上也イ〕。□〔丁イ〕未二月十三日。
　日本国皇帝兄　□□□〔高麗国イ〕皇帝弟之意也。

【史料2】『太平記』巻三九「高麗人来朝事」(6)

…依レ之高麗国ノ王ヨリ、元朝皇帝ノ勅宣(a)ヲ受テ牒使十七人吾国ニ来朝ス。此使異国ノ至正二十三年八月十三日ニ高麗ヲ立テ、日本国貞治五年九月二十三日(b)出雲ニ著岸ス。道駅ヲ重テ、無レ程京都ニ著シカバ、洛中ヘハ不レ被レ入シテ、天龍寺ニゾ置ケル。此時ノ長老春屋和尚覚普明国師、牒状ヲ進奏セラル。其詞云、

皇帝聖旨寰(c)、征東行中書省、照得日本与本省所轄高麗地境水路相接。凡遇貴国飄風人物、往往依理護送。不期自至正十年庚寅、有賊船数多、出自貴国地面、前来本省合浦等処、焼毀官廨、搔擾百姓甚至殺害。経及一十余年、海船不通、辺界居民不能寧処。蓋是嶋嶼居民、不懼官法、専務貪婪。潜地出海劫奪。尚慮貴国之広、豈能周知。若使発兵勦捕、恐非交隣之道。徐已移文日本国照験。頗為行下概管地面海嶋、厳加禁治、毋使如前出境作耗。本省府今差本職等、一同馳駅、恭詣国主前啓稟。仍守取日本国回文還省。閣下仰照験。依上施行、須議箚付者。一実起右、箚付差去、萬戸金乙貴(d)、千戸金龍等准之。

トゾ書タリケル。…

【校異】（a）前田家本「勅旨」、（b）前田家本「二十六」、（c）前田家本「裏」、（d）西源院本「全貴」

【史料3】『善隣国宝記』巻上・後光厳院貞治六年丁未条(7)（便宜、日付を改行する）

古記曰、二月十四日、高麗使萬戸左右衛保勝中郎将金龍・検校左右衛保勝中郎将於〔権〕重文、到二着摂津国福原兵庫嶋一通レ書。其略曰、海賊数多、出レ自二貴国地一、来二侵本省合浦等一、焼二官廨一、擾二百姓一、甚至二殺害一、于レ今十有余歳、海舶不レ通、辺民不レ得二寧処一云。

同廿七日、重中請大夫前典儀令相公金一来朝。

四月十八日、於㆓天龍寺雲居庵㆒、延接㆓高麗使㆒。為㆑此有㆓伶人舞楽㆒。
六月廿六日、将軍家以㆓高麗回書㆒授㆓使者㆒。

【史料4】『後愚昧記』貞治六年条(8)

①（三月）二十四日、自㆓去月之比㆒、蒙古并高麗使、持㆓牒状㆒来朝之由、有㆓其聞㆒。不㆑経㆓日数㆒而即上洛、嵯峨天龍寺居住云々。牒状案流布之由聞㆑之。仍乞㆓取按察㆒写留了。蒙古状献㆓方物㆒、即彼目録載㆓牒状奥㆒者也。但件物等於㆓雲州㆒、為㆑賊被㆓掠取㆒云々。紏出而可㆑献之由、武家称之間、有㆓其聞㆒。然而不㆑及㆓其沙汰㆒歟如何。

②（五月）廿三日、雨下。今日異国《高麗》牒状事、殿上議定也。…後聞、不㆑可㆑有㆓返報㆒之由一同云々。…今度牒状正宗、本朝人来㆓于高麗㆒、致㆓盗賊・放火㆒虜㆓掠人民㆒之条、可㆑有㆓制止㆒之由也。…議定間儀、忠光卿粗注送之。仍継㆑之。

昨日御札慥拝見候き。…先日殿上定無為被㆑行候了。牒状依㆓無礼㆒可㆓相廻却㆒之由、群義〔議〕一同候。議奏詞可㆑載㆓風記㆒之由、被㆓仰下㆒候。可㆓注進㆒候旨、奉行頭弁令㆑申之間、已注遣了。人々申詞以下、取整候者可㆓借給㆒之由申候。其時可㆑令㆓進覧㆒候。官・外記勘例并牒状一通被㆑下候き。但及㆓暁天㆒候之間、不㆑及㆓披見㆒。只自㆓一方㆒取下許候。牒状保光卿読申了。自㆓下﨟㆒発言、定申候、如㆑常候、…其後関白以㆓職事㆒、被㆑奏㆓聞群議之趣㆒、帰出仰㆘被㆓聞食㆒之由㆖、諸卿自㆓下﨟㆒退出。…可㆘令㆓披露㆒給㆖候

忠光

③（六月）廿六日、後聞、高麗牒使今日下向云々。於二公家一者不レ可レ有二返牒一之由雖二落居一、自二武家一遣二返牒一。《行忠卿清書云々》又大樹賜二種々物等於彼牒使一云々。

【史料5】『師守記』貞治六年条(9)

①（四月）六日（頭書）□〔今カ〕日聞、高麗人三十余人重付二嵯峨一云々。凡大勢付二筑紫一云々。実否□（以下欠）。

②（六月）廿六日、…今日高麗国牒使《万戸金乙《イン》・千戸金龍》自二嵯峨一被二返下一之。武家沙汰也。安威入道・松田八郎左右衛門尉両人奉行。今日至二神無宿一、可二下向一云々。宿継可レ送云々。

【史料6】『智覚普明国師語録』巻八・行業実録(10)

丁未（貞治六年）春、高麗国特遣二朝臣一来請二通好一。公府館二之於西山一。師憐二其遠来一、待遇甚厚。千戸金龍等二十五員、仰二師仁慈一、皆受二衣盂一、執二弟子礼一。

【史料7】『高麗史』(11)

①巻四一・恭愍王十五年（貞治五）十一月壬辰条

遣二検校中郎将金逸一如二日本一、請レ禁二海賊一。

②巻四一・恭愍王十七年（応安二）正月戊子条

日本国遣二僧梵盪・梵鏐一、偕二金逸一来報聘。

③巻一三三・辛旽伝

（恭愍王）十七年、日本遣二僧梵盪等一来聘。梵盪等至二行省一。…

④巻一三三・辛禑伝・辛禑三年六月条

遣二判典客寺事安吉祥于日本一請二禁賊一。書曰、本国与二貴邦一為レ隣、…歳自二庚寅一海盗始発、…因レ此丙午（恭愍王十五・貞治五）年間、差二萬戸金龍等一報二事意一。即蒙二征夷大将軍禁約一、稍得二寧息一。…

二　牒状ならびに関連文書の概要

1　牒状写本

基本史料の中で特に注目されるのは、史料1の牒状本文を含む文書の写三通で、醍醐寺に所蔵されている。[12] 三通の影写は東京大学史料編纂所架蔵影写本『報恩院文書』（架蔵番号：三〇七一、六二／一七）に収められており（明治二十・一八八七年採訪）、明治二十九年（一八九六）には黒板勝美氏によって『徴古文書』甲集に翻刻され、ついで『大日本史料』第六編之二十七（一九三五年刊）貞治六年二月是月条に収められた。その後、一九六九年刊行の『大日本古文書　醍醐寺文書之六』には文書Iが一二七四号「元国征東行中書省箚付写」、文書IIが一二七五号「元国征東行中書省咨写」として収められているが、文書IIIは無く、中村氏著書（一九六五年刊）上巻の巻頭にも二通の写真が掲載されているのみである。文書IIには「包紙ウハ書」として「元国牒状及高麗使節事　三通」とあるように、もともと三通であったものが、いつしか文書IIIが離れてしまい、所在が不明となっていたようである。現在では、「醍醐寺文書」第一〇函第五〇号に二通（文書I・II）、第五五五函七〇号に一通（文書III）が収められていることが確認されている。[13] そして最近に至り一三世紀から一七世紀にいたる外交文書を編集した『異国出契』（国立公文書館内閣文庫ほか）に文書I〜IIIの写が収められており、『報恩院文書』の破損箇所を補うことができることが紹介された。[14] ただし『異国出契』では台頭・平出などは区別されることなく全て追い込みで記されている。また『太平記』（史料２）には文書Ⅰが引用されている。

以上のように、牒状本文は『報恩院文書』『異国出契』そして『太平記』に収められている。このうち、『報恩院文書』所収牒状写が基本となるが、同書の文書Ⅰには明らかな脱字・誤写がある。冒頭の中書省の「書」字が脱けており、また三行目の終わり三文字（多出自）が二行目の同じ位置の三文字の目移りで誤写されている。これが『報恩院文書』書写段階で生じた誤脱か、あるいは『報恩院文書』が写した親本がすでに誤っていたのかは、何とも判断できないが、これらの誤脱を手がかりにすると、『異国出契』には『報恩院文書』と同じ誤りがみられるので、恐らく『報恩院文書』の写ないし転写とみてよいであろう。(15) これに対して『太平記』では三文字が「害経及」と正しく記されている。したがって『太平記』所引文書Ⅰは誤写は多いのであるが、『報恩院文書』所収文書Ⅰとは別系統の史料として貴重であることに注意しておきたい。この時の牒状は早くに流布していたことが知られている（史料４参照）。

本論文においては、これら三通を文書Ⅰ「征東行中書省箚付」（箚付）、文書Ⅱ「征東行中書省咨」（咨文）、文書Ⅲ「高麗使臣交名及び雑記」（交名・雑記）と称し、文書Ⅰ・Ⅱをあわせて牒状と称することとする。なお文書Ⅲについては、中村氏は存問記としてその中を名簿・礼物リスト・日程の三種に分け、張東翼氏は名簿と雑記の二種、藤田明良氏は名簿と存問記の二種とされている。筆者も文書Ⅲを張・藤田氏のごとく理解するが、包紙ウハ書に従って一通として扱い、考察を進めることとする。なお文書Ⅰの端裏書に「貞治六二…」とあるのは、貞治六年二月を意味しており、文書Ⅲの末尾に「丁未二月十三日」とある日付に関連するものとみられる。恐らく使者が入京し牒状が提出された日付ではないかと推測される。

2　文書I（劄付）・II（咨文）・III（交名・雑記）の概要

さて、文書I・IIは征東行中書省が発給した文書である。征東行中書省とは、周知のごとく一二八〇年（高麗忠烈王六・元至元十七・日本弘安三）に元が日本遠征遂行のため高麗に設けた機関で、その長官である丞相には高麗国王が補任された。形式的には高麗末まで存続するが、恭愍王五年（一三五六）の反元運動以降、元の高麗管理機関としての意義はほとんどなくなり、実質的には高麗朝廷の一機関と化していた。それでも高麗が征東行中書省を全廃することなく存続させているのは、元に対しては従来通り事大の誠意のあることを示し、一方国内に対しては、背後に依然として巨大な元の勢力の存在していることを示す目的があったとみられている。そして金龍らが来日した翌年恭愍王十七年（至正二十八・一三六八）に元は朱元璋に首都大都を攻められ、北に逃れて北元として存続するが、やがて名実ともに滅亡を迎えることとなる。すなわち金龍らが日本奉使当時の征東行中書省は元の機関という名目はもつものの、事実上は全く高麗の機関であった(16)。

文書I・IIの主文はほぼ同じで（「皇帝聖旨～恐交隣之道。除已」と「照験、煩為行下槩管地面海嶋、厳加禁治、毋使似前出境作耗」とが共通）、「庚寅年（一三五〇）以来倭寇の活動が激しく、高麗は大きな被害を受けている。高麗が出兵して掃討作戦を展開することも考えられるが、それは交隣の道に背くであろうから、日本政府には厳しく取り締まって欲しい」と述べており、史上に有名な「庚寅年の倭寇」に言及する史料としてもつとに知られている。主文に続く部分は宛先に応じた違いがあり、詳細は下文（三七二頁以下）で検討する。

文書IIIには、まず金龍以下高麗使節団一七名ならびに禅雲寺僧延銅らの名が記されており（以下、交名）、続けて、破損が激しいが、金龍ら高麗使一行の日本到着から入京までの経緯、そして皇帝号をめぐる問答とみられる記述がある。いずれも来日後に提出あるいは記録されたものである。中村氏は「大宰府旧例の存問記のような性格をもつ文書」（二〇八～二〇九頁）とされており、藤田氏は、末尾に「丁未二月十三日」とあり、『善隣国宝記』

（史料3）に金龍が「二月十四日、…書を通ず」とある前日にあたるところから、「この「存問記」は金龍たちが兵庫津で春屋妙葩に国書を提出する前日におこなわれた事前聴取の内容をまとめた覚え書」（一七四頁）とされている。「我国皇帝説言」といった文言や内容から、金龍等一行の奉使の主旨ならびに入京までの経緯を記した文書で、金龍側が提出したものであろう（以下、雑記）。なお交名に「高麗国投拝使左」、雑記に「高麗国使佐」とある左・佐とはどのような意味であろうか。『大日本史料』では交名の「左」に（差）と傍注を付している。文書Ⅰに、「正馬弐疋、従馬伍疋」という記述がある。恐らく開京から乗船地までの使用馬匹数と思われるが、正は正使、従は副使であろう。文書Ⅲ交名の筆頭にあげられている金龍は、後に考証するように副使格とみられる。そこで憶測であるが「左」は「佐」に通じ、副使を示しているのではなかろうか。

3　文書Ⅰ・Ⅱと文書Ⅲとの齟齬——高麗使金龍の官職について

さて、牒状を検討するにあたってまず注意しておかなければいけないことは、文書Ⅰ・Ⅱと文書Ⅲ（交名）の記述とを比べると内容に齟齬があることである。具体的には高麗の使者金龍の官職についての問題で、このことは小さな問題のようであるが、牒状を理解する上で大きな意味を持っている。まず参考のため、諸史料にみえる高麗使の姓名と官職を整理して示すと次の如くである。

①「萬戸金凡貴・千戸金龍」（文書Ⅰ・Ⅱ）
②「萬戸金乙貴・千戸金龍」（『太平記』所引文書Ⅰ）
③「萬戸左右衛保勝中郎将金龍」（文書Ⅲ）
④「萬戸左右衛保勝中郎将金龍・検校左右衛保勝中郎将於〔権〕重文」（『善隣国宝記』）

⑤「中請大夫前典儀令相公金一」（『善隣国宝記』）
⑥「萬戸金乙《イン》　千戸金龍」（『師守記』　フリガナ原本のまま）
⑦「検校中郎将金逸」（『高麗史』世家）
⑧「萬戸金龍」（『高麗史』伝）
⑨「千戸金龍」（『智覚普明国師語録』巻八・行業実録）
⑩「萬戸金龍」（『智覚普明国師語録』巻六・偈頌）

このように金龍の官職について、千戸（①②⑥⑨）・萬戸（③④⑧⑩）の両様が伝えられている。まず基本史料である牒状（文書Ⅰ・Ⅱ）には千戸とあるが、交名（文書Ⅲ）には萬戸とある。交名は来日後に金龍一行から提出された史料に基づくとみられるので、金龍自ら「萬戸金龍」を名乗っていたとみなされる。しかしながら、金龍が勝手に「萬戸」を称したものではなく、⑧『高麗史』（史料7④）の日本に奉使して帰国した記事に「萬戸金龍」とあるので、奉使当時の金龍の官職は「萬戸」であったと考えなければならない。その他の史料では、④『善隣国宝記』は文書Ⅲと一致するので、恐らく交名ないしその系統の史料を参照しているとみてよいであろう。⑥『師守記』は帰国に際しての記述で牒状に基づくと推測されるが、その詳細は下文に譲りたい（三九四頁以下）。注意されるのは、春屋妙葩の語録『智覚普明国師語録』に千戸（⑨）・萬戸（⑩）両方の記述があることである。同語録は春屋妙葩の弟子周佐らが師の入寂（一三八八年）後に編集し、応永十二年（一四〇四）に上梓された。春屋妙葩は高麗使金龍一行が宿所とした天龍寺の当時の住持で、牒状を進奏したと伝えられ（『太平記』）、また前述のように返牒にも深く関わり、直接高麗使の応接にあたった人物である。その語録巻六・偈頌に収められた貞治度高麗使に関する作詩四首の一つには「送高麗使萬戸金龍帰」と題されている。一方同書巻八・行業実録には、史料

6のように、「千戸金龍等二十五員」とみえ、交名と人数も異なっている。この同一史料内にみられる官職の相違については、春屋妙葩が直接金龍と交流をもっていたことを考えると、偈頌は実際に金龍が名乗っていた肩書きを記したもので、実録は弟子が編纂に際して牒状の記述を参考に記したものと推測される。

このように、金龍の官職については、牒状の「千戸」と来日後の「萬戸」と相違している。この相違は奉使に際しての借職の可能性がまず考えられるであろう。(17) 外国への奉使に際して特別に官職や位階を格上げ（借位）して派遣することはよくみられ、日本の遣唐使の場合がよく知られている。(18) しかしその場合は、相手方に提出する文書には、当然格上げした位階を記すであろう。ところが金龍の場合は牒状と実際が異なっていたのである。牒状と実際が異なっていることは、派遣前に変更がありながら、牒状はそのままにしたということである。文書Ⅲの雑記の部分や『師守記』等の日記、そして『異国牒状記』でも特に金龍の肩書きが問題になった形跡はない。果たして牒状と実際の齟齬を承知の上で外交使節を派遣するものか、疑問も抱かれるが、そのように理解せざるを得ない。何とも不可解ではあるが、このことは、単に金龍の官職だけでなく、牒状に記載されている使節関連記事と実際が異なっている可能性をも示唆する重要な問題を含んでいることに注意しておきたい。

三　高麗使ならびに高麗牒状をめぐる問題点と既往の諸説

さて、今回の高麗使ならびに牒状をめぐっては、さまざまな問題があるが、前掲の史料から知られるところを整理すると、大きな問題は使者についてと牒状についての二つである。

1　使者について

1、『高麗史』伝（史料7④）に「金龍」らが征夷大将軍の禁約を得て帰国したとみえるが、金龍派遣の記事はない。文書I・II・IIIには金龍の名が記されている。

2、『高麗史』世家には「金逸」の派遣（史料7①）と、「金逸」が日本の使僧を伴って帰国した記事（史料7②）がある。ただし文書I・II・IIIに金逸の名は見えない。

3、金龍は『太平記』によれば至正二十三年八月に本国を発したとあるが、到着は貞治五年九月としているので、至正二十六年八月の誤りとみられる。『高麗史』では金逸の出発を同年十一月と伝えている。これをそのまま受け取れば両者は同じ年に相前後して別個に日本に向かったことになる。

4、文書I・IIには「萬戸金凡貴・千戸金龍」を派遣する旨が記されており、『高麗史』には見えない金凡貴（『太平記』では金乙貴）なる人物も使者として記されている。

以上の諸史料にみえる金龍・金逸・金凡貴（金乙貴）らの関係はいったいいかなるものであったのか。この問題についての既往の諸説をみると、金龍一行がまず派遣され、およそ三〜四ヵ月を経て金逸一行が派遣されたとみることでは諸説一致している。その事情について、中村・張氏は金龍一行の帰国が遅いため、もしくは消息が不明であるため、あらためて金逸一行を派遣したとする。これに対して岡本・李氏らは帰国が遅い等を判断するには短期間に過ぎるとした上で、岡本氏は金龍・金逸両者はもともと別個の性格を帯びており、金龍は征東行中書省の使者、金逸は高麗国の使者であるとする。李氏も岡本氏と同様の説を述べるが、金龍には元の皇帝の命令に「偽作」した牒状を持たせ、次いで高麗国王の牒状を持たせた金逸を派遣したとしている。なお文書I・II及び『太平記』所引文書Iにみえる金凡貴・金乙貴に注意されているのは張氏だけで、金凡貴は金乙貴が正しく、何らかの事情で奉使を取り止めたのであろうと述べられている（三四五頁ならびに注33参照）。

2　牒状について

1、日本側は当初は使者を蒙古及び高麗の使者とし、牒状を蒙古（元）状と称したり、あるいは〈大元牒同じく相具して来たり〉（『鳩嶺雑事記』貞治六年三月条）と高麗牒状と元牒状の二通をもたらしたという史料もある。これらの高麗国牒状・元牒状とは文書Ⅰ・Ⅱに相当するのか、それとも別に存在しているのであろうか。

2、文書Ⅰ・Ⅱの性格や高麗が高麗国王名義ではなく、征東行中書省名義の牒状を用いているのは、どのような事情によるものであろうか。

牒状についての主な説は次の如くである。まず中村栄孝氏は、文書Ⅰは征東行中書省が日本に派遣した高麗使臣団に下した「元の征東行中書省の箚付」で、「使者である金凡貴・金竜が受けたもので、彼らの使命が明記され」ている。文書Ⅱは、「征東行中書省から敵礼対等の通書として送られてきた」咨の形式を備えた「もっとも重要な」外交文書とされている（二〇八〜二〇九頁）。

これに対して張氏は、文書Ⅰは「高麗使臣団が…日本に到着した後、日本のある官府に提出した箚付で、征東行中書省の命令によって日本へ派遣された理由」を述べ、使命を全うできるよう依頼した文書である。したがって「征東行中書省の箚付」ではなく、高麗使臣団が征東行中書省の咨文に依拠して日本のある官府に提出した箚付、すなわち「高麗使臣団の箚付」と命名するのが理にかなっている」（三四三頁）とされる。文書Ⅱは、中村氏と同じく「征東行中書省が日本に対等な関係（敵礼対等）で送った咨文」とするが、「日本のある官府へ発給した咨文」で、その官府とは大宰府「もしくは九州に近接する周防、長門のある武将の管轄地域である可能性が高い。」（三四四頁）とされている。

そして岡本氏は、文書IIについて、「右□〔咨〕日本国」とあることから、「日本を代表する君長に宛てられた文書で…皇帝の命のもとに征東行中書省が通信するという形をとっている」（一二一頁）とされている。

李氏の説はやや複雑であるが、その根底に、征東行中書省はすでに元の機関としての意義が失われているにもかかわらず、牒状（文書I・II）の冒頭に「元の皇帝の勅宣を受けて」もしくは「皇帝の命令に従う」を意味する「皇帝聖旨裏」云々と記しているのは、元の威光を利用するためにした高麗の偽装であり、偽作であるとする考えがある。すなわち、「金竜の一行は、高麗内部から見れば元皇帝の偽りの牒状を伝える目的で日本に行ったため、その記録は『高麗史』恭愍王十五年の記録からわざと漏落させられたのであった。そして金竜の一行が出発して四ヶ月も経っていない時点で金逸の一行を派遣した理由は、高麗朝廷が金竜の一行が伝えた牒状は元のものだと信じこませるためであったということである。すなわち、金竜は元の牒状を伝える使節であり、金逸は高麗国王の牒状を伝える使者であると、日本側に思わせるためであったと考えられる」（一三四頁）とされている。

そして藤田氏は、文書Iは「使節に日本行きを命じた辞令にあたる征東行省の「劄付」（命令書）」、文書IIは「日本国宛の征東行省の「咨」（国書）」とされている（一七三頁）。

なお金逸が高麗国牒状をもたらしたということでも諸説一致するが、明確な史料がないため、「金龍が持参した咨文と同一内容」（張氏三四六頁）と述べる程度で、その書式等については言及がない。ただし岡本氏は、「金龍・金逸らの派遣の際に征東行中書省名義が使用された」（一二六頁）とも述べているので、書式も含めて全く同一の牒状をもたらしたと理解されているようである。

3　既往諸説における問題点と課題

以上、既往の諸説を紹介してきたが、いまだ解明すべき問題が残されているように思われる。まず、金龍の帰国が遅いため、あらためて金逸が派遣されたとすることについては、岡本氏や李領氏が指摘されているように、両者の派遣間隔が三カ月程度と短期間であるので、疑問である。次に岡本氏の元来金龍・金逸には別個の任務があり、金龍は征東行中書省使、金逸は高麗国王使であったとする見解は、金龍・金逸がやや時間をおいて派遣された事情を説明する上では、合理的な解釈であるが、検討の余地があり、後述する（三八五頁以下）。また牒状について、張氏は中村・岡本・藤田各氏と大きく異なる見解を示されており、李氏は「偽作」とする説を展開されている。これらの先行諸説については、あらためて下文で検討を加えることにしたいが、何よりも問題としたいのは、本論の「はじめに」で触れたように、既往の諸説はそれぞれに基本史料に史料批判を加えながら論述されてはいるか、牒状の記述内容に重点をおいて検討が進められており、牒状の文書としての考察がほとんどなされていないことである。そこで文書Ⅰ・Ⅱ・Ⅲ写に古文書学的考察を加えることからはじめて、使者ならびに牒状に関する諸問題について考えてみたい。

四　文書Ⅰ・Ⅱ・Ⅲ写にみられる特徴

『報恩院文書』所収文書Ⅰ・Ⅱ・Ⅲの特徴について述べるにあたり、まず指摘しておかなければならないのは、文書Ⅰ・Ⅱと文書Ⅲでは明らかに書写の筆跡が異なっていることである。文書Ⅰ・Ⅱの写真は中村栄孝氏著書上巻巻頭に、文書Ⅲの影写本の写真は藤田明良氏論文（本論文注3論文）に掲載されているので、参照していただきたい。『報恩院文書』所収牒状原本が原文書の影写でないことは、誤写などの存在によって明らかである。そこで筆跡の違いは、書写者が別であることを示しているとみてよいであろう。三通が内容的に一連のものであることは間違いないが、Ⅰ・ⅡとⅢが別に写された事情については明らかでない。筆者は原本確認の機会を得ていないので、文書Ⅰ・Ⅱの傍書の同筆・異筆や紙質等についても明らかにすることができないが、ここでは筆跡の違いがあることを踏まえた上で、三通についての考察を進めることにしたい。

『報恩院文書』所収文書Ⅰ・Ⅱ・Ⅲが、果たして原文書を直接写したものか、それとも転写であるのかの判断は難しいが、少なくとも原本の体裁を伝えているかどうかの検討は可能であると考える。そこで以下、三通にみられる特徴から、牒状写がどの程度原本に忠実であるか、特に体裁（書式）に注意しながら考えてみたい。

1　台頭・平出

文書Ⅰ・Ⅱでは「皇帝」「国主」が台頭、「日本国」が文書Ⅰでは一カ所（七行目）台頭となっているが、「貴国」とともに平出とする原則で記されている原牒状を忠実に写しているとみてよいであろう。なお、欠字については紙面に認めることはできない。

2　字詰め

文書Ⅱの一行目末尾左傍の「凡遇」の二字に注目したい。「相接」の脇にやや小さく書かれており、本来は文書Ⅰと同じく第一行目に含まれることを示している。第一行目に書ききれなかった「凡遇」の二字を追い込みで次行に書くといったことをしていない。これは書写者が行・字詰めをできるだけ忠実に写そうと心がけている証左とみることができる。

3　文書Ⅱ礼物の記載位置

文書Ⅱの本文の最後三行ならびに署押の下に礼物目録が書かれている。この礼物目録の記載について、三条公忠の『後愚昧記』三月二十四日条（史料4）に、〈蒙古の状、方物を献ずと。即ち彼の目録、牒状の奥に載する者也〉とある。〈蒙古の状〉とはあるが、この時の使者が高麗使か蒙古使か情報が錯綜していた頃の記述で、実際は文書Ⅱを指している。また「方物」とあるが、『異国牒状記』には「礼物」と記されている（以上本稿三八三～三八四頁参照）。すなわち文書Ⅱの礼物目録の記載位置を〈牒状の奥〉と表現していることになる。中村栄孝氏は「末文に、署押があり、その下に書かれた礼物の目録は、その位置に疑問があり、末端に書かれていたか、または別紙に認められてあったものであろう」（二〇九頁）と述べられている。中村氏が位置を疑問とされるのは、例えば『平戸記』所載高麗牒状では本文・日付・署押の後ろに「進奉物目」として記載されている例や、あるいは江戸時代の日本・朝鮮間における別幅などをイメージしてのものかも知れない。しかし『後愚昧記』の〈牒状の奥〉とは文書Ⅱに書写されている位置とみることを否定するものではなく、公忠はその位置をやや異例と感じて、敢えて〈牒状の奥〉と表現し、末尾や別紙ではないことを述べているものと考えられる。[20]したがって、礼物目録も原文書の位置にそのまま書写しているものとみなされる。

4　文書Ⅰの空白と最終行の大書

原本に忠実か否か、書写の姿勢をうかがう上でもっとも注目したいのは文書Ⅰの末尾である。すなわち本文の最後と最終行交付文言との間に二、三行分の空白があることであり、最終行「右箚付…准之」が本文よりもやや大きな文字で書かれていることである。この空白と大書という二つの特色をもつ書式は元代の文書に一般に見ることができるのである。いずれも石刻史料であるが、次のような例をあげることができる。[21]

①「范仲淹義荘義学蠲免科役省據碑」（四八冊・一三三頁）
「皇帝聖旨裏」に始まる本文が二段に書かれ、下段の二行目で終える本文の末尾から四行ほど空け、二字分ほど下げて「右付范士貴収執准之」と大書されている。その字の大きさは本文の文字の約四倍ほどの大きさである。

②至元十四年（一二七七）の「文廟諸碑記」（四八冊・七二頁）
「皇帝聖旨裏／　皇子安西王　令旨裏」で本文が始まり、「須議出給公據者」で結ばれ、それに続けて建物の一覧が付記されている。そしてそこから二行分ほど空白を取って、「右給付京兆路府学収執准此」と大書されている。

③至正二十四年（一三六四）の「善選伝戒碑陰」（五〇冊・一三四頁）
「皇帝聖旨裏」に始まる文書が二通刻まれており、本文の末尾が「須議箚付者」で結ばれ、最終行の「右箚付大崇国寺准此」はいずれも本文よりも数倍の大きさで書かれている。特に右側の竪立碑石文書では少なくとも本文のあと一行の空白がとられている。

この他、空白はないが最終行の「右…准之」を大書する例は数多く、④「香山観音寺地界公據碑」（四八冊・七六頁）、⑤「兗国公廟中書省禁約碑」（四八冊・一九三頁）、⑥「兗国公廟礼部禁約碑」（四九冊・二三頁）等々にみることができる。

すなわち、本文から数行あけて「右…准之」を大書するのが元代の基本的な書式とみてよいであろう。空白のない④以下の例も、使用石材の制約から詰めて書かれたもので、本来は本文と「右…准之」の間には空白がとられていたとみるべきであろう。

文書Ⅰはこれらの元代の文書にみられる、空白と大書という二つの特徴を備えているのである。

5　署押A・B・C

文書として注目されるのは、文書Ⅰに二カ所、文書Ⅱに一カ所みられる、記号ないし明らかに本文の文字とは異なる文字群で、『報恩院文書』では一部破損しているが、『異国出契』にはほぼ完全に写し取られている。中村氏は署名と花押とみられており、筆者もそのように理解する。ただし署名か花押か不明であるので、両者をあわせた署押として以下叙述を進めることとし、(22)翻刻では署押A・B・Cと表記した。ただしAについては、位置が文書の途中で、署押とするとやや異例であり、何らかの文言も含まれているようにみられる。張東翼氏は文書ⅠA・Bについて、「判読不明の文字は、大元蒙古国の文書書式と比較してみると、日付や文書発給者の署押と推定される」(三四三頁)と述べ、署押Aを日付と解釈されているようである。しかしながら「日付」説については、そもそも位置が不審で、字体も本文とは異なっている。さらに下文(三八一〜三八二頁)で触れるように『異国牒状記』に今回の牒状には「端に宛所なし、年号なし」とある。「年号なし」とは、月日はあるが年号はないという意味ではなく、年月日そのものが書かれていないと解釈すべきであろう。署押Aを日付と見ることはできないが、単なる署押とみることも難しい。そこでAは署押ではなく、元代の文書にみられる、最終行「右…准之」の後ろに書かれているパクパ字による本文要約にあたり、原牒状では「右箚付…准之」の後ろに書かれていたものを、書写に際し紙幅の都合で現在の位置に記入したとする意見が出されることになる。(23)しかしながら、上で検討したように、文書Ⅰは原文書の体裁を忠実に伝えているとみられるので、Aについても元来の位置に、このような形状で記されていたとみなければならない。すなわち、あるがままの位置と形状とすると、本文とは明らかに異なるので、署押と理解するのが妥当であろう。あわせて一部に「長」と判読される文字が含まれていることから、何らかの文言を伴っていた可能性にも注意しておきたい。

次に署押Ｂ・Ｃには花押らしきもののみ四つが記されている。張氏はＢを「三人の署押」（三四三頁）とされるが、どのように判読されたのかは明らかでない。これをａｂｃｄとすると、ｂｃは割書のように記されており、「ａbcｄ」となる。そして注目されるのは、文書ⅡＣの署押が「ｄａbc」と配列は異なるが、文書ⅠＢと共通していることとである。Ｂ・Ｃを四人の花押と見てよいか判断が難しいが、文書ⅠＢと文書ⅡＣの署押が共通していることは注意される。署押ＡＢＣでもう一つ注目したいのは、その大きさである。ＡとＢ・Ｃとの一つ一つを比べると、明らかにＡが大きく堂々としているのに対し、Ｂ・Ｃの四つは小さい。署押とすれば、大きさの違いは地位の違いを示しており、Ａが上位者、Ｂ・Ｃが下位者であろうことを推測させるものがある。

6　異体字

文書Ⅰ・Ⅱには異体字（略字・俗字）が散見している。翻刻に際しては通用の字体に改めたが、これらの異体字が原文書にあったものか、あるいは第一次にしても二次以降にしても書写者によるものかは不明とせざるを得ない。しかしながら書写者がわざわざ異体字に改める理由も考えられず、おそらく原文書に用いられていたものと思われる。高麗時代の異体字について、筆者の調査は不十分であるが、十三世紀に彫造された高麗版大蔵経にみえる異体字を集成した、李圭甲編『高麗大蔵経異体字典』（ソウル・高麗大蔵経研究所　二〇〇〇年）を参考にすると、文書Ⅰ・Ⅱにみえる異体字については、次の如くである（括弧内、同字典の文字番号）。全く同じもしくはほぼ同じ異体字体があるのは、奪（一一三四番）・所（一九六九番）・凡（三二一九番）・船（四九六六番）・甚（三六八七番）・概（二七一七番）・差（一四九〇番）・旨（二三九四番）・作（一〇四番）等である。この他、「為」は部首を火に作るのであるが、烈（三三二四番）・煮（三三五三番）等に例があり、「戢」（職）は聀（四七六四番）の異体字としてみえているが、一般には職の略字として用いられている。潜（三二一九番）・務（四二六番）・虎（五三三二番）・麗（七三四〇番）等については、近い字体はあるが、同一のものはない。およそ以上のような結果になる。同字典の凡例によれば、「異体字全てを網羅したものではない。」とあり、さらに大蔵経以外に調査を進めれば、恐らく同一の異体字が見いだせるものと予測している。今後さらに調査を進めたいと思うが、こうした異体字にも書写者が原文書を忠実に写し取ろうとしている姿勢をみることができるように思われる。

7　文書Ⅲの交名部分

使節交名は十分に空白があっても、追い込みで書こうとはしていない。この時の幹部とみられる金龍と権重文については官職を全て書き、また最後の住僧延銅についてやや上から書かれていることも、原体裁を髣髴させる。原文書は恐らく延銅が書いて提出したものであろう。(24)

以上、文書Ⅰ・Ⅱ・Ⅲにみえる紙面の特徴について述べてきた。この検討を通じて、『報恩院文書』所収文書Ⅰ・Ⅱ・Ⅲが原文書を直接に写したかどうかについては何とも言えず、またまま誤写はあるが、少なくとも原本の体裁を忠実に伝えていることは間違いないと思われる。特に元代の文書と一致する文書Ⅰの空白と「右、…准之」の大書は注目に値するであろう。この結果を踏まえて、次に内容・構成から文書Ⅰ・Ⅱの発給者・発給過程・宛先等の問題について検討し、あらためて署押の記主について考えてみたい。

五　牒状（文書Ⅰ・Ⅱ）の発給者・発給過程

文書Ⅰ・Ⅱについて、中村栄孝氏等がⅠを「征東行中書省箚付」、Ⅱを「征東行中書省咨文」とされるのに対し、張東翼氏はⅠを「高麗使臣団の箚付」、Ⅱを日本の官府に宛てた咨文とされている。大きな違いがあるのであるが、この点について、前節における文書Ⅰ・Ⅱの特徴から得られた情報を参考に、内容から考えてみたい。

1　文書Ⅰ・Ⅱの構成の比較

文書Ⅰ・Ⅱの本文を比較するため、台頭・平出などを考慮せず、段落ごとに番号を付し、読み下し文をあらためて引用すると次のごとくである。

Ⅰ

①皇帝聖旨裏征東行中書省、照得すらく、…恐らくは交隣之道に非ず。

②已に日本国に移文して照験し、概管の地面・海嶋に行下《くだ》し、厳しく禁治を加へ、前の似《ごと》く境を出で耗を作《な》さ使むること毋らんことを煩為《ねが》ふを除くの外、

③省府、今、本職等を差《つか》はす。一同《とも》に馳駅して、恭しく国主の前に詣りて啓稟し、仍て日本国の回文を守取《と》り省に還れ。

④合下《ただち》に仰せて照験せしめ、上に依りて施行せしむ。須《かなら》ず議《はか》りて箚付すべし者。

⑤一実起　正馬弐疋、従馬伍疋　　乗駕過海船壱隻

（署　押　A）

⑥（署押B）　右、差去《さしつか》はす萬戸金凡貴・千戸金龍等に箚付す。之を准《う》けよ。

Ⅱ

①皇帝聖旨裏征東行中書省、照得すらく、…恐らくは交隣之道に非ず。

②已に萬戸金凡貴・千戸金龍等を差はし、馳駅して恭しく国主の前に詣りて啓稟せしむるを除くの外、

③此が為、本省合行《よろし》く移文すべし。請ふらくは照験し、概管の地面・海嶋に行下し、厳しく禁治を加へ、前の似く境を出で耗を作さ使むること毋らんことを煩為ふ。
④仍て公文の回示を希《ねが》ふ。須ず咨に至るべし者。
⑤右、日本国に咨す。伏して照験を請ふ。謹みて咨す。
⑥禁約　（署押C）

①はⅠ・Ⅱ共通しており、倭寇の被害と日本の取り締まりを求める内容で、②以下が大きく異なっている。「除…外」は常套句で、「後面所接語句為向文書提出的具体意見」（後ろに続く語句が文書を送る具体的な内容）の意味である。(25) したがって、文書Ⅰ・Ⅱの②以下の大意は次のごとくなるであろう。

文書Ⅰ：②日本に移文して禁圧を求める。③ついては、省府は「本職等」を派遣する。使者は国主に文書を伝え、回答の文書を得て省に帰還すること。④上記の趣旨を施行せよ。⑤必要な馬と船は下記のごとし。（署押A）⑥（署押B）使者金凡貴・金龍らに箚付する。

文書Ⅱ：②金凡貴・金龍らを派遣し国主に啓稟させる。③そこで本省は日本国に移文する。本文のごとく、（日本国の）管内に周知して禁圧を請う。④ご回答をいただきたい。⑤日本国に咨す。⑥（署押C）

2　文書Ⅰ・Ⅱ発給の過程

さて、このような構成をもつ文書Ⅰ・Ⅱの発給過程についてはどのように考えることができるであろうか。文書Ⅰは内容と様式からみて二つの部分に分けることができる。すなわち、①から⑤までと、空白をはさんで⑥

とである。①から⑤までは日本国への文書発給と使者の選任を命じる内容である。⑥について張東翼氏は、「右の箚付を送付(差去)します。万戸金乙貴・千戸金龍らが同伴します(准之)。」(三五一頁)と訳されている。しかし「差去」は「送付」ではなく「派遣する」の意味にとるべきであり、[26]使者金凡貴・金龍らに奉使の趣旨を示す本文書を交付し、使命を全うするようにとの指令の文章と理解される。この⑥最終行は空白を経て大書されているのであるが、空白の前の本文の最後に④「須議箚付者」とある。本文末に「須議…者」という文言も常套句で、例えば先に紹介した元代石刻史料②③にも見えている。文書Iの場合、「須ず(派遣すべき使者について)議りて(選任し、その使者に)箚付すべし者」との意味で、使者の選任を指示した文言と解釈される。これを受けて金凡貴・金龍が選任され、⑥最終行が書き加えられて使者に交付されたものではなかろうか。本来使者の姓名を記すべき③には「省府今差本職等」としか書かれていない。張氏は「本職等」を使者金龍らの自称とみなし、「省府は、私たち(本職)を派遣し、」云々と解釈されている。[27]しかし金凡貴らが本文書の差し出し者ないし発給者であることを示す署名等がないことは不審で、「本職等」を金凡貴らの自称とみなすことはできない。使者の姓名は⑥最終行にはじめてみえるのである。

このような内容に加えて、文書の途中である⑤のあとに署押Aがあること、空白を経た最終行には別の署押Bが大書していることなどを勘案すると、文書Iは二つの部分から成り、二つの段階を経ているものと推測される。すなわち、文書Iは征東行中書省の内部で、日本国への文書の発給と使者の選任を指示している部分(①〜⑤)と、それを受けて使者を選任して本文書を交付する部分(⑥)の二つの部分から成り、二種類の署押の存在は二段階の過程を経ていることを示すものと考えられる。二段階とは、征東行中書省内部における上部機関から下部機関への指示と、下部機関の執行とみなすことができるであろう。上で問題とした「本職」とは「当該の職員」の意味に解され、「省府今差本職等」とは「省府は当該の職員を遣わして」となり、ここに使者の姓名が書かれていないのは、選任以前のことであるから、「本職」という表現が用いられているものと了解される。

文書Ⅱについては、文書Ⅰのような複雑な問題はない。文書Ⅰの署押Bと文書Ⅱの署押Cとが共通していること、また文書Ⅱでは本文中に使者の姓名が記されていること等を考えると、文書Ⅰ↓Ⅱの順に作成されたとみなされ、署押Aが日本への文書発給と使者選任を指示し、その指示を受けた署押B（＝C）が使者を選任して交付する（文書Ⅰ）、とともに日本国宛咨文を作成した（文書Ⅱ）という過程が推測されるのである。そこで次に文書Ⅰ・Ⅱにあらわれている署押A・B・Cの記主について考えてみたい。

3　署押の記主

張東翼氏は文書ⅠA・Bについて、「判読不明の文字は、大元蒙古国の文書書式と比較してみると、日付や文書発給者の署押と推定される」とし、文書ⅡのCについて、「文書に見えている三人の署押は、郎中一人、員外郎二人の署押と推定される」（三四三頁）と左右司の官人とされている。すでに述べたように、この時期の征東行中書省は大幅に縮小されてはいるか、長官である丞相や左右司はこれまでのように存続している。そこで注目したいのが、『牧隠集』文藁・巻一五所収「贈諡忠敬廉公（廉悌臣）神道碑」にみえる、次の記述である。(28)

至順癸酉…為㆑郎㆓中征東㆒。時同寮頗弄㆓威福㆒。悌臣極力争㆑之、多㆑所㆓裁抑㆒。田民詞訟、悉還㆓攸司㆒。忠粛王嘆曰、廉郎中清簡矣。左右司請㆑署㆓文移㆒、上曰、吾郎中署乎。有則行、無則止。…

至順癸酉は元統癸酉の誤りで、忠粛王後二年（一三三三）にあたる。廉悌臣（『高麗史』巻一一一・列伝二四）が国王の信頼を得ていたことを示すエピソードであるが、忠粛王が征東行中書省左右司から「文移」（文書）への署名を求められた際、信頼する郎中廉悌臣の署名があるかどうかを確認したというものである。これにより、征東行中書省名義の文書には、郎中以下の左右司のほか、丞相である国王の署押が加えられていたこと、少なくともそのような場合があったことが知られる。

そこで貞治六年度高麗牒状の場合について考えると、前述のように文書Ⅰは征東行中書省の内部文書で、日本への咨文発給と使者の派遣・選任を命じ、選任された使者に交付されたもの、Ⅱは日本に発給された外交文書であり、二通がセットになって完結している。したがって、両通には丞相ならびに左右司の署押が加えられているものとみられる。すなわち三カ所にみえる署押は征東行中書省丞相である高麗国王ならびに左右司のものである蓋然性が高い。文書Ⅰでは、署押Aの前までが、具体的な指示内容となり、署押Bの最終行ならびに署押Cの文書Ⅱは、署押Aの指示に基づく人選と文書の発給である。前に指摘したように、署押AはB・Cと比べて大きく堂々としており、中に「長」の草書体と判読される文字がある。すなわち署押Aは指示の責任者の署押とみなされ、征東行中書省長官である丞相高麗国王恭愍王の自署である可能性が考えられる。(29) 署押B・Cは署押Aの部下とみなされ、張東翼氏が推測されるように郎中以下左右司とみてよいであろう。左右司について北村氏は、「高麗王の幕僚として、高麗を代表して元との折衝にあたり、国内に対しても、王の政務を輔佐していた」（四三頁）と指摘されている。

このようにみてくると、文書Ⅰは署押Aの前までを征東行中書省の秘書官が記して丞相（高麗国王）が自署したか、あるいは全文を左右司のもとで作成して、施行の最終確認を丞相に求め、丞相が自署したといった過程を考えることができるであろう。署押Aの位置が通常の署押と異なり、途中にあることも上記のような文書の構成や発給の過程を考えれば納得がゆくと思われる。署押Aは唐の皇帝文書や日本の天皇文書にみられる画「可」もしくは「聞」と同じ意義にとらえることができるのではあるまいか。

高麗の文書で指示が二段階に亘っていると推測される事例として『高麗史』巻二六・元宗八年八月丁丑条にみえる日本国宛元宗国書があげられる。それには、「我国臣二事蒙古大国一、稟二正朔一有レ年矣。…今欲レ通二好於貴国一、而詔二寡人一云、日本與二高麗一為レ隣、典章政治有二足レ嘉者一。漢唐而下屢通二中国一。故特遣レ書以往。勿下以二風濤阻険一為上レ辞。其旨厳切。茲不レ獲レ已、遣二某官某一奉二皇帝書一前去。…」とあり、本文の中で使者の部分を「某官某」としている。ところが実際に日本に送られてきた「至元四年九月」付け国書では、「朝散大夫・尚書礼部侍郎潘阜」と使者の名が書き込まれている。(30) この国書案に基づいて使者の選任が命じられ、潘阜の名が書き加えられた清書が作成されたのではなかろうか。

このような例を参考にすると、文書の形式的な手続きとしては、署押Aの段階では「某官某」と同じく、「本職」を派遣すべきことを署押Bの部署に命じ、その指示を受けて署押Bの部署が使者を選任し、その使者の名を明記して使者に託すという手続きが想定される。文書Iの本文と最終行との間に空白があり、かつ文字の大きさの違いは、このような二段階の発給過程に由来しているのではなかろうか。もとよりこの書式は元の文書様式を踏襲しているとみられるので、元における文書発給の手続きを検討しなければならないが、この点については今後の課題とし、ここでは以上のような考えを一つの推論として示しておくことにしたい。なお、署押Aの記主は丞相（高麗国王）、署押B・Cの記主は左右司と推測するのであるが、そうすると、文書Ⅱつまり日本国宛の外交文書には高麗国王の署名はなく、実務官僚である左右司の署押のみで送られていることになる。このことは文書Ⅱに込められた高麗側の意図を考える上で注意しておきたい。

筆者は以上のように文書I・Ⅱを理解する。すなわち、文書Iは征東行中書省内部の文書で、日本国宛咨文の発給と使者の選任を命じ、これを受けて使者が選任され、使者に交付された箚付であり、文書Ⅱは使者の名を明記した征東行中書省の「日本国」に宛てた咨文とみなされるのである。文書Ⅱの宛先について、張氏は「日本の官府」で大宰府などが考えられるとしているが、もし大宰府であれば、これまでも高麗側から宛先を大宰府と明記した牒状を送ってきているのであるから、[31]単に「咨日本国」というのは不可解と言わざるを得ない。元来は文書Ⅱが正式の牒状であるが、金龍は身分証明のために文書Ⅰも日本側に提出したものであろう。[32]

なお文書Ⅰ・Ⅱに関する李領氏の説は要するに、まず金龍に元の威光を利用するために「皇帝聖旨裏」云々とあたかも元の皇帝の命令を伝えるように「偽作」した征東行中書省名義の牒状を伝えさせ、その後に実際の高麗王の使者金逸に同じ内容の牒状を持たせて派遣したという理解のようであるが、牒状偽装・偽作説は行論にやや無理な点が多いように思われる。高麗王を長官とする征東行中書省はこの時期にも存続しているのであり、「皇帝聖旨裏」という官府の公文における常套句を用いたからといって、決して偽作・偽装にはあたらないであろう。[33]むしろ高麗王が征東行中書省名義で日本に牒状を送ったことに注目して理解すべきである。なお金逸がもたらしたとする高麗国王牒状については全く史料がなく、前述のように、諸説においても「征東行中書省名義の牒状と同じ内容」といった程度の言及にとどまっている。

以上、文書Ⅰ・Ⅱの発給者・発給過程ならびにその性格について検討を加えてきた。それでは同時代史料である『異国牒状記』には、この年の高麗使ならびに牒状について、どのような情報が記されているであろうか。節をあらためて考えてみたい。

六　『異国牒状記』にみえる貞治六年の高麗使・牒状関係記事

1　『異国牒状記』について

これまでに見てきたように、貞治六年の高麗使及び牒状に関わる問題については、いずれをとっても難解である。ただ既往の議論では、当時の第一級の史料である『異国牒状記』がほとんど参考にされていない。その理由には内容が先例中心であるとの思い込みがあるのではないかと思われる。本論文「はじめに」で述べたように、『異国牒状記』全文はすでに『大日本史料』第六編之二十七・貞治六年五月二十三日条に引用され、広く利用されており、張東翼氏が韓国語訳を示されている。(34) しかしながら『大日本史料』等の基づいた前田家本（前田育徳会尊経閣文庫所蔵）には錯簡や脱文があり、それが訂されないまま翻刻されており、そのため意味不通による誤字もまま見受けられる。そこで筆者は、別稿において、前田家本を底本に東京大学図書館所蔵本・京都大学図書館所蔵本で校訂した本文を示し、さらに成立の事情について検討を試みた。(35) その結果、『異国牒状記』について、およそ次のように考えられることを述べた。

①内容は、勘例に基づき、牒状の問題点や対応策を分かり易く仮名混じり文でまとめたものである。
②成立の時期は、武家返牒に触れていることから、貞治六年五月二十三日の殿上定で朝廷が返牒せずと決して以降、六月二十六日の高麗使帰国以前の間である。
③官務小槻兼治勘例を参考に作成され、後光厳天皇に献上された。
④作者については関白二条良基もしくは前関白近衛道嗣が考えられ、後者の周辺で作成された可能性が高い。
⑤前田家本は草案原本である。

このうち、特に以下の行論との関わりで重要なのは、②成立の時期であるので、簡単に要点を紹介しておきたい。朝廷では五月二十三日に返牒せずと決したが、武家（将軍足利義詮）より返牒が与えられた（史料４参照）。そしてよく知られているように、この度の返牒は義詮の指示により、禅僧春屋妙葩が将軍の意を体する私信の形式をとったものであった。『鹿王院文書』所収（貞治六年）六月七日付け春屋妙葩宛足利義詮書状に、「先日高麗消息上処、為二外国披見一不足覚候、僧禄〔録〕二字可二添給一候也。恐々敬白。」とみえる。『異国牒状記』には武家より返牒を送ることを前提としたと思われる記述が散見している（以下の『異国牒状記』本文引用に際しては、別稿（注1参照）に示した釈文の段落を注記する）。もっとも明確に示しているのは次の部分で、

一、牒使には粮物を給ふ先規なり。又返牒なき時は給はぬ事もあり。今度一向武家の御沙汰たるべき間、子細を記さず。（二一―①）

とある。この他、「消息たらば一向の新儀にてあるべし。」（五―①②）、あるいは「又大樹の書札にて僧につかはさるる事、其例はなし。ただし内々の事たる上は沙汰に及ブべからざるをや」（四―③）なども見え、禅僧春屋妙葩名義による返牒を思わせる記述がある。大樹つまり将軍足利義詮は、朝廷が返牒せずとした結果を受けて、自分か返牒を送ると決したに違いない。とすれば、大樹返牒に言及する『異国牒状記』は、五月二十三日の殿上定で返牒なしと決した後、高麗使の帰国する六月二十六日以前に作成されたと考えなければならない。[36]

このように『異国牒状記』は貞治六年の高麗使や牒状に関する、まさに同時代の史料であり、その記述には信頼がおけると思われる。それでは問題の多い貞治六年の高麗使ならびに牒状について、『異国牒状記』はどのような手がかりを与えてくれるであろうか。まず『異国牒状記』の貞治六年牒状関連記事を取り上げ、ついでそれにもとづいて貞治六年の高麗使ならびに牒状に関する諸問題について考察することにしたい。

2 『異国牒状記』の関連記事と文書Ⅰ・Ⅱ・Ⅲ

『異国牒状記』で今回の牒状及び使者に触れている記事は、牒状「無礼」の具体的な内容、高麗使の来着ルート、高麗使への対応、武家返牒の四点にまとめることができる。このうち、武家返牒については上に触れたので、ここでは残りの三点について、順次述べていくことにしたい。

（一）牒状「無礼」の具体的内容

今回の牒状への対応について、五月二十三日の殿上定において、牒状の文章無礼により返牒せずと正式に決定したが、一体牒状のどの部分を無礼としたのか、その具体的な内容は『師守記』等には記されていない。この点について、中村栄孝氏は、「元について皇帝聖旨とかき、日本には国主としていることや、牒状にあて所がなく、年号もないし、箱にも入れてないというような礼を失したものであることなどが指摘されている」（二三一頁）と述べられている。

その論拠は『異国牒状記』で、すなわち、

彼国よりは皇帝・天皇など書けども、本朝よりは国王とも渤海の王とも古くは書きしなり。しかあるに皇帝聖旨と書き、本朝を国主と書く段、太元の朝よりも高麗には、なをその咎深かるべし。…又今度牒の端に宛所なし、年号なし、箱に入らず。此等の条々も無礼と言ふべし。承暦に匡房卿ノ意見に申ス篇目等なり。（七―③④⑤）

とある。「国主」については、元との関係に触れた部分に、仮令《けりょう》自他皇帝とも天皇とも天子と〔も〕書きたらんは、礼に違はざるにてあるべし。和王とも国主とも国王とも書きたらんは、其礼を背きたるにてあるべし。（二—③）

ともみえる。

これにより、牒状を無礼としたのは、①「皇帝聖旨」と書き、②天皇を「国主」と書き、③「宛所」がなく、④「年号」が記されておらず、⑤牒状が箱に入れられていない、の五点であることが知られる。これを先に紹介した文書Ⅰ・Ⅱでみると、①「皇帝聖旨」②「国主」について、文書Ⅰ・Ⅱには「皇帝聖旨裏、征東行中書省照得」に始まり、「恭詣／国主前啓稟外」云々とある。また③「宛所」④「年号」も文書Ⅰ・Ⅱには記されていない。「年号」とは日付とみてよいであろう。すなわち、⑤は不明とせざるを得ないが、文書Ⅰ・Ⅱは①②③④の特徴を具備している。このことから、少なくとも文書Ⅰ・Ⅱの両者、もしくは何れかが『異国牒状記』における議論の対象となっていることは間違いない。そして文書Ⅲでは、無礼とした①「皇帝」号が問題となっている様子が知られる。なお、中村栄孝氏は「元について皇帝聖旨とかき、…」とされるが、日本側では高麗国王が皇帝を称していると理解し、高麗使もそのように主張していることについては後述する（三九〇頁以下参照）。

（二）　使者の来日ルート

今回の使者の来着地について、『太平記』には「出雲ニ着岸ス」とあり、また文書Ⅲにおける高麗使金龍ら一行の来着から入京までのルートを記したらしい部分には杵築（出雲）・隠岐・伯耆等の地名がみえる。この使者のルートについて参考になる記述が『異国牒状記』に見える。

承暦四年越前の敦賀の津より牒状を執リ進ムと雖も、なを太宰府返牒を遣はす。今度も同じかるべきとや。猶沙汰ありて治定せらるべきか。（五―①）

とある個所で、すなわち、「敦賀から牒状が進められた場合でも大宰府返牒を送っている例があるので、今回も同じく返牒を大宰府から送るべきか」と述べている。大宰府以外に使者が到着した場合でも大宰府返牒を送っている例がある、ということであるから、ここで問題としている使者が、少なくとも大宰府以外に来着したことを確認することができる。金逸一行は筑紫（大宰府）に来着したとみられるので（史料5①）、『異国牒状記』が対象としている牒状を進めた使者とは、おのずから金龍一行ということになる。

（三）　高麗牒使への対応

『後愚昧記』三月二十四日条（史料4）に、〈蒙古の状、方物を献ず。…但し件の物等、雲州に於て賊の為に掠取せらると云々。〉とあり、牒使の携えてきた方物は出雲で賊に奪われてしまったという。出雲で奪われたとあるので、高麗使金龍一行に関わることは間違いない。また方物の目録は「蒙古状」の奥に記載されているとあるが、文書Ⅱの末（奥）に「礼物　白苧布拾疋・綿紬拾疋・豹皮参領・虎皮弐張」とあり、同文書を指しているとみて間違いない。高麗使がもたらした牒状が征東行中書省名義であったことから、当初蒙古使・蒙古牒状とみられていたのである。そしてこれに関連するとみられる記述が『異国牒状記』にあり、

一、礼物は已に紛失歟。しかありと雖も猶返し遣はさるべき由、仰せらるべき歟。代々返牒なき時、これを返さる。又とどめらる例ありと雖も、其礼に叶はず。（一〇―①）

とみえる。「礼物はすでに紛失してしまったようである。そうであっても、返牒しない場合は礼物を返却するのが原則であるので、たとえ紛失して現物が無いとはいえ、使者に礼物返却の意を伝えるべきである。」という意味になる。したがって、対象となっている使者は金龍一行とみて間違いない。

3　『異国牒状記』における高麗使と高麗牒状

以上、『異国牒状記』にみえる高麗使ならびに牒状関係記事をみてきたが、そこで議論の対象となっている高麗の使者は出雲地方を経て入京した金龍一行で、牒状は金龍一行がもたらしたことが明らかな文書I・IIとみて間違いない。そして五月二十三日の殿上定当日には資料として『牒状一通』が官・外記勘例とともに用意され、読み上げられている。その牒状の内容は、〈今度の牒状の正宗、本朝の人高麗に来たり、盗賊・放火を致し、人民を虜掠する之条、制止有るべき之由也〉と要約されており（史料4②参照）、文書I・II両者の内容に合致している。いずれも該当するが、「一通」とあるので、文書I・IIのいずれかとなると、『異国牒状記』では礼物紛失にも言及しているので、書の奥に礼物を記している文書IIが該当する。すなわち文書II（咨文）を朝廷では日本国宛の公式の牒状と受け取って対応していたのであり、文書I（箚付）は付属資料との扱いであったのである。なお『太平記』では今回の牒状として文書Iのみを引用するが、その性格を十分に理解しないまま、内容が共通するので、一方を引用したものであろう。

『異国牒状記』は五月二十三日の殿上定以降に作成されているので、金逸らもすでに上京している。彼らが牒状をもたらしたとすれば当然議論の対象となっているはずであるが、その徴証を『異国牒状記』に見出すことはできない。また使者についても金龍一行以外に何ら触れるところがない。それでは、金龍一行とは別に金逸一行が来日していること及び金逸が高麗国牒状を伝えたとされている問題についてはどのように考えるべきであろうか。一つはこれまで推測されているように、金逸がもたらした牒状は金龍と全く同じ書式・内容であったとの理解である。しかしながら全く同じ書式・内容の牒状を別個の使者が短期間に相前後してもたらすことは、よほど不審に思われ、当時の史料にも何らかの言及があって然るべきではあるまいか。節をあらためて金逸の高麗国牒状齎来説について検討を加えることにしたい。

七　金逸高麗国牒状齎来説の検討

さて、前に紹介したように、既往の諸説では金龍による征東行中書省名義の牒状（文書Ⅰ・Ⅱ）のほか、金逸もまた牒状をもたらしたと理解されている。しかしながら金逸のもたらした牒状については明確な記録がなく、『異国牒状記』にも何ら触れるところがないことは上述のとおりである。そもそも金逸が高麗国牒状をもたらしたとする見解は、金逸が征東行中書省名義の牒状をもたらした金龍とは別個に派遣されているとみられることからの推測である。その中にあってやや具体的に論じられているのが岡本氏で、氏は『鳩嶺雑事記』貞治六年三月条に「高麗人以二牒状一来朝。大元牒同相具来了」[37]とあり、また貞治度に続いて高麗使羅興儒が来日して牒状を伝えたことを記す『後深心院関白記』永和二年（一三七六）五月三日条に「…（高麗国）牒状之趣、海賊可レ被二禁制一之旨也。大概同二貞治之牒状一。但今度高麗一国牒状也」[38]とみえる記事を論拠として、これらの史料から「「大元牒状」と呼ばれる征東行中書省咨文（史料Ⅰ（文書Ⅱ―石井））と、「高麗国牒状」と呼ばれる文書の二通が存在したことになる。」（一二三頁）とし、前者を征東行中書省使金龍が、後者を高麗国使金逸がもたらしたとされるのである。確かに金龍・金逸が別個に派遣されたとする上では、合理的な解釈であろう。しかしながら疑問である。まず氏が金龍は征東行中書省使、金逸は高麗国使とされるのは、高麗が元に対して「征東行中書省と高麗国名義で使節を別個に仕立てる」例があることを参考にしてのことであるが、氏が依拠される北村秀人氏や森平雅彦氏の研究によると、別個に仕立てられる使者は賀正使や賀聖節使に限られるようである。[39]果たして日本に対して倭寇禁圧を求めるための使者を、元の皇帝に対する祝賀使節と同様の編制で送ることがあるのか疑問が抱かれる。そして公式牒状二通説の論拠として、まず『鳩嶺雑事記』をあげられるが、その記述はどこまで正確であろうか。[40]例えば『後愚昧記』（史料4①）では、高麗使がもたらした征東行中書省名義の牒状を「蒙古状」と称しているように、元の機関でもあり、高麗の機関でもある征東行中書省についての日本側における知識が不十分な状況を参考にすると、征東行中書省名義の牒状を大元牒とした上で、高麗使なのだから、元の牒状だけでなく当然高麗の牒状ももたらしたに違いないという認識に基づく記述とも考えられるのではなかろうか。また『後深心院関白記』の〈但し今度は高麗一国の牒状也〉とは、必ずしも貞治度には別に一通存在したことを意味するのではなく、貞治度の征東行中書省名義の牒状が「高麗国ノ王ヨリ元朝皇帝ノ勅旨ヲ受テ」（『太平記』）送られてきたのに対し、「元朝皇帝の勅旨を受けて」いない高麗単独の牒状（征東行中書省名義を用いていない）であるという意味にとることもできるであろう。[41]一三七六年にはすでに元は滅亡しており、高麗が征東行中書省名義の牒状を送ってくることは考えられず、高麗国を前面に押し出した書式が用いられていたと思われる。これが〈但し今度は高麗一国の牒状也〉という表現になっている理由ではなかろうか。

そして既往の諸説にみられる公式牒状二通説に対する大きな疑問は、すでに上で触れたように、朝廷が返牒せずと決した殿上定に際して用意された牒状は「一通」であったことである（史料4②参照）。蒙古（元）と高麗との立場の違いを示す二通の牒状が届いていれば、たとえ内容が同じでも書き出し・書き止め・宛所などの書式まで全く同文とは思われず、したがって審議の対象として当然二通が用意されたであろう。[42]それが「一通」であることは、この時の高麗使がもたらした公式牒状が「一通」であったことを物語っている。そしてその一通とは文書

Ⅱを指しているとみて間違いないのである。

以上、『異国牒状記』等の記事から、貞治六年に高麗使がもたらした牒状は金龍による文書Ⅰ・Ⅱ以外にはなく、文書Ⅱ（咨文）が公式の牒状であったと考えなければならないことを述べてきた。それでは一方の金逸一行は何も文書を携行してこなかったのであろうか。考えられるとすれば、金龍のものと書式も含めて全く同一の牒状をもたらしたとみることであるが、再三述べているように史料には一切あらわれず、短期間に別々の使者によって全く同一の牒状が伝えられる方がよほど不審に思われるであろうことも繰り返し述べているところである。金逸一行に朝廷がどのように対応したかについても、全く記録はなく、不明とせざるを得ない。筆者はこれまでの検討によって、金逸の行動ならびにそのもたらしたとされる牒状について既往の理解に疑問があることを縷々述べてきたが、現在のところ疑問を更に深めるだけで、特段の考えがあるわけではない。ただ金逸・金凡貴（金乙貴）関係記事を検討することによって、ある程度の推測は可能ではないかと思われるが、それは憶測に属するので、まず高麗が征東行中書省名義の牒状を送ってきた事情について述べた後、あらためて諸史料にみえる高麗使金逸・金凡貴（金乙貴）関係記事について検討を加えることにしたい。

八　高麗の征東行中書省咨文発給の意図

1　征東行中書省咨文と日本

文書Ⅱ（咨文）が今回の日本宛の外交文書で、形式的な宛先は「日本国」となっているものの、事実上は「国主」すなわち天皇に宛てられたものである。これより以前の日本の天皇に宛てて送られてきた高麗牒状では、いずれも「高麗国王」を明記し、宛先に「日本国王」ないし「日本国王殿下」と記している。(43) これに対して今回の征東行中書省名義の牒状はこれまでとは明らかに書式を異にしている。なぜ高麗は「高麗国王」を前面に出した牒状を送ってこなかったのであろうか。高麗が征東行中書省名義の牒状を送ってきた意図や事情には如何なるものがあったのであろうか。

征東行中書省名義の牒状を受け取った日本側には、高麗の牒状なのか蒙古（元）の牒状なのか、明らかに戸惑いがあった。蒙古（元）本国の中書省名義の牒状はすでに文永六年（一二六九）に経験しているが、[44] それでもおよそ一〇〇年も前のことである。まして征東行中書省名義の文書を日本が受け取るのは初めてのことで、日本側に征東行中書省に対する理解が不足していたことによるのであろう。高麗使ならびに牒状についていち早く伝える前内大臣三条公忠の日記『後愚昧記』三月二十四日（史料4①）では、来日した異国の使者を蒙古使ならびに高麗使とし、牒状を「蒙古状」と称している。前述のように、この「蒙古状」とは文書IIを指している。公忠が使者を高麗人のみと知るのはずっと遅れて五月九日のことで、同日条に「毘沙門堂僧正《実尊》来臨。…又語曰、今度異国人ハ皆高麗人也。非二蒙古人一云々。」と記している。そして『異国牒状記』が高麗だけでなく、対元外交の姿勢について述べている（二―①〜③）ことは、今回の牒状が元にも関わっていると理解してのことであろう。また『報恩院文書』の牒状写の包紙ウハ書に「元国牒状及高麗使節事三通」とあることは象徴的である。文書I・IIが「元国牒状」、文書IIIが「高麗使節事」になるであろう。包紙ウハ書がいつ書かれたかは不明であるが、それを書いた人物は、文書I・IIを元国牒状とし、元国牒状を高麗使がもたらしたと理解しているのである。

文書I・IIいずれも征東行中書省の発給文書であり、冒頭の「皇帝聖旨裏」の皇帝は元の皇帝をさし、その許にある征東行中書省が日本国に通牒するという形をとっている。したがって形式的には使者は蒙古（元）の使節でもあり、高麗の使節でもあり、牒状は蒙古（元）牒状でもあり、高麗牒状でもあるという属性がある。こうしたところの理解不足から混乱が生じているものと思われる。それでは、なぜ恭愍王は高麗国王名義ではなく、征東行中書省名義の文書を送ってきたのであろうか。

2　元の威光の利用

すでに触れたように、恭愍王五年以後の征東行中書省は、元の機関としての意義は実質的には失われているものの、いまだ権威の象徴としては十分に意味を持っていた(45)。そこで、対日外交に征東行中書省名義の文書を用いていることについて、元の意向を反映したもの、あるいは高麗が元の威光を利用しようとしたという二つの見方がある。

まず、征東行中書省名義の牒状を送ってきた背景には元の要求があり、その意向を受けて高麗が倭寇禁圧を求めてきたとする理解がある(46)。倭寇に悩まされていたのは高麗だけでなく元も同じであった。『元史』巻四六・順帝本紀・至正二十三年（一三六三）八月丁酉条に、「自㆓（至正）十八年㆒以来、倭人連寇㆓瀕海郡県㆒」とみえる。そして使者来日の翌年にあたる、『高麗史』巻四一・恭愍王十六年（一三六七）五月乙巳条に、「元中書省遣㆓直省舎人乞徹㆒、牒曰、倭賊入寇、必経㆓高麗㆒。宜㆓出㆑兵捕㆑之㆒」とある。このことから中村栄孝氏は元の意向を受けて高麗が日本に禁圧を求めてきたと理解されている。岡本氏は中村氏が恭愍王十六年の元使の来高麗と結びつける解釈には疑問を呈されながらも、「高麗は、対元交渉の延長として、すなわち元の意向を受けて、一連の対日本交渉をおこなっていた可能性が見出される」（一二七頁）とされている。

このような元の意向を受けての倭寇禁圧要求とする理解に対しては、李領氏が指摘されているように、牒状（文書Ⅰ・Ⅱ）に〈本省合浦等の処〉とするだけで、大陸への入寇に言及がないのは不審である(47)。また前に紹介したように、今回の牒状を日本側が無礼とした理由に「年号なし」があげられている。もし元の意向を反映するのであれば、なぜ元の年号「至正」を用いた年月日を書かなかったのであろうか(48)。このようにみてくると、今回の遣使に元の意向が反映されているとは考えられず、高麗独自の事情からなされた征東行中書省名義の使者派遣とみなければならないであろう。

そこにはすでに指摘されているように、高麗の背後に元が存在することを示す目的、つまり元の威光を利用しようとしたと考えられる。高麗が征東行中書省を全廃せずに存続させた事情に、「元に対しては従来通り事大の誠意のあることを示し、一方国内に対しては、背後に依然として巨大な元の勢力の存在していることを示して、反対勢力の勃興を抑えようとした」[49]という意図があったことを考えれば、対日本外交に元の威光を利用しようとしたとしても不思議ではないであろう。そしてこのような高麗の意図は十分に成功している。『太平記』には「高麗国ノ王ヨリ、元朝皇帝ノ勅宣を受テ牒使十七人、吾国ニ来朝ス」との理解が示されているのである。[50]

3　対日本名分関係

そして高麗が征東行中書省名義の文書を用いた、より重要な理由として、日本との名分関係に対する考慮があるものと思われる。文書I・IIの「皇帝聖旨裏」の皇帝は元来元の皇帝を指している。ところが、『異国牒状記』には、

凡ソ太元ノ天子は、…仮令自他皇帝とも天皇とも天子と〔も〕書きたらんは、礼に違ハざるにてあるべし。

（二―①③）

とあり、

　次に高麗国は…しかあるに皇帝聖旨と書き、本朝を国主と書く段、太元の朝よりも高麗には、なをその咎深かるべし。（七―①④）

とある。すなわち、元の皇帝であれば、「皇帝」を称しても無礼にはあたらないが、高麗国王が自らを「皇帝」と書き、天皇を「国主」と書いているのは無礼であると述べている。日本側では「皇帝聖旨」の皇帝を高麗国王と理解しているのである。[51]「皇帝」と「国主」では明らかに上下関係にあり、[52]日本が無礼とみなすのは当然であろう。しかしながら、ここにこそ高麗側の征東行中書省咨文を用いる意図があったものと思われる。

　ここにおいて文書Ⅲ（雑記）が注目される。[53]「高麗国使□、我国皇帝説言…□□日本国皇帝兄　高麗国皇帝弟之意也」とある部分である。断片的な記述の上、破損も多く正確な文意をつかみがたいが、「皇帝」の文言をめぐる高麗使との問答で、高麗使が「高麗国皇帝は日本国皇帝に対して隣国と交親するの意をもって綿紬以下の方物を進上するものである。…そして両者の関係は同じ皇帝ではあるが、日本国の皇帝は兄、高麗国の皇帝は弟である」と説明しているものと解釈される。外交において両国君主の名分関係を兄弟や舅甥など親族関係に擬する例は少なくない。[54]有名なところでは一〇〇四年に宋の真宗と契丹（遼）の聖宗との間で結ばれた和議（澶淵の盟）にみられ、その条件の一つに、「宋の眞宗は遼の承天太后を叔母とし、以後両国は兄弟の誼をもって交わる。聖宗は眞宗に兄事し、互いに南（宋）・北（遼）とする」[55]というものがあった。宋慶暦二年（一〇四二）に契丹が宋に送った国書には、「弟大契丹皇帝謹致書兄大宋皇帝」（『続資治通鑑長編』巻一三五・慶暦二年三月己巳条）と記されている。このような歴史は契丹の侵攻に悩まされていた高麗側でも当然承知していたことであろう。文書Ⅲ（雑記）によれば、高麗使金龍は日本側の理解を否定することなく、皇帝を高麗国王の自称として日本側に説明していることとなる。高麗が征東行中書省咨文の形式で送ってきた意図は、実にここにあり、説明では日本の国王も皇帝としながら、咨文では「国主」と表記していることを考えると、高麗側には高麗・日本の名分関係を「皇帝」と「国主」とみなす意志が込められていたと思われるのである。

高麗ないしその使者が「皇帝」を高麗国王の自称と説明する背景には、大きく二つの理由が考えられる。まず、もともと高麗国王には、自らを中華の天子とする自尊の意識があったことである。高麗国内で皇帝を自称していた事例も知られている。(56) 皇帝だけでなく、天子・皇太子・皇后など、中華に擬した名称が用いられていた。有名な文宗の医師要請一件（一〇八〇年）における大宰府宛礼賓省牒状でも「当省伏奉二聖旨一」と述べており、これに対して、日本が返牒において「改二処分一而曰二聖旨一、非二蕃王可一レ称。」と無礼としたことも良く知られている。(57) 元に服属して以降は事大の立場から表立って皇帝号を称することは控えたようであるが、元の支配が薄れてきたこの時期、日本に対して自尊の意識から、あえて高麗国王名義を用いず、「皇帝聖旨」に始まる征東行中書省咨文を用いたものと考えられる。そしてこのことをよく示しているのが、金逸の帰国に同行して高麗を訪れた日本の使者梵盪らを征東行中書省に迎えた時の記事である。『高麗史』巻一三一・辛旽伝に、

（恭愍王）十七年、日本遣二僧梵盪等一来聘。梵盪等至二行省一。諸相皆立、旽独南向坐不レ為レ礼。梵盪等怒詰レ之。旽忿甚欲レ殴レ之。館待甚薄、至レ欠二其饔餼一。仁任私餉レ之。王聞甚慚、旽終無二愧悔一。

とある。辛旽は恭愍王の信頼を受け、同王十四年十二月には領都僉議使司事に任ぜられ、全権を掌握していた。その辛旽が日本の使僧を行省の庁舎で供応する際、座したまま南面して迎え、日本の使者と争論になったというのである。日本に対する自尊意識が明確に表れており、名分関係を強く意識している様子がうかがえる。金逸・金龍らに征東行中書省名義の牒状をもたせて派遣したのは、まさに辛旽が権力を掌握していた時期である。こう

した辛旽の態度に恭愍王は〈聞きて甚だ慚〉じたというが、征東行中書省名義の牒状を送ってきた事情や、使者金龍が「皇帝」を高麗国王の自称と説明している背景を知ることが出来るであろう。

そして高麗の対日本認識を考えると、特に日本に対して高麗国王が皇帝を自称する状況もあったと思われる。『高麗史』巻一九・毅宗二十四年（一一七〇）正月壬子朔条に、

王受二賀於大観殿一、親製二臣僚賀表一、宣二示群臣一。表曰、三陽応レ序、万物惟新、玉殿春回、龍顔慶洽。…自二北使上レ寿而致レ辞、日域献レ宝而称レ帝、常有二天神之密助一…

とあり、毅宗が自ら作成した賀表の中で、〈日域、宝を献じて帝を称《たた》ふ〉と述べているのである。高麗に渡航する日本人の中に高麗国王の帝徳を称賛する者がいたことを示している。恐らく貿易を円滑に進めるための方便であったと思われるが、その事情はどうあれ、高麗側では日本人が高麗国皇帝と崇め宝物を献上してきた事実こそ重要であったであろう。あるいは高麗国王の徳を称揚する重要な儀式の場でもある八関会に「日本人」が参列している事実もよく知られている(58)。

このように、高麗が高麗国王名義ではなく、征東行中書省名義の牒状を日本に送ってきた背景には、元の威光を利用しようとする考えと、名分関係において日本よりも上位にあろうとする自尊意識が存在したと思われる。すでに元は崩壊寸前で、征東行中書省は元の機関としての意味を失っていたが、恭愍王は廃止することなく国内統治にその名を利用していた。日本遣使に際して征東行中書省咨文を用いていることも、同じくその名を利用して権威付けをはかったものとみなされるのである。そして自らの自尊意識を充足する上でも征東行中書省名義は必要なことであったのである。

そして第五節において検討したように、征東行中書省咨文（文書Ⅱ）は征東行中書省名義ではあるが、そこには長官である国王の署押はなく、左右司の署押が加えられているのみである。これには前にみた皇帝号に対する認識と共に、対日本名分関係に対する配慮が働いているとみなされるのである。

九　高麗使金逸・金凡貴についての憶説

以上、貞治六年の高麗使ならびにそのもたらした高麗牒状について検討を加えてきた。その結果、朝廷が審議の対象とした高麗の使者は金龍一行で、牒状は彼らがもたらした文書Ⅱ（征東行中書省咨文）であったことを明らかにすることができたと思われる。そこで残された課題は、『高麗史』にみえるもう一方の使者金逸一行の動静についてである。現在の筆者にも不明とせざるを得ないが、金逸・金凡貴（金乙貴）記事の検討から導き出される憶測を述べて本論を締めくくることにしたい。

先に金龍の官職について検討する際に諸史料にみえる高麗使の姓名・官職に関する一覧表を掲げた（三五九～三六〇頁）。それによれば、金逸とみられる日本側史料には⑤金一と⑥金乙がある。一と乙はいずれもイツで、逸と和語では共通する。ただし現代ハングル音では、一と逸は共通するが、乙と逸とは을と일で異なる。高麗時代の音については何とも言えず、単純に金乙を金逸の異字表記とすることはできないが、現代中国語では四声は異なるが乙も逸も同じ「Yｉ」で共通するので、高麗音でも乙・逸音通の可能性はあるであろう。『師守記』には「乙」に振り仮名「イン」が付されている。[59] 普通に読める文字にわざわざ振り仮名を付しているのは、特殊な読みを示すもので、あるいは高麗音かも知れない。確証はないが、金逸・金一・金乙いずれも同一人物とみなして考察を進める。

さて、『善隣国宝記』では金一が二月に上京したと記されているが、『師守記』四月六日条の頭書（史料5①）に、筑紫を経て嵯峨に到着したとみえる高麗人三十余人とは、金龍一行とは別ルートで上京しているので、金逸一行のこととみられる。そこで問題となるのは、文書Ⅰ・Ⅱにみえる金凡貴（『太平記』には金乙貴）で、正使格で記されているが、来日したことを示す史料は一切ない。凡・乙いずれにしても同一人物とみなされるが、彼が確かに来日したことを示す記事や、その動静を記す史料はない。そこで張氏は、「金凡貴」は「金乙貴」で、「どのような理由であるか分からないが、中途で職責を完遂できなかったものと推測される」（三四五頁）とし、さらに『師守記』貞治六年六月二十六日に帰国するために天龍寺を出発したという高麗国牒使万戸金乙は、金乙貴を指すと見ることもできるが、金龍とは別に日本に到着した金逸を誤記したものと推測される」（三四九頁注三三）とされている。すなわち、張氏の説は、①文書Ⅰ・Ⅱの金凡貴は金乙貴が正しく、②金乙貴は何らかの事情で来日せず、③『師守記』の金乙は金乙貴ではなく、金逸の誤記である、とまとめることができる。金凡貴の来日に関する記事が全くないことからすると、金龍とともに使者にあてられていたが何らかの事情で奉使を取り止めたという張氏の推測は合理的である。その場合、牒状の記載と実際との間には、実は齟齬があったことを意味している。こうした齟齬は考えがたいことであるが、すでに第二節三項で触れたように金龍の官職（千戸・萬戸）にもみることができる。牒状の記載と実際の奉使との間に相違があることを考慮すると、牒状に金龍とともに使者にあてられていた萬戸金凡貴（金乙貴）は何らかの事情で奉使を取り止めたという張東翼氏の推測は妥当のように思われる。その場合、萬戸金凡貴に代わって金龍を千戸から萬戸に格上げして派遣したと見ることができるであろう。

しかしながら、出発前の使者に変更があったにもかかわらず、公式牒状の使者の名前を改めずにそのままにした、ということはいかにも不審である。そこで『師守記』（史料5②）の記事にあらためて注目したい。そこには「萬戸金乙・千戸金龍」とある。これが高麗使の帰国に関する記事であることから、今回の来日した高麗使節団の代表がこの二人であったことを示している。この使者二人を組み合わせた記述は、文書I・IIと同じである。すなわち牒状に記載された高麗使の官職＋人名という書き方と一致しており、特に来日から帰国まで日本滞在中一貫して萬戸を称している金龍を、牒状と同じ「千戸金龍」と記していることは注意されるのである。『師守記』の記主中原師守の兄師茂は、この時大外記で、公卿の要請で勘例を作成し、殿上定の際の参考資料とされている。(60)師守は兄師茂に協力して勘例資料の蒐集などを行っている。『後愚昧記』（史料4①）に〈牒状案流布之由、之を聞く。仍て按察に乞ひ取りて写し留め了ぬ。〉とあり、牒状案は流布していたようで、師茂のもとにももたらされている。すなわち『師守記』四月十七日条に、

今日良智房来。先予対面。先日異国牒状持来。家君対面給。被㆑羞㆓雲脚㆒。則帰了。

とある。師守が早い段階で牒状本文を見ていたことは間違いない。一方師守が直接高麗使に接触したとする記事はなく、またその機会も考えられない。したがって『師守記』の記事は牒状本文を参考にしての記述と考えられる。それに「萬戸金乙・千戸金龍」とあることは注目すべきであろう。それはすなわち牒状（文書I・II）には元来「萬戸金乙・千戸金龍」と記されていた可能性を示している。

　以上の検討をまとめると、牒状（文書I・II）の「金凡（乙）貴」は「金乙」が正しく、「金乙」は「金逸」に通じ、すなわち金逸・金龍が遣日本使として牒状に記載されていることになるのである。凡・乙両字は草書体では似通うところがあるが、もし「金乙」を正しいとすると、『報恩院文書』『太平記』の別系統の両者が、二箇所ともに「金凡貴」もしくは「金乙貴」と記していることは単なる誤写とは思えず不審であるが、当時の事務方の中枢にいた人物が残した信頼しうる記録である『師守記』における「万戸金乙《イン》・千戸金龍」とする記事を重視する

と、上記のように考えざるを得ない。この推測に基づいてさらに憶測を進めると、文書Ⅰには「乗駕海船壱隻」とあり、金逸・金龍が同船して日本に向かうようになっていたと解釈される。ところが、実際には両者は別個に来日している。しかしながら、金龍の官職にみられる、牒状の記載と実際との齟齬を参考にすると、船数一隻には必ずしもとらわれる必要はないと考えることもできる。金逸（金乙）・金龍は二隻で元来同時に日本（博多）に向かう予定であった。牒状と礼物を搭載した金龍の船は悪風などにより出雲方面に漂着し、隠岐・伯耆を経て入京した。一方の金逸一行は出発が遅れるか、あるいは日本到着後の身分照会で手間どるなど、何らかの事情で上京が遅れた。牒状と礼物は金龍が携行したので、自ずから公式牒状は一通（文書Ⅱ）であったとみなされるのである。

以上、金凡貴（金乙貴）について、何らかの事情で来日しなかったとする理解に加えて、金凡貴（金乙貴）は金乙が正しく、金逸と同一人物であるとする可能性を示した。もし前者であれば、依然として金逸については不明とせざるを得ず、後者の場合でも疑問を残すが、公式牒状が一通であったことも、金逸・金龍が当初から同時に派遣される予定であったとみれば理解することができるのではなかろうか。

むすび

以上、室町幕府最初の外交案件として注目されている貞治六年の高麗使ならびにそのもたらした牒状について検討を加えた。基本史料の『報恩院文書』及び『異国出契』所収牒状写の古文書学的考察から得られる情報に基づいて牒状（文書Ⅰ・Ⅱ）の発給者・宛先問題を考え、さらにこれまで、その名は知られながらあまり利用されていない『異国牒状記』に重要な記述があることを紹介することに主眼をおいて述べてきた。前者については、高麗における文書発給の手続きを知る上でも興味深い問題を示すことができたかと思われる。また後者については、『高麗史』等には金龍・金逸が別個に派遣されたように記されており、それぞれ牒状をもたらしたと理解されているが、『異国牒状記』によれば、朝廷における審議の対象は金龍一行と彼らがもたらした牒状で、『後愚昧記』を参考にすると公式牒状は一通で、それは文書IIであったことを明らかにした。

そして高麗が国王名義ではなく征東行中書省名義の牒状を送ってきた背景について考え、元の存在を利用しようとするとともに、日本との名分関係に考慮した結果採用された書式と思われることを述べた。高麗の対日外交に表れた自尊意識を示すものとしても興味深いものがあると考える。形式的には元の命令により高麗への倭寇行為を禁圧すべきことを伝達することに主たる目的があったとみれば、たとえ返牒は得られなくとも高麗側では十分と考えていたであろう。案の定、朝廷からは拒否された。しかし僧録春屋妙葩名義とは言え、事実上の権力者将軍足利義詮の返牒を得ることができたのである。高麗側は十分に成果をあげたのであり、〈萬戸金龍等を差はして事意を報ず。即ち征夷大将軍の禁約を蒙り、稍寧息を得たり〉と『高麗史』(史料7④)に特筆されるのも宜なるかなと思われる。

一方、室町幕府にとっても高麗使の来日は歓迎すべきものであった。高麗使節が滞在中の五月四日に挙行された、義詮の生母赤橋登子三回忌法要に際しての法語で、春屋妙葩が〈海内便ち干戈の息むを見、天下応に姦凶の雄無かるべし。仁化の徳は高麗国を賓え、法宝の船は沙竭宮(龍宮)を載す〉と述べている[61]。将軍義詮は名分関係にとらわれず、実利を優先させる方針をとり、ここに日本の新しい対外関係の幕が開かれたのである。

また牒状の記載と実際との間に齟齬があることを金龍の官職について明らかにした。このことは、今回の奉使に複雑な問題があることを推測させる。そこで問題となるのは、『高麗史』に派遣・帰国の記事が残されている金逸一行の役割であるが、日本の当時の朝廷における事務方の中心にいた中原師守の『師守記』の記述を手がかりに、牒状に記載された金凡貴・金乙貴は金乙すなわち金逸で、金龍とともに出発したが、何らかの事情で入京が遅れたのではないかとの憶説を述べた。

なお最後に文書Ⅲ（雑記）について述べておきたい。そもそもこの度の高麗使は誰（どの勢力）との交渉を目指していたのかに関わる問題である。『太平記』（史料2）や『後愚昧記』（史料4）などから、金龍一行が出雲に来着したことが知られるが、雑記の使者来日の経緯を記した部分に「遇悪□到杵築…」とあり、『異国出契』には□に「不」が充てられている。すなわち「遇悪不到杵築」となり、このことから高麗使は当初から杵築（出雲方面を目指したとする説もある。[62] 雑記には礼物を国主だけでなく、「大将軍大官」にも用意していたとみられるので、高麗側か日本情勢をよく蒐集していることを推測させ、幕府の威令の届かない九州を避けて、より都に近いルートを選んだとみることができるであろう。高麗側の日本情勢把握の状況を知る上でも重要な記事である。しかしながら、〈悪に遇ひ杵築に到らず〉というのは理解しがたい。また雑記では杵築の次に出てくる地名は「隠岐」になる。したがって杵築（出雲）に到らずして隠岐に向かうというのは、『太平記』や『後愚昧記』の語る史実と齟齬をきたしてしまう。『後愚昧記』によれば高麗使が携行した礼物は「雲州」で賊のために奪われてしまったというのであるから、高麗使が出雲に到着したことは間違いない。したがって「遇悪□到杵築…」の□には「風」のような文字をあてるか、あるいは「人」字をあてるなど、いずれにしても〈悪□に遇ひ杵築に到る〉とするのが妥当と思われる。この後、杵築（出雲）から隠岐に渡るというのはやや不可解ではあるが、賊から逃れるための緊急避難行動であったのかも知れない。金龍一行が本来博多（大宰府）に向かった可能性は否定できないであろう。

以上、推測や憶測に頼る部分も少なくないが、貞治六年の高麗使と高麗牒状に関する諸問題について、『報恩院文書』所収高麗牒状写の検討を中心に考察を加えてきた。大方のご批正を乞う次第である。

注

（1）　この間の経緯については、別稿「『異国牒状記』の基礎的研究」（『（中央大学文学部）紀要』史学五四、二〇〇九年↓本書所収）参照。

（2）　中村栄孝「『太平記』に見える高麗人の来朝」（『日鮮関係史の研究』上、吉川弘文館、一九六五年。初出一九三一年）。

（3）　張東翼「一三六六年高麗国征東行中書省の咨文についての検討」（『アジア文化交流研究』二、二〇〇七年）、岡本真「外交文書よりみた十四世紀後期高麗の対日本交渉」（佐藤信・藤田覚編『前近代の日本列島と朝鮮半島』二〇〇七年、山川出版社）、李領「一四世紀の東アジア国際情勢と倭寇――恭愍王一五年（一三六六）の禁倭使節の派遣を中心に――」（『中世港湾都市遺跡の立地・環境に関する日韓比較研究』村井章介代表科学研究費研究成果報告書、二〇〇八年）、藤田明良「東アジア世界のなかの太平記」（市沢哲編『太平記を読む』吉川弘文館、二〇〇八年）等。なお、張東翼氏はこれより以前、基本史料である『報恩院文書』所収牒状等の翻刻と解説とを著書『日本古中世高麗資料研究』（韓国SNUプレス、二〇〇四年）三八三〜三九二頁に収められている。また専論ではないが、村井章介「春屋妙葩と外交」「倭寇と朝鮮」（『アジアのなかの中世日本』校倉書房、一九八八年）にはこの時の交渉の概要が述べられている。

（4）　『大日本史料』に先立ち、和田英松「異国牒状事」（『弘安文禄　征戦偉績』冨山房、一九〇五年）に全文の紹介と解説がある。

（5）　石井正敏（注1前掲論文）。

（6）　「日本古典文学大系」本（岩波書店、一九六八年）による。同書の底本は慶長八年刊古活字版である。フリガナ・送リガナ及び牒状本文の返り点等は省略し、誤字も基本的にそのままとしたが、以下の叙述に関連する箇所については校異を示した。西源院本は、鷲尾順敬校訂『西源院本太平記』（刀江書院、一九三六年）による。なお『太平記』の諸本については、森茂暁『太平記の群像』（角川書店、一九九一年）二八三頁以下、参照。

（7）　田中健夫編『訳注日本史料　善隣国宝記　新訂続善隣国宝記』（集英社、一九九五年）による。

（8）　「大日本古記録」本第一冊による。

（9）　藤井貞文・小林花子校訂「史料纂集」本第九冊（続群書類従完成会、一九七五年）ならびに『大日本史料』による。なお、①四月六日条（頭書）の後半を史料纂集本は「凡大勢付□□此参［　　］實否」（以下、欠文）」とするが、国立国会図書館所蔵『師守記』原本（マイクロフィルム：YD—古—133～138）により、『大日本史料』の判読のごとく、「凡大勢付筑紫云々。実否…」とした。

(10)　「大正新脩大蔵経」八〇冊所収。本書は春屋妙葩（一三一一～一三八八）の語録で、弟子によって編纂され、応永十一年（一四〇四）の序を付して、同十二年に上梓された。なお村井章介（注3前掲論文）参照。

(11)　韓国・亜細亜文化社本（一九七二年刊）による。

(12)　永村眞氏のご教示によれば、現在は醍醐寺の塔頭宝聚院に所蔵されているとのことであるが、本稿では混乱を避けて旧来からの名称である『報恩院文書』を用いることとする。

(13)　筆者が東京大学史料編纂所在職中、醍醐寺文書の調査にあたられていた永村眞氏より文書Ⅲの写真を示して素性について尋ねられ、文書Ⅰ・Ⅱの連れであることを確認した。

(14)　張東翼（注3前掲論文）、ならびに同「一二六九年大蒙古国中書省の牒と日本側の対応」（『史学雑誌』一一四—八、二〇〇五年）参照。なお同上論文によれば、『異国出契』は京都大学図書館にも架蔵されているとのことであるが、本論では内閣文庫所蔵本（架蔵番号一八四—〇二六五　一冊）を利用した。

(15)　張東翼（注3前掲論文）注6参照。なお文書Ⅰ・Ⅱの三カ所にみえる傍書（治・差・道）も『異国出契』では本文に取り込まれている。

(16)　以上、北村秀人「高麗における征東行省について」（『朝鮮学報』三二、一九六四年）五三～五五頁、参照。征東行中書省については、この他にも張東翼『高麗後期外交史研究』（韓国：一潮閣、一九九四年）参照。ただし、いわゆる反元運動期以降も、高麗では紅巾の乱をめぐる紛争や王位継承問題などで、元と頻繁な交渉をもっている。また恭愍王は、その五年には元の年号の使用も停止している（『高麗史』）が、恭愍王が自署を加えた「鄭光道褒奨教書」には「至正二十年三月　日」と元の年号が用いられている（盧明鎬氏等『韓国古代中世古文書研究(下)』ソウル大学校出版部、二〇〇〇年、図版八・九頁、参照）ように、元への配慮もうかがわれ、反元運動を強調しすぎることの問題点も指摘されている（デイビット・ロビンソン「モンゴル帝国の崩壊と高麗恭愍王の外交政策」『中国東アジア外交交流史の研究』京都大学学術出版会、二〇〇七年）。しかしながら征東行中書省が事実上高麗の機関と化していたことは間違いないことと思われる。この他、征東行中書省と元朝との関係については、森平雅彦「牒と咨のあいだ――高麗王と元中書省の往復文書――」(『史淵』一四四、二〇〇七年)参照。

(17) 張氏は金逸の借職の可能性については注意されているが(注3前掲論文三四六頁)、金龍の萬戸・千戸の相違については言及がない。

(18) 日本の借位については、大庭脩「高階遠成が唐からもらった辞令」(『親魏倭王』学生社、一九七一年)及び加藤順一「借位の起源とその機能――対外使節を中心として――」(『法学研究』六四―一、一九九一年)、高麗の借位・借職については、朴龍雲『高麗時代官階・官職研究』IV(高麗大学校出版部、一九九七年)参照。なお金龍は左右衛保勝中郎将(③④)でもあったという。同職は『高麗史』巻七七・百官志二・西班条によれば正五品の官とされている。

(19) 『平戸記』延応二年(一二四〇)四月十七日条所載泰和六年二月付け高麗国金州防禦使牒状。同牒状については、近藤剛「『平戸記』所載「泰和六年二月付高麗国金州防禦使牒状」について」(『古文書研究』七〇、二〇一〇年)、同「嘉禄・安貞期(高麗高宗代)の日本・高麗交渉について」(『朝鮮学報』二〇七、二〇〇八年)等、参照。

(20) 張東翼氏は「原文書をそのまま転写した」(三四三頁)とされている。なお時期は隔たるが、『続日本紀』天平十五年(七四三)四月甲午条に「検校新羅客使多治比真人土作言、新羅使調レ改称二土毛一、書奥注二物数一。稽二之旧例一、大失二常礼一…」とみえる。〈書の奥に物数を注す〉とは、まさに文書IIのような書式をさしているのであろう。

(21) 北京図書館金石組編『北京図書館蔵中国歴代石刻拓本』四八〜五〇冊(中州古籍出版社、一九九〇年)により、そのページ数を示す。これらの石刻史料の利用については、岡本真氏の研究発表「一三六七年来日高麗使節の再検討――そのもたらした外交文書について――」(朝鮮史研究会二〇〇九年二月例会発表。要旨は『朝鮮史研究会会報』一七七、二〇〇九年九月発行所収)を参考にした。

(22) 中村栄孝氏は、引用史料本文中に文書I「*は署押」、文書II「*は署押。モンゴル字がまじっているようにも見える」とされている(注2前掲論文二〇七頁)。張東翼氏は文書IIの署押(C)について、征東行中書省左右司の郎中1人、員外郎2人の「3人の署押」とされている(注3前掲論文三四三頁)。三人と判断された理由は不明である。なお高麗時代の公文書における、日本の署名や花押に相当する書式は『高麗史』巻八四・刑法志一の「公牒相通式」に定められている。しかしながら、本論で問題としているのは征東行中書省関係文書であるので、この規程には該当しないものと思われる。高麗・朝鮮時代の署押については、崔承熙『増補版　韓国古文書研究』（韓国：知識産業社、一九八九年）、朴竣鎬「手決（花押）の概念に対する研究」（韓国『古文書研究』二〇、二〇〇二年）、同「韓国の古文書型式と礼制体式」（日本『古文書研究』六七、二〇〇九年）等を参照。筆者もこれらの研究を参考に、さらに検討を進めたいと思っている。

（23）　署押Aについて、最近岡本真氏から署押ではなく、パクパ字による本文の要約とみる見解が示された（注21参照）。その要旨を紹介すると次の如くである。

①署押Aとされている「判読不能文字群」は元代の公用語であるパクパ字である。元代の文書を参考にすると、漢文で書かれた本文の後ろにパクパ字で本文の要約ないし標題とみられる文言が記されている。Aはそれにあたり、署押ではない。

②署押Bは署押ではあるが、その位置は異例である。

③①に指摘したパクパ字の要約は例外なく本文の最終行「右、…准之」の後ろに書かれている。すなわちパクパ字による要約（石井の署押A）も署押Bも、原牒状では「右、…准之」の後ろに書かれていたものを、書写に際して「紙幅の都合等により」、現在の位置に移して書写されたのである。

このように岡本氏は署押A＝パクパ字本文要約説を提起し、『報恩院文書』牒状写は原牒状の忠実な写ではないとする見解を示されたのである。同氏はパクパ字による本文要約の例については、宮紀子『モンゴル時代の出版文化』第七章「程復心『四書章図』出版始末攷」（名古屋大学出版会、二〇〇六年）を参考にされている。確かに署押Aの位置は文書の途中で、かつAの一部には漢字とも花押ともみられない文字がある。パクパ字とする確証はないが、興味深い説である。しかしながら本文で詳しく検討したように、書写者に、原本の文字の位置を移して書写するというような姿勢があったと考えることはできない。岡本氏は文書Ⅰについてのみ検討の対象として、移動書写説を提起されているのであるが、本文でみたように、同筆の文書Ⅱはもちろん、別筆ではあるが文書Ⅲも参考に、三通を通じて書写者の姿勢を考えることが大事なことであろう。そして三通を通じて書写者が原本を忠実に写そうとする姿勢を確認した。このような姿勢をみせる書写者が、特に数行分の空白をとり、最終行を大書しながら、紙幅の都合（紙幅が尽きた）として原牒状にある署押等を原位置を移動して書写するようなことは考えられない。原本通りに写すと紙幅が足りないと思えば、空白を取らずに詰めて写すのが、まず常識的な書写のあり方であろう。元代石刻史料でも石材によっては空白を取らずに刻している。すなわち署押をはじめ、本来の位置にあるがままに写されているとみて理解しなければならない。したがって岡本氏によれば例外なく「右、…准之」の後ろに記されているという、パクパ字による本文要約説は成り立たないと考える。そもそもこの時期の征東行中書省がパクパ字を用いる環境にあったかも検討すべき課題であろう。署押とみなすには、通常の文書からするとやや異例の位置に、単なる花押だけでなく何らかの文言を伴っていると思われるAであるが、署押とみなしてよいと考える。元の書式によりながらも、高麗独自の書式の可能性を思わせる。この点についてはさらに本文解釈の中で検討することとしたい。

なお岡本氏はパクパ字説を提起する中で、署押Aに漢字らしく写されている文字があることについて、書写した日本人がパクパ字を知らないため、強いて漢字に写したものとされている。しかしながら、例えば『吾妻鏡』貞応三年二月二十九日条に「高麗人」が身につけていたという「銀簡」に刻まれた文字が書写されているが、近年ロシア沿海州のシャイギン城跡から出土した銀の札に同じ文字が刻まれており、女真文字であることが確認されるとともに、『吾妻鏡』の書写の正確なことが証明された事例が想起される（川崎保「『吾妻鏡』異国船寺泊浦漂着記事の考古学的考察」『信濃』五四―九、二〇〇二年）。知らない文字や花押などの記号こそ丁寧に書き写すものであろう。

この他、岡本氏は文書Ⅱの「禁約」についても論及されている。

(24) 禅雲寺ならびに延銅については、藤田明良（注3前掲論文）一七八頁以下、参照。

(25) 『歴史文書用語詞典（明、清、民国部分）』（四川人民出版社、一九八八年）一二二頁。なお文書Ⅰ・Ⅱの読み下しには田中謙二「元典章文書の研究」（『田中謙二著作集』第二巻、汲古書院、二〇〇〇年）他を参考にした。

(26) 植松正氏は日本招諭に関わる元の詔書などにみえる「去使」とは「差去する使臣」を約めた語であるとし、「差去」に（さしつかわす）とルビを振られている（「モンゴル国国書の周辺」『史窗』六四、二〇〇七年、三〇頁）。なお藤田明良氏は、末尾の一行を「右の箚付を万戸金乙貴と千戸金龍等に差しつかわす。この通りにせよ。」（注3前掲論文一七三頁）と現代語訳されている。箚付（文書）を金乙貴らに「交付する」といった意味にとられているようであるが、「差去」は使者の差遣と理解すべきではあるまいか。

(27) 「本職」に似た語に「当職」があり、元中書省に対する上書の中で高麗王が自称として用いている例があるが

（森平雅彦注16前掲論文一二一頁、参照）、この「本職」とは異なるものと理解される。なお「省府」が行中書省の略称として用いられたことについては、田中謙二氏に指摘がある（注25論文・三九二頁）。また岡本氏（注21要旨）参照。

(28) 本文は民族文化推進会編『影印標点　韓国文集叢刊』五（一九九〇年）一二九〜一三〇頁による。なお北村秀人（注16前掲論文）四二頁、参照。

(29) 恭愍王の自署を加えた文書として「鄭光道褒奨教書」（注16参照）が知られており、それには「教」の一字が大書されている。署押Aとは全く異なるが、国王としての署押と征東行中書省丞相としての署押とでは、おのずから異なるものがあるであろう。なおこの時期に丞相を輔佐する参知政事らの補任はみられない。

(30) 東大寺僧宗性による写しが『調伏異朝怨敵抄』に収められている。なお武田幸男編訳『高麗史日本伝』上（岩波文庫、二〇〇五年）〔家046〕項参照。

(31) 例えば『朝野群載』巻二〇所収高麗国礼賓省牒状は「大日本国大宰府」宛、『吾妻鏡』安貞元年五月十四日条所載全羅州道按察使牒状は「日本国惣官大宰府」宛、『異国出契』所収至元六年八月付け慶尚晋安東道按察使牒状は「太宰府守護所」宛である。なお荒木和憲「文永七年二月付大宰府守護所牒の復元――日本・高麗外交文書論の一齣――」（『太宰府学』二、二〇〇八年）参照。

(32) なお文書Iを張氏のように、日本の官府に協力を依頼する牒状とみると、公式牒状である文書IIとほとんど同じ内容であるので、本来の使命である文書IIを提出する前に、そのほぼ全容を日本側関係者に知らせてしまうことになる。外交における機密管理の面からみてやや理解し難いことではなかろうか。使者が日本に到着した後に使命を全うできるよう日本側の官人に協力を訴えた例については、たとえば高麗使潘阜（至元五年）や趙良弼（至元八年）らの例があるが、いずれも書状形式で、内容も牒状の一部を示しているに過ぎない。なお、朱雀信城「至元八年九月二十五日付趙良弼書状について」（『太宰府学』二、二〇〇八年）参照。

(33) 李領氏は金龍派遣の事実を『高麗史』恭愍王十五年の記録からわざと漏落」させたとするが、『高麗史』伝には「萬戸金龍」とその名が明記されている。したがって、金龍の日本奉使を意図的に隠したとは考えられず、『高麗史』の不備と理解すべきであろう。

(34) 張東翼（注3前掲著書）三八三〜三九二頁。

（35）　石井正敏（注1前掲論文）参照。

（36）　すでに高橋公明氏が『異国牒状記』の成立は殿上定以降であることを指摘されている（「室町幕府の外交姿勢」『歴史学研究』五四六、一九八五年、一八頁注5・6参照）。ただし青山公亮氏は返牒は幕府の既定方針であったとされ（『日麗交渉史の研究』明治大学文学部研究報告、東洋史第三冊、一九五五年、九四頁）、また藤田明良氏も武家には朝廷の決定以前から返牒するつもりがあったとの理解を示されている（注3前掲論文・一七一～一七二頁）。このような理解に立てば成立の上限はさかのぼることになるが、〈聖断為るべし〉として朝廷に対応を委ねた武家であるので、やはり朝廷の返牒せずとの決定を受けて、自ら返牒を与えることとしたものと思われる（注1前掲拙論参照）。

（37）　『大日本古文書　石清水文書』四（東京大学史料編纂所、一九一二年）三三〇頁、及び「群書類従」雑部（続群書類従完成会版第二五輯）所収。

（38）　『後深心院関白記』三（「陽明叢書」記録文書篇四、思文閣出版、一九八六年）二八頁。

（39）　北村秀人（注16前掲論文）一一頁、森平雅彦（注16前掲論文）一二四～一二五頁、等参照。

（40）　『鳩嶺雑事記』の編者については、石清水八幡宮神官によるものとの説があるが不明であり、どこまで正確に伝えているか疑問がある。高橋正「鳩嶺雑事記」（『群書解題』第八　続群書類従完成会）参照。岡本氏自身、『鳩嶺雑事記』の「記述からすると、一使節が二通の外交文書を携行していたようにも見うけられる。しかしこれは『鳩嶺雑事記』の筆者が、相次いで到来した金龍・金逸らをひとつの使節と認識したからだと考えられる。」（注3前掲論文注30）とも述べられている。

（41）　岡本氏（注3前掲論文）は、「金龍・金逸らの派遣の際に征東行中書省名義が使用されたのは、この時の日本との交渉においても、あえて征東行中書省と高麗国の両方の立場を明示するためだった」（一二六頁）と述べており、金逸は「高麗国」名義の使者ではあるが、もたらした牒状は金龍と同じ征東行中書省名義で、内容も同一と理解されているように思われる。ただしその一方では、「金龍・金逸と羅興儒らの派遣形態には、前者は征東行中書省名義・高麗国名義の二使節だったのに対し、後者は高麗国名義の一使節のみだったという差異」（一二八頁）が存在したとも述べられている。征東行中書省名義と高麗国名義の使者が全く同一の牒状をもたらすとは考えられない。その違いはどこにあったのであろうか。元の皇帝に対する祝賀使節においても、征東行中書省使と高麗国使とが書式をはじめ全く同一の文書を進めたとは考えがたく、後者は当然上表の形式を取ったであろう。岡本氏の高麗・元牒状二通とする見解には、金龍・金逸別個派遣を解釈する上では合理的ではあるが、検討の余地があると考える。また藤田明良氏は、「時期をずらせて複数の使節を派遣する理由には諸説あるが、先にみたように当時の高麗では珍しいことではない」（注3前掲論文一七〇頁）とされるが、そのあげられている事例は、反元行動に転じた恭愍王が、親元派の巻き返しを受けて元の勢力と頻繁な交渉を必要とするという事態の中で、相次いで使者を送っている例を指している。倭寇禁圧という同じ目的で別個の使者が、時期をおかずに派遣されるという事例と同一の事情ととらえることはできないであろう。

(42)　文永八年の高麗牒状（実は三別抄牒状）審議の際には二通が読み上げられている（『吉続記』同年九月三日・五日条）。「高麗牒状不審条々」（石井正敏「文永八年来日の高麗使について」『東京大学史料編纂所報』一二、一九七八年↓本書所収、参照）を参考にすると、この二通とは、文永五年度牒状と当年到来の牒状とを指すと思われるが、詳細は不明である。

(43)　高麗国王名義で送られてきた文書には、①至元四年九月付け（元宗八・文永四・一二六七年、『鎌倉遺文』九七七〇）「高麗国王王　禃／右　啓季秋向闌　伏惟／大王殿下起居萬福…／…拝覆／日本国王　　左右／至元四年九月日　啓」、②至元二十九年十月付け（忠烈王一八・正応五・一二九二年、『鎌倉遺文』一八〇四〇）「皇帝福蔭裏特進上柱国開府儀同三司／駙馬高麗国王王昛／謹奉書于／日本国王殿下冬寒伏惟／尊候萬福臨莅　…／至元二十九年十月日　状」の二通が知られている。

(44)　至元六年六月付け「蒙古国中書省牒」（『異国出契』所収）。張東翼（注12前掲論文）参照。

(45)　北村秀人（注16前掲論文）六〇頁。

(46)　中村栄孝（注2前掲論文）二一七～二一八頁。

(47)　李領（注3前掲論文）一三三頁。

(48)　恭愍王は、その五年には元の年号の使用も停止している（『高麗史』）。ただし恭愍王が自署を加えた「鄭光道褒奨教書」には「至正二十年三月　日」と年月日が記されており、必ずしも徹底されていないようである（注16参照）。

(49)　北村秀人（注16前掲論文）五五頁。青山公亮氏は「大元帝国の盛名を利用して目的の貫徹に資せんとするに在つたものと推断される」（「恭愍王朝に於ける彼我の関係」『日麗交渉史の研究』明治大学文学部研究報告　東洋史第三冊・一九五五年　九三頁）とされている。

(50)　李領氏は、「同じ内容の牒状を所持した使節を短い間に連続的に派遣することによって強いインパクトを与える効果を期待したのではないか。それで日本側の至急な対応を促そうとしたのにもその意図があったと考えられる。」と述べ、さらに「高麗単独の禁倭要求よりは元を利用することで、重みを増そうとしたのである。高麗朝廷が「a皇帝の命令に従う」という嘘の文章を牒状に入れた理由はまさにここにあったと見るべきであろう」（注3前掲論文一三四〜一三五頁）とされている。「嘘」云々は従えないが、元を利用しようとする意図があったとの指摘は首肯される。

(51)　ただし『太平記』では「高麗国ノ王ヨリ、元朝皇帝ノ勅宣〔旨イ〕ヲ受テ」としており、元の皇帝と理解している。貞治六年当時と、やや降るとみられている『太平記』成立当時との認識の違いであろうか。

(52)　皇帝と国主の関係を端的に示す例をあげると、『新五代史』巻六二・南唐世家に、「（交泰元年）五月、景下レ令去二帝号一、称二国主一、奉二周正朔一。時顕徳五年（九五八）也」とあり、南唐（江南）の李景（璟）が自称していた皇帝号を廃して国主と称し、周の正朔を奉じたという。また『旧五代史』巻一三四・楊溥伝に、「唐同光元年（九二三）、荘宗平レ梁、遷二都於洛陽一。十二月、溥遣二使章景一来朝。称三大呉国主致レ書上二大唐皇帝一。其辞旨卑遜」とあり、十国の一つ呉国王楊溥が後唐の荘宗に宛てた文書の書式が記されている。なお中村裕一『唐代制勅研究』（汲古書院、一九九一年）三〇〇〜三〇二頁参照。

(53)　以下、皇帝号をめぐる問答については、藤田明良氏（注3前掲論文）一七五〜一七六頁、参照。

(54)　石井正敏「日本・渤海間の名分関係――舅甥問題を中心に」（佐藤信編『日本と渤海の古代史』山川出版社、二〇〇三年→本著作集第一巻所収）九一〜一一六頁、参照。

(55)　田村實造『中国征服王朝の研究　上』（東洋史研究会、一九六四年）一八三頁。また陶晋生『宋遼関係史研究』（聯経出版事業公司・中華民国七三年）二三〜二七頁、参照。なお、『遼史』巻一四には、「宋遣二李継昌一請レ和。以二太后一為二叔母一、願二歳輸銀十萬両・絹二十萬匹一、許レ之」とある。

(56)　徐台洙「高麗国王の地位と其の性格」（『清朝と東アジア』山川出版社、一九九二年）、森平雅彦「朝鮮における王朝の自尊意識と国際関係――高麗の事例を中心に――」（九州大学21世紀COEプログラム『東アジアと日本・交流と変容』統括ワークショップ報告書、二〇〇七年)等、参照。

(57) 奥村周司「医師要請事件にみる高麗文宗朝の対日姿勢」(『朝鮮学報』一一七、一九八五年)参照。なお大江匡房作の返牒は『本朝続文粋』巻一一・牒ならびに『朝野群載』巻二〇・異国に収められている。

(58) 八関会については、奥村周司「八関会儀礼に於ける外国人朝賀について——高麗初期外交の一面——」(『早稲田実業学校 研究紀要』一一、一九七六年)、同「高麗における八関会的秩序と国際環境」(『朝鮮史研究会論文集』一六、一九七九年)等参照。

(59) 国立国会図書館所蔵『師守記』原本(注9参照)でフリガナを確認した。

(60) 石井正敏(注1前掲論文)参照。

(61) 村井章介「春屋妙葩と外交」(注3前掲書)三〇〇頁、藤田明良(注3前掲論文)一七六頁、参照。

(62) 藤田氏は、「彼らは悪党に遭ったため杵築に到達できずに隠岐国に向かい」(注3前掲論文一七五頁)と訳し、「存問記にあるように当初から出雲の杵築に向けて渡海している。これは、九州は幕府と対立する南朝勢力が強勢であるということを知った上での行動ではないだろうか」(一八〇頁)と述べられている。しかしながら今回の高麗側の使者派遣の目的は倭寇禁圧にあるので、高麗側が日本情報をそこまで集めていたとすれば、朝廷・幕府との交渉ではなく、倭寇の根拠地を実効支配する九州勢力と接触を図ったのではなかろうか。なお『異国出契』が「不」とする□は、報恩院文書の写真によると、右半分は欠けているようにも見え、別の文字である可能性もある。なお張東翼氏は、金龍らが出雲を目指したか、あるいは大宰府を目指したか、二つの場合を想定し、後者の可能性が高いとされている(注3前掲論文三四六頁)。

附記 本稿は、二〇〇八年十二月に「『報恩院文書』所収高麗牒状について——貞治度の日本・高麗交渉——」と題して中央大学人文科学研究所「情報の歴史学」チーム公開研究会において報告し、その後二〇〇九年二月の岡本真氏の発表(注21・23参照)を受けて、同年五月に「「『報恩院文書』所収高麗牒状について」再論」と題して再び同上公開研究会において報告した内容をまとめたものである。

第三巻初出一覧

I　日宋貿易と日麗交流

十世紀の国際変動と日宋貿易（田村晃一・鈴木靖民編『新版 古代の日本2 アジアからみた古代日本』角川書店、一九九二年五月）

肥前国神崎荘と日宋貿易――『長秋記』長承二年八月十三日条をめぐって――（皆川完一編『古代中世史料学研究』下、吉川弘文館、一九九八年十月）

年未詳五月十四日付源頼朝袖判御教書案について――島津荘と日宋貿易――（『中央史学』三七、中央史学会、二〇一四年三月）

高麗との交流（荒野泰典・石井正敏・村井章介編『日本の対外関係3 通交・通商圏の拡大』吉川弘文館、二〇一〇年十二月）

日本・高麗関係に関する一考察――長徳三年（九九七）の高麗来襲説をめぐって――（中央大学人文科学研究所編『アジア史における法と国家』中央大学出版部、二〇〇〇年三月）

『小右記』所載「内蔵石女等申文」にみえる高麗の兵船について（『朝鮮学報』一九八、朝鮮学会、二〇〇六年三月）

II　日元・日麗外交と文書

至元三年・同十二年の日本国王宛クビライ国書について――『経世大典』日本条の検討――（『紀要』史学五九、中央大学文学部、二〇一四年三月）

文永八年来日の高麗使について――三別抄の日本通交史料の紹介――（『東京大学史料編纂所報』一二、東京大学史料編纂所、一九七八年三月）

文永八年の三別抄牒状について（『紀要』史学五六、中央大学文学部、二〇一一年三月）

『異国牒状記』の基礎的研究（『紀要』史学五四、中央大学文学部、二〇〇九年三月）
貞治六年の高麗使と高麗牒状について（『紀要』史学五五、中央大学文学部、二〇一〇年三月）

第三巻訂正一覧

＊以下は、主要な訂正箇所を一覧として掲げたものである。一覧中の正誤欄には、基本的に本巻および初出誌の記載をそのまま掲げた。ただし、冒頭に※を付したものは、編者による注記をあらわす。

頁数	行	正	誤
13	14	衙前散将	衙前将校
49	2	忠盛による、院領の権益確保	忠盛は、院領の権益確保
72	15	起こったとは	起こったは
96	13	二七〇余人	二七十余人
102	8	賈《こ》舶《はく》	賈《か》舶《はく》
107	17	『続資治通鑑長編』	『資治通鑑長編』
109	8	ネットワーク	ネットーワーク
114	14	第二分科会	第二文科会

123	5	為レ防二異国	為レ防一異国
131	2	背二礼儀一事也	背二礼儀事也
131	9	又習二弓馬一云々	又習二弓馬一習二弓馬一云々
146	11	※削除	(初校に際して付記する)
147	15	「一〇世紀の国際変動と日宋貿易」	「一〇世紀の国際変動と日本」
195	15	これまでに放映した番組を文章化(ダイジェスト)した『歴史スペシャル』シリーズが刊行されており、その第六集(坡州市：ヒョヒョン出版、二〇〇三年九月初版刊行)に「海上王国高麗の軍艦」が収められている。	※手沢本貼付の著者自筆補記に基づき挿入
196	24	『高麗図経』の最新の研究に、チョンドンウォン氏ら訳注『高麗図経』(ソウル：ファンソヂャリ出版社、二〇〇五年三月刊)がある。	※手沢本貼付の著者自筆補記に基づき挿入
197	11	強制連行された	連行された
211	13	欽定文淵閣四庫全書本	欽定閣四庫全書本
245	11	『訳注日本史料　善隣国宝記　新訂続善隣国宝記』	『訳注　善隣国宝記』
251	6	『訳注日本史料　善隣国宝記　新訂続善隣国宝記』	『訳注　善隣国宝記』
254	16	推測されている。そして	推測されている、そして

第三巻訂正一覧

284	8	文脈で	分脈で
295	15	文脈の中で	分脈の中で
300	19	日本国惣官	日本国惣監
301	8	朝廷에서 파견된	朝廷에서파견 된
302	22	의미하기도 하는 만큼	의미하기도 하는 맡큼
305	9	『アジアのなかの中世日本』	『アジアの中の中世日本』
306	16	『文化史学』二三	『文化史学』二〇〇五年
308	10	『大日本史料』第六編之二十八（一九三七年）	『大日本史料』第六編之二十八（一九三五年）
322	14	前田家本	前田本家
353	14	保勝中郎将金龍	保勝中郎金龍
359	16	保勝中郎将金龍	保勝中郎金龍
359	17	保勝中郎将金龍	保勝中郎金龍

索　引

凡　例

＊本索引は本文中の人名・地名・史料名・事項を採録した。
＊事項は本文中の論旨に直接関わる語彙を対象とした。
＊ただし、史料中・引用文中の語彙、ならびに論題・副題と同じ語彙は除外した。
＊配列は五十音順別・筆画順とし、人名・地名は日本語読みにもとづいた。

人名索引

【あ行】

【か行】

【さ行】

【た行】

【な行】

【は行】

【ま行】

【や行】

【ら行】

研究者名索引

【あ行】

【か行】

【さ行】

【た行】

【な行】

【は行】

【ま行】

【や行】

【ら行】

【わ行】

地名索引

史料名索引

【あ行】

【か行】

【さ行】

【た行】

【な行】

【は行】

【ま行】

【ら行】

【わ行】

事項索引

【あ行】

【か行】

【さ行】

【た行】

【な行】

【は行】

【ま行】

【ら行】

【わ行】

著者略歴
石井正敏（いしい・まさとし）
中央大学名誉教授。専門は古代・中世対外関係史。
著書に『日本渤海関係史の研究』（吉川弘文館、2001年）、『東アジア世界と古代の日本』（山川出版社、2003年）、『鎌倉「武家外交」の誕生』（NHK出版、2013年）などがある。

編者略歴
川越泰博（かわごえ・やすひろ）
中央大学名誉教授。専門は中国近世史。
著書に『永楽政権成立史の研究』（汲古書院、2016年）などがある。

岡本　真（おかもと・まこと）
東京大学史料編纂所助教。専門は日本中近世対外関係史。
論文に「「堺渡唐船」と戦国期の遣明船派遣」（『史学雑誌』124-4、2015年）などがある。

近藤　剛（こんどう・つよし）
開成中学校・高等学校教諭。専門は日本・高麗関係史。
論文に「『平戸記』所載「泰和六年二月付高麗国金州防禦使牒状」について」（『古文書研究』70、2010年）などがある。

石井正敏著作集　第三巻
高麗《こうらい》・宋元《そうげん》と日本《にほん》

著者　石井正敏
編者　川越泰博
　　　岡本真
　　　近藤剛
発行者　池嶋洋次
発行所　勉誠出版㈱
〒101-0051 東京都千代田区神田神保町三―一〇―二
電話　〇三―五二一五―九〇二一㈹

二〇一七年十月六日　初版発行

印刷　太平印刷社
製本　若林製本工場

ISBN978-4-585-22203-3　C3020

【石井正敏著作集◎各巻収録論文一覧】

●第1巻……古代の日本列島と東アジア

I…倭国と東アジア外交

五世紀の日韓関係――倭の五王と高句麗・百済
『日本書紀』隋使裴世清の朝見記事について

II…新羅・渤海と古代の日本

日本・渤海間の名分関係――舅甥問題を中心に
八・九世紀の日羅関係
九世紀の日本・唐・新羅三国間貿易について

III…内憂と外患――貞観期の災害・海賊

円仁と張宝高――入唐日本人と新羅人
大宰府鴻臚館と張宝高時代を
　中心とする日本・新羅関係
貞観十一年の震災と外寇
貞観十一年の天災と外寇
東アジア史からみた鞠智城

IV…古代国家の変転と残像

『金液還丹百問訣』にみえる渤海商人李光玄について
　――日本渡航問題を中心に
『日本書紀』金春秋来日記事について
藤原定家書写『長秋記』紙背文書
　「高麗渤海関係某書状」について
東アジアの変動と日本外交

●第2巻……遣唐使から巡礼僧へ

I…遣唐使

外交関係――遣唐使を中心に
遣唐使の貿易活動
遣唐使と新羅・渤海
唐の「将軍呉懐実」について
大伴古麻呂奏言について
　――虚構説の紹介とその問題点
いわゆる遣唐使の停止について
　――『日本紀略』停止記事の検討
寛平六年の遣唐使計画について
寛平六年の遣唐使計画と新羅の海賊
『古語拾遺』の識語について
宇佐八幡黄金説話と遣唐使
遣唐使と語学

II…巡礼僧と成尋

遣唐使以後の中国渡航者とその出国手続きについて
入宋巡礼僧
入宋僧奝然のこと
　――歴史上の人物の評価をめぐって
成尋――一見するための百聞に努めた入宋僧
成尋生没年考
入宋僧成尋の夢と備中国新山寺
『成尋阿闍梨母集』にみえる
　成尋ならびに従僧の書状について
源隆国宛成尋書状について
入宋僧成尋のことなど
『参天台五台山記』研究所感
　――虚心に史料を読む、ということ
『参天台五台山記』にみえる「問官」について

●第3巻……高麗・宋元と日本

I…日宋貿易と日麗交流

十世紀の国際変動と日宋貿易
肥前国神崎荘と日宋貿易
　――『長秋記』長承二年八月十三日条をめぐって
年未詳五月十四日付源頼朝袖判御教書案について
　――島津荘と日宋貿易
高麗との交流
日本・高麗関係に関する一考察
　――長徳三年(九九七)の高麗来襲説をめぐって
『小右記』所載
　「内蔵石女等申文」にみえる高麗の兵船について

II…日元・日麗外交と文書

至元三年・同十二年の日本国王宛クビライ国書について
　――『経世大典』日本条の検討
文永八年来日の高麗使について
　――三別抄の日本通交史料の紹介
文永八年の三別抄牒状について
『異国牒状記』の基礎的研究
貞治六年の高麗使と高麗牒状について

●第4巻……史料・通史と現代の間で

対外関係史研究の現状と展望――研究のあゆみ

I…古代日本と東アジア

東アジア世界の成立
律令国家と東アジア
通交・通商圏の拡大

II…武家外交の成立

III…虚心に史料を読む

崇親院に関する二・三の問題点
　――昌泰四年四月五日官符の検討
『肥後守祐昌様琉球御渡海日記』史料紹介
徳川光圀と『高麗史』
陽明文庫本『中右記』管見
朝鮮通信使との交流と『東国通鑑』
以酊庵輪番僧虎林中虔
『善隣国宝記』諸本解説
『唐大和上東征伝』
『日本紀略』
『旧唐書』『新唐書』に描かれた「倭」「日本」
印象に残る印章の話――岩村藩版『慶安御触書』の印

古文書料紙論叢

古代から近世における古文書料紙とその機能の変遷を明らかにし、日本史学・文化財学の基盤となる新たな史料学を提示する。

湯山賢一 編・本体一七〇〇〇円（+税）

文化財と古文書学 筆跡論

書誌学はもとより、伝来・様式・形態・機能・料紙など、古文書学の視座との連携のなかから、総合的な「筆跡」論へのあらたな道標を示す。

湯山賢一 編・本体三六〇〇円（+税）

紙の日本史
古典と絵巻物が伝える文化遺産

長年の現場での知見を活かし、さまざまな古典作品や絵巻物をひもときながら、文化の源泉としての紙の実像、そして、それに向き合ってきた人びとの営みを探る。

池田寿 著・本体二四〇〇円（+税）

書誌学入門
古典籍を見る・知る・読む

この書物はどのように作られ、読まれ、伝えられ、今ここに存在しているのか。「モノ」としての書物に目を向け、人々の織り成してきた豊穣な「知」を世界を探る。

堀川貴司 著・本体一八〇〇円（+税）

新編森克己著作集 全五巻

日宋文化交流史の泰斗、森克己の研究業績を一望する待望の全集。全巻索引、地図、初出一覧などの資料のほか、第一線の研究者による詳細な解説を付す。

新編森克己著作集編集委員会 編・各巻一〇、〇〇〇円（＋税）

日本古代交流史入門

一世紀〜七世紀の古代国家形成の時期から、十一世紀の中世への転換期までを対象に、さまざまな主体の織りなす関係史の視点から当時の人びとの営みを描き出す。

鈴木靖民・金子修一・田中史生・李成市 編
本体三八〇〇円（＋税）

古代日本の東アジア交流史

弥生時代後期から中世成立期に及ぶ異文化交流の実態を浮かび上がらせ、東アジア、それを取り巻く地域へと重層的につながりあう国家・社会の様相をダイナミックに捉える。

鈴木靖民 著・本体八〇〇〇円（＋税）

上代写経識語注釈

飛鳥・奈良時代に書き写された日本古写経の識語をほぼ網羅する七十一編を翻刻・訓読・現代語訳し、詳細な注釈を加え、写経識語の意義を捉えた四本の論考と索引を収載。

上代文献を読む会 編・本体一三〇〇〇円（＋税）

増補改訂
古代日本人と外国語
東アジア異文化交流の言語世界

中国語をめぐる日本の学問のあり方、新羅・渤海など周辺諸国との交流、円仁ら入唐僧の語学力など古代日本における異国言語との格闘の歴史を明らかにする。

湯沢質幸 著・本体二八〇〇円（＋税）

入唐僧恵蕚と東アジア
附 恵蕚関連史料集

日中に分散していた恵蕚に関する史料三十六種を集成、また、恵蕚と恵蕚を取り巻く唐・新羅の人々を追うことで多元的な歴史世界を描き出す論考三本を収載。

田中史生 編・本体五〇〇〇円（＋税）

九世紀の来航新羅人と日本列島

九世紀に顕著となった新羅人の来航現象が、列島社会をどう変化させ、日本はどう対応したのか。対新羅政策における対外意識の変化を支配層、諸階層の人々から考察する。

鄭淳一 著・本体一〇〇〇〇円（＋税）

「もの」と交易の古代北方史
奈良・平安日本と北海道・アイヌ

七世紀〜十一世紀の古代の北海道と日本列島、大陸を往還した多彩な「北の財」。その実態と歴史的・文化的意義を最新の古代史・考古学研究の成果から実証的に検討する。

蓑島栄紀 編・本体七〇〇〇円（＋税）

渡航僧成尋、雨を祈る
『僧伝』が語る異文化の交錯

平安後期中国へ渡った天台僧「成尋」。成尋の書き残した渡航日記『参天台五臺山記』と中国側史料を精査することで見えてきたものとはいったい何か…。

水口幹記 著・本体三五〇〇円（＋税）

南宋・元代 日中渡航僧伝記集成
附江戸時代における僧伝集積過程の研究

南宋・元代に日中間を往来した僧（一〇七人）の伝記を一覧とし、重要記事を翻刻集成。中世海域交流史・史料論・書誌学研究における画期的成果。

榎本渉 著・本体一七〇〇〇円（＋税）

日本と《宋元》の邂逅
中世に押し寄せた新潮流

中世日本人は異国文化であった〈宋元〉文化をどのように受容していたのか――。最先端の研究から、当時の社会・文化状況を国際的・多義的・重層的に明らかにする。

西山美香 編・本体二〇〇〇円（＋税）

仏教がつなぐアジア
王権・信仰・美術

アジア世界をつなぐ紐帯であった仏教。中国史料の多角的読み解きにより、仏教を媒介とした交流・交渉のありようを照射、アジア史の文脈の中に日本を位置づける。

佐藤文子・原田正俊・堀裕 編・本体三六〇〇円（＋税）

虚心に史料と対峙し、地域・時代を越える
数々の卓越した業績を残した碩学の軌跡

石井正敏著作集 全4巻

The Collected Works of ISHII Masatoshi

A5判上製カバー装・各巻10000円(+税)

第1巻……古代の日本列島と東アジア……編集◎鈴木靖民・赤羽目匡由・浜田久美子

第2巻……遣唐使から巡礼僧へ……編集◎村井章介・榎本渉・河内春人

第3巻……高麗・宋元と日本……編集◎川越泰博・岡本真・近藤剛

第4巻……史料・通史と現代の間で……編集◎荒野泰典・須田牧子・米谷均

[編集主幹]……荒野泰典・川越泰博・鈴木靖民・村井章介

◉関連書籍

前近代の日本と東アジア
——石井正敏の歴史学

荒野泰典・川越泰博・鈴木靖民・村井章介[編]

アジア遊学214・A5判並製・224頁・2400円